U0524546

锦天城法律实务丛书

COMPLIANCE CONSTRUCTION OF
STATE-OWNED ASSETS AND ENTERPRISES
APPLICATIONS AND PRACTICES

国资国企
合规建设实务

上海市锦天城律师事务所
国资国企业务委员会 著

法律出版社 LAW PRESS·CHINA
北京

图书在版编目（CIP）数据

国资国企合规建设实务 / 上海市锦天城律师事务所国资国企业务委员会著. -- 北京：法律出版社，2024.（锦天城法律实务丛书）. -- ISBN 978-7-5197-9351-7

Ⅰ. D922.291.914

中国国家版本馆 CIP 数据核字第 2024C5R820 号

锦天城法律实务丛书	国资国企合规建设实务 GUOZI GUOQI HEGUI JIANSHE SHIWU	上海市锦天城律师事务所 国资国企业务委员会　著

策划编辑　田　浩
责任编辑　田　浩
装帧设计　臧晓飞

出版发行　法律出版社	开本　710 毫米×1000 毫米　1/16
编辑统筹　法商出版分社	印张　23　字数　377 千
责任校对　王晓萍　李景美	版本　2024 年 9 月第 1 版
责任印制　刘晓伟	印次　2024 年 9 月第 1 次印刷
经　　销　新华书店	印刷　三河市兴达印务有限公司

地址：北京市丰台区莲花池西里 7 号（100073）
网址：www.lawpress.com.cn　　　　　　销售电话：010-83938349
投稿邮箱：info@lawpress.com.cn　　　 客服电话：010-83938350
举报盗版邮箱：jbwq@lawpress.com.cn　 咨询电话：010-63939796
版权所有·侵权必究

书号：ISBN 978-7-5197-9351-7　　　　　定价：96.00 元

凡购买本社图书，如有印装错误，我社负责退换。电话：010-83938349

序 言

在许多人的叙述中，2018年被誉为中国"合规元年"。这一年的11月，国务院国有资产监督管理委员会颁布了《中央企业合规管理指引（试行）》，一个月后国家发展和改革委员会等多部门又联合下发了《企业境外经营合规管理指引》，由此开始了合规管理体系研究建设的"新纪元"。应该说，"合规"本身并不是什么特别新鲜的事物，千年前孟夫子"不以规矩，不能成方圆"的论断至今仍然深入人心，但合规管理体系建设确实是新发展的产物。特别是对于"中国特色社会主义的重要物质基础和政治基础"的国有企业而言，合规管理有着更为重要的工具价值和制度意义。"合规"与"合法"是什么关系？"合规"、"法务"和"风控"的联系与区别在哪里？"合规管理"体现在哪些方面？"合规管理体系"该怎么建设？实务中又该如何操作？作为实务前沿的法律人又该在"合规时代"如何找准自身定位或是重新扮演角色？这些问题的出现与细化，需要不断地去丰富合规管理的底蕴，就像是一把精美的刻刀，不断雕琢，将原本一块看似"粗糙"的"原石"，逐渐打磨成一件精美的艺术品。这本《国资国企合规建设实务》的付梓，无疑就是这份雕琢打磨过程的一次集中展现，凝聚了锦天城人在国企合规方面付出的汗水与心血，是全体锦天城人智慧的结晶。

锦天城在企业合规方面取得了耀眼的成绩。2024年8月14日，国际法律行业调研与分析机构GCProfiles首次公布"中国律所年度排名：合规与监管"榜单。锦天城凭借在该领域全面的业务覆盖与卓越的业界口碑，荣获All-round类别推荐。当前，国企合规已进入一个新的阶段，新修订的《公司法》于 2024 年 7 月 1 日起正式施行，其中第 177 条规定，"国家出资公司应当依法建立健全内部监督管理和风险控制制度，加强内部合规管理"，这就从国家法律层面对国企合规予以了特别强调。我们衷心地希望，这本《国资国企合规建设实务》，将不仅仅是作为一件精美的艺术品供人欣赏，而是会成为更多理论和实务界的同仁乃至更多对国企合规感兴趣的人士手边的一份"操作宝典"，也是企业运营管理的一道"护身符"。我们也相信，"合规"的名称，或因时而变，"合规"的侧重，或因时而异，唯"合规"的价值与内涵，随岁月的沉淀必将不断丰富，绽放出更多时代意义。锦天城将始终坚持以专业的法律服务为企业的合规建设与战略规划提供坚实的保障，助力企业稳健与可持续发展。

上海市锦天城律师事务所

国资国企业务委员会

2024 年 8 月 18 日

目·录

第一章 合规管理体系建设

国有企业合规管理体系建设实务要点 | 003

企业合规管理体系建设的新实践 | 014

从合规风险倒查国有企业投资管理体系的顶层设计 | 028

企业专项合规计划的要求 | 035

企业专项合规计划的制订与落实 | 045

国有企业合规管理有效性评价要点 | 052

国有企业合规管理"三道防线"的职责、功能与协同运转 | 065

国有企业合规管理与法务管理、内部控制、风险管理协同运作的"四则运算" | 072

地方国有企业建立健全合规审查机制实务指引 | 082

第二章 公司治理

企业合规管理与公司治理的影响与融合 | 097

国有企业 ESG 合规发展趋势及挑战 | 109

国有金融机构需要重点注意的合规事项 | 126

国有金融机构与一般国资监管企业合规的差别 | 140

公司治理结构的现状及优化 | 151

国有企业常见公司治理风险及合规路径 | 162

合同合规 第三章

合同合规管理路径与风险防范 | 173

合规视角下招投标管理和合同管理的关系及合规管理实务 | 187

财税、投资经营合规 第四章

企业合规之财税合规探讨
——中国—中亚合作新时代背景下建筑企业"走出去"财税合规研究 | 203

国有企业开展金融衍生业务的合规要点 | 220

融资性循环贸易"暴雷"的幕后对于企业合规风险防范的思考与探究 | 235

跨境投资合规指引 | 248

劳动用工合规 第五章

劳动用工合规管理体系建设要点分析 | 261

劳动用工合规风险研究及合规建议 | 272

目 录

第六章 反商业贿赂、反舞弊合规

反商业贿赂合规之路 | 283

中国企业海外"反腐败"合规指引 | 295

企业如何做好反商业贿赂合规、反舞弊合规 | 303

新规下的反舞弊合规实践更新指南 | 313

第七章 数据合规

企业合规管理信息化建设实践 | 327

汽车数据合规体系构建解析及建议
——以车企数据合规组织架构为视角 | 336

数据安全合规管理体系建设要点
——如何抓住新时代机遇保障企业健康发展 | 350

第一章

合规管理体系建设

国有企业合规管理体系建设实务要点

陆欢欢

2022年8月，国务院国资委以国资委令的形式印发《中央企业合规管理办法》，通过部门规章对中央企业进一步深化合规管理提出明确要求，与《中央企业合规管理指引（试行）》相比更加突出刚性约束，内容更全、要求更高、措施更实。国有企业的合规管理从中央到地方已经开启"合规强制模式"。随着中央企业和地方国有企业依次进入合规体系建设"强化年"和"提升年"阶段，合规管理体系建设工作驶入"快车道"，国有企业合规管理体系建设服务需求将进一步提升。本文将简要概括国有企业合规管理体系建设中需要关注的要点以期有益于合规管理实践。

一、全面梳理分析中央和地方主管部门对国有企业合规管理体系建设的相关制度和要求

国有企业开展合规管理体系建设工作，从法律适用角度看，是法律法规直接赋予国有企业的法定义务必须予以履行，如《中央企业合规管理办法》属于部门规章，具有普遍的法律约束力；从行政管理角度看，是国家自上而下推动的以规范企业经营管理行为和员工履职行为为目的提出的一系列企业规范管理要求，必须贯彻落实。

近年来，多地多部门出台了一系列合规管理政策及指引，北京、上海、江苏、安徽等各地方国资委陆续发布了合规管理相关办法和要求，进一步落实国务院国资委《关于加强地方国有企业法治建设的指导意见》中关于合规管理体系

建设的要求。在国家层面，国资委印发的《中央企业合规管理指引（试行）》、《中央企业合规管理办法》，国家发改委、外交部、商务部等联合印发的《企业境外经营合规管理指引》对中央企业合规管理提出了明确要求；在地方层面，已有不少于20家地方省级国资委出台了合规管理规范性文件。如北京市国资委制定印发了《市管企业合规管理工作实施方案》《市管企业合规管理指引（试行）》；上海市国资委制定印发了《上海市国资委监管企业合规管理办法》，并配套印发了《上海市国资委监管企业合规管理系列指南（2022版）》；江苏省国资委印发了《省属企业合规管理指引（试行）》，并制定了《省属企业合规管理办法》；安徽省国资委印发了《安徽省省属企业合规管理指引》，并陆续发布了《关于开展省属企业"合规管理建设年"工作的通知》《省属企业合规管理提升行动工作方案》，并配套印发了《省属企业合规管理系列指南》。

无论中央还是地方对国有企业合规管理监管要求越来越规范化、全面化、具体化，国有企业要建立系统完备的合规管理体系，必须全面、深入、细致分析研究各类合规管理规章制度、政策要求、合规指南并坚决执行到位。

二、深入全面了解国有企业经营管理活动，为合规管理体系建设"量体裁衣"

在中央和地方国资委的大力推动下，多数国有企业在合规管理方面都有一定的基础，大多建立了内控体系、风控体系、法务管理体系，但这些体系只是在某个领域、个别业务层面涉及合规管理内容，没有经过系统化、体系化的策划，没有详细进行业务活动盘点、梳理，也没有逐一识别确定对应的合规义务和评估合规风险，体系的融合度并不高。如某大型地方国有企业各类管理体系非常健全，建立有质量管理体系、安全生产标准化体系、生态环保体系、内控与风险防范体系等，但这些体系基本处于独立状态并未形成一个系统运行，无法为企业经营管理和风险防范发挥体系化合力。在该等情况下，合规管理体系的建设，就需要通过深入全面了解企业的实际经营管理情况，因企业而异，设计不同的合规管理体系建设方案，对于体系相对完善的企业，需要考虑各体系间的融合，这是目前比较主流的做法。有的企业希望建立完全独立的合规管理体系，单独运行，这主要是一些新设的企业或者业务领域有特别监管要求的企业，如金融和类金融企业。

第一章
合规管理体系建设

从本质上看,合规管理属于风险管理的一部分,合规管理可以与风险管理体系融为一体,也可独立成体系,具体如何选择需要参考专业机构研究评价分析后给出的意见和建议,由企业根据实际情况来判定。目前,为合规管理体系建设服务的专业机构大致可以分为三种服务模式:第一种是"律师事务所+企业咨询公司"(主营业务是体系认证或咨询管理);第二种是单纯的企业咨询公司;第三种是单纯的会计师事务所,每种服务模式所提出合规管理意见和建议侧重点不同,所提供的合规管理体系服务也有很大差异。第一种模式集合法律与管理,综合程度最高,效率效果相对更能满足国有企业的"大合规"要求,是目前国有企业合规管理体系建设所普遍选择的服务模式。从国务院国资委和地方国资委关于所属企业合规管理官方宣传报道中也可以看出,大多数国有企业聘请专业机构开展合规管理体系建设基本都是采用第一种服务模式。"法律+管理"的企业大合规体系建设,这是合规管理最底层逻辑的必然要求,合规管理制度和政策的最终极目标是落实全面依法治国战略部署,全面依法治企,深化法治国企建设,保障企业高质量发展[1]。从合规管理实践看,无论国资委还是国有企业,企业合规管理工作的主管部门都是法律事务机构,国务院国资委是政策法规局、地方国资委是法规处或政策法规处,国有企业是法务管理部、法务合规部、合规部等。

笔者认为,国有企业合规管理体系建设是以法律合规为基础的综合性合规体系,既要建立全面覆盖企业经营管理的大合规,也要强化重点业务领域中的专项合规,因此国有企业合规管理体系建设要注重发掘企业自身的经营管理特点,并不是千篇一律的制度模型,合规管理体系建设也不是复制粘贴的拿来主义,必须要提倡和坚持建设合规管理体系要"量体裁衣",每一个国有企业都有自身的经营管理特色和业务优势,要通过符合企业实际的合规管理体系建设放大特色,强化优势,坚持合规管理要向企业经营管理的广度和深度拓展,做到横向到边,纵向到底,坚持把合规管理嵌入经营管理的各个环节,坚持把合规管理的触角延伸到业务的各个领域,真正为企业量身打造依法合规经营管理的"护身宝甲"。

---

[1] 具体可以参见《法治中国建设规划(2020—2025年)》《法治社会建设实施纲要(2020—2025年)》等中央文件中都分别对企业依法合规经营提出明确要求。

三、充分运用好合规访谈工具,抓好"关键少数",为建立健全合规管理体系打好基础,保障落实

合规访谈常被专业机构用于了解需求单位组织架构、经营管理、业务领域、人员构成等基本信息,以便有效、准确评估需求单位的合规管理现状、合规管控流程、业务流程现状、业务对合规的反馈等。访谈主要是指通过口头的形式,简单、直接明了地向需求单位问询、获取与合规管理相关的信息。笔者认为,合规访谈是合规管理体系建设最为基础的工作环节,访谈可以快捷明了地帮助专业机构了解企业的总体概况,尤其是合规管理工作的建立情况和完善程度,为后期合规管理体系方案设计提供原始的素材信息。因此在访谈前,专业机构应当根据企业合规管理具体需求预设访谈目标,提前制作访谈问题清单或提纲,在访谈过程中应注意访谈技巧,在访谈后应输出访谈纪要。

合规访谈清单或提纲的设计需要围绕几个要点进行,一是收集基本信息,为充分了解需求单位合规管理情况,专业机构需要根据具体合规管理情况确定需要收集的信息字段,使用适当的方式、模型对信息进行收集、管理。在了解需求单位的基本信息时,需要验证相关信息的准确性,必要时应对需求单位的合规管理活动进行深入调查。二是识别和分析合规管理的具体需求与现状的匹配度,对收集的基本信息进行识别和分析,挖掘数据背后的深层含义,梳理需求单位在内外部环境下与合规管理要求存在的差距,即发掘合规管理需求方向,结合合规管理运行现状初步确定采取何种类型的合规管理体系建设方案。三是评价已有的合规管控措施,在分析合规管理需求后,需要调查需求单位现有合规管控措施是否覆盖完整、是否切实有效、是否实际履行。未被覆盖的经营管理领域越多,原则上合规管理完善度越低,合规管理建设实际难度也越大。四是访谈结果应用,合规访谈结果是判断目前企业合规管理现状与企业经营管理现状匹配程度的重要依据和抓手,也是开展后续合规管理体系建设方案设计,建立合规制度、完善运行机制、培育合规文化、强化监督问责等工作的基本支撑。合规访谈能够帮助需求单位认识合规管理的薄弱点、风险点,帮助企业经营管理层和各业务领域了解和认知合规管理,利于开展精准合规治理。

从合规管理建设实践看,合规访谈对象的选择非常关键,往往在很大程度上决定专业机构对企业合规管理体系建设的完善度、运行可行性和合规文化建设氛

第一章
合规管理体系建设

围。《中央企业主要负责人履行推进法治建设第一责任人职责规定》明确中央企业主要负责人作为推进法治建设的第一责任人,应当切实履行依法治企重要组织者、推动者和实践者的职责,把法治建设纳入全局工作统筹谋划。中央企业合规管理强化年工作部署会要求,中央企业要强化领导合规意识,严格依法依规决策,切实发挥"关键少数"作用,坚持抓住"关键少数"、切实发挥领导干部的示范带动作用是推进企业法治工作高质量发展的政治保证。国有企业合规管理体系能否建立健全,合规管理能否落实、合规管理能否推进,都需要"关键少数"领导的支持。也正因如此,为建设国有企业合规管理体系的访谈工作,不但要抓住"关键少数"领导干部重点访谈,也要把领导范围扩大,不应只包括企业主要负责人、首席合规官、高管人员等,还应该把生产经营、法务合规、财务、审计、监察、巡视巡查、追责问责等业务单位和部门的主要负责人纳入其中,尽量做到"关键少数"访谈全覆盖。

四、要站在总揽企业全局的高度建立健全企业合规管理体系,把合规管理与企业的经营管理发展战略规划相融合

《中央企业合规管理办法》第 3 条第 3 款对合规具体管理活动进一步阐释:本办法所称合规管理,是指企业以有效防控合规风险为目的,以提升依法合规经营管理水平为导向,以企业经营管理行为和员工履职行为为对象,开展的包括建立合规制度、完善运行机制、培育合规文化、强化监督问责等有组织、有计划的管理活动。合规管理对企业来说是一项系统化、体系化、全局性的管理活动。

国有企业一般为集团化公司,法人分支机构和法人层级比较多、员工人数多、业务领域广、管理纵深大,开展体系建设工作必须要站在企业集团化的高度对公司所属各级法人及分支机构的法人治理结构和业务管理予以统筹设计和优化,通过分级、分层、分类的精细化管理设计,帮助企业集团通过合规治理,完善体系运行,培育合规文化并强化监督问责等活动,将合规要求嵌入经营管理各领域各环节,贯穿决策、执行、监督全过程,落实到各部门、各单位和全体员工,实现多方联动、上下贯通。

国有企业作为社会主义市场经济的重要组成部分,自身规模特征和发展战略、发展目标决定了国有企业合规管理要做市场经济中主体表率,应建立追求价值合规的合规管理体系,做市场主体中合规管理的典范,成为各类市场主体的学

习标杆和榜样。国务院国资委在中央企业合规管理工作推进会中强调，合规管理是国有企业切实有效防范经营风险的关键制度性措施，是新形势下持续健全公司治理，确保企业良性循环、稳健发展的迫切需要，是一件必须做、并且一定要做好的事。合规管理对国有企业的重要性不言而喻，合规管理体系建设是国有企业市场竞争的核心软实力，要把合规管理体系建设与企业发展紧密关联，推动合规管理服务企业发展战略目标，秉承合规管理也能创造经济价值的经营管理理念，进一步推动企业治理体系和治理能力现代化，实现企业精益化管理目标。

五、扎实做好合规管理体系建设中的"三张清单"，确保合规风险防范到位

2022年9月13日，国务院国资委召开中央企业合规管理工作推进会中强调，中央企业要深入贯彻落实《中央企业合规管理办法》，必须聚焦关键领域，扎实做好"三张清单"，确保风险防范到位。2023年3月2日，国务院国资委召开中央企业深化法治建设加强合规管理工作会议中再次强调"以完善运行机制为关键，不断健全合规风险识别清单、岗位合规职责清单、业务流程管控清单，推动合规管理与经营管理深度融合"。国务院国资委连续两年的专题会议中专门强调企业合规管理要做好"三张清单"，足见合规管理工作中"三张清单"的重要性。关于"三张清单"具体指的是什么，在法律层面上没有明确的定义，《中央企业合规管理指引（试行）》和《中央企业合规管理办法》中也没有明确表述，从前期建设合规管理体系工作试点的五家中央企业实践成果和国资委监管要求看，"三张清单"一般指的是风险识别清单、岗位合规职责清单和业务流程管控清单，也有的会在前面依次加上重点领域、重点岗位、关键业务等限定词，但并不影响"三张清单"的实质内容。

第一张风险识别清单，是合规管理工作的基础，以风险为导向，对各领域适用的现行制度和外部法规进行系统梳理，汇总违反外法内规要求的条款责任。第二张岗位合规职责清单，以岗位为根本，结合业务部门、合规部门、监察部门"三道防线"设定不同岗位的具体职责，对照这些岗位职责，将每个职责中的合规审核、合规管理、合规动作都反映出来，凸显本岗的合规职责。第三张业务流程管控清单，以合规风险清单与岗位合规职责清单为基础，对业务管理制度和流程进行分析评价，甄别其与合规管理要求之间的差距和不足，并根据合规管理要求进行修改和补充，使合规管理要求融入业务管理制度和流程。

第一章
合规管理体系建设

  合规管理"三张清单"的表现形式不尽相同，主要分为三种类型：第一种是按照合规管理重点领域分别制定"三张清单"，如国家电投在招标采购、金融业务、境外投资、境内项目、知识产权、产品销售、投资决策和工程管理 8 个重点领域开展"三张清单"试点工作作为推动合规管理要求有效落地的重要途径。第二种是采取合规管理全覆盖，对所有业务领域均建立健全"三张清单"，将合规要求融入所有业务流程，如东方电气集团发布的岗位合规职责清单，清单内容包括总部 13 个部门及直属单位，122 个具体岗位，850 项合规职责，实现了岗位全覆盖。第三种将"三张清单"对应的项目融合，建立健全一张全面清单。如华侨城集团创新合规评价机制，采取"一张清单、两个阶段、三级联动"的方式，实现"自评、建设、考核、运用"闭环管理。无论国有企业选择哪一种类型，做好"三张清单"是企业做好合规风险防范最重要的基础。

  合规风险清单编制要聚焦在对企业的业务经营活动有影响的相关方需求或引发企业法律责任、造成经济或者声誉损失以及其他负面影响的可能性。业务部门及职能部门是合规风险清单的编制主体，结合工作内容所遵循的外部法律法规和政策文件以及企业内部规章制度要求，确定工作中的合规风险点，并按照风险程度和发生概率分类分层汇总整理为风险识别清单。对于重点领域合规风险清单的编制，要结合业务风险排查，围绕内外部经营环境情况区分合规风险等级，达成对重点领域风险点的全面覆盖。

  岗位合规职责清单编制要以企业岗位说明书为基础，编制与企业合规义务[①]相对应的岗位职责，职责的内外部（外部法律法规、内部企业规章制度）依据，不履责的责任和后果，即企业中从事某岗位的人员违规后需要承担何种责任。以法务人员为例，法务人员（在法律法规层面没有明确规定合规义务，但企业内部规章制度可以规定）的岗位说明书一般会写明岗位职责是负责公司经济合同审核、规章制度审核、对重大经营决策提出法律意见和建议。法务人员如果不履行岗位职责，则认定履职行为不符合岗位职责，依据法律法规和企业规章制度，可能面临追责或承担其他不利后果。岗位职责清单既是该岗位从业人员的规范指引，也是未来追责的依据。

---

① 合规义务一般是法律法规明确规定或企业内部规章制度明确规定该等人员职能职责，如《安全生产法》第 25 条明确规定，生产经营单位的安全生产管理人员履行下列职责……

编制业务流程管控清单要与企业内控相融合，梳理企业的业务流程和管理流程，通过识别合规风险，设置关键风控点包括实际操作过程中的节点、动作、审批，在编制过程中，要细化主要合规风险业务的业务流程图，同时要清晰一个定位，即业务流程管控要解决的是业务流程的合规管理机制问题，而不是对业务问题的咨询，可以比照企业内控体系中流程的作用来理解。比如，合同履约管理流程，要包括主体核查、台账管理、合同标的物的交付和验收处理、费用结算情况等，这样设计流程管理风控点、控制动作、审批要求就可以区分哪个主体，应履行哪些行为，不同节点的合规风险、不合规行为就可以识别出来并做针对性处理。

企业通过"三张清单"可以快速识别合规风险，落实合规管理的岗位和人员，确定不同合规风险应对和处理方法，实现工作目标清晰、合规责任明确、合规措施落实到位。同时，完善合规管理清单的工作应当注重与企业现有合规制度的整合借鉴。考虑到国有企业都有不同成熟度的合规管理的工作成果，如果合规清单不是建立在健全和完善已有制度或者查漏补缺的基础之上，而是另起炉灶，那么在体量较大的企业可能会引发内部的质疑，使合规清单制定工作推进难度增加。

六、国有企业合规管理体系既要符合国资监管要求，也要满足标准认证的有效性

2021年4月13日，国际标准化组织颁布ISO 37301：2021《合规管理体系要求及使用指南》为企业合规提供了一个客观、权威的标准，中国企业对标该标准建设合规管理体系并贯标认证已经成为一个趋势。2021年11月1日，国资委《关于进一步深化法治央企建设的意见》指出，中央企业合规管理建设的近期目标是，到2025年基本建立全面覆盖、有效运行的合规管理体系。国有企业的合规管理体系建设是否需要贯标认证，满足中央企业合规管理办法是否就满足了ISO 37301：2021认证标准。笔者认为，这两个问题其实属于同一个问题的两个方面，都属于合规管理体系有效性的评价标准和方法，本身并不冲突，都是为保障合规管理体系的有效运行。国有企业因业务领域广、管理纵深长和幅度大等原因经营管理风险呈现出多样化，对于很多"走出去"的国有企业还要面临境外合规法律风险。国有企业的合规管理体系是否必须认证，在法规和政策层面都没有

第一章
合规管理体系建设

给出明确的要求,但从国有企业开展合规管理的初衷和本源目的来看,认证应该是一种必然的趋势。2022年10月12日,GB/T 35770—2022《合规管理体系要求及使用指南》① 正式发布,作为ISO 37301的等同转化国标,也体现了国家对合规管理贯标认证的一种牵引和推动。当然满足中央企业合规管理办法并不必然满足ISO 37301的内容,因为无论是管理办法还是认证指南都认可合规管理以风险控制为目标,但管理办法是最低标准要求,不是最高要求,并且作为法律文件也不可能像认证指南一样面面俱到,从管理办法的内容看,与ISO 37301认证指南是一致的,都是朝着国际标准看齐和走近。

目前从公开渠道获悉,中央企业和地方国有企业都在逐步推进合规管理体系的贯标认证工作,地方国有企业中,广东和浙江的部分国有企业步伐较快,如广东能源集团、广东环保集团、浙江港航集团、宁波机场自2022年始陆续完成了合规管理体系国际和国内的双认证。2022年4月,广东省国资委印发《省属企业"合规管理强化年"行动方案》,在全国率先明确提出"力争通过三年努力,全部省属企业通过ISO 37301贯标认证"。合规管理体系贯标认证在某种程度上证明企业的合规管理体系是有效的,或者说在某种程度上符合当前国际通行的关于有效的定义和标准。基于以上实践看,合规管理从体系到认证是合规管理与国际接轨,适用中国企业实际的,通过认证能够适用国际通行规则,也能够传递企业商业信任、降低企业合规成本并提高合规底线,对国有企业进入全球经济圈是有益的。

企业申请ISO 37301认证,应向有资质的认证机构②申请并根据认证机构提供的文件清单准备材料,再由认证机构根据企业实际情况进行现场审核,主要流程为:企业内部策划体系、实施、运行—体系运行满三个月—预审核(可选)——阶段审核—二阶段审核—整改(如有)—获得证书—每年监督审核—三年重新审核。

---

① GB/T 35770—2022《合规管理体系要求及使用指南》系中国标准化研究院(国家市场监督管理总局直属单位)牵头起草。
② 该资质需要取得国家认证认可监督管理委员会批准书,并在全国认证认可信息公共服务平台可以查询,但目前只能查询到GB/T 35770—2022批准,ISO 37301:2021认证批准尚无法查询。

七、合规管理体系建设既要考虑全面覆盖，也要聚焦主营业务相关的合规领域重点布局

国有企业大部分是集团化管理型公司，其经营业务主要集中在下属的分支机构或子企业，这就决定了国有企业在集团层面开展合规管理体系时更多从管理的视角切入，注重管理环节的全面性、人员覆盖的全面性、制度机制的全面性。但这种全面覆盖过程中，依然要对应具体的法律合规风险领域。《中央企业合规管理办法》第18条对反垄断、反商业贿赂、生态环保、安全生产、劳动用工、税务管理、数据保护7个领域以及高风险业务和涉外业务合规专项建设提出明确具体的要求。中央及地方国资委也发布了多个专项合规指南，截至目前，国务院国资委发布了4批11部合规管理专项指南，上海市国资委、安徽省国资委也分别发布了多部合规管理专项指南，内容覆盖了招投标、出口管制、世界银行制裁、反商业贿赂、劳动用工、商业伙伴、反垄断等。国有企业应当根据主业开展专项合规建设，要注意覆盖企业关键性的管理环节并结合具体的业务对象和特点。实践中如果建立了全面合规管理体系可否不做专项合规建设，笔者认为，这是不可取的，国有企业应当根据企业自身的主业和经营特点开展专项法律领域的合规建设。理由是：

首先，从合规管理的底层逻辑看，全面合规管理主要解决的是"战略+管理"（一大部分）的问题，专项合规管理聚焦在法律专业技术领域，如反垄断、反商业贿赂、劳动用工、招投标都是法律细分专业领域问题，要解决的是法律专业技术性问题。国有企业建立全面合规管理体系大多是管理性并非法律技术性合规，而企业经营管理行为是否合规，最直接、微观的是要体现在具体行为的合规性问题上的，以及围绕如何解决法律问题的管理措施设计，这都需要更为具体、有针对性的法律专项合规建设来解决。

其次，从法定义务层面看，专项合规建设是法定义务，应当坚决履行到位。《中央企业合规管理办法》第18条规定中央企业应当针对反垄断、反商业贿赂、生态环保、安全生产、劳动用工、税务管理、数据保护等重点领域，以及合规风险较高的业务，制定合规管理具体制度或者专项指南。各地方国资委也有类似重点领域监管要求，对于国有企业来说，这是必须贯彻落实执行到位的。

再次，大型国有企业往往是参与全球市场竞争的主体，需要面对和适应境外

第一章
合规管理体系建设

各类法律合规风险。如果不开展专项合规建设,就很难和国际市场上的合规规则接轨。企业合规管理标的是合规风险,外部的法律法规、监管规则、行业准则和国际条约纷繁复杂,在具体识别、与业务相结合之前,都是抽象的合规风险,如果不通过法律专项合规建设将抽象合规风险与企业经营管理实际相结合转为具体合规风险,很容易导致合规体系空转。

最后,全面合规管理体系客观上是不可能穷尽所有法律法规,而管控全部法律合规风险也是不现实的,国有企业应当聚焦主业发展,因此必须有针对性地围绕本企业的主业、可能面临的主要风险来选择专项领域开展合规建设,以保障国有资产安全,实现高质量发展。

国有企业的合规管理体系建设是极其复杂的系统化工程,笔者仅从自身工作实践出发分析和总结部分要点,形成本文供参考交流。合规是国有企业高质量发展的基石,是国有企业适应高水平开放新格局的必然选择,是国有企业有序健康"走出去"的重要保障,是国有企业实现建设世界一流企业,迈向企业治理体系和治理能力现代化的内在需求。国有企业要构建完备的合规管理体系,提升防范法律风险的意识与应对法律风险,更加契合国际规则和惯例,"身健体康"地走向国际市场,在全球经济主体中展示中国企业风采。

企业合规管理体系建设的新实践

林思贵 屈 啸

一、企业合规管理概述

（一）企业合规管理的基本概念

关于合规及合规管理的概念，国务院国资委先后于2018年、2022年发布的《中央企业合规管理指引（试行）》（以下简称《合规管理指引》）、《企业境外经营合规管理指引》、《中央企业合规管理办法》（以下简称《合规管理办法》）均作出了定义。2018年11月生效的《合规管理指引》第2条规定，本指引所称合规，是指中央企业及其员工的经营管理行为符合法律法规、监管规定、行业准则和企业章程、规章制度以及国际条约、规则等要求。本指引所称合规管理，是指以有效防控合规风险为目的，以企业和员工经营管理行为为对象，开展包括制度制定、风险识别、合规审查、风险应对、责任追究、考核评价、合规培训等有组织、有计划的管理活动。2018年12月生效的《企业境外经营合规管理指引》第3条规定，本指引所称合规，是指企业及其员工的经营管理行为符合有关法律法规、国际条约、监管规定、行业准则、商业惯例、道德规范和企业依法制定的章程及规章制度等要求。2022年10月生效的《合规管理办法》第3条规定，本办法所称合规，是指企业经营管理行为和员工履职行为符合国家法律法规、监管规定、行业准则和国际条约、规则，以及公司章程、相关规章制度等要求。本办法所称合规管理，是指企业以有效防控合规风险为目的，以提升依法合规经营管理水平为导向，以企业经营管理行为和员工履职行为为对象，开展的包括建立合规制度、完善运行机制、培育合规文化、强化监督问责等有组织、有计划的管理活动。

第一章
合规管理体系建设

根据上述概念,企业合规管理是指企业依法遵守相关法律法规、行业规范和内部规定,通过制定和执行一系列企业合规管理的相关制度、措施和流程,以企业自身及员工为对象,确保企业的经营活动在合法、合规的框架内进行,避免违法违规行为的发生,持续开展合规文化建设,并对员工进行合规教育与合规行为监督。主要包括以下几个方面:

(1) 遵守法律法规:企业必须遵守国家法律法规,包括劳动法、税法、环境法等,确保经营活动合法性,防止违法行为。

(2) 履行社会责任:企业应承担社会责任,积极参与公共事务,推动社会进步,不仅仅是符合法律要求,还要关注环境保护、劳动权益、消费者权益等。

(3) 遵循行业规范:企业需要遵循所在行业的相关规范和标准,包括产品质量、安全生产、信息保护等,确保在行业内的合理竞争和良好声誉。

(4) 建立内部规章制度:企业应建立健全的内部规章制度,明确员工的职责和行为准则,规范企业内部运作,防止违规行为的发生。

(5) 风险防控与监督:企业需要对可能存在的合规风险进行识别和评估,通过有针对性的管理措施进行预防和控制。同时,企业可建立有效的内部监督制度,及时发现并处置不合规的行为。

(6) 建立合规文化:企业必须树立合规意识,将合规观念渗透到企业文化之中,使所有员工都能够自觉地履行合规义务,形成良好的合规氛围。

(二) 企业合规管理的义务主体

一般认为,合规的义务主体仅包括企业本身及企业员工。进一步分析,合规的义务主体可以细化为三类:企业本身、企业内部主体、企业外部主体。具体如下:

(1) 企业本身:企业作为组织本身,需要履行合规义务。例如《劳动法》规定,企业与劳动者建立劳动关系,应当订立劳动合同。

(2) 企业法人或高级管理人员:企业的法定代表人或高级管理人员是企业合规管理的首要责任人,他们应对企业的合规情况负有最高的管理责任和监督义务,确保企业遵守法律法规。

(3) 内部合规部门:大型企业通常会设立内部合规部门或合规职能部门,负责制定、实施和监督企业的合规政策、流程和措施,以确保企业遵守法律法规。

（4）其他部门和岗位：企业的各个部门和岗位都有责任参与和推动合规管理。部门经理和岗位负责人要履行合规责任，确保部门或岗位的运作符合法律法规要求。

（5）员工：所有员工都应遵守公司内部规章制度和相关法律法规，在日常工作中积极参与合规管理，如合规培训、报告违规行为等，员工也要对自己的行为负责，不从事违法违规行为。

（6）相关外部机构：企业还有义务与相关的监管机构等进行合作，接受监管和审计，及时了解法律法规的变化，参与行业自律组织的建设和活动。

（7）供应商和合作伙伴：企业在与供应商和合作伙伴的业务往来中，也要对其进行合规要求，确保合作方的行为符合法律法规，避免因合作伙伴的违规行为而导致企业承担相应的法律风险。

总之，企业的合规管理工作是一个全员参与、各个层级共同承担责任的工作。不同的主体在不同的层级上负有不同的义务和责任，但都是为了确保企业合法经营、规范运作和社会责任的履行。

（三）企业为什么需要合规管理

企业合规是企业依法依规经营的一种治理方式，对于企业防范风险、降本增效、提高国际竞争力以及确保企业管理层和员工安全履职等方面具有重大意义，是企业有效参与国际竞争的不二法门。

1. 防范风险

在合规风险转化为合规纠纷或者合规问题时，完善的合规体系本身更是可能直接成为区分企业责任和员工责任、减轻企业法律责任后果的重要考量。从国内法来看，完善的合规管理能够为员工定岗定责，划定行为红线和指引，通过一系列标准、流程压缩员工违规操作的空间，降低因为员工的违规行为导致企业承担责任的法律风险。

例如《反不正当竞争法》第 7 条规定，经营者的工作人员进行贿赂的，应当认定为经营者的行为；但是，经营者有证据证明该工作人员的行为与为经营者谋取交易机会或者竞争优势无关的除外。如果企业加强对商业贿赂的合规管理、禁止员工以商业贿赂的方式为企业谋取交易机会或者竞争优势等违规行为，那么即使有员工进行商业贿赂，企业也可以证明员工是出于个人目的而非为执行公司意志、为公司利益而贿赂,从而争取免除或减轻责任。

2. 降本增效

合规体系建设能够梳理、完善企业内外部制度,让企业管理有制度可以遵循,能够明确企业各部门的权责界限,为管理层和员工定岗定责,避免企业内部管理出现"九龙治水、叠床架屋"的混乱局面。合规管理强调将合规标准和要求嵌入业务流程,实现业务的规范化和标准化,让合规成为企业的日常习惯,从而降低管理成本。合规体系建设要求企业从上至下形成诚信合规的文化和风气,有利于提高员工的安全感、信任感和工作积极性,节约管理成本。

3. 提高国际竞争力

合规帮助企业取得国内外政府的信任,从而享受全球运营的便利条件。企业运营离不开所在地政府机关的监管,而政府机关的精力和监管资源是有限的,不可能对所有的企业都同时进行全面监管。鉴于此,政府可能重点监督合规体系不够完善的企业,而给予合规管理较为完善的企业更多便利。

在中美贸易纠纷不断加大的情况下,合规能够减少贸易纠纷对企业造成的系统性风险,确保企业全球供应链的安全。

4. 确保企业管理层和员工安全履职

企业重大违规事件一旦发生,除了直接责任人员,企业领导层和管理层很可能也要承担相应的责任。在合规管理中,企业会制定业务流程、标准,如果员工严格按照企业内部管理制度开展业务,那么即使出现问题,员工也可以主张尽职免责,这反过来也会鼓励员工主动合规。

例如《中央企业违规经营投资责任追究实施办法(试行)》第 23 条规定,中央企业经营管理有关人员任职期间违反规定,未履行或未正确履行职责造成国有资产损失或其他严重不良后果的,应当追究其相应责任。由此可见,违规事件不必然导致管理层承担责任,如果员工能够证明自己已经正确履行职责,那么可以对企业违规事件免责。

二、企业合规管理的发展历程及现状

(一)企业合规管理的发展历程

2015 年,国资委对央企法治工作提出"三个转变",中央企业启动合规管理体系建设。同年12月发布的《关于全面推进法治央企建设的意见》，要求企业依法合规经营、提升合规管理能力，提出了到2020年建设"法制央企"的总体目标。2016年，企业合规管理工作试点展开，中国石油、中国移动、东方电气、招商局、中铁等5家央企纷纷开展合规管理试点。2018年，《合规管理指引》出台，通过顶层设计为企业全面推进合规管理建设提供政策依据，对中央企业及其员工提出合规管理要求，同时要求地方国有资产监督管理机构参照该指引，积极推进所出资企业合规管理工作。2019年，《关于加强中央企业内部控制体系建设与监督工作的实施意见》出台，要求企业将风险管理和合规管理要求嵌入业务流程，并完善风险和合规管理相关制度。2020年，《关于进一步深化法治央企建设的意见》出台，提出着力健全合规管理体系，将合规管理嵌入岗位职责和业务流程。2021年年末，国资委召开"合规管理强化年"工作部署会，要求国、央企要建立合规管理体系，提出了在2022年合规管理工作具体的工作安排。2022年8月，《合规管理办法》以部门规章的形式出台，对企业合规管理体系建设进行了全面阐述，强化了整体框架结构和管理要求，是推动企业依法合规管理的有效手段。2022年9月，国资委为推进企业合规管理工作，召开了"中央企业合规管理工作推进会"，着力抓好"五个关键"，确保"五个到位"，同时聚焦关键领域，扎实做好"三张清单"的具体工作要求。2023年3月，国资委召开中央企业深化法治建设加强合规管理工作会议。

（二）企业合规管理的现状分析

1. 中国合规服务市场的动力

中国企业要想走出国门且行稳致远，企业的合规管理体系建设，是企业发展的迫切需求。对企业合规的实践面向展开梳理可以发现，国务院国资委在推进企业合规工作中始终发挥着积极、主导作用。2018年年末，国务院国资委出台《合规管理指引》，对中央企业及其员工提出合规管理要求，同时要求地方国有资产监督管理机构参照该指引，积极推进所出资企业合规管理工作。面对严峻的国内、国际监管环境，建设相对完备的合规管理体系，加强合规管理是企业防范、降低合规风险的必要举措。从国资委近几年推进合规的进程来看，国务院国资委主导全国企业合规管理实践工作严格依法、稳妥有序进行，可谓成绩斐然。根据国资委数据显示，截至目前，中央企业党委（党组）理论学习中心组开展合规专

第一章
合规管理体系建设

题学习198次，董事会审议合规议题457个，99家企业集团和2300多家重要子企业设置了合规委员会。68家中央企业集团和631家重要子企业设置了首席合规官，全系统合规管理人员超过2.8万人。68家探索建立了合规管理信息系统，将合规要求通过信息化手段嵌入业务流程，中心管控与多点联控相结合、提前预警与即时处置相贯通的信息系统不断完善。

2. 2023年中国合规服务市场规模

我国合规咨询行业的发展前景广阔。随着我国社会经济的不断发展，我国的市场正在逐渐成熟，各种大中型企业也在逐渐完善，关于企业发展的管理理念也在不断上升。

截至2022年年末，全国有46万多家国有企业。其中，国资委监管的中央企业共计99家，其他部委管理的央企5家，金融类央企27家。国资委监管的中央企业都是各行业的领军企业，例如中石油、中石化等。省属国有企业665家，在经营领域分布上看，省属国有企业主要涵盖金融、建工、交通基础设施投资建设（高速公路、轨道交通、铁路建设）、贸易交易（产权交易、集中采购等）、物流基础设施（如机场、港口）、矿产资源、林业资源、高端制造等，具有丰富的供应链金融开展的场景。全国有46万多家国有企业，大中型企业中规模以上工业企业单位数为4.8万家。从特许行业来看，制药行业有5208家，其中大型制药企业占20%左右；银行业方面，据非官方统计，截至2021年12月末，银行业金融机构法人共计4602家，其中包括6家国有大行、12家股份制银行、128家城商行、19家民营银行、3家政策性银行、3886家农村中小金融机构（农商行1596家、农村合作银行23家、村镇银行1651家、农信社577家、资金互助社39家）、1家住房储蓄银行、41家外资法人银行，以及506家银行业非银金融机构。证券公司方面，共有140家证券公司。保险公司方面，共有179家保险公司，其中人身险公司91家，财产险公司88家。因此，合规服务行业有着非常广阔的发展前景，在中国市场中有着相当不错的发展潜力，只要解决在行业发展中的各种问题，就能有效地推动着整个行业的稳步发展。

3. 2023年中国合规服务市场分析

经过近几年的发展，合规咨询市场增长迅猛。通过中国招标网等网站不完全统计，截至2022年年末国内合规咨询主体数量约56家，市场规模26.1亿元。

目前，中国合规咨询行业的竞争者大致可分为三个梯队。分别为律师事务所、管理咨询公司及会计师事务所。

除了合规咨询，合规培训市场也十分庞大。2021 年 3 月 18 日，人力资源和社会保障部会同国家市场监督管理总局等向社会正式发布了包括企业合规师在内的 18 个新职业信息。合规师就是国家推出的新职业，由中国企业评价协会主办的合规师考试至今已经在全国范围内组织三次考试，累计报名考试人员超过近四万人。随着中国经济的不断发展，国内企业对合规服务的需求也日益增长，未来国内合规服务市场的发展空间将会非常广阔。

三、企业合规管理体系建设

（一）企业合规管理体系建设的主要任务

具体到合规管理体系建设的落地工作时，首先要弄清楚企业建立合规管理体系的主要任务，即需要做哪些事情、完成哪些工作。主要包括以下四个方面：

1. 建立企业合规管理组织架构

企业建立合规管理体系，是对现有的工作及管理进行大量的调整，同时也提出了新的要求及工作任务，第一项工作任务就是建立企业的合规管理组织架构。即结合公司现有组织架构，依据公司合规管理体系建设要求，明确合规管理治理结构、合规管理机构的设置与职责，健全完善合规管理组织架构。

（1）明确合规管理治理结构与职责

在治理结构层面，在公司原治理结构的基础上，明晰公司股东会（或者党委会）、董事会、经理层等管理主体在合规管理方面的工作，其中股东会（或者党委会）领导、董事会决策、经理层实施、合规委员会具体执行的作用，明确管理职能及工作目标和要求。

（2）明确合规管理机构的设置与职责

明确合规管理机构的设置与职责，需要企业建立由主要负责人领导、合规负责人牵头、合规管理部门归口、相关职能或业务部门配合的合规管理体系。

（3）确立合规风险管理的"三道防线"

"三道防线"在《合规管理办法》中进行了明确，主要是公司业务及职能部门为合规管理的第一道防线，在职责范围内履行合规义务；合规管理部门为合规管理的第二道防线，是职能管理或业务领域的合规监督与管理者；纪检监察部门

第一章
合规管理体系建设

为合规管理的第三道防线,承担检查及监督责任。

2. 突出合规管理重点

合规管理体系的建设,不能贪大求全,而是需要根据公司的外部环境变化,结合公司的内部管理需求,突出合规管理的重点。企业建设合规管理体系的过程中,应当突出重点领域、重点环节和重点人员的合规管理。

(1) 重点领域

依据企业的战略布局、业务特点、监管情况等综合确定重点领域。包括公司治理、劳动用工、工程建设、采购招标、合同管理、财务税收、安全环保、投资管理、资产产权管理、信息安全等方面。

(2) 重点环节

包括制度制定、经营决策、生产运营三点。在制度制定环节,要确保制度符合法律法规和监管规定的要求;在经营决策环节,要落实"三重一大"、授权管理,明确公司各管理层级决策事项和权限,加强对事项和程序的合规论证把关;在生产运营环节,需要严控业务流程,加强监督检查,确保照章办事、按章操作。

(3) 重点人员

重点人员包括两方面。一是管理人员,需要发挥管理人员的带头作用,带头合规,履行合规职责;二是重要风险岗位人员,需要企业进行相应的评估,明确哪些是重要风险岗位人员,针对性地加大培训、监督检查及违规追责。

3. 建立完善的合规管理制度体系

有制度、有体系,合规管理工作的开展就有相应的依据。在建立制度体系方面,企业也需要结合公司管理实际,通过制定类似于《合规管理办法》《专项合规指引》等制度类文件,并在全公司或集团下发,全面引导、规范公司的合规管理工作。主要包括三个层面:

(1) 建立合规管理基本制度

合规管理的基本制度,就是公司的《合规管理办法》,内容包括合规工作的基本界定、合规管理的基本原则、明确公司组织机构的设置和具体职责等方面,是公司开展合规管理的最基本的管理制度性文件。

(2) 制定专项合规指引

公司通过制定合规管理专项指引,可以明确具体业务活动的合规目标及合规职责，能将外部法律规定转化为公司的合规要求，为经营活动提供合规管理的操作手册。

（3）制定合规风险清单

合规风险清单是合规管理最基本的工作。根据企业确定的重点领域，对外部法律规定及内部规章制度进行一个梳理，识别出各项合规风险，以便于开展监督及考核。

4. 建立合规管理运行机制

即根据《合规管理办法》及企业合规管理的实际要求，确定的合规管理十项运行机制，将合规管理与公司制度标准、业务流程实现有效融合。十项运行机制包括合规决策机制、风险管理机制、合规审查机制、合规培训机制、合规报告机制、调查问责机制、有效落地机制、合规信息化机制、合规评价机制、合规文化机制。重点机制为以下四个方面：

（1）合规管理联席会议机制

合规管理联席会议机制是由公司制定，总经理召集和主持，合规管理负责人和相关部门负责人参加，主要是对合规管理计划、重大合规事项、合规督导检查等工作的沟通、协调机制，并提出处理建议。

（2）合规风险识别、评估机制

合规风险识别、评估，是合规管理工作的基础，首先根据各业务、各岗位、各流程环节工作内容，识别出相应的合规风险，并对风险发生的可能性、影响程度等进行分析、定级管理。

（3）合规考核评价机制

合规考核评价，是对部门合规工作、员工履职情况进行评价，能够反映出企业开展合规体系建设工作的实际成效。同时，可以将评价结果作为员工考核、评先评优等方面的依据，通过这种方式来强调合规管理工作的重要性，检验合规管理工作的成果。

（4）合规管理信息化建设机制

合规管理信息化建设，在《合规管理指引》和《合规管理办法》中对企业的这一项工作进行了明确要求。其中《合规管理办法》第六章，专门就企业合规管理的信息化建设提出了明确的要求。同时，信息化对企业来说也是一种高效的管理方式，可以极大地提高企业的合规管理效能，包括企业已有的、潜在的合规

第一章
合规管理体系建设

风险,都能够实时反映在系统内,一目了然。

(二)企业合规管理体系建设的实施步骤

一般大型企业,要建立"全员参与、全程监控、全领域覆盖"的合规管理体系,共分为三个阶段,时间一般为两年半左右。

1. 稳步开展阶段,时间一般为6个月

(1)启动合规管理工作

此为企业开展合规管理工作的开始,也是各项工作中极为重要的一环。合规体系建设项目启动会,一般需要集团公司的董事长、总经理、高管以及集团所属子公司总经理等高层管理人员一同参与。因为只有在公司负责人的层面上重视公司合规管理工作,合规管理工作才能有效地建设和落地。

(2)搭建合规管理体系框架

主要包括搭建合规管理综合部门、专项部门及参与部门"三位一体"的合规管理组织架构。制定合规管理基本制度、明确建立合规"三道防线"及合规重点;制定专项合规指引,明确重点领域;制定合规风险清单,对合规风险进行识别、分析和评估。

(3)初步建立合规管理运行机制

根据上述公司建立的合规管理制度,以公司现有的管理架构为基础,初步建立合规管理的运行机制,保障合规的各项工作规范、有效地开展。

(4)开展合规培训

基于本次工作阶段的合规成果,组织公司重点人员(管理人员、重大风险岗位人员)开展合规管理培训,宣贯合规管理的理论及各项管理制度。

2. 改进提升阶段,时间一般为12个月

主要是对上一阶段的工作,进行运行、落实、改善、融入等。

(1)开展合规管理试运行

总结梳理合规管理工作经验与难点,逐步优化、完善和提升各项制度及组织机制,达到合规组织健全、制度完备、流程规范的程度。

(2)落实其他重点领域的合规管理

在原有合规管理体系的基础上,对于其他重点领域的合规风险,进行查漏补缺的工作。对现有的制度继续完善,对缺乏的制度重新制定。

（3）初步搭建合规管理信息化

按照《合规管理办法》的具体要求，初步搭建公司合规管理信息化，促进合规管理与业务流程的有效融合。

（4）合规管理融入日常业务流程

按照合规管理"进流程、进业务"的工作要求，在重点领域、重点环节、重点人员方面，将合规管理要求融入日常业务流程。

3. 全面深化阶段，时间一般为12个月

（1）开展合规管理有效性评价工作

企业对合规管理工作是否有效作出的评价，也是检验企业合规管理工作是否有效落地的重要依据和检验标准。

（2）深化风控、合规、内控有效融合

风控、合规、内控的有效融合，是《合规管理办法》的明确要求。企业在做好合规管理工作的基础上，通过组织机构、管理制度、运行机制等方式进行一体化建设及融合。

（3）持续开展合规文化建设

企业的合规管理是持续性的过程，需要不断地进行合规文化建设。结合法治宣传教育、专题会议、培训研讨等多种形式，持续推动合规文化建设。

（4）打造专业化合规管理队伍

合规管理是专业的工作，需要业务、职能部门及合规管理部门等的配合与协作，需要在各个重点领域加强人才培养，打造专业化的合规管理队伍。

（三）企业合规管理体系建设的最新实践

2022年年底，锦天城律师事务所中标某国有企业合规体系建设项目，经过4个月初步完成了该企业的合规管理体系的顶层设计工作，取得了一系列建设成果，并从中总结了多条合规管理工作经验。

1. 国有企业合规体系建设思路

（1）围绕一个中心：合规建设在横向上覆盖全产业链，在纵向上保障合规执行有效，真正使合规管理触及企业高质量发展的深水区，做到"企业的业务就是代表合规的业务，安全的业务，可持续的业务"。

（2）坚持两个理念：一是一流企业必是合规的企业。将对外遵守法律法规，

第一章
合规管理体系建设

恪守诚信和商业道德,对内遵守公司规章制度,行为准则等作为企业的最高价值准则,并通过内外部管理结合确保公司合规风险降到最低。在合规制度中整合和融入公司运营管理的各方面的要求,并结合各部门具体的管理和运营制度,配套实施。二是合规体系没有最好,只有最有效。树立合规体系生命力的理念,用结果说话。合规体系的建立只是第一步,体系是否适应,是否真正对企业战略、运营、价值观、竞争力的提升起到作用,在关键业务面前做出合规的判断和进退,体现合规管理的深层价值。避免各项成果被束之高阁,体系构建陷入形骸化的弊端。

(3)突出三个导向:一是问题导向,避免合规管理就事论事,一头只扎向业务或流程,也应解决合规本身存在的难题。主要包括:合规管理要求的广泛性、合规管理体系与法人治理。此外还应注意合规管理与风险、内控、法务、财务等专项管理线条的融合,形成管理合力,形成协同效应。二是风险导向,以风险为导向的合规管理体系,是企业将风险治理前置、避免僵化遵从规则,也是企业更好地适应不断变化的外部环境,防范合规风险、稳健经营并实现可持续增长的重要保障。三是结果导向,"体系没有最好,只有最有效",将合规管理预设的目标与企业的合规管理的实际效果现状进行比对,逐步建立评价合规管理有效性的指标体系。

2. 国有企业合规体系建设成果

(1)建立上下贯通的合规管理组织机构,加强统筹领导

在公司董事会下设立合规委员会,由总经理任主任,领导并统筹协调全集团的合规管理工作。二级企业全部成立了合规委员会,明确了合规管理牵头部门,合规委员会既对本单位负责,又接受集团公司合规委员会业务指导,全集团形成了上下贯通的合规管理组织架构。合规委员会定期组织召开一次联席会议,研究决定合规管理重大事项。合规委员会办事机构还通过明确考核重点、细化工作要求、定期调研督导等方式,层层传导压力,确保合规管理要求在各级权属企业真正落实到位。

(2)发布完善的合规管理体系文件,统一行为标准

发布集团总部合规管理体系文件,包括《合规手册》、《合规管理办法》、《合规风险清单》和专项《合规指引》。其中,《合规管理办法》包括管理机构及职责、合规管理重点范围、合规管理运行机制等内容,体现出合规管理"三道防线"的基本要求。形成了"以合规手册为核心、以合规管理办法为保障、以合规

风险清单为基础、以若干专项合规指引为延展"较为完善的合规管理体系文件。

(3) 突出合规管理体系建设重点

根据公司业务,聚焦公司治理、劳动用工、工程建设、采购招标、合同管理、财务税收、安全环保、投资管理、资产产权管理9个重点领域制定合规风险清单。在建立清单过程中,需要注意两点,一是要紧密围绕公司的重点领域,不能做简单的法律法规罗列,而是反映出监管要求和业务开展的内在联系,反映出公司所面临的合规风险点;二是在梳理过程中,除了合规领域、法律法规等维度外,要充分借用公司以往发生违规事件的情况,避免识别过程存在遗漏或盲区。

(4) 明确各岗位人员的合规职责,压实压紧管理责任

按照"管业务必须管合规"要求,印发《合规管理办法》,明确业务及职能部门承担主体责任,由业务部门负责人、基层一线骨干人员兼任合规管理员,负责对所在部门或业务领域的经营管理行为组织合规审查,认真梳理分析合规义务和合规风险。合规管理牵头部门加强统筹协调,指导下级企业建立合规管理体系,并根据授权开展合规评价与考核。纪检监察、巡察机构、审计等部门强化监督职责,对违规行为进行调查,按照规定开展责任追究,发挥震慑作用。

(5) 重视运行机制落地实施,确保高效运转

制定《合规管理办法》,建立了合规管理十大运行机制,明确了合规风险识别评估、合规审查、合规风险预警、合规风险应对、合规举报受理与调查、合规培训与合规文化、合规考核评价、合规管理改进、合规年度报告等具体规程和要求,并编制《合规人员管理办法》等配套制度,为合规管理落地实施提供明确指引。将合规审查作为经营决策和业务开展的必经程序,未经合规审查或经审查不通过的不得实施。

(6) 培育浓厚的合规文化,强化全员合规意识

结合普法工作,将合规管理作为法治宣传教育的重要内容,先后开展多场讲座,包括"强化合规管理的路径与方法""国企合规建设实务及规章制度合规管理""合规操作实务及体系建设路径"等,形成了良好的合规氛围。

3. 参与国有企业合规管理工作经验

(1) 适宜的顶层设计是有序推进合规管理工作的关键

为客户提供合规咨询服务,要对客户进行充分了解。了解的越充分,越能充分理解客户的需求。实施中,企业高度重视顶层设计,充分发挥合规管理全覆盖

第一章
合规管理体系建设

等优势,构建集约化、一体化基础管理工具。在保障法律合规部独立性基础上,借助组织、指导、监督的合规管理职责,推进体系融合、部门协同、合规嵌入。借助已有的风险管理、内部控制等工具,嵌入合规管理的要求和标准,补足管控流程漏洞,提升管理效能。以求切实解决多体系运行带来的低效和协同性差等现实问题。

(2)准确的职能定位是合规管理建设和运行的保障

根据分层、分级、分专业线条的合规指引,明确了合规管理职责的定位、边界和横纵两道风险防线。企业结合实际确立的两道风险防线,能够压实和督促各层级、各部门、各企业全面和前置履行合规管理职责,尽最大可能保障风险防范横向到边、纵向到底,建立有效的管控端口前移的工作机制,解决管理过程中信息不对称、履责缺位等问题。立足企业实际和管理现状,坚持以合规管理为抓手推进信息共享与部门协同,有利于合规管理体系建设与运行、降低公司管理成本,推进公司高效治理。

(3)持续关注外部环境变化和趋势,保障合规管理有效性

企业合规体系建设是一项重视体系融合的系统性工程,需要长期保持对内外部环境变化的高度敏感性,并及时将其转化到当前的合规管理工作中。在实践中,企业持续关注内外部环境重大变化和趋势导向,认真分析《合规管理办法》《合规管理体系要求使用指南》的相关要求、核心要素,并及时嵌入当前的合规管理工作中,保障合规管理的有效性以及前瞻性。

从合规风险倒查国有企业投资管理体系的顶层设计

王腾燕

《中央企业合规管理办法》发布以来，各省市相继出台本区域国有企业的合规管理办法或指导意见，中央企业和地方国有企业的合规管理工作均在有序推进，合规管理一般从文化建设、组织体系、制度建设和运行机制等层面展开，但公司的投资事项区别于其他业务，不仅面对的是竞争性更强的市场环境以及不确定性更强的市场风险，还更为直接地承担了发挥国家战略功能的任务，因此要完成功能任务和国有资产增值保值的核心目标，国有企业的设计投资管理体系应正视和回应这种特点，本文分别从境内投资和境外投资的合规风险出发，结合风险启示意义提出投资管理体系的设计建议。

一、境内投资的合规风险

境内投资从股权投资和固定资产投资两个层面展开。

（一）股权投资

国有资本参与股权投资的主要模式可以划分为三种，一是直投模式即国有企业以自有资金或通过投资平台公司直接对标的企业进行出资；二是基金模式即国有企业参股母基金或通过设立母基金的方式间接设立子基金；三是混合模式即前述直投模式和基金模式相联动的模式，目前国有资本的股权投资活跃，该等投资的合规管理尤为重要。

就国有资本股权投资的合规监管和合规风险，国务院国资委下发了《国务院办公厅关于加强和改进企业国有资产监督防止国有资产流失的意见》《国务院办

第一章
合规管理体系建设

公厅关于建立国有企业违规经营投资责任追究制度的意见》《中央企业违规经营投资责任追究实施办法（试行）》《关于做好2023年中央企业违规经营投资责任追究工作的通知》等规定，根据前述文件内容和实践案例，股权投资事项的合规风险主要包括：

1. 投资调查风险

股权投资首先需要充分、全面地了解标的企业，如投资时国有企业（以下简称投资方）未履行相应的调查程序，如未按规定开展尽职调查，未对尽职调查进行风险分析或未履行国有企业投资关于财务审计、资产评估或估值等相关程序，则很难充分了解标的企业的价值和风险，容易造成投资发生偏差。

2. 投资决策风险

投资决策风险包括两个维度的内容，一是投资方内部尚未建立严谨的投资决策机制，常见情形包括决策所需的基础文件要求不明确，如未要求提供投资项目的重大风险分析和风险防范预案，包括决策缺乏否决机制如未设置投资负面清单；二是投资方内部建立了投资决策机制，但项目投资时未执行该等内部决策和审批程序。

3. 投资合同风险

所有的股权投资事项最终会以投资合同（此处是投资合同、协议及标的企业公司章程等文件的统称）的形式进行体现，投资合同既是投资方和标的企业及其他利益相关方谈判及协商的结果，也是未来投资方保护自身投资权益的核心依据，因此投资合同的风险首先是投资合同的内容本身应当符合国有企业的利益，如合同文件中存在有损国有权益的条款应当删除。

4. 投后管理风险

投后管理的本质是投资合同履行的过程管理，投资方应按照投资合同和《公司法》等法律规定行使股东权利履行股东义务，因此如发生投资方违反合同约定提前支付并购价款、以其他形式提供垫资、未按投资决策时的工作方案开展整合或未行使相应股东权利等情形，均存在合规风险。

5. 投资退出风险

投资退出方案一般应包含在整个投资方案中，在投资决策时一并考虑在内，因此投资退出的风险主要集中在两个层面，第一个层面是投资方案中设想的投资退出路径不具有实操性，例如在投资方案中确定国有企业可通过股权转让退出而未考虑国有资产转让应进场交易的相关规定；第二个层面是投资方没有及时注意到标的企业的重大变化因此未能采取退出等及时止损措施，这点亦是投后管理的延伸。

（二）固定资产投资

根据《中央企业违规经营投资责任追究实施办法（试行）》，固定资产投资方面的责任追究情形包括：

- 未按规定进行可行性研究或风险分析。
- 项目概算未按规定进行审查，严重偏离实际。
- 未按规定履行决策和审批程序擅自投资。
- 购建项目未按规定招标，干预、规避或操纵招标。
- 外部环境和项目本身情况发生重大变化，未按规定及时调整投资方案并采取止损措施。
- 擅自变更工程设计、建设内容和追加投资等。
- 项目管理混乱，致使建设严重拖期、成本明显高于同类项目。
- 违反规定开展列入负面清单的投资项目。

国有企业的固定资产投资在现阶段比较典型的合规风险是地方政府隐性债务风险，根据2023年11月6日《财政部关于地方政府隐性债务问责典型案例的通报》内容，湖北省部分地区、广西壮族自治区柳州市等地方要求所属国有企业垫资建设项目发生新增政府隐性债务，该等投资项目包括国有企业进行一级土地整理开发、土地收储业务、基础设施建设、应安排财政资金支出的项目建设等，这一合规风险既可列入前述的"违反规定开展列入负面清单的投资项目"，又可视为项目投资过程中对法律法规尤其是政策性导向未予重视的风险，地方政府隐性债务的排查和化解一直是近年来财政工作的重点，但地方政府出资的国有企业尤其是城投平台类的国有企业囿于各种因素非常容易触发这一合规风险。

二、境外投资的合规风险

国际化发展和"一带一路"为国有企业的海外发展融入了新的机遇，根据国家商务部、国家统计局及外汇管理局共同发布的《2022年度中国对外直接投资统计公报》，2022年年末中国对外直接投资者即境内投资者超29万家，从其在中

第 一 章
合规管理体系建设

国市场监督管理部门登记注册情况看，国有企业占比 5.6%，但在 2022 年年末同期对外非金融类直接投资 245091 亿美元存量中，国有企业占比高达 52.4%，国有企业境外投资的特点可见一斑。

关于境外投资的风险，除了投资所在地的政治环境、市场环境、法治环境、文化差异等通用内容外，国有企业的合规风险主要集中在《中央企业境外投资监督管理办法》和《中央企业违规经营投资责任追究实施办法（试行）》这两个规定中，合规风险主要包括以下方面。

（一）未按规定建立企业境外投资管理相关制度，导致境外投资管控缺失

管理需要有制度作为依托，基于境外投资呈现的和境内投资完全不同的风险，国有企业应当制定专门的境外投资管理制度，并建立相对应的境外投资管理体系。客观地说，境外环境的差异以及国有企业对境外环境的了解和适用深度当然性地导致了投资风险的上升，境外投资管理制度的考量要素、内容详细程度都应当予以加强，因此如国有企业尚未建立该等制度或制度不够全面，则存在非常明显的合规风险。

（二）开展列入负面清单禁止类的境外投资项目

此处的负面清单禁止类包括两项内容，第一项内容是国有企业基于境内法律的规定例如国资监管所应当遵循的投资负面清单，第二项内容是基于投资所在地国家法律规定的投资负面清单，例如乌兹别克斯坦共和国法律规定外商投资企业不得进入航空领域。

（三）违反规定从事非主业投资或开展列入负面清单特别监管类的境外投资项目

这一点主要是中央企业面临的合规风险，中央企业的主业突出一直是国务院国资委的管理重点，根据《中央企业境外投资监督管理办法》，中央企业原则上不得在境外从事非主业投资，并应当根据企业发展战略和规划，按照经国资委确认的主业，选择确定境外投资项目。

（四）未按规定进行风险评估并采取有效风险防控措施对外投资或承揽境外项目

如前所述，境外投资项目从投资所在地的视角来看，国有企业的投资即是外

商投资，其当然性地面临更大的市场风险和法律风险，因此在投资方案制定之处，明确、充分地评估投资风险，并采取相对应的风险防控措施应是必然要求，如果国有企业在投资时没有进行该项工作，则面临合规风险。

（五）违反规定采取不当经营行为，以及不顾成本和代价进行恶性竞争

该点内容是合规管理的基本性要求，正当经营和良性竞争既是市场环境对所有市场参与主体的基本要求，也是国有企业应当肩负的基本社会责任，因此在境外投资领域，国有企业亦应坚持该原则。

（六）违反本章其他有关规定或存在国家明令禁止的其他境外经营投资行为的

该点内容既是关于境外投资合规的兜底性表述，也是企业运营合规管理的延伸内容。实践中，投资区域、投资项目、投资形式、投资规模、投资时间等均可能触发禁止投资事项，需要予以特别关注。

三、投资管理体系的顶层设计建议

总结前述境内投资和境外投资的合规风险，合规风险爆发的表现形式无外乎人的风险和业务风险两类，前者人的风险如负责国有企业投资事项的管理层受到组织处理、扣减薪酬、纪律处分等责任追究，或发生相关人员因经济犯罪被追究刑事责任的情形，后者业务风险如发生国有资产受损的后果，无论哪种类型的风险爆发，与国有企业和与管理层人员而言都是严重的，那么如何在市场环境中有效避免合规风险的发生？笔者结合服务中央企业、地方国有企业境内外投资项目的经验，认为通过投资管理体系的顶层设计可以有效地、系统性地避免合规风险，因为一套可适用的投资管理体系是所有投资管理智慧的集合，流程和信息流能解决投资过程中个体人员的认知偏差或具体项目的风险差异，下面提出投资管理体系顶层设计的核心要素，供企业参考。

（一）建立立体化的投资管理体系

投资管理体系不是单一的投资管理制度，立体化的投资管理体系应当是包括投资管理原则、投资管理制度及投资管理指引等内容在内的多层次管理，因为只有这种安排才能回应投资事项的特点。目前很多国有企业的投资管理还是一个制

第一章
合规管理体系建设

度为主辅之若干流程，这种制度的内容通常非常原则，部分制度内容可以说就是照抄法律规定条文，因此它无法回应更无法解决投资场景中遇到的具体问题，举例来说，对于国有企业的投资退出问题，投资方案中可否设置"对赌"条款，"对赌"条款如何设置是有效的，"对赌"条款如何设置不违反进场交易等国有资产交易的法律规定等问题，原则性的投资管理制度无法给出答案，那同一个国有企业不同的投资项目可能就会因为不同的负责人员而做出截然相反的处理，因此投资场景的具象化是投资管理体系建立时需要考虑的基本需求，笔者认为可至少从投资管理原则、投资管理制度及投资管理指引三个层次来搭建管理体系，基础层是投资管理原则，主要内容是法律规定和集团企业的基本要求，起到大政方针的作用；中间层是投资管理制度，根据本企业的组织架构、管理流程和业务特点设置符合本企业运营习惯的投资管理流程，起到流程组织的作用；最上层是投资管理指引，指引应当是多数量的，因为要细化到投资项目的不同场景，同时指引可根据投资环境的变化经常性地更新，以确保对投资场景的具体指导意义。

（二）建立行业化的投资管理体系

大规模粗放式的发展方式已成为过去时，国有企业的投资要实现增值保值的目标，一定要匹配经济发展的精细化程度，同一个问题的"一刀切"处理方式无法适应市场化要求，那么如何做出差异性的优化安排？笔者认为行业因素的考虑应当放在重要位置，因为不同行业所代表的技术门槛、竞争环境、投资风险等差异巨大，投资时必须针对性地深入了解，因此建立行业化的投资管理体系势在必行，笔者认为，根据国有企业管理的特点，行业化的投资管理体系可区分主业领域投资和非主业领域投资来进行，一方面，国有企业在主业领域的龙头地位使其具有竞争性优势，在决策投资方案时的话语权更大，同时主业领域的投资亦可承担其战略功能定位的责任；另一方面，国有企业在主业领域的行业积累使其在该领域的投资风险大大降低，因此国有企业在主业领域的投资管理和非主业领域的投资管理应当做出不同安排，这种不同不仅是国资监管层面的不同，而应当是投前、投中、投后整个投资过程及投资判断、投资决策、投资合同等整个投资业务的差异化安排，例如主业领域的投资通过股权直投来进行，非主业投资的投资则主要通过基金投资来进行。

2022年6月，中国宝武、国投集团、招商局集团、华润集团和中国建材5家企业因"功能定位准确、资本运作能力突出、布局结构调整成效显著"正式转为国有资本投资公司，航空工业集团、国家电投集团、国家能源集团等在内的12家企业继续深化试点，这也意味着行业化投资管理体系这种模式的深化。

（三）建立动态化的投资管理体系

投资管理体系的设计还应当秉承动态优化的心态，而不是静态管理希望一劳永逸的做法，这是由投资事项所处的市场环境和市场风险所决定的，此处的动态管理不是指对投资项目的动态管理，而是指投资管理体系本身应当是不断更新的，结合前述第一点三个层次的投资管理体系内容，投资管理指引应当是动态化的最佳载体，国有企业可根据行业重大变化或本企业战略定位等影响投资的要素变化及时更新指引，以确保投资事项和本企业发展阶段的匹配。同时，为实现投资管理体系内容的动态管理，投资管理体系自身亦会实现流动，因为动态管理所需的信息，需要一线人员反馈问题或意见，需要法务人员反馈监管动态，需要投后管理人员反馈企业现状，需要业务部门反馈行业动态，等等，可以说信息流动确保了整个投资管理体系各个节点各个岗位的互动，实现了管理体系本身的动态管理。

国有企业的投资事项区别于其他业务，面对的是更为直接的市场竞争和市场风险，因此要完成发挥国家战略功能的任务和国有资产增值保值的核心目标，国有企业设计投资管理体系应正视和回应这种特点。通过梳理不同投资类别的合规风险，笔者提出设计满足立体化、行业化和动态化特点的投资管理体系可以有效地、系统性地避免合规风险。

企业专项合规计划的要求

李宗泰

企业制订合规计划的目的总体可以分为两个部分，企业既希望建立起一套确保企业依法依规经营的管理机制，也希望通过制订合规计划能够积极配合执法调查，将自身法律责任有限化，从而最大限度减少违法风险。由此企业制订合规计划不能仅定位于应对政府部门的强制合规要求，而应着眼于优化企业管理的角度，制订专业化和有效化的合规计划，使合规治理达到规避隐藏的法律风险的效果，进而使企业从中获得实际利益。

为了达到有效合规管理的目标，企业进行合规时应树立专项合规计划的基本意识，放弃制订"大而全"合规计划的空洞设想。在实务过程中，有的企业制订了极为全面与细致的合规计划，针对数十种合规领域制定了综合合规政策，此种类型的合规计划使企业的管理成本快速增长，如果公司的组织结构未做到配套完善，工作人员素质未及时培训提高，那么该份合规计划最终也只能止于形式而无法发挥其预期作用，这显然是一种失败的合规计划设计。真正专业的合规计划应是针对企业的主要合规风险，就某一特定领域打造专项合规计划。例如，作为合规的典型案例之一西门子公司打造的反海外贿赂合规计划，便属于针对特定合规领域的专项合规计划，西门子公司为使该计划发挥实际作用，在打造专项合规计划时还配套设立了专门的合规政策、合规组织以及合规管理程序。

搭建与落实合规计划的关键在于识别与评估企业存在的法律风险，并且针对企业所面临的主要风险制订专项合规计划，从而保证合规计划的有效性与可执行性。

一、制订有效合规计划的前提：风险识别

合规计划作为一种风险抵御工具，如能发挥有效作用，既能够降低企业面临的经营风险，从长远来看也有利于增强企业竞争力、优化营商环境。[1] 搭建有效合规计划的前提是对合规风险的识别，企业应根据自身性质与业务内容，针对企业在税收、反商业贿赂、知识产权等特定领域的风险，基于风险识别进行风险评估，并在风险评估的基础上建立专项合规机制，避免企业因违法违规产生不必要的法律风险。

（一）合规风险的识别

合规管理与企业管理相同，并不存在适用于所有企业的管理模式，而应当根据企业自身情况寻找最为合适的管理方案。进行合规管理的目的在于规避企业生产经营过程中所面临的经营风险，专项合规计划需要以合规风险评估结果为基础，有针对性地开展合规，企业制订专项合规计划的前提是建立有效的风险识别机制。美国联邦量刑委员会公布的《联邦量刑指南》中即明确指出，构建有效合规计划的前提是基于企业对自身经营风险所进行的自我调查。在特朗普政府发布的《企业合规计划评估指南》中也特别要求检察官重点关注企业识别、分析以及解决相关风险的方式。可以说在我国行政部门要求国内企业建立合规体系时，其出发点便是防范并控制"合规风险"。[2] 伴随"一带一路"倡议与企业"走出去"政策的施行，我国企业不仅受到国内法律规制，还可能受到外国法律以及相关国际条约的影响，加之《企业境外经营合规管理指引》《中央企业合规管理办法》等多部法律法规的出台，合规监管正在成为企业生产经营中所必须审慎面对的重要领域。对合规风险的忽视将为企业经营埋下一颗"定时炸弹"，当合规风险最终演变为严重违法违规问题时将给企业造成无法预计的损失。因此合规计划的制订应当首先从合规风险的识别出发。

---

[1] 参见李本灿：《法治化营商环境建设的合规机制——以刑事合规为中心》，载《法学研究》2021年第1期。

[2] 《商业银行合规风险管理指引》第5条规定：商业银行合规风险管理的目标是通过建立健全合规风险管理框架，实现对合规风险的有效识别和管理，促进全面风险管理体系建设，确保依法合规经营。

第一章
合规管理体系建设

1. 合规风险识别的义务来源

国际标准化组织发布的《合规管理体系要求及使用指南》（以下简称《使用指南》）第3条将合规风险定义为因不符合组织合规义务而发生不合规的可能性及其后果。企业合规风险与合规义务如同一枚硬币的正反面，企业不遵守合规义务便会导致合规风险的产生，因此识别合规风险的前提明确合规义务的范围。《使用指南》将合规风险分为内源风险与外源风险两类。

根据《使用指南》的精神及规定，内部合规义务往往源于企业的自主意识确立的合规义务，常见的内部合规义务来源包括但不限于：企业内部的章程、规章制度；与法人、自然人签订的协议；与其他组织签订的合同；针对产品质量、环境保护作出的相关承诺等。源于内部的合规义务虽然是"自愿遵守"，但是往往基于外部法律法规、行业性标准等均会产生相应的合规义务，如不规范履行合规义务将产生相应的合规风险。

外部来源的合规义务顾名思义是源于企业之外的合规义务，往往是企业必须遵守的要求，包括但不限于：法律法规、行政许可、行业标准、国际条约、商业惯例等。

2. 识别合规风险的方法

为有效识别企业潜在的合规风险，企业须通过收集重要经营活动以及业务流程中存在的风险信息，并对相关风险进行分析归纳。现有商事实践中，企业常用的识别方法有：调查回访法、监督举报法以及案例分析法。

（1）调查回访法

企业与其他企业进行合作前，应该对合作企业开展全面的尽职调查，对合作企业的资金情况、违法违规情况等进行充分地了解，综合判断与该企业合作的法律风险，避免自身因牵涉合作企业的违法行为而承担法律责任。在合作结束之后，企业也可以与相关合作企业开展合作回访，通过合作企业的信息反馈，了解到此次合作过程中各环节可能存在法律风险，尤其是识别企业员工在此次合作中是否存在串通投标、商业贿赂等法律风险。[1]

---

[1] 参见孟博：《企业合规：快速识别合规风险的6个方法》，载"威科先行"微信公众号，https://mp.weixin.qq.com/s/qQ5snF0zjqJmtT2MEQXNFQ，最后访问日期：2023年11月9日。

（2）监督举报法

企业可以建立举报机制，鼓励举报人通过信函、电话、电子邮件、网络留言等形式对企业可能存在的合规风险进行举报；企业可以增设举报奖励，以提高举报人的积极性。同时在举报机制建立后，企业还要配套建立相应的调查机制，及时对举报的合规风险进行调查、分析并采取风险化解和处置措施。

（3）案例分析法

案例分析法是指企业根据自身以往的合规风险案例或者其他企业相同或类似的合规风险案例，通过研究分析、总结，以提升企业合规风险识别和预防能力的方法。采用案例分析法应当注重以下几个要点：首先是案例的挑选。企业可以挑选企业先前发生的合规风险案例，企业先前没有发生过类似的合规风险案例，则可以参考其他企业或相同行业、业务领域等的案例。其次是案例的分析。在选定适宜的案例后，要对案例进行系统的汇总和分析，结合案件的争议焦点和核心合规风险，分析在该案件中企业做出的有效措施以及未来仍需改进和补充的部分。最后通过提炼案例中与本企业相同或类似的合规风险内容及合规风险应对措施，不断更新、健全本企业的合规风险管理体系。[1]

（二）针对风险制订专项合规计划

在有效识别出企业生产经营所面临的风险之后，便应当针对具体风险制订专项合规计划。不同企业之间存在企业性质、经营规模与业务范围等多方面不同，试图以一套普适性的合规计划推广适用于所有企业不具有可行性。相反，每个企业之间由于其性质、主营业务、治理结构的差异，都会产生具有自身特点的合规风险。因此，专项合规计划的制订应当从企业实际情况出发，选择特定角度对企业面临的重要风险进行识别，并以此为基础制订专项合规计划。

1. 企业应当聚焦重点风险领域、重点业务的合规义务

企业没有必要也不可能识别所有合规义务，而应当以主要业务为基础，关注重点风险领域，识别对于企业最重要的合规义务。最重要的合规义务，往往与企业重要业务领域息息相关，关乎企业的生存发展。若企业忽视或者不履行这些义务，必将给企业带来重大风险和危害。例如，对于制造类企业，应重点关注安全

---

[1] 参见孟博：《企业合规：快速识别合规风险的6个方法》，载"威科先行"微信公众号，https://mp.weixin.qq.com/s/qQ5snF0zjqJmtT2MEQXNFQ，最后访问日期：2023年11月9日。

第一章
合规管理体系建设

生产、劳动保护及环境保护等相关合规义务；对于投资类企业，应重点关注投资负面清单、主管部门监管规定等相关合规义务；对于技术研发类企业，则需重点关注知识产权、商业秘密等相关合规义务。

在识别出企业最重要的合规义务后，可以沿着业务领域的范畴，再去识别其他的合规义务。这部分合规义务数量庞杂，企业在识别过程中应将这些合规义务限定于与企业业务、发展有关联的范畴当中，做到具体问题具体分析，抽象出与企业有密切关系的合规义务。

2. 企业应以监管部门为导向，关注业务对应的监管风险

每个企业都有不同的业务领域，所对应的监管部门自然各不相同，同一个部门对不同的业务也有不同的监管要求。因此，企业可以从重点业务对应的主要监管机构进行识别，关注其监管权限和执法领域、重点，厘清违反相关监管规定所面临的风险和处罚，以此识别主要监管部门涉及的重要合规义务。例如，食品企业的主要监管部门为市监局、卫健委等部门。

企业以各个部门的业务范围、职责为基础，确定各自涉及的主要监管部门，将各种类型领域的合规义务的识别和更新下发给各部门。企业除了监管部门的规章制度及要求外，还要随时了解这些监管部门公开发布的信息，从而识别并动态调整自己的合规义务。

3. 借助不同视角识别重要合规风险

在未建立合规管理体系的企业里，合规义务的识别工作往往是在自发状态下分散性展开的，这些合规义务往往侧重于企业内部面临的风险，而在一定程度上忽视了外部环境可能面临的风险。

在建立了合规管理体系的企业里，其往往有意识地进行合规义务识别，并结合企业的实际情况，采用适当的识别方法识别企业的内外部环境面临的合规义务。但无论是否建立合规管理体系，其识别合规义务往往是基于自身视角，难以发现企业的潜在风险。为此，企业可以考虑借助外部专家对企业内外部环境进行详尽分析，提示出企业可能面临的重大合规风险，并针对这些合规风险确定企业需要重点关注和识别的合规义务。

二、专项合规计划的其他内容

专项合规计划是企业针对特定风险，为防止发生特定的违法违规事件所专门

建立的合规管理制度。除了对企业经营风险做到有效识别与评估外，为达到防止违法情况产生，还需要根据企业自身情况引入其他合规要素。例如，企业存在超标排放污染物这一情形时，在制订环保合规计划的过程中便需要考虑适时引入其他组织对企业污染物处理机制进行管理与监督，保障企业污染物排放符合国家标准与法律规定。尽管各企业之间因面临风险各不相同而导致合规计划存在差异性，但从既往检察机关监督指导下的合规整改成功案例中仍能总结出一些共性内容，作为专项计划的基础制度结构。有学者将其总结为三项基本原则：（1）针对性原则：企业在制订专项计划判断是否需要引入相关制度时应当建立在有效的风险识别与评估结果之上，针对企业在生产经营各环节中所面临的重大风险进行针对性管理。（2）补救性原则：企业应在原先已经存在的制度漏洞上（如在特定领域内曾经发生过违法违规情况）建立专门性补救机制，防止再次发生相关违法违规情形。（3）监控特定业务流程原则：对企业现存法律风险的经营流程或环节，建立内部控制机制，加强各部门之间的监督制约，减少开展业务时违法违规的可能性。在这三项原则的指引下，企业还应当配置独立的合规组织与管理人员、建立专门性的合规政策与员工手册、寻求企业相关业务的替代方案并对专项合规管理体系进行持续改进等专门性合规机制，为企业有效合规管理提供制度保障。

（一）专门性的合规政策与员工手册

有效合规管理要求企业在针对合规风险制定完备的合规政策后在企业中进行公示，使其成为企业员工所共同遵守的行为准则。例如，在企业存在用工方面的合规风险时，企业应当针对此风险建立用工合规管理体系，这包括用工合规政策与人力资源员工手册。二者均应当针对企业面临的特定领域的合规风险，吸纳其中的法律、行政法规、部门规章等强制性规范，使其成为企业开展合规的重要规范依据。

合规政策与员工手册分别作为对外与对内实施合规管理的义务依据。就对外来说，企业面临的合规问题不仅来自对公司高管与员工的合规管理，对公司合作方的合规管理也同样重要。如果公司的合作方违法违规，公司往往也要承担合作方违法的法律后果。[1] 专项合规政策对外将特定领域所需要遵守的法律规范与行

---

[1] 参见解志勇、那扬：《有效企业合规计划之构建研究》，载《法学评论》2022年第5期。

第一章
合规管理体系建设

为准则以及企业开展相关业务时的业务流程进行宣示,督促合作伙伴遵守相关规范性文件,减少因合作方违法导致自身遭受牵连的可能性。员工手册则将特定领域的禁止性规定与义务性规定加以整理汇编,督促企业员工与管理人员依法依规开展业务。

专门性合规政策与员工手册的出台,一方面能够起到宣扬合规管理文化的作用,另一方面还能落实合规风险识别、合规风险评估等具体内容,从而有效预防特定风险的产生。例如,在企业出具与税收合规相关的专门合规政策与员工手册后,企业不仅可以针对企业目前是否存在税收违规问题进行识别,并对后续是否产生税收违规的可能性进行评估,还可以以员工手册为依据,对企业相关员工作出遵循税收相关法律法规及规章制度的专项培训,督促员工作出遵守税收相关法律法规的承诺。

(二)寻求企业相关业务的替代性方案

许多企业长期持续存在违法违规风险的主要原因是在之前开展业务的过程中未能提前进行合规性审查,导致企业持续在违法违规的经营方式中开展业务,但又无法摆脱相关模式提供的便利,形成了制度性依赖。因此,企业在合规整改过程中如果仅满足于规章制度的构建,而不对企业涉嫌违法违规的业务作出实质性改变,那么企业在生产经营过程中很可能回到原有的经营方式,导致企业生产重新回到违法违规的循环当中,经营活动中的相关合规风险始终难以消除,如同一把高悬的"达摩克利斯之剑",成为随时可能威胁企业的不稳定因素。

在合规过程中,企业一般都会选择暂停原有业务,寻找合适的合法合规的替代方案。举例而言,涉嫌污染环境的企业为了开展有效的合规整改,一般会选择在停止生产销售原有产品后,既可以选择设立相应环保措施,也可以选择变更生产产品的类型,选择一种对环境影响在国家允许范围内的新产品。又如,涉嫌侵犯知识产权的企业,要想使合规常态化,避免在合规过后企业又因涉嫌知识产权遭受行政处罚乃至最终构成犯罪,在向被侵权企业作出赔偿后可以与其签署知识产权许可协议,通过合法合规的方式获得知识产权的使用许可,最终实现剥离具有合规风险的商业模式。

值得一提的是,为相关业务设计"可替代方案"并非每个企业所必须采取的合规管理措施,而属于企业可选择的合规风险管理方式,企业应当在对合规风险进行评估后，根据风险的严重程度决定是否需要采用业务的替代性方案。

（三）专门性的业务流程监管体系

企业在合规管理的过程中，除了积极寻找存在合规风险业务的替代方案外，对无法替代的生产经营环节，为避免其再次出现违法违规情形，还需要制定一套对特定领域业务流程的监管体系。例如，中兴公司因违反美国商务部出口禁令遭受制裁后，便制订了一套运行良好的出口管制合规计划，其中为避免再次出现分销违规问题，中兴公司及其子公司发布了产品"出口管制分类编码"（ECCN），从而保证公司的供应链与分销渠道的出口合规。

企业根据应当针对出现现实法律风险的特定领域与环节，引入专门性的监管体系。例如，为避免再次出现因招投标引发的法律风险，企业应当对招投标决策、标书制作等环节，进行合规性审查，加强内部控制。

对业务环节进行的内部流程监管，一般包括：（1）建立并发布必要的规章制度，明确相应的工作流程。例如发票管理制度、合同审查制度以及进出口管理制度等。（2）引入新的管理流程，提高决策事项的审批层级，构建不同部门之间的监督制约机制，避免企业对合规计划失察，从而及时发现相关漏洞，避免企业产生更为复杂的合规风险。（3）实施交易过程真实记录机制，对容易产生合规风险的特定领域作出准确的书面或电子记录，为后续不定期审查业务的合规性提供制度保障。例如在黄金交易过程中，以往存在虚开发票的违法行为，在合规过程中，企业通过制定《发票管理制度》《黄金交易业务实施流程》等规范性文件，建立了包括合同审查、发票管理在内的黄金交易流程，消除了"票货分离"的交易模式，保证每一项发票的开具都有对应的黄金交易。并对该交易进行详尽记录，避免虚开发票行为的再次发生。

（四）定制化的合规培训

合规培训不仅能够有效应对合规风险，还能作为企业建设合规文化的重要途径。《联邦量刑指南》便要求企业在制定专项合规机制后，应当对企业员工进行培训，介绍特定领域的合规程序以及标准，让员工了解合规计划的具体操作步骤，也让员工知晓相关合规计划对企业的重要程度。[①] 在开展合规培训时，企业

[①] 参见解志勇、那扬：《有效企业合规计划之构建研究》，载《法学评论》2022年第5期。

第一章
合规管理体系建设

应当根据风险识别与评估的结果,建立差异化与针对性的合规培训制度。在合规培训的过程中,应当结合前述专门性的合规政策与员工手册,针对特定领域的业务内容,制定针对性的培训内容,对开展业务各环节与流程中所可能产生的风险进行预警。并且合规培训不能仅流于形式,员工除了学习课程、收听讲座外,更要以实战模拟、分组讨论等方式切实参与其中。合规培训并非一蹴而就,而是持续性的系列行为。

（五）独立的合规组织与合规管理人员

专项合规计划建立适当的合规组织并配置必要的合规管理人员,是合规管理体系得以有效执行的组织保障。[1] 2018年颁布的《中央企业合规管理指引（试行）》规定了八个层级的企业合规组织,为企业设置专门合规组织提供原则性的指引。但合规组织与合规管理人员的设置应当视企业具体情况而定,对小微企业而言,如不加区分盲目套用大型企业的合规体系设置专门合规机构,将导致在实际过程中企业经营成本过度增加,进而使企业对推进合规管理缺乏动力,合规管理的效果必然也将打折扣。对于小微企业来说,可执行性是合规组织设立的重要标准,可以仅设立合规专员负责合规管理工作,并通过在合规管理过程中加强对合规专员的绩效考核保障合规计划的执行效果。对大中型企业而言,由于其内部治理结构本身较为复杂,也不能盲目按照普适标准配置合规组织及其工作人员,而应遵循"量身打造"的基本原则。基于开展合规管理的重点领域,针对性设立合规组织并配置一定数量的合规管理人员。

在最高人民法院公布的企业合规典型案例中,便存在因企业管理层与工作人员对知识产权侵权以及刑事犯罪的法律意识淡薄,企业领导在内部管理中大搞"一言堂",致使公司股东与实际控制人的违法行为未能得到董事会与监事会的监督。

尽管目前对合规组织的性质仍存有一定争议,部分学者主张应将合规作为公司组织与成员的基本法定义务,将合规规定作为企业的基本行为准则；也有部分学者主张应当区分一般合规义务与合规治理义务,在法律规定中仅需确立合规治理的有效性标准,但仍将合规治理结构的具体方案交由企业自行决定。但无论此

---

[1] 参见段君尚:《自贸试验区企业有效合规标准研究》,载《上海政法学院学报（法治论丛）》2023年第5期。

后合规组织能否在公司法中予以明确规定，有效合规的执行都需要稳定运行的合规组织体系予以保障。

（六）企业合规持续改进机制

企业如需确保合规成果的长期有效，便不能固守合规的短期成果，而应做到与时俱进，合规风险发展变化以及相关法律法规在不断变化发展，这就要求企业对合规机制进行持续性地改进，从而确保企业的合规机制持续发挥其应有作用。其一，企业应当根据法律法规的变动情况，对合规政策与员工手册进行及时更新，组织员工与管理人员重新进行培训，并对企业相关合规风险点再次识别与评估。其二，企业还应当对特定领域的合规风险的变化进行及时进行评估，甄别其中容易出现违法行为的环节与流程，与此前合规风险识别的结果相比照，进而有针对性地改进相关合规管理制度并调整相应业务流程。其三，企业在后续经营过程中，如涉及拓展业务范围、扩大经营规模，如设立分支机构、开展并购业务以及开拓海外市场等，也都需要对新增领域的合规风险进行重新评估，并对相关合规机制作出调整。

近年来，陆续颁布的一系列与企业合规相关法律法规凸显出社会对切实推进合规的重视。企业合规是未来一段时间内企业管理改革的主旋律，为了实现合规的有效化，企业应当依据业务内容与合规风险，为自身量身打造适合企业情况的合规计划，并且合规不能仅流于形式，企业还应采取建立合规组织、聘用专业合规管理人员等措施，确保合规计划落到实处，使合规计划充分发挥其防范风险的作用，保障企业合法合规经营。

企业专项合规计划的制订与落实

李宗泰

企业制订合规计划的目的一方面在于建立一套确保企业依法依规经营的管理机制，另一方面企业也希望通过制订合规计划能够积极配合执法调查，有效切割法律责任，从而最大程度减少合规风险。基于这一目的，制订合规计划不能仅定位于应对政府执法部门的强制合规要求，而应从合规治理、避免合规风险等角度来帮助企业获得实际利益，制订专业化和有效化的合规计划。

企业进行合规时应树立专项合规计划的基本意识，放弃制订"大而全"的合规计划的空洞设想。在实务过程中，有的企业制订了一种"大而全"的合规计划，针对数十种合规领域制定了综合合规政策，这显然是一种失败的合规计划设计。真正专业的合规计划应是针对企业的主要合规风险，就某一特定领域打造专项合规计划。例如，被业界视为合规范本的西门子打造的反海外贿赂合规计划，中兴公司打造的出口管制合规计划，湖南建工打造的诚信合规计划等，都属于针对特定合规领域的专项合规计划。

综上所述，搭建与落实合规计划的关键在于识别与评估企业存在的法律风险，并且针对企业所面临的主要风险制订专项合规计划，从而保证合规计划的有效性与可执行性。

一、合规计划的制订

合规计划作为一种风险抵御工具，不但能够降低企业面临的经营风险，而且依法依规经营也是企业可持续发展的必然要求，因此从长远来看企业搭建合规计划也有利于增强企业竞争力。① 搭建合规计划的前提是对合规风险的识别，企业应根据自身性质与业务内容，针对企业在税收、反商业贿赂、知识产权等特定领域的风险，基于风险识别进行风险评估，并在风险评估的基础上建立专项合规机制，避免企业因违法违规产生不必要的法律风险。

（一）合规风险的识别

专项合规计划需要以合规风险评估结果为基础，有针对性地展开合规，因此企业制订专项合规计划的前提是建立有效的风险识别与控制机制。在我国行政部门要求国内企业建立合规体系时，其出发点便是防范并控制合规风险。② 美国《联邦量刑指南》也指出企业有效合规计划的构建首先应当针对企业自身的经营风险进行自我调查。③ 伴随"一带一路"倡议与企业"走出去"政策的施行，我国企业不仅受到国内法律规制，还可能受到外国法律以及相关国际条约的影响，加之《企业境外经营合规管理指引》《中央企业合规管理办法》等多部法律法规的出台，合规监管正在成为企业生产经营中所必须审慎面对的重要领域。对合规风险的忽视将为企业经营埋下一颗"定时炸弹"，当合规风险最终演变为严重违法违规问题时将给企业造成无法预计的损失。因此合规计划的制订应当首先从合规风险的识别出发。

1. 合规风险识别的义务来源

依据国际标准化组织发布的 ISO 37301：2021《合规管理体系要求及使用指南》（以下简称《使用指南》）第 3.24 条的规定：合规风险是因不符合组织合规义务而发生不合规的可能性及其后果。企业合规风险与合规义务总是一体两面的，违反合规义务即形成合规风险，因此识别合规风险的前提需瞄准合规义务。《使用指南》将合规风险分为内源风险与外源风险两类。

根据《使用指南》的精神及规定，内部合规义务往往源于企业的自主意识确立的合规义务，常见的内部合规义务来源包括但不限于：企业内部的章程、规章制度；与法人、自然人签订的协议；与其他组织签订的合同；针对产品质量、环

---

① 参见李本灿：《法治化营商环境建设的合规机制——以刑事合规为中心》，载《法学研究》2021年第1期。
② 《商业银行合规风险管理指引》第5条：商业银行合规风险管理的目标是通过建立健全合规风险管理框架，实现对合规风险的有效识别和管理，促进全面风险管理体系建设，确保依法合规经营。
③ 参见解志勇、那扬：《有效企业合规计划之构建研究》，载《法学评论》2022年第5期。

第一章
合规管理体系建设

境保护作出的相关承诺等。来源于内部的合规义务虽然是"自愿遵守",但是往往基于外部法律法规、行业性标准等均会产生相应的合规义务,如不规范履行合规义务将产生相应的合规风险。

外部来源的合规义务顾名思义是源于企业之外的合规义务,往往是企业必须要遵守的要求,包括但不限于:法律法规;行政许可;监管机构的命令或条例;法院判决;国际条约、惯例等。

2. 识别合规风险的方法

为有效管理企业合规风险,企业必须通过收集企业各项重要经营活动以及重要业务流程中存在的合规风险,并对相关风险进行分析归纳。现有商事实践中,企业常用的识别方法有:调查回访法、监督举报法、调研访谈法以及案例分析法。

(1) 调查回访法

企业与其他企业进行合作前,应该对合作企业开展全面的尽职调查,对合作企业的资金情况、违法违规情况等进行充分的了解,综合判断与该企业合作的法律风险,避免自身因牵涉合作企业的违法行为而承担法律责任。在合作结束之后,企业也可以与相关合作企业开展合作回访,通过合作企业的信息反馈,了解到此次合作过程中各环节可能存在法律风险,尤其是识别企业员工在此次合作中是否存在串通投标、商业贿赂等法律风险。[1]

(2) 监督举报法

企业可以建立举报机制,鼓励举报人通过信函、电话、电子邮件、网络留言等形式对企业可能存在的合规风险进行举报;企业可以增设举报奖励,以提高举报人的积极性。同时在举报机制建立后,企业还要配套建立相应的调查机制,及时对举报的合规风险进行调查、分析并采取风险化解和处置措施。

(3) 调研访谈法

调研访谈法是指通过对可能存在法律风险的对象进行访谈,了解其潜在的观点和认知,确定其是否真的存在法律风险。基于此调研访谈的对象应当具有针对性,一般可以针对各部门领导及关键岗位员工进行访谈,可以结合案例梳理的结

---

[1] 参见孟博:《企业合规:快速识别合规风险的6个方法》,载"威科先行"微信公众号,https://mp.weixin.qq.com/s/qQ5snF0zjqJmtT2MEQXNFQ,最后访问日期:2023年10月28日。

果以及调查问卷的内容有针对性地制作访谈提纲,由法律专业人员对访谈内容进行梳理把关,从而发现一些管理层及业务人员所关注的风险要点,企业合规人员可以在此基础上判断是否存在可能的合规风险事件。

(4) 案例分析法

案例分析法是指企业根据自身以往的合规风险案例或者其他企业相同或类似的合规风险案例,通过研究分析、总结,以提升企业合规风险识别和预防能力的方法。采用案例分析法应当注重以下几个要点:首先是案例的挑选。企业可以挑选企业先前发生的合规风险案例,企业先前没有发生过类似的合规风险案例,则可以参考其他企业或相同行业、业务领域等的案例。其次是案例的分析。在选定适宜的案例后,要对案例进行系统的汇总和分析,结合案件的争议焦点和核心合规风险,分析在该案件中企业作出的有效措施以及未来仍需改进和补充的部分。最后通过提炼案例中与本企业相同或类似的合规风险内容及合规风险应对措施,不断更新、健全本企业的合规风险管理体系。[①]

(二) 针对风险制订专项合规计划

在及时、科学地识别出企业生产经营面临的风险后,企业便应当针对识别出来的风险制订专项合规计划。不同企业之间存在企业性质、经营规模与业务范围等多方面不同,试图以一套普适性的合规计划推广适用于所有企业不具有可行性。相反,每个企业基于其性质、业务、公司治理结构和经营方式,都会面临各不相同的合规风险。因此,专项合规计划的制订应当从企业实际情况出发,选择特定角度对企业面临的重要风险进行识别,并以此为基础制订专项合规计划。

1. 企业应当聚焦重点风险领域、重点业务的合规义务

企业没有必要也不可能识别所有合规义务,而应当以主要业务为基础,关注重点风险领域,识别对于企业最重要的合规义务。最重要的合规义务,往往与企业重要业务领域息息相关,关乎企业的生存发展。若企业忽视或者不履行这些义务,必将给企业带来重大风险和危害。例如,对于制造类企业,应重点关注安全生产、劳动保护及环境保护等相关合规义务;对于投资类企业,应重点关注投资负面清单、主管部门监管规定等相关合规义务;对于技术研发类企业,则需重点

---

① 参见孟博:《企业合规:快速识别合规风险的6个方法》,载"威科先行"微信公众号,https://mp.weixin.qq.com/s/qQ5snF0zjqJmtT2MEQXNFQ,最后访问日期:2023年11月9日。

第一章
合规管理体系建设

关注知识产权、商业秘密等相关合规义务。

在识别出企业最重要的合规义务后,可以沿着业务领域的范畴,再去识别其他的合规义务。这部分合规义务数量庞杂,企业在识别过程中应将这些合规义务限定于与企业业务、发展有关联的范畴当中,做到具体问题具体分析,抽象出与企业有密切关系的合规义务。

2. 企业应以监管部门为导向,关注业务对应的监管风险

每个企业都有不同的业务领域,所对应的监管部门自然各不相同,同一个部门对不同的业务也有不同的监管要求。因此,企业可以从重点业务对应的主要监管机构进行识别,关注其监管权限和执法领域、重点,厘清违反相关监管规定所面临的风险和处罚,以此识别主要监管部门涉及的重要合规义务。例如,食品企业的主要监管部门为市监局、卫健委等部门。

企业以各个部门的业务范围、职责为基础,确定各自涉及的主要监管部门,将各种类型领域的合规义务的识别和更新下发给各部门。企业除了监管部门的规章制度及要求外,还要随时了解这些监管部门公开发布的信息,从而识别并动态调整自己的合规义务。

3. 借助其他视角识别重要合规风险

在未建立合规管理体系的企业里,合规义务的识别工作往往是在自发状态下分散性展开的,这些合规义务往往侧重于企业内部面临的风险,而在一定程度上忽视了外部环境可能面临的风险。

在建立了合规管理体系的企业里,其往往有意识地进行合规义务识别,并结合企业的实际情况,采用适当的识别方法识别企业的内外部环境面临的合规义务。但无论是否建立合规管理体系,其识别合规义务往往是基于自身视角,难以发现企业的潜在风险。为此,企业可以考虑借助外部专家对企业内外部环境进行详尽分析,提示出企业可能面临的重大合规风险,并针对这些合规风险确定企业需要重点关注和识别的合规义务。

二、合规计划的执行

合规计划的执行是指企业根据合规计划中增强内部管理的方案,在企业生产经营的过程中将该方案进行严格落实,使合规计划在企业管理中充分发挥内部监管作用,保障企业始终保持合法合规运行。企业应当配置独立的合规组织与合规

管理人员、制定或修订合规章程、寻求企业相关业务的替代方案并对专项合规管理体系进行持续改进。

(一) 独立的合规组织与合规管理人员

建立适当的合规组织并配置必要的合规管理人员，是合规管理体系得以有效执行的组织保障。[①] 国务院国有资产监督管理委员会于2018年印发了《中央企业合规管理指引（试行）》，其中第二章规定了总计八个层级的企业合规组织，为企业设置专门合规组织提供原则性的指引。但合规组织与合规管理人员的设置应当视企业具体情况而定，对小微企业而言，如不加区分盲目套用大型企业的合规体系设置专门合规机构，将导致在实际过程中企业经营成本过度增加，进而使企业对推进合规管理缺乏动力，合规管理的效果必然也将打折扣。对于小微企业来说，可执行性是合规组织设立的重要标准，其可以仅设立合规专员来专门负责合规管理工作，合规专员应具备相应合规管理资质或者专业能力，通过在合规管理过程中加强对合规专员的绩效考核保障合规计划的执行效果。对大中型企业而言，由于其内部治理结构本身较为复杂，也不能盲目按照普适标准配置合规组织及其工作人员，而应遵循"量身打造"的基本原则。以前述合规风险识别与评估的结果为基本依据，确立开展合规管理的重点领域，针对性设立专门合规组织并配置相应合规管理人员，使其从事专门性的合规管理业务。

(二) 专门性的合规政策与员工手册

有效合规管理要求企业针对特定的合规风险制定相应的合规政策、标准与程序，并将前述政策、标准与程序在企业中进行公布，使其成为企业各员工所共同遵守的行为准则。例如，在企业存在用工方面的合规风险时，企业应当针对此风险建立用工合规管理体系，这包括用工合规政策与人力资源员工手册。无论是企业专门性合规政策，还是员工手册，均应当针对企业面临的特定领域的合规风险，吸纳其中的法律、行政法规、部门规章、行业惯例等强制性规范，使其成为企业开展合规的重要规范依据。

专门性合规政策与员工手册的出台，一方面能够起到宣扬合规管理文化的作

[①] 参见段君尚：《自贸试验区企业有效合规标准研究》，载《上海政法学院学报（法治论丛）》2023年第5期。

第一章
合规管理体系建设

用,另一方面还能落实合规风险识别、合规风险评估等具体内容,从而有效预防特定风险的产生。例如,在企业出具与税收合规相关的专门合规政策与员工手册后,企业不仅可以针对企业目前是否存在税收违规问题进行识别,并对后续是否产生税收违规的可能性进行评估,还可以以员工手册为依据,对企业相关员工作出遵循税收相关法律法规及规章制度的合规培训,敦促员工就遵守税收相关的法律法规作出合规承诺。

国有企业合规管理有效性评价要点

朱 明 梁 征 吴乙婕

国有企业合规管理体系的有效性评价是对国有企业合规管理体系在督促国有企业履行合规义务，识别、分析和防控合规风险所发挥的实际效用加以检验、评判的过程。作为目前国有企业合规管理体系建设领域位阶最高的规范性文件，2022年10月1日正式生效的《中央企业合规管理办法》（以下简称《办法》）系统全面地总结了2018年《中央企业合规管理指引（试行）》（以下简称《指引》）发布以来中央企业合规管理实践，吸收了国际合规管理先进经验，标志着国有企业合规管理进入2.0时代，强调"有效性"是合规管理的第一关键词。

《办法》借鉴国际国内先进经验，进一步强化了合规管理有效性评价的要求。但是，现阶段大量国有企业（尤其是央企子企业及地方国有企业）合规管理体系建设仍处于持续进行中，合规管理有效性评价工作正处于起始阶段。国有企业对于为何需要开展合规管理有效性评价工作，如何开展合规管理有效性评价工作以及如何通过评价有效推动合规管理体系从"纸面合规"走向"实质合规"在认识和实践上仍存在提升的空间。

一、国有企业开展合规管理体系有效性评价具有规范基础和现实意义

企业合规管理的发展过程如同事物的发展过程，并非持续不变，而是螺旋上升的，需要长久持续地进行监控、检查、评价和改进，合规管理体系有效性评价是合规体系建设的应有之义，也是充分保障合规管理促进业务发展的必然要求。

第一章
合规管理体系建设

1. 合规管理有效性评价是国有企业合规管理的法定要求

合规管理有效性评价是对合规管理体系的适当性、充分性和有效性进行监控、检查、评价和持续改进的过程。《指引》、《合规管理体系要求及使用指南》（ISO 37301：2021）以及《办法》都明确了合规管理有效性评价是合规管理体系建设的重点内容之一[①]。合规管理有效性评价在理论和逻辑上是企业合规运行机制的重要组成部分。

国务院国资委于 2021 年制定了一套"调研"体系，设计了 5 个层面 30 项指标，用以考察中央企业合规管理体系建设情况，作为中央企业开展合规管理有效性评价的重要参考。但该指标重在考察企业合规管理体系的有无，未真正深入具体地考察企业合规管理是否有效。2022 年《办法》在央企"合规管理强化年"大背景下应运而生，作为强制性部门规章《办法》共八章四十二条，七处提及了国有企业合规管理有效性考核评价，以推动中央企业合规管理有效性评价工作落到实处[②]。其中，《办法》第 4 条明确规定国务院国资委将对央企的合规管理体系有效性进行考核评价，并进一步丰富了有效性评价内涵，在合规管理体系整体有效性评价之外，还规定央企应当"针对重点业务合规管理情况适时开展专项评价"；此外，《办法》在第 8 条和第 14 条中明确规定，合规管理体系有效性评价是董事会、合规管理部门的工作职责，且是运行机制的组成部分。总体而言，《办法》相比于《指引》全面提高了对合规管理体系有效性进行评价的要求，明确各级国资监管部门要对国有企业合规体系建设的有效性要进行考核、评价，对违规行为要严肃追责，并且要强化评价结果运用，这充分体现了"合规有效性"是合规管理的目标，也是国家对国企合规监管的最重要、最基本的要求，为国有企业合规管理有效性评价工作奠定了法理基础。国务院国资委自 2023 年起按照"五年一轮全覆盖"的目标启动了中央企业合规管理体系有效性评价工作，同时推动中央企业定期对子企业进行评价。

2. 合规管理有效性评价是实现合规管理目标的重要保障

合规管理是以防范合规风险为导向的管理活动，当下外部环境不确定性增强，国有企业经营面临的合规风险显著增加。国有企业定期、全面地开展合规

[①] 吴学静：《企业合规管理体系认证问题分析及发展建议》，载《中国标准化》2022 年 12 月 31 日。
[②] 丁继华：《央企合规管理体系建设迈上新台阶》，载《企业管理》2023 年 3 月 1 日。

性评价可以在发现违规风险方面发挥作用,也能够及时有效地评价、识别和控制可能出现的合规风险,从而为在合规的具体层面加强管理措施提供方向和保障。

合规管理有效性评价的正面结果,可以起到良好的示范作用,促进公司提高合规管理水平,通过合规管理实现公司的发展战略和经营目标。而合规有效性评价的负面结果则可以起到警示作用,能够及时有效地发现风险,研究制定相应的风险防范和控制措施,促进公司完善、落实合规管理制度及流程,确保合规管理体系有效运行,实现惩治和预防的双重功能。

当企业出现违规事件面临国际制裁、行政或刑事处罚的情况下,企业以追求减轻处罚或者取消制裁为目标,针对业已暴露的违法、违规或者犯罪行为,采取有针对性的合规管理措施和有效性评价工作,能够有效督促员工遵纪守法、积极防控合规风险,从而得到执法机关、监管机构对合规管理的认可继而获得宽缓处理。

3. 合规管理有效性评价是优化合规管理体系的必然选择[1]

国有企业合规管理体系建设不是一蹴而就的事,它有赖于合规管理组织体系的设置及权责划分、合规制度的分级分类及全生命周期管理、合规运行机制的健全和落实,合规保障机制的建立和强化等,需要有规划、有重点地逐步实施。国有企业合规管理体系有效性评价的关键在于"消差",即依托对体系建设的全面评审、反馈、再评审以达到发现建设及运行中的差距,寻找并确定持续改进的方向,从而实现"消差"的结果。

不同企业基础不同、重点不同、难度不同,合规管理的有效性评价有助于国有企业客观认识合规管理体系建设的阶段性成果和不足,以评促建,不断优化合规管理体系。无论是企业自行开展合规管理有效性评价,还是国资监管部门以评估为契机,引导国有企业在此过程中完善和健全合规管理工作,规范经营行为,都能形成和建立国有企业合规管理的体系化整体效应。因此,有效性评价对国有企业合规管理体系的改进优化具有重要意义,可以说是国有企业合规管理体系不断优化升级的必然选择。

---

[1] 刘相文等:《中国企业如何进行合规管理有效性评估?》,载中论资讯,https://www.zhonglun.com/Content/2021/11-29/1605225410.html,最后访问日期:2024年8月2日。

第 一 章
合规管理体系建设

二、国内外企业合规管理有效性评价的研究

合规管理体系有效性评价的要求存在于国内外各类合规管理体系建设的标准与规范中，以指导企业开展评价工作。由于对合规管理体系有效性评价的文件较多，笔者选择部分有代表性的文件予以说明。

1. 《企业合规计划评估》

国外普遍重视合规有效性评价，2017年美国司法部首次发布《企业合规计划评估》并于2020年6月1日做了再次更新，从"设计、执行、效果"三个维度对如何形成一项有效的合规机制提出了具体指引。《企业合规计划评估》以对涉嫌犯罪的公司所开展的合规计划进行评价，确认其是否达到合规标准，是否适用公司合规免责、合规暂缓起诉、合规不起诉等刑事宽宥措施。

《企业合规计划评估》主要从"合规计划设计是否良好""合规计划是否得到了执行和实施""合规计划运作情况是否良好"三个核心模块对公司合规计划进行有效性评估。并在这三个核心模块下进一步细化了各项评估指标，包括十二项一级指标和五十多项二级指标，以及共计两百余项具体评价指标[①]。

具体而言，一级指标包括：其一，从风险评估机制、政策和程序、培训和沟通机制、匿名报告机制和调查机制、并购合规管控六个方面审查公司合规计划设计的有效性，确保公司不仅明确表明对违规行为的零容忍，而且制定了适当的合规政策和合规程序。其二，对于该项合规计划是否得到了执行和实施，从中高级管理层的承诺、合规人员的自主权和资源、合规奖惩戒机制三方面进行评价。所侧重的是公司是否有独立、权威和拥有必要资源的合规组织体系，以及是否建立了合规奖惩机制。[②] 其三，重点关注合规计划的持续改进、对不当行为的调查方式以及对潜在不当行为的分析和纠正。从而确认公司合规管理体系能否有效识别不合规行为，并及时进行自我报告、分析及纠正。

2. 国内外合规管理体系标准

《合规管理体系　指南》（ISO 19600：2014）自颁布以来，为全世界范围内

[①] 刘相文等：《企业合规管理评估域外经验及对中国企业的启示》，载中伦咨询，https：//www.zhonglun.com/Content/2021/12-24/1347225354.html，最后访问日期：2023年12月24日。

[②] 陈瑞华：《有效合规计划的基本标准》，载http：//www.360doc.com/content/19/0924/14/51617097_862927749.shtm，最后访问日期：2024年8月2日。

055

合规管理体系的规范化、标准化建设提供了指导。基于最新的合规管理实践，ISO 于 2018 年 11 月启动了 ISO 37301 的制定工作，并于 2021 年 4 月 13 日正式发布 ISO 37301：2021《合规管理体系要求及使用指南》，修订并代替 ISO 19600：2014《合规管理体系指南》。

新版《合规管理体系　要求及使用指南》对合规管理体系的有效性给予了充分重视，不仅高度重视治理层和管理层在组织价值观和内部治理上的核心领导力，也在过程控制和程序部分引入"测试性控制"以最大限度确保合规管理体系运行的有效性。与其他 ISO 标准类似，它主张的体系评价是"基于要素"的，即基于合规管理体系标准基本要素的运行有效性设计而成。2022 年，作为可供企业进行 A 类认证的国家标准《合规管理体系　要求及使用指南》（GB/T 35770—2022）颁布，该标准等同采用 ISO 37301，仅在个别术语和附录做了一些最小限度的编辑性改动以加强在我国的适用性。目前已有部分在合规管理体系建设方面比较领先的国有企业完成了前述两个标准的双认证，在认证评价过程中，一定程度上也通过收集客观证据并与审核依据进行比对从而对企业的合规管理体系进行客观评价。这种方法侧重于反映企业合规状况、潜在问题以及改善合规管理。

此外，目前国内比较普遍使用的有效性评价标准是中国中小企业协会发布的《中小企业合规管理体系有效性评价》（T/CASMES 19—2022）（2022 年 5 月 23 日发布）以及中国企业评价协会发布的《企业合规管理体系有效性评价指引》（T/CEEAS 003—2022）（2022 年 10 月 12 日发布）。上述团体标准均对标 ISO 37301，对合规管理体系有效性评价进行了比较完整的系统化设计，规定了合规管理有效性评价的基本原则、评价内容、方法及流程等。

其中，《企业合规管理体系有效性评价指引》在 ISO 37301 各项要求和指南的基础上将《办法》的相关内容也融入评价指标，将党建作为附加评价指标，以凸显党建在国有企业或部分非公有制企业合规管理中发挥的重要作用。《企业合规管理体系有效性评价指引》兼具 ISO 37301 的要求与国有企业合规管理体系的要求，比较适合国有企业进行合规管理体系有效性评价时使用。而《中小企业合规管理体系有效性评价》的亮点在于在评价指标中分设了中型企业和小微企业的评价指标。针对小微企业组织结构和管理模式相对简单、从业人员少的特点，在保留合规管理体系基本要求的前提下相应简化合规管理体系的评价标准，使其更具有可操作性，更符合小微企业的管理实际。

3. 其他有效性评价文件

对于相关企业合规体系有效性评价的标准、方法、指标等暂未确定统一、详尽的指引或规定。而适用于某一特定行业、领域的规定主要集中在境外经营和金融证券领域，以《企业境外经营合规管理指引》《证券公司和证券投资基金管理公司合规管理办法》《保险公司合规管理办法》为例，此类文件通常仅针对该领域的企业而制定，不具有普适性。

三、国内合规管理有效性评价的特点

对于国有企业而言，合规管理有效性评价的主要依据是国务院国资委发布的适用于中央企业的《办法》以及各地方国资委发布的适用于本地国有企业的合规管理办法和合规管理指引。以上文件主要规定了国有企业合规管理体系的工作原则以及在组织和职责、制度建设、运行机制、合规文化、信息化建设、监督问责等方面的机制和要求。

2023年8月，国务院国资委下发了《关于开展2023年中央企业合规管理体系有效性评价工作的通知》，首批组织了20家中央企业，分为4个工作组，结合中央企业填报的《合规管理体系有效性评价自评表》，进行了现场合规管理工作评价。在开展中央企业合规管理体系有效性评价工作时同步下发了《重点领域合规评价自评表》，从专项评价的维度，要求中央企业从自评价着手逐步探索本企业的合规管理有效性评价路径和机制。重点领域合规评价主要评价专项合规制度建设成熟度、专项指引编制落实情况、专项领域合规风险识别评估实效等。而部分中央企业也自2023年相继启动了年度合规管理体系有效性评价工作。例如，中国海洋石油集团有限公司召开2023年度合规管理体系有效性现场评价工作启动会，对现场评价工作作出部署。根据工作计划，评价小组由集团总部和外部咨询机构组成，用一个月时间，赴集团公司总部和五家所属单位及其部分三级及以下单位进行现场工作，针对各单位不同情况展开综合评价和专项评价，形成报告呈报集团公司董事会。11月3日，中国建筑集团有限公司在京召开2023年合规管理有效性评价启动会，发布了《中建集团合规管理有效性评价的实施方案》，确定了评价工作的总体目标、评价范围、评价方式、工作组织、评价程序、评价结果及运用等内容。

综观前文所述国内外合规管理有效性评价研究的实际可以总结出国内尤其是

国有企业目前合规管理有效性评价工作有如下特点：

1. 合规管理有效性评价侧重于符合性

由于国内合规管理工作仍处于持续发展阶段，目前合规管理有效性评价更倾向于关注"有没有"。我国企业搭建合规管理体系所依据的规定和标准，基本上都规定了对企业已建立的合规管理体系有效性进行评价的内容，倾向于采用纵向合规要素的结构开展评估，总结的评价指标也较为原则，造成评估深度不够。除中国证监会发布的《证券公司合规管理有效性评估指引》之外，对于合规管理体系有效性评价的标准、方法、评价指标等均没有具体详尽的描述，也没有统一的规定或标准出台。[①]

2. 合规管理有效性评价工作容易流于主观及表面

目前，以贯标认证为代表的合规管理有效性评价工作多数表现为现场的书面审查，再通过访谈的形式听取企业员工描述的合规问题，往往缺少对合规管理执行和实践效果的深层调查，有待客观深入推进。

另外，评价均赋予了评估者更多的主观判断权力，例如《企业合规计划评估》中关于中高层的承诺、政策的制定与发布等可以被称为客观的指标，也有赖于评价者主观的判断指标是否实际运行，容易停留于表象。《证券公司合规管理有效性评价指引》提出的较为复杂的指标体系中大量指标的判定，也都依赖于评估者的主观判断。

3. 合规管理有效性评价的技术手段有待丰富

国外已存在大量的合规风险管理软件，可以提供更便利和高效的评估协助。而国内合规管理有效性评价方法多为现场访谈、书面审查，辅以穿行测试、飞行测试等方式，对合规风险评级的技术还比较简单，且受限于信息化水平，目前缺少有效的合规风险适时监测和控制手段，较难对有限的信息数据及资源进行技术处理，更难以对合规风险管理形成有效的支撑。

四、国有企业合规管理有效性评价要点

由于很难找到一套适用于全部企业的评估指标，那么对国有企业合规管理进

---

① 陈宇：《构建合规管理有效性评价标准的域外经验和中国实践》，载贸法通，https：//www.ctils.com/articles/11392，最后访问日期：2023年9月22日。

第一章
合规管理体系建设

行真正深入的有效性评估，必须因时因地因企制宜，为企业量体裁衣量身定做。笔者结合近年来央企、地方国企推动合规建设的实践，以服务的项目的经验为例，总结了国有企业合规管理有效性评价工作开展的要点，以期为企业和评估机构提供借鉴，也希望对国有企业合规管理体系建设和发展有所助益。

1. 确立评价对象及范围

资源的有限性决定了开展有效性评价工作时要有所侧重，提高针对性。省、市国资委出资监管的国有企业具有一个明显的特征即绝大多数以集团架构形式存在，多数企业具有多层级的组织架构。简单的集团架构至少有三层，而复杂的集团架构甚至多达九层。集团架构企业普遍拥有多家全资子公司、控股子公司和参股公司。基于此，在开展合规管理有效性评价时科学准确地确定合规管理有效性评价的对象及范围十分重要。

对集团性质的国有企业本身而言，合规管理体系从建设到评价都需要做到全面覆盖，这体现在三个"全"上，即将合规要求嵌入经营管理全领域各环节；贯穿决策、执行、监督全过程；落实到各部门、各下属单位和全体员工，实现多方联动、上下贯通。从而使评价内容和结果能够反映集团合规管理体系包括建立、实施、运行、维护、持续改进的情况。

而作为集团利润中心、业务中心的下属机构，则需要结合下属机构的成立时间、发展情况、合规管理体系建设的实际进行区分。笔者认为，要重点突出，在对象选择上，一是关注向国资委上报的重要子企业，重点子企业需要更精细和规范的合规管理，因此也有必要通过合规风险管理有效性评价进行持续关注；二是关注发生过的历史合规风险事件以及通过审计监督、合规报告就发现了问题的下属机构。对于评价的范围，要突出重点，锁定在对合规风险研判及管控的适当性以及充分性上，评价时可以根据对下属机构的审计检查结果以及年度合规管理工作报告等内容进行综合判断，以此为基础标识出重点领域、重要环节、重点内容。以便以更高的视角查找问题，注导集团公司主动加强合规风险管理。

2. 科学设置评价指标体系

评估指标体系设计的是否科学，将直接决定一次合规管理有效性评估的成败。科学的指标体系，既能客观、深入、完整地对企业合规管理是否有效做出评估，又能能动性地对企业向更优管理实践加以引导。国务院国资委下发的《合规管理体系有效性评价自评表》为国有企业合规管理有效性评价提供了框架和标准。笔者结合服务项目情况，根据公司实际情况优化，明确合规管理评价具体标准。

一是重点关注一级指标设置。结合国有企业合规管理体系建设的要求，重点关注六个方面，并将此作为一级指标：（1）人的层面，即组织与权责上是否做到从高层做起、合规人人有责，是否明确且合理分配了合规管理的具体职责；（2）制度层面，合规管理制度是否分级分类具有可操作性；（3）机制层面，关注合规风险管理机制设置的适当性、合规要求的覆盖性以及合规管理体系运行的有效及持续适用性；（4）文化层面，关注合规理念意识是否形成了自上而下、内生自发的氛围；（5）信息化建设，重点评价合规管理信息系统作用发挥情况；（6）违规处罚情况，即有效性评价年度范围内企业及员工因发生合规风险事件而产生的处罚情况，以评估合规运行情况以及形成持续改进。

二是进行科学权重赋值。由于合规有效性评价需要系统地反映国有企业合规管理体系运行的情况，为避免评价指标之间逻辑冲突、以偏概全等，需要根据评价工作的侧重点合理设置权重。应以前六个方面作为基础性指标，分别设置总分100分，合规管理的有效性主要体现在合规风险管理机制要有效运行，因此运行机制（含监督问责）占权重最大，占50%，并且细化到从合规风险评估分析预警到合规审查、合规监督、合规举报、合规考核等具体机制上。而组织建设、制度建设、合规文化、信息化建设分占剩余的50%。此外，将违规处罚作为扣分性指标，从体系持续动态改进形成良性循环运转的原理出发，形成严谨有序的规则系统。

三是明确合规管理评价具体标准。在《合规管理体系有效性评价自评表》基础上沿着合规体系建设、合规运行、合规管理结果三个方面细化评价指标，按照"6个方面44大项"（根据是否涉及涉外业务确定涉外部分评分是否适用）对标评价对象的业务范围，优化评价标准，分值设计偏预防、重落实。举例而言，对于组织建设方面，细化对合规组织架构建设及履职情况的考核，指标落脚在组织架构权责划分是否明确合理，能否保证合规管理在各级组织架构尤其是基层能否发挥作用。包括合规管理牵头部门的独立性，合规管理队伍的建设情况（如是否匹配了合适、足够的合规管理人员，是否基于合规管理队伍设立独立、科学、不受干扰的报告路线）。而对于各部门、员工的合规管理岗位职责落实上，主要评价业务部门及职能部门判断合规风险的准确性、管控合规风险的专业性以及防范

第一章
合规管理体系建设

合规风险的自觉性,检验业务及职能部门在具体业务单元中是否发挥了第一道防线的作用,是否主动进行日常的合规审查,是否对合规审查的效能进行记录和改进,是否定期修改、完善相关业务流程和岗位手册,是否支持并配合合规管理牵头部门进行风险识别、分析和评估。

3. 规范评价方法和程序

规范的评价方法和程序有助于指导合规管理有效性评价"正确做事"。合规管理有效性评价一定程度上类似于中医的系统性诊疗,即通过对企业经营管理的整体性把握,全面审查分析,以实现企业合规内循环的正常运转。具体来说,国有企业合规有效性评价程序具体包括成立评价小组、制定合规管理有效性评价方案、收集与审查相关资料文档、现场检查、评价信息的分析与对比、合规管理评价结果的出具与报告。

按照"五年一轮全覆盖"的目标,国务院国资委已经启动了中央企业合规管理体系有效性评价工作,随着各地方国企合规管理体系建设工作的推进,笔者认为在不久的将来,地方国资委也将参照国务院国资委小组的工作方式来推动地方国企合规管理评价工作。具体到国有企业,可以选择自行组织进行评价工作,成立评价小组。该小组中应当有明确的总负责人,制定评价的具体实施方案,明确评价工作的范围、内容、小组分工及要求。

对于合规有效性评价的常用的方式包括但不限于文本审阅、问卷调查、知识测试、抽样分析、个人访谈、实地走访、穿行测试、系统及数据测试等,但其方法论与中医诊断的"望、闻、问、切"有异曲同工之妙。

"望"——通过书面调查问卷、调阅资料、实地查看等非现场方式了解企业的合规管理情况。在进行书面问卷调查时要注意:精心设计构思问卷内容,以获得真实、可信的资料为目的,并且要注意资料整理和统计的便利性。

"闻"——通过个人访谈、企业走访、穿行测试等"听诊"的方式,在个人访谈中要注意:提前明确访谈对象并确定访谈提纲,访谈对象范围应当"自上而下"涵盖领导班子(高级管理人员)、业务及职能部门的主要负责人和各业务条线的业务骨干或员工。在访谈提纲设计及访谈过程中要充分考虑被访谈对象的背景情况,结合其岗位年限、职位职级、岗位职责来对访谈对象进行全面分析,注意方法和技巧,以保证所反映的问题和情况具有代表性,能准确地反映合规风险管理的具体执行情况。

"问"——以结果为导向,通过访谈追问,抽样分析等方式,交叉印证从各种途径渠道了解到的信息,深入挖掘信息,从而相对客观、全面地反映企业合规管理体系中的问题所在,客观、真实、有效地作出合规评价。

"切"——通过综合分析,从而对制度设置的完备性、体系构建的完整性、机制安排的适当性和运行的有效性,以及合规保障情况作出全面评价和诊断,查找存在问题和差距,分析问题产生的原因,并提出可行的整改建议,最终形成评价报告发送至企业。需要注意的是:对于集团化的企业进行全面有效性评价,在报告中应对集团公司和下属机构分别提出建议,在形成下属机构合规有效性评价报告时同步发送集团公司,从而从更高的管理视角帮助集团公司自上而下全面提升合规管理水平。

4. 合规管理有效性评价结果的运用

正如中医四诊法"望、闻、问、切"的最终目的在于"治未病",国有企业合规管理有效性评价结果可以作为指导国有企业建立合规风险防控长效机制的依据。

着眼于当下而言,合规管理有效性评价结果可以多维度、多层次地描述国有企业合规管理的整体情况,从而判断它现实性的成效和缺陷,及时发现并处置已经出现的各类风险事件。以合规管理有效性评价作为经营管理的提升工具,充分落实评价成果运用;建立健全整改机制,对评价发现的问题进行分类,对涉及集团公司"零容忍"事项清单的问题,采取约谈相关部门、单位的主要责任人等方式严肃问责,并将整改完成情况纳入公司所属单位年度法治建设考评予以考核,考核涉及所属单位主要负责人、相关责任部门负责人及相关管理人员,层层落实考核责任人,进一步压实合规管理责任,使经营管理人员逐渐树立经营管理的法律意识、合规意识。

着眼于未来而言,合规管理有效性评价结果不仅能够评估现有机制实现了合规管理目标的程度和水平,且能够通过动态评价的方式进行合规风险预警分析及报告,并发现合规风险事件背后隐藏的理念、制度、运行等方面的深层问题。对于评价对象而言,评价结果可以从正反方面发挥重要作用,正向的评价结果能激励领导班子(高级管理人员)及员工向更高目标努力;负面的评价结果则能引起领导班子(高级管理人员)及员工的重视,发挥督促和警醒作用。在集团化的企业中,形成评价结果的过程也正是反馈集团自上而下管理成效信息的过程。充分

第一章
合规管理体系建设

发挥评价结果的作用，使集团将合规管理的理论认知和实践经验有效结合在一起，分析、确认、澄清、完善集团管控思路和措施，提高国有企业合规风险管理的整体水平。

五、国有企业开展合规管理有效性评价工作的建议

1. 依托信息化工具优化评价手段

正如前文所述，国有企业合规管理的信息化水平普遍不高，通用的合规风险分析和风险评级的技术相对简单，很少在合规风险识别和分析采用建模等技术方法，也缺少信息系统等对合规风险进行动态监测和控制的技术手段，合规管理效能不高。但是从全球范围来看，合规管理的数据化、数智化推动是未来发展方向，也是实现合规管理有效性评价便捷和高效的重要工具。

《办法》设专章强调信息化建设的重要性，2023年6月27日，国务院国资委召开深入推进国有企业数字化转型专题会，强调要多措并举推进转型工作落地。国有企业应为合规管理数据系统的建设创造更有利的条件，投入资源尽可能将多种信息化技术应用于合规风险管理体系的建设、实施和评估之中，高效地规避合规风险，为合规风险管理提供高效率的技术支撑。

2. 适应动态发展要求定期开展评价工作

开展合规管理有效性评价的目的是通过全面评价国有企业合规管理的健全性、适当性以及成效性，统筹合规管理、风险管理、内控管理、法务管理四大模块的协同运转工作，督促其进一步建立、健全有效的合规管理机制，防范合规风险。而企业合规管理始终处于动态更新的过程中，随着业务场景的调整和外部监管等要求的变化，因此，企业应当定期进行合规管理体系有效性评价，全面考虑企业合规义务的变化、合规管理目标的更新、合规风险管控措施的改进，以保障合规管理体系能够有效持续运行，通常每年应当进行一次评价工作，以适应外界环境及企业发展的需求，并在此基础上不断提高企业合规管理水平。

3. 以评价为契机强化合规管理队伍建设

合规管理有效性评价工作是一项系统性工程，要求评价团队必须对国有企业合规管理体系的内在逻辑有深刻的理解，也要深谙国有企业合规管理有效性评估的内容和要求，同时需要对监管环境和商业管理有深入认知，再辅之以对中外现行评估标准的消化吸收，才能设计出符合企业实际、具有较强可操作性、能够准

确评估有效性的指标体系。国有企业可以委托外部专业机构推进合规管理有效性评价工作,并以合规管理有效性评价为契机,不断夯实公司合规管理人才队伍。如抽调公司内部合规管理人员,如合规专员、合规管理员参与现场评价工作,统筹安排、科学分组,以"以评代培"的方式,不断提升公司合规管理人员的业务能力,拓宽合规管理人员实践锻炼渠道。

六、结语

现阶段合规管理体系建设在我国稳步推进,已成为国有企业高质量发展的大趋势和主旋律,合规管理的"有效性"不仅关乎企业建立的合规体系是否能在日后经营中真正发挥作用,也关乎合规改革政策推进的正当性,在合规管理强调"有效性"的2.0时代,国有企业更应重视有效性评价工作,严格按照相关要求落实各项工作,最大限度地实现企业合规管理目标,为企业高质量发展保驾护航。

国有企业合规管理"三道防线"的职责、功能与协同运转

梁 征 吴乙婕

"三道防线"理论与模型发端于金融行业,并逐步延伸至不同行业企业治理领域,近年来,也成为推动国资监管中合规管理体系有效运行的重要抓手。2022年,《中央企业合规管理办法(征求意见稿)》(以下简称《征求意见稿》)在央企"合规管理强化年"大背景下应运而生,《征求意见稿》的亮点之一便是使用了"三道防线"的概念。随后,《中央企业合规管理办法》(以下简称《办法》)重磅出台,标志着我国企业合规管理开启了新时代,《办法》与《征求意见稿》不同的是,基于立法法言法语表述的考量,没有在具体条款中出现"三道防线"字样,但是在合规管理架构上坚持权责清晰,实质上通过制度化方式,按照"三道防线"理论和模型明确了业务部门与职能部门、合规管理部门、监督部门的职责。但是,"三道防线"的内涵是什么,在合规管理体系建设中怎样定位"三道防线"的功能,如何保证其协同运转实现企业合规管理体系高效运行仍然是实践中需要解决的问题。

一、第一道防线:业务部门及职能部门——"排头兵"

业务部门是企业的前台,对业务场景最为熟悉,是合规风险的直接面对者,毋庸置疑是首道防线。相较于2018年国务院国资委出台的《中央企业合规管理指引(试行)》以及《征求意见稿》,《办法》扩大了"第一道防线"的范围,增加了"职能部门"。这是因为业务部门和职能部门均是具体合规管理制度的执行者,对本领域业务情况、实际问题最为了解,对本部门的合规风险排查、管控

等也更有经验，更能切合企业发展的实际。

基于此，第一道防线是合规管理的"重中之重"。一方面，这是直接参与生产经营活动的"首发队员"；另一方面，在合规管理中其主要功能是守住合规红线底线，是为企业发展创造价值的"排头兵"。从《办法》的表述来看，业务部门和职能部门合规管理职责明显加重，包括自我预警、自我审查、自我报告、自我管理等，也即要求其承担的合规义务更为直接、丰富、严格。

具体到合规管理体系建设的过程中，初期阶段，业务与职能部门的介入深度与主动程度将直接关系到合规管理体系建设的适用性和有效性。正所谓"无场景不合规"，这就需要第一道防线开展合规风险识别评估，结合具体情况建立健全本部门业务合规管理制度和流程，针对重点领域编制风险识别清单、确定岗位职责、制定流程管控措施，且这些内容应更聚焦、更具体，而不是通用的管理要求。比如中国绿发投资集团在各业务领域重点环节设立合规管理员400余名，聚焦风险防控，编制职责手册，确保制度建设、合规审查等职责依规履行。这也是实现第一道防线与第二道防线有效融合及协同的重要举措之一。

在合规管理体系的运行阶段，用"三道防线"进行合规管理的核心和本质是让业务及职能部门担负起管理合规风险的主要责任。也就是说，第一道防线需要消化和消灭至少90%的合规风险，这就需要完成本部门经营管理行为的合规审查及时报告合规风险，保证合规进岗位、进流程，更需要在动态过程中让各级业务经办人都意识到自己是合规风险管理的第一责任人，能够对业务过程进行实时控制和自我评价、自我监督，实现"自己约束自己"。

合规管理体系是动态的、持续优化的，只有让业务与职能部门发挥合规风险识别评估和岗位制约作用，针对薄弱环节及时进行整改，自查自纠，不断提高合规管理的自觉性和主动性，才能保证合规管理体系适用于企业的发展，否则所构建的合规管理体系必然与企业业务成为"两层皮"，不可能有正向作用，更不可能创造价值。

二、第二道防线：合规管理部门——"磨刀石"

虽然第一道防线的合规职责是"重中之重"，但第二道防线的合规管理职责和义务亦未削减。合规管理部门是合规管理工作的牵头部门，处于中枢地位。受制于对具体业务场景和部门活动的熟悉程度和自身工作量等因素，合规管理部门

第一章
合规管理体系建设

不可能事无巨细地完成各部门制度、文件的审查，以一己之力完成企业经营全过程的合规管理。第二道防线的功能进一步体现为"赋能"，通过发挥自身的专业优势，在事前、事中、事后各阶段实现专业化的合规管理，服务一线做能力输出的"磨刀石"。

为此，要对合规管理部门进行充分授权并确保合规管理部门的工作具有一定的独立性，即负责规章制度、经济合同、重大决策合规审查，受理职责范围内的违规举报、提出分类处置意见，根据董事会授权开展合规管理体系有效性评价。

此外，也要突出合规管理部门牵头、组织、协调的作用，保障合规体系有效运行。在合规体系建设的初期，大多数企业需对合规管理现状进行评估、设立合规组织，充实合规人员，组织起草通用型制度如合规管理体系化建设方案、合规管理基本制度、年度计划、工作报告等，这些前期工作基本上由合规管理部门承担，所以第二道防线承担了打好合规管理基础的主要工作。在体系运行的事中过程，通过第二道防线提供指导、培训、咨询等"赋能"举措实现"三道防线"的协同，使业务部门及职能部门掌握更多合规管理的知识、技能和方法。推进合规管理信息化建设，有利第二、第三道防线之间的信息共享、互联互通。

而当企业发生了重大合规风险事件时，合规管理部门需要做好统筹协调及时采取措施妥善应对并及时向国资委报告，事后还需要帮助业务部门及职能部门进行合规整改，实现合规管理的优化提升、持续有效。

三、第三道防线：监督部门——"执剑人"

第三道防线监督部门涵盖纪检监察机构和审计、巡视巡察、监督追责等部门，明显提升了合规管理第三道防线的监督和威慑力。监督部门的职责不涉及为违规行为提出整改意见，而是聚焦监督部门在职权范围内的监督、调查、追责职责，包括设立违规举报平台，公布举报电话、邮箱或者信箱。明确了第三道防线的主要职能是"督战"，需要监督合规要求落实情况，做合规管理的"执剑人"。

鉴于中央企业、国有企业的审计、纪检监察等职责及程序均有较为完善的法律法规及党内法规的规定。在实践中，通常不必也不能跳出相关规则，第三道防线会在原有的框架和规则内各司其责，充分体现"专业的人做专业的事"，凸显第三道防线监督作用。

对于违规问题的举报受理、调查，可能会涉及与第一道、第二道防线的工作职责交叉。笔者认为，实践中合规管理部门和监督部门应当在各自职责范围内进行受理，并设置流转运行机制。即最先接收违规问题举报信息和线索的部门应当进行初查和分析，确定是否仅限于本部门职责范围内，能否由本部门独立受理、分类处置。如果并非如此，需要进行及时转交。对合规管理部门而言，必要时还应配合参与违规问题的调查。

四、"三道防线"协同运转的难点和困境

组织效率既来源于分工，更源于协同。"三道防线"并非孤立运转，而应各司其职，协同运作。在同一目标之下，理论上"三道防线"是容易协同的。但是，由原先的法务或风控部门进行合规管理"单线作战"模式向多兵种集合"三道防线"模型转变，在实际运行中也存在一些难点，还需要一个"落地"的过程。

首先，虽然《办法》通过制度化的方式明确合规管理责任主体，梳理各道防线职责的方式解决了以往大家对合规管理职责的"认识误区"问题，即业务部门及职能部门不会再认为合规仅仅是法务或风控部门某一个部门的职责。但是在实践中，仍然存在业务部门及职能部门人员缺乏动力，存在主观上"不愿意"，行为上"不积极"的情况，这也极大地影响了第一道防线作用的发挥，更有碍"三道防线"的协同运转。

其次，《办法》在"三道防线"的横向合规管理体系执行架构上又设计了"合规委员会—首席合规官—合规管理部门—专职合规管理人员—合规管理员"的纵向合规管理人员架构，形成了"一横一纵"的体系，以期提高合规管理落地的可操作性。但是，一时之间，合规管理员、合规联络员、合规专职管理人员概念一度概念混淆不清，人员选聘和任职要求让不少企业无所适从。

最后，随着法律法规、监管政策等的不断更新以及企业业务场景的不断调整和变化，合规管理处于动态更新的状态，加上合规管理本身就是新鲜事物，且需要持续优化升级，这对"三道防线"上的人员综合素质和能力也提出了更高的要求，相关人员客观上也存在一定程度"能力不足"的问题。

第一章
合规管理体系建设

五、"三道防线"协同运转的举措和要点

新的形势和背景下,合规管理重点需突出"有效性"的工作基调,关键在"落实",能否实现"三道防线"的协同运转归根结底需要"人"在具体的"事"上落实,要"有人""有意愿""有方法""有能力"。

一是充实合规管理队伍。"三道防线"设置时首先聚焦第一道防线上的合规管理员。广东省明确了省属企业合规管理员的任职条件为本部门业务骨干,原则上应担任主管或以上职务,并要求具备一定的合规管理知识和能力,有较强的统筹协调能力。其次,要调派懂合规管理的专业人才到合规管理部门,并且设置专人专岗;而设置首席合规官岗位,并将该岗位作为合规管理的关键人物为合规管理人员的职业晋升创设了空间。截至2023年3月底,68家中央企业集团和631家重要子企业设置了首席合规官,全系统合规管理人员超过2.8万人。有机构有人,合规管理相关工作才有条件依次有序展开。为此,很多企业已经关注到合规管理人才的联合培养选拔,东风公司及下属单位建立"单位—部门—科室"的三级合规人才队伍,将合规管理员作为人才培养和选拔的重要途径。中交集团通过外引内育、挂职交流、专业培训等方式,提升法务合规人员对公司主责主业的参与度和工作实效性,积极打造法商融合型、复合型、外向型合规人才队伍。

二是健全机制增强动力。合规管理是对企业员工履职行为合规情况的持续管理,要帮助员工调整"不愿意"的消极心态,需要从全局角度健全机制。

注重违规问责及考核奖惩制度的整体衔接。把员工的合规履职情况进行量化,加强考核记录,事后进行奖罚。让合规行为变成看得见、记得住、算得清的积分事项,并最终作为员工违规问责、考核评价、职级评定与晋升等工作的重要依据。例如中核集团发挥考核"指挥棒"作用,将合规管理情况纳入对成员单位考核和"业绩突出贡献奖"的约束项指标,合规管理提升为对成员单位的考核硬指标。实践中,可以结合员工履职行为记录进行合规积分,包括违规行为的负面清单记录,如根据违规行为性质、发生次数、危害程度就每次事项发生予以扣分,也包括正向合规行为的记录,如员工对合规手册、合规制度等提出实质性优化意见和建议并被采纳,每年参加培训和学习按次积分,以及能够保持持续的合规履职,连续一年或两年未发生合规风险事件,可以实施加分奖励,再将年度总积分纳入绩效考核评价中。

此外，在文化建设上，按照"分层实施、逐级开展、全面覆盖"的原则，依托内网、展板、主题活动等载体和形式塑造立体合规宣传格局，加强思想教育和引导。中国汽车技术研究中心有限公司开展了"合规文化周"活动，通过合规理念宣贯、合规要求传达、订立合规承诺书等方式进一步深化合规管理体系建设，构建人人知规、处处敬规、时时守规的合规文化。

三是确保合规审查执行有力。合规审查是企业识别合规义务、评价合规风险的重要手段，也是影响"三道防线"协同运转的重要一环。完成了人员配备，增强了微观动力，还需要让相关人员知道合规管理中要审查什么，怎么审查。在公司层面编制由首席合规官进行合规审查的清单（哪些属于重大决策事项，有什么特征，需要提出怎样的意见及建议）以及由业务部门及职能部门负责合规审查的业务环节事项清单，细化合规审查职责。中国化学工程集团有限公司总部和所属企业编制《合规审查工作指引》，分类明确首席合规官、合规管理牵头部门、各业务部门、所属企业的合规审查范围和程序，确定首席合规官合规审查事项57项；细化重大决策事项的合规审查标准，建立合规审查意见督促落实机制。

在合规审查的操作过程中，关注各业务部门、职能部门职责分工是否清晰、控制点是否明确，环节是否明确，是否可操作及可量化等方面，把合规审查的目标、标准、流程、重点以及定期对审查情况开展评估等用制度规范好，要求合规审查形成书面留痕的审查建议及报告，再由第三道防线通过定期检查或抽查的方式进行工作监督。通过信息积累，选取重点业务领域，结合风险识别清单，落实相应的岗位责任、任职资格，系统梳理相关部门重点业务流程，规范关键流程节点控制措施，实现合规管理的动态管控，让"三道防线"动起来、活起来。

四是强化常态化培训提能力。通过常态化通用合规知识培训、合规管理履职的定制化培训及岗位合规交底培训，不断提升履职能力。通用合规知识培训（包括合规管理全流程知识，合规管理基本制度、管理办法、合规手册学习）必须覆盖"三道防线"上的所有部门重要岗位，甚至是公司全员，这些都是合规管理工作本身如何规范、科学管理的制度化文件。更重要的是，应当要根据不同的业务场景、岗位职责，开展不同岗位履职业务的合规管理定制化专题培训，对于进入企业的新员工及进入新岗位的员工还需要专项开展交底培训。中储粮集团公司通过合规专题培训、制作口袋书、考试测试、案例知识推送、组织员工交流学习体会、定期集中学习等方式，不断增强干部职工遵规守纪意识和合规管理能力。

六、结语

随着国有企业合规管理体系建设的不断深入,穿透形式合规,树立实质合规理念是合规发展的必然趋势。"三道防线"作为合规管理组织体系中执行层,需要将合规管理工作从独立的视角向整合的视角转变,从合规管理的各阶段、各角度、各层次出发,实现协同运转,实现合规管理从"保值"的角色向企业发展"增值"角色转变。

国有企业合规管理与法务管理、内部控制、风险管理协同运作的"四则运算"

陆欢欢 吴乙婕 刘冰凌

近年来,国内先后出台合规管理、内部控制、风险管理与法务管理等体系要求,对国有企业防控化解重大风险、维护合法合规经营提供了理论参照,也为夯实企业基础管理,实现高质量发展提供了有益指引。但在具体实践过程中,国有企业也遇到了一系列需要共同关注和研究解决的现实问题,包括不同体系之间的概念、内涵、边界不清,体系成果无法落地执行等。国有企业一边面对外部监管趋严的合规压力,一边又面对不同体系多头管理带来的困扰,迫切需要厘清四个体系之间的关系,确保在合规建设的过程中形成合力,建立、优化企业的风险防范体系。

一、合规管理与法务管理、内部控制、风险管理的概念及协同要求

《中央企业合规管理办法》规定,中央企业应当结合实际建立健全合规管理与法务管理、内部控制、风险管理等协同运作机制,加强统筹协调,避免交叉重复,提高管理效能。四者的协同运作是以不同的维度和管理视角,将四个体系统筹协调,避免交叉重复,提高工作效率,其根本目的是防范风险。如何对合规管理、法务管理、内部控制和风险管理职能进行协同运作一直是一项持续关注的难题。讨论如何系统解决该难题,首先需要理解认识合规管理、法务管理、内部控制和风险管理的核心原理。

第一章
合规管理体系建设

（一）合规管理的概念

合规管理是企业以有效防控合规风险为目的，以提升依法合规经营管理水平为导向，以企业经营管理行为和员工履职行为为对象，开展的包括建立合规制度、完善运行机制、培育合规文化、强化监督问责等有组织、有计划的管理活动。合规管理是立规、执规、守规的统一，合规管理的手段包括制度制定、风险识别、审查、风险应对、责任追究、考核评价、培训等。合规管理体系本质上是企业管理体系的一种，但其核心是"合规"，是将"对合规义务的遵守"融入企业全部经营管理活动的管理体系构建过程。

（二）内控管理的概念

内部控制是由企业董事会、监事会、经理层和全体员工实施的、旨在实现控制目标的过程。内部控制的目标是合理保证企业经营管理合法合规、资产安全、财务报告及相关信息真实完整，提高经营效率和效果，促进企业实现发展战略。《企业内部控制基本规范》自2009年7月1日起率先在上市公司范围内实施，同时鼓励非上市的其他大中型企业执行。《企业内部控制基本规范》明确了五个目标，即合理保证企业经营合法合规、合理保证企业资产安全、合理保证企业财务报告及相关信息真实完整、提高经济效率和效果以及促进企业实现发展战略。这些目标是企业建立内部控制的重要指引，也是评价内部控制有效性的重要依据。同时，《企业内部控制基本规范》提出了五个原则，即全面性原则、重要性原则、制衡性原则、适应性原则和成本效益原则。这些原则是企业建立和实施内部控制的基本准则，也是评价内部控制设计和运行有效性的重要标准。此外，《企业内部控制基本规范》还规定了五个要素，即内部环境、风险评估、控制活动、信息与沟通、内部监督。这些要素是企业建立和实施内部控制的基本组成部分，也是企业进行内部控制建设和监督的重要内容。

（三）风险管理的概念

全面风险管理是企业围绕总体经营目标，通过在企业管理的各个环节和经营过程中执行风险管理的基本流程，培育良好的风险管理文化，建立健全全面风险管理体系，包括风险管理策略、风险理财措施、风险管理的组织职能体系、风险管理信息系统和内部控制系统，从而为实现风险管理的总体目标提供合理保证的过程和方法。国务院国有资产监督管理委员会于2006年6月20日颁布了《中央企业全面风险管理指引》。①《中央企业全面风险管理指引》借鉴了发达国家有关企业风险管理的法律法规、国外大公司在风险管理方面的通行做法，以及国内有关内部控制机制建设方面的规定，对中央企业开展全面风险管理工作的总体原则、基本流程、组织体系、风险评估、风险管理策略、风险管理解决方案、监督与改进、风险管理文化、风险管理信息系统等方面进行了详细阐述。②

（四）法务风险的概念

根据《企业法律风险管理指南》，法律风险的目的是通过有效管理法律风险，支持保障企业的经营管理，内容包括明确法律风险信息、评估法律风险、制定应对法律风险措施，以及相关的监督检查等，法律风险管理贯穿于企业经营管理和决策的各个环节。

（五）协同运作的要求

2015年，国务院国资委出台《关于全面推进法治央企建设的意见》，提出企业法治建设的目标，提出要加快提升合规管理能力，建立由总法律顾问领导，法律事务机构作为牵头部门，相关部门共同参与、齐抓共管的合规管理工作体系，研究制定统一有效、全面覆盖、内容明确的合规制度准则，加强合规教育培训，努力形成全员合规的良性机制；探索建立法律、合规、风险、内控一体化管理平台。2021年，国务院国资委出台《关于进一步深化法治央企建设的意见》，该文件是对2015年《关于全面推进法治央企建设的意见》的完善和深化。文件提出要持续完善合规管理工作机制，健全企业主要负责人领导、总法律顾问牵头、法务管理机构归口、相关部门协同联动的合规管理体系。发挥法务管理机构统筹协调、组织推动、督促落实作用，加强合规制度建设，开展合规审查与考核，保障体系有效运行。强化业务部门、经营单位和项目一线主体责任，通过设置兼职合规管理员、将合规要求嵌入岗位职责和业务流程、抓好重点领域合规管理等措施，有效防范、及时处置合规风险。探索构建法律、合规、内控、风险管理协同运作机制，加强统筹协调，提高管理效能。推动合规要求向各级子企业延伸，加大基层单位特别是涉外机构合规管理力度，到2025年中央企业基本建立全面覆

---

① 参见池国华、朱荣：《内部控制与风险管理》，中国人民大学出版社2022年版，第84页。
② 参见池国华、朱荣：《内部控制与风险管理》，中国人民大学出版社2022年版，第85页。

第一章
合规管理体系建设

盖、有效运行的合规管理体系。上述文件的表述从"探索建立法律、合规、风险、内控一体化管理平台"转变为"探索构建法律、合规、内控、风险管理协同运作机制",其核心是法律、合规、风险、内控四个方面的工作如何协同。《中央企业合规管理办法》出台后,明确中央企业应当结合实际建立健全合规管理与法务管理、内部控制、风险管理等协同运作机制,加强统筹协调,避免交叉重复,提高管理效能。

二、合规管理、法务管理、内部控制和风险管理协同运作的相互关系

协同运作的过程是一种渐进发展的过程,其形成的是一种良性循环;国有企业需要均衡协调并有效整合四大管理体系,以实现国有企业风险防控能力的全面提升。这四项管理体系虽然有各自的侧重点和目标,但也存在交叉重合之处,需要相互协调、配合,以发挥整体效应,节省企业的管理成本,提高管控效率和效果。

(一)四项管理体系的交叉

首先,四项管理体系在风险角度上存在一定的重叠。合规管理、法务管理、内部控制和风险管理的核心分别为控制合规风险、法律风险、业务风险和重大风险,风险管理存在重合,如合规风险、法律风险既是内部控制的重要内容,也是风险管理体系的主要内容。因此,在控制这些风险时,四个领域存在交叉重合。

其次,外部规范存在一定的重合。合规管理和法务管理要求企业遵循相关的法律法规和监管要求。同样,内部控制的强制性要求也是企业应遵循的合规义务。因此,在这方面也存在一定的交叉重合。

最后,工作方法存在一定的相似性。合规管理、内部控制和风险管理都有类似的管理逻辑。例如,在内外部环境分析、相关方需求和期望分析、风险评估、风险应对以及监督与改进等方面,它们都采用相似的分析和评估方法。因此,在这些环节上也存在一定的交叉重合。

(二)四项管理体系的侧重与区别

合规管理、内部控制、风险管理和法务管理都是企业管理的重要组成部分,但它们各自侧重点和功能有所不同。

合规管理的核心在于"建",强调的是建立规则与遵循,其侧重于遵循外部

规范及内部规章,其中外部规范包含强制性规定和义务性要求,也包含非强制性的国际惯例、行政规章等。国有企业开展合规管理体系建设工作,从法律适用角度看,是法律法规直接赋予国有企业的法定义务必须予以履行,如《中央企业合规管理办法》属于部门规章,具有普遍的法律约束力;从行政管理角度看,是国家自上而下推动的以规范企业经营管理行为和员工履职行为为目的提出的一系列企业规范管理要求,须贯彻落实。

内部控制的核心在于"控",强调制约性,其产生是由于财务舞弊的出现,在企业内部形成的一种监督制衡机制,逐渐发展成为对企业内部从业务、职能及管理层进行全面风险控制的手段。内部控制要求企业内部的各个职能部门和员工都要遵守内部控制的规范和指引,并且要相互协调、相互制约,确保企业的各项业务活动都能够得到有效的监督和控制。内部控制涵盖了企业内部各个部门和各个环节,包括业务流程、财务管理、信息系统等,以确保企业各项业务活动的合法合规和准确性。同时,内部控制要求企业根据自身的实际情况和业务特点来制定符合自身实际情况的内部控制制度,并且要不断完善和更新制度,以适应企业不断变化的环境和业务需求。

风险管理的核心侧重于企业对其面临的各种风险进行识别、评估、监测和应对,以降低风险损失或增加风险收益。风险管理的目的是优化企业的风险收益结构,增强企业的竞争力和抗风险能力,以最大限度地降低风险对企业的影响。

法务管理的核心在于"用",其关注的是法律事务的审核和处理,进而维护公司利益。法务管理需要对企业涉及的法律问题进行审核、咨询和应对,以确保企业在法律框架内进行经营活动。法务管理需要了解和掌握相关法律法规的变化和更新,为业务部门提供法律意见和建议,参与合同管理、知识产权保护、诉讼管理等事务。

三、合规管理与法务管理、内部控制、风险管理的协同运作的难点

(一)组织架构的设计难点

合规管理与法务管理、内部控制、风险管理组织架构的设计难点在于如何实现统一部署、分工协调。《中央企业合规管理办法》中指出,中央企业应当结合实际设立首席合规官。有的企业尚未设立首席合规官;有的企业虽然设立了首席

第一章
合规管理体系建设

合规官,但是尚未确定其领导层级与职能定位;多数企业首席合规官由总法律顾问或分管领导兼任,而内控、风险工作由其他领导主管,合规、法务、内控、风险存在多头领导现象,在协同运作的组织架构设计上存在一定的困难。

(二)制度体系的建设难点

制度体系的建设是合规管理与法务管理、内部控制、风险管理系统运作中的另外一个难点。四个管理体系各自的成熟度不同,法务工作、内部控制、风险管理起步较早,相对成熟,合规管理提出较晚,在制度体系建设层面需要进一步研究和探索。四项体系在制度层面的顶层文件、基本制度、各类指引、指南、清单、手册在体系建设中位置,以及保障措施、运行机制怎样融合等问题,均对协同体系设计构成影响。

(三)文件成果的可操作性及实用性难点

根据笔者的了解,在体系建设的过程中,国有企业容易过分追求完美,导致形成的文件成果宏观描述过多,而实际可操作性的内容却很少,使这些文件成果往往无法真正落地实施。文件的可操作性是体系建设过程中的一个重要难点。为了解决这个问题,国有企业在编写文件时应紧密结合实际需求,制定出符合国有企业战略目标的文件;要注重文件的实用性和可操作性,确保文件能够真正落地实施;用词应准确且简洁明了,避免使用过于专业或难以理解的术语;应注意文件的整体性和系统性,确保文件能够全面覆盖国有企业的各个方面;此外,还需进行实际操作和测试,及时进行调整和修改,确保文件的可操作性和实用性。

(四)信息系统建设难点

信息化对国有企业管理至关重要,为了更好地应对各种风险,国有企业应考虑建立一个能够覆盖全方位、全流程的信息化、数字化管理系统,这个系统需整合企业内部合规、内控、风控、法务等信息资源,实现风险评估集中化、风险监控常态化、风控效果可量化。一个合理、高效、完善的信息管理系统不仅可以实现合规、内控、风控、法律体系与业务信息系统的相互联系与融合,还可以将合规管理嵌入国有企业运营的重点领域、关键环节。通过实时监测、自动预警、监督评价等在线监管功能,可以有效地减少传统模式下国有企业内部产生的大量纸质文件流转、审批和存档工作,提高办公效率。通过实现信息化,国有企业可以更好地进行风险监控和预警,提高决策效率和执行力。同时,信息化还可以促进国有企业内部各个部门之间的沟通和协作，增强企业的综合竞争力。

信息系统的建设难点在于如何实现信息系统与业务流程、工作内容的紧密结合，以及如何将风险控制点嵌入信息系统中，防止人为操纵。这些难点需要在进行信息化建设时，注重系统性和整体性，将各个部门、各个业务流程中的信息进行有机整合，实现信息的共享和流通，提高企业的运营效率和风险管理水平。对于很多企业以失败告终的信息化建设探索，其原因主要是由于企业在推进信息化建设时，没有充分考虑到企业的实际情况和实际需求，只是单纯地追求形式上的信息化，没有真正发挥出信息化应有的作用。

四、合规管理与法务管理、内部控制、风险管理的协同运作机制的实施路径

英国标准协会推出的 BSI PAS 99：2012 整合管理体系规范以及 COSO 内部控制整合管控 2013 版、COSO 企业风险管理，整合战略和绩效 2017 版等知名管理框架，在促进内控风险管理的整合方面起到了很好的引导作用。然而，这些框架与国有企业合规管理、法务管理、内部控制和风险管理协同运作的实际需求存在差距；这主要是由于国有企业的运营模式、管理机制和文化背景等方面与西方企业存在较大的差异。

因此，需要探求国有合规管理与法务管理、内部控制、风险管理协同运作的实施路径，进行"加减乘除"四则运算。将需求整合做加法，以防范风险为基本原则，要素合并同类项；将顶层设计做减法，减少重复，统筹管理，将风险统一处理，统一领导层和部门，将风控委员会、法制委员会、合规委员会等机构进行合署办公，职能归口到统一部门；提升效能做乘法，发挥协同运作的效能，精简流程，以防范风险为导向，合法合规审查合一，精简流程，形成"乘法"效应，效能得到倍数增长；将资源配置"做除法"，实现降本增效。推动"合规、法务、内控、风险"协同管理，是国有加强统筹协调，提高管理效能的必然结果，对于企业的职能统筹、风险评估及规范管理等均存在巨大价值。加强企业风险管控职能的统筹，需要在内容和形式上整合风险评估工作，协同风险管控制度和流程，对分散的、不同特点的风险管控流程进行统一配置，去掉重复和冲突，减少管控节点，提高运行效率和效能。

协同运作是在控制论、系统论和信息论的指导下，采用国际上通行的过程方法把法律、合规、风险、内控四项高度关联的管理职能分解细化、融合优化，整

第一章
合规管理体系建设

合在法治架构下运行的集约化管理体系。合规、法务、内控、风险协同运作需要做到体制协同、体系协同、机制协同、岗位协同。

（一）体制协同

体制协同是四项职能在组织领导和责任划分方面建立的协同关系。首先，国有企业主要负责人是推进法治建设第一责任人，要切实履行依法合规经营管理重要组织者、推动者和实践者的职责，积极推进各项工作。要明晰合规管理委员会、风控管理委员会、首席合规官的职能职责，确保正确的决策能够执行落实到位。其次，要切实发挥"三道防线"作用。完善事前管理工作机制，业务部门及时完善业务制度和管理流程，主动进行日常管控和业务范围内的自查，把问题解决在最前端，坚决守住"第一道防线"。健全事中管理工作体系，加强审查、评估、考核，不断筑牢"第二道防线"。加大事后管理工作力度，强化纪检监察、审计等部门监督责任，对体系的建立与运行情况进行独立监督，加强监督部门工作贯通协同和专项监督检查以及执纪问责，切实发挥"第三道防线"震慑作用。

（二）体系协同

体系协同是四项职能在管理理念、机构设置、职责划分、制度规范、方法工具、人员配置等管理要素方面建立的协同关系。企业要在合规和安全的前提下营利，安全包括政治安全、廉洁安全、生产安全、风险防控安全，这四项职能都是为了安全和合规。有的企业法律和合规归口一个部门（法律部），风险和内控归口一个部门（审计部），有的企业整合在一个部门（法律合规部）。四个职能协同运作需要提取公因式，在计划、实施、检查、整改、信息共享、独立报告、能力培训、考核评价八个方面实现五同时，即同计划、同部署、同实施、同检查、同考核。

（三）机制协同

机制协同是四项职能在工作事项、规则、程序、标准、评价等方面建立有机联系和高效运转的工作方式。聚焦关键环节，实现"一岗式审查"，聚焦内部监督，实现"一站式评价"，聚焦风险事项，实现"全程式管控"，聚焦经营活动，实现"全景式支持"。首先，聚焦关键环节，实现"一岗式审查"，对重大决策事项的审查，以合规审查为主。对体系类的业务，以内控、合规审查为主，整合法律、风险管理要求，实现制度留存，规范性文件审查百分之百。其次，聚焦内部监督，实现"一站式评价"，对风险项目的内控评价，对内控体系有效性的评价。法律、合规、内控、风险、财务、审计以及相关业务部门开展高风险业务合规评价，整合法律、风险、合规管理要求，提出整改意见；同时，对内控体系进行有效性评价。聚焦风险事项，实现"全程式管控"，使"三道防线"发挥重要作用，四项职能在一个部门就有"三道防线"问题，法律业务是第一道防线，符合风险防范的要求，合规、审计作为第二道、第三道防线。此外，聚焦经营活动，实现"全景式支持"，从企业可行性研究、交易活动、管理变革、工程建设等方面，全周期全过程协同管理，推进"三道防线"的大协同。除上述机制协同外，国有企业还应按照国资委要求，确立纪检监察机构、巡视巡察机构等部门监督职能，建立合规风险报告、预警机制、违规问题整改机制，设立违规举报平台，公布举报电话、邮箱或者信箱，完善违规行为追责问责和奖惩机制，以及管控评价机制等，确保体系落地实施。

（四）岗位协同

岗位协同是按照面向业务快速、高效响应的要求设置岗位职责，最大限度减少信息不对称情形，最大限度降低信息传递与沟通成本，提高工作效率和质量。法律合规和风险内控两条线，法律合规这条线设置法务岗位和审查岗位，法务岗位是完成法律工作、诉讼救济等工作；审查岗位是针对审查对象不同，配备不同人员，进行"一岗式"审查，同时设置复查岗位。风险内控这条线设置风控岗位和评价岗位，风控岗位负责风险管控，评价岗位开展"一站式"的评价工作。

（五）工具支撑

此外，"三张清单"即合规风险识别清单、岗位职责清单、流程管控清单为协同提供了工具支撑。风险识别清单，是国有企业各部门在全面排查的基础上，按照业务类型等将合规风险进行分类，明确合规风险的表现形式、产生原因、违规后果、责任主体等方面，作为开展合规管理的重要基础。风险识别的前期，需要开展一项重要的工作，即合规义务识别。合规义务的识别是把企业与其所应具备的合规义务进行全方位匹配的工作。国有企业可以根据需求每年做十大风险，相关部门来落实核心的行动项，二级单位负责细化和落实；对个性问题采取警示函，共性问题发风险提示函。岗位职责清单需根据合规义务识别来辨识其工作职责中的合规事项，明确合规要点、履职标准，将合规职责具体落实到岗位和个

第一章
合规管理体系建设

人,是合规义务识别与职责的融合。因此,岗位职责清单是以企业现有岗位职责为基础的,在此基础上,结合合规风险识别要素,同时还要考虑到业务流程、部门与部门等衔接而确定的该岗位的合规管理职责,是合规从识别到落实的有机融合。岗位职责清单从集团定位,实现流程节点标准规范。流程管控清单的编制与企业内部控制相结合。企业发生风险与内部控制存在缺陷密切相关,而内部控制的存在很大程度上取决于控制措施的设计和执行。

流程管控清单可以通过数字化平台实现协同运作,保留运行成熟的流程,整合共用的流程,融合风险防控流程体系,将公司治理、合同管理、人力资源、信息数据、行政事务等流程纳入信息化系统,通过建立信息化系统平台,实现数字法治管理平台应用。

国有企业的合规管理体系建设是复杂的系统化工程,国有企业应当按照法律规范开展经营管理活动,通过合规、法务、内控、风险文化建设与宣贯,促进员工自觉履行合规义务,防范、化解各类风险,实现协同运作,提高企业管理效能,降低监管成本,实现国有企业高质量、可持续发展。

地方国有企业建立健全合规审查机制实务指引

梁 征 吴乙婕

合规审查是规范企业经营管理行为、防范合规风险的重要环节，合规审查机制的建立健全对于防范合规风险，强化企业合规管理具有重要作用。在国有企业全面建设合规管理体系的浪潮下，企业合规审查不再仅限于国有企业法律人员的职责，而是涉及企业各业务领域。然而，相较于央企集团总部，地方国有企业在合规管理体系建设方面起步较晚、基础较薄弱，在落实合规审查机制方面仍然面临诸多问题。为解决这些问题，本文中，我们结合服务省属、市属、区属等多级地方国企合规管理体系建设的既往经验，对上述问题提出我们的思考，以期提供些许借鉴或引发相关思考。

一、合规审查机制提出的背景

（一）合规审查是国有企业3个100%法律审核的强化和延伸

随着当前国际局势的深刻变革，国际力量对比发生变化，我国经济发展从粗放的规模式增长逐步迈向集约型质效型的发展模式，更加强调现代化企业治理，注重转化动力、深化改革，追求高质量发展。守法经营是任何企业都必须遵守的一个重要原则，各类企业都要把守法诚信作为安身立命之本，依法经营、依法治企、依法维权。国务院国资委强调不断深化治理完善、经营合规、管理规范、守法诚信的法治央企建设，为加快建设世界一流企业筑牢坚实的法治基础。在这样的大背景下，国有企业以保持国际化对接机制为前提，积极借鉴全球治理体系改革经验。2011年9月，国务院国资委召开了中央企业法治工作会议，明确提出了

第一章
合规管理体系建设

中央企业法制工作第三个三年目标：中央企业及其重要子企业规章制度、经济合同和重要决策的法律审核率全面实现100%。自此，国有企业结合已有建设成果，科学谋划、统筹部署、扎实推进贴合企业经营发展的合规管理体系建设，三个100%法律审核要求沿着国务院国资委—中央企业—中央企业下属子企业及地方国资委—各级地方国企的链条全方位传递到了几乎所有国有企业，并逐步从法律审查向合规审查范围延伸，从而不断提高国有企业防范和化解重大风险的能力和水平，进而推动构建公平合理、稳定有序、行稳致远、充满活力的国内外经济新秩序。

（二）合规审查是加强合规管理需要落实的重要环节

2022年1月15日，国务院国资委下发2022年的1号文件——《关于开展中央企业"合规管理强化年"工作的通知》，旨在通过一年突破难点、补齐短板，推动央业合规管理工作迈入新阶段，正式掀开了中央企业合规管理强化年工作的帷幕，进而也推动了各地方国有企业合规管理工作的升级完善。在中央企业强化合规管理专题推进会上，国务院国资委对合规管理提出了"五个一"的要求，其中，明确提出要着力完善一项审查机制，即合规审查机制。

在合规管理强化年里，国务院国资委出台《中央企业合规管理办法》（以下简称《办法》），开启了国有企业合规管理的2.0时代。《办法》成为目前国有企业合规管理体系建设领域位阶最高的规范性文件。合规审查既是国有企业加强合规管理需要落实的重要环节，也是各项工作开展的重要基础。在国务院国资委政策法规局负责人就《办法》答记者问时，明确指出：一是明晰各部门合规审查职责和界限，进一步明确各自分工，便于职责落地。业务及职能部门负责本部门经营管理行为的合规审查，合规管理部门负责规章制度、经济合同、重大决策等重要事项的合规审查。二是进一步提升合规审查的刚性，确保"应审必审"。企业应当将合规审查作为必经程序嵌入流程，重大决策事项的合规审查意见应当由首席合规官签字，对决策事项的合规性提出明确意见，进一步突出合规审查的刚性约束。三是完善合规审查闭环管理。要求国有企业不断完善审查标准、流程、重点等，定期对审查情况开展后评估以及合规评价，通过闭环管理不断提升审查质量，更好支撑保障中心工作。

二、地方国有企业落实合规审查机制之困境

合规审查是对国有企业经营管理行为和员工履职行为是否合规进行审查及检

验的机制。其根本目的是保证审查事项符合内外部合规义务和要求，降低违规处罚风险，提高决策科学性。经历了 4 年的建设期，绝大多数央企集团总部已经完成了"从 0 到 1"的合规顶层设计任务，全面实现了搭框架、建体系，并在合规管理嵌入业务流程，合规审查切实落地上积累了丰富的经验，但是相较于央企集团总部，大部分地方国有企业合规管理体系建设起步稍晚、基础也相对薄弱，对于"何为应审必审？""谁来审查？""审查什么内容？"在具体操作中仍存在诸多困境。

（一）合规审查范围缺乏统一标准

从《中央企业合规管理指引（试行）》到《办法》的颁布，体现了国资委对国有企业三项审核从法律审查拓展到合规审查的要求。实践中，大部分央企不断健全合规审查审核机制，部分央企总部（如国家电网）在落实重大决策、重要制度、重要合同合规审查审核率 100% 要求的基础上，将合规审查环节进一步嵌入流程，强化重要文件合规审查，将重要文件合规审查环节纳入公文发文流程。

在《办法》将地方国有企业合规管理建设变为强制性规范后，各地国资委的规范性文件也在合规审查机制上进行探索，但各地在确定合规审查范围时标准并不统一，例如山东省国资委于 2023 年 12 月 15 日印发《省属企业重大经营决策合规审查管理办法》，要求省属企业对拟作出的重大经营决策事项是否符合法律法规、规章和监管规定、章程等制度文件要求，开展前置审查，提出审查意见和建议。因此，有的国有企业将合规审查的范围限定于公司重大决策事项，在满足国资委要求的同时，以此机制防范决策风险。也有部分地方国资委对三项审核工作提出合规要求；又如，重庆市国资委 2022 年下发了《企业"三项重点工作"合法合规性审查管理指引》；安徽省国资委于 2023 年 7 月 31 日颁布的《安徽省省属企业合规管理办法》参照《办法》的要求，规定合规管理牵头部门负责规章制度、经济合同、重大决策合规审查。

（二）合规审查主体职责落实难

《办法》亮点之一便是以强制性规范的方式突出了业务与职能部门的合规主体责任，以期充分发挥第一道防线的作用。其中，也强调了业务部门与职能部门对本部门的经营管理行为进行合规审查，即各业务与职能部门负责对自身业务合规性进行实质审查，审查流程及审查权限设置与业务审查同步进行，不要搞"两

第一章
合规管理体系建设

张皮"。

但是，实践中普遍存在两种审查模式，一种是多节点审查，即按照业务事项的具体流程，由流程中涉及的各岗位工作人员承担审查职责，毕竟业务人员对于业务场景相对熟悉，更易于发现风险，且第二道防线基于资源配置较为薄弱的原因往往对合规问题识别不够或无力防守，这都更需要业务和职能部门本身履行好合规风险防控的职责，这种多节点审查的方式也更符合《办法》确定的"谁的业务谁合规""管业务必须管合规"的要求和思路。

另一种是"一站式"集中审查，由法务或合规、风险管理部门进行合法合规的同步、集中审查。这种模式在地方国有企业中屡见不鲜，由于相对于体量规模大、部门齐全、兵强马壮的央企集团总部，地方国有企业在落地业务部门合规审查时普遍存在较大难度，这也是合规管理"三道防线"协同运作的常见挑战。究其原因：一是很多国有企业业务与职能部门合规意识薄弱，已经形成了长期依赖法务、合规、风险等部门进行审查的习惯，第一道防线往往因为业务压力对合规问题进行妥协或将压力转移给二道防线；二是业务部门一定程度上也确实存在对外部合规要求动态变化跟进不及时的情况，合规审查的能力和水平有待提高；三是企业合规管理工具和流程仍待优化，大多国有企业的工作流程是签批或 OA 流转，业务与职能部门发起流程后交由其他相关部门流转签批，但是实践中经常出现的情况是，会签部门"只签不审"，合规审查缺乏统一的标准和规则，更多依靠的是员工的工作习惯和工作经验，而非标准化的工作模式，而员工个人认知和能力存在差异，加之员工岗位出现调整、个人工作和操作出现失误都可能造成合规审查不到位的情况，造成第一道防线的失职失守，最终审查的实质责任又都落在了法务、合规部门。

（三）合规审查机制运行效能不足

明确了审查的范围，则需要进一步明确业务部门与合规管理牵头部门进行合规审查时应当审查的内容是什么，具体而言，规章制度、经济合同、重大决策的合规审查的侧重点也存在一定程度的差异。但是综观《办法》以及各地国资委出台的合规管理规范性文件，对于合规审查的规定均为原则性、政策性要求，给国有企业仅仅是方向性的引导，而并无细化、明确的审查内容指引。

合规审查的"刚性"落实效果欠佳。很大一部分地方国有企业未落实好合规审查前置程序，而只将一般经验作为决策的根据，使决策在很大程度上存在违规风险。同时，在执行过程中，没有重视合规审查的，合规审查的资源配置、技能培训等缺失，致使并不清楚是否合规，更无法做到合规风险防范。

三、地方国有企业建立健全合规审查机制之实践路径

（一）因企制宜确定审查模式及范围

在地方国有企业合规体系建设和运行过程中，应当坚持"务实高效"，这体现在不能生搬硬套央企总部集团的合规治理模式和合规管理手段，而需要结合地方国有企业管理现状、发展阶段、合规管理的目标和规划，因企制宜。

1. 合规审查模式的选定

在地方国有企业合规管理体系建设的初期发展阶段，我们会建议，对业务形态较单一、业务涉及专业可以由法律从业人员一目了然的企业，可以考虑由企业法务部门或合规管理部门统一负责合规审查，以加快流程，提高效率。

而对于业务形态多样、体量规模庞大的地方性集团企业，即便是在合规管理体系建设之初，我们也建议采用多节点审查的模式落实第一道防线的合规管理职责，但同时也建议通过制定合规审查指引、列示合规审查清单、加强合规审查培训和合规管理培训的方式帮助业务部门"提供工具、提升能力、提高质效"。如果业务及职能部门在合规审查时，需要企业法务、合规部门支持协助的，法务合规部门也会积极提供所需支持协助，进而形成"合规咨询"与"合规审查"机制衔接协同，但这些咨询的支持与协助并不能解除业务与职能部门的合规审查责任，也不可免除法务部门的合规审查责任。

2. 合规审查的范围界定

在实践中，我们为企业设计合规审查机制时，通常会将重大决策、经济合同、规章制度等均纳入合规审查的范围，做到合规审查的流程嵌入。经济合同和规章制度比较好界定，对于"重大决策"的范围界定则主要参照公司"三重一大"（重大事项决策、重要干部任免、重大项目投资决策、大额资金使用）决策机制或决策清单制定。考虑到国有企业重要人事任免工作通常由组织人事部门进行专业考察和管理，从工作的高效和管理资源的分配角度来说，我们认为可视企业情况确定是否将其纳入合规管理牵头部门的合规审核范围。

第一章
合规管理体系建设

(二) 合规审查内容清单化

"清单式"管理是现代企业管理的最基本环节之一,其具有简单实用、清晰明了的特点,能够较为便捷地实现全面提醒、细节提醒。在合规审查机制落地的实践中,我们也在协助企业"动态"进行清单的管理,以随时反映该事项管理变动状态,并且实现可追溯性。

1. 按照审查内容划分

根据审查的侧重内容,我们将合规审查事项划分为形式审查和实质审查两方面,让工作人员知道合规审查的基本逻辑和重点关注事项(见表1),该部分内容通常在合规管理的基本制度或合规手册中予以体现,企业如果颁发专项合规审查制度的,亦可在专项制度中表述。

表1 合规形式审查及实质审查清单

形式审查	实质审查
1. 主体是否明确、适格、是否超越相应权限	1. 是否符合国家法律法规、规章和规范性文件要求
2. 办理流程是否履行了必要的内部程序	2. 是否符合行业准则、监管规定、国际规则等要求
3. 材料是否齐全、内容是否完整,是否符合基本的报审要求	3. 是否符合企业自身的规章制度、管理规定等要求
4. 应当进行前期论证、风险评估或组织开展论证、评审的是否完成了相应工作	4. 其他【如是否符合商业道德、诚实信用原则等】

2. 按照审查事项划分

基于规章制度、经济合同、重大决策的合规审查的侧重点也存在一定的差异,我们会进一步明确不同事项审查的基本方向,并就可通用事项制定专项清单供工作人员比对审查,动态更新。

(1) 经济合同合规审查

由于合同管理的流程通常围绕合同准备、起草、审批、签订、履行(履约过程管控)、合同归档登记等主要环节推进,经济合同的合规审查相对而言通用性较强,我们为企业设置了经济合同的合规审查基本要素清单。(见表2)

表2 经济合同合规审查清单

序号	业务流程	审查内容
1	合同准备	承办部门是否按照规定选择合同相对方（细化审查）、合同模板
		承办部门是否按照有关规定取得合同订立依据
2	合同起草	企业标准文本或示范文本适用率达×%以上（根据业务类型确认）
3	合同审批	承办部门是否按照要求履行合同审批流程
		会签部门是否按照要求履行合同审查职责
		会签部门是否严格执行合同审查时限要求
4	合同签订	是否符合公司授权管理要求
		是否符合公司签章用印要求
5	合同履行	是否符合合同结算支付审查制度和流程
		是否进行合同履行动态监控
		是否按要求进行合同变更、转让、终止
6	合同归档	合同是否建立登记台账
		合同登记台账是否完整规范、合同名称、对方当事人、金额、承办人、合同期限等事项是否记录
		是否按照档案管理要求进行归档管理

鉴于多年来国有企业加强法治建设及法务管理工作，对于合同合法合规性审查均已有了较好的落地经验，只是合规管理体系建设更加强调第一道防线即业务与职能部门的作用发挥，要求在本部门业务开展环节完成合规审查，因此，经济合同合规审查的具体审查事项需要再进一步根据相关法律法规、监管要求以及公司的规章制度细化审查内容，例如对合同相对方的审查，还需要进一步关注合同相对方主体资格与资质（如查看营业执照确定经营范围、经营资质等）、履约水平及能力（如查看业绩资料、财务报告、信用报告等）、交易本身情况（如交易的真实性，根据国有企业对虚假贸易的严格管控要求，进行金融领域的穿透性审查，必要时为避免虚假融资性贸易进行现场核查）、合规报告或说明（是否曾发生过合规风险事件，遭受监管调查或处罚，以及是否被列入"黑名单"）等。

此外，在实践中，我们建议企业加强常年法律顾问单位以及合同管理部门的配合，形成标准化制式合同库以及合同文本要素指引（见图1），进一步方便业务人员进行合同的合规审查和业务的开展。

第一章
合规管理体系建设

建设工程施工专业分包合同

（提示：在拟定具体合同条款时，应当根据工程特性及现场的实际情况对合同范本进行修改。文中红色字为提示性内容，应在使用时删除）

工程承包人：＿＿＿＿＿＿＿＿＿＿＿＿（以下简称甲方）

（提示：为适应"营改增"需要，满足"三流一致，应抵尽抵"的要求，甲方应为法人或具备纳税主体资格的分公司，不能是以指挥部、项目部、工区等临时机构或内部职能部门；合同主体名称应是企业名称的全称，不能为简称）

工程分包人：＿＿＿＿＿＿＿＿＿＿＿＿（以下简称乙方）

（提示：乙方属于增值税一般纳税人/小规模纳税人的法人，且应优先选择一般纳税人，乙方名称及公章印鉴必须与提交的相关证照相符）

法定代表人姓名：＿＿＿＿＿＿

为加快＿＿＿＿＿＿＿项目工程施工进度，依照《中华人民共和国民法典》、《中华人民共和国建筑法》及有关法规、规章规定，遵循平等、自愿、公平和诚实信用的原则，经甲乙双方协商一致，签订本合同。

第一条 乙方资质、注册情况及纳税身份情况

1.1 统一社会信用代码－社会信用代码：

（提示：自2015年10月1日起，新办企业统一使用加印统一社会信用代码的营业执照。）

1.2 企业资质证书

资质证书编号：＿＿＿＿＿＿＿＿＿＿＿＿

发证机关：＿＿＿＿＿＿＿＿＿＿＿＿

资质专业及等级：＿＿＿＿＿＿＿＿＿＿＿＿

复审时间及有效期：＿＿＿＿＿＿＿＿＿＿＿＿

1.3 安全生产许可证

安全生产许可证编号：＿＿＿＿＿＿＿＿＿＿＿＿

许可范围：＿＿＿＿＿＿＿＿＿＿＿＿

有效期：＿＿＿＿＿＿＿＿＿＿＿＿

（提示：以上三项内容的信息必须真实、准确、齐全，并将上述证书复印加盖公章后作为合同组成部份。）

1.4 准入证号及年检记录：＿＿＿＿＿＿＿＿＿＿＿＿

（提示：根据股份公司要求，应选择在我方登记备案的专业分包人）

1.5 乙方为＿＿＿＿＿＿＿＿＿＿＿＿纳税人。

（提示：填写一般纳税人或小规模纳税人）

图1 合同标准化制式合同示例（建设工程施工专业分包合同）

（2）规章制度合规审查

规章制度的合规审查主要包括两个方面，一是外规内化情况；二是内部规章制度之间是否存在内容冲突和矛盾。主要审查内容：一是确认是否存在违反法律法规明确禁止的内容，确认是否严格落实监管要求；二是确认与公司规章制度管理要求是否冲突。目前，大部分国有企业都制定了公司层面的制度建设管理办法，以不断健全制度体系，规章制度的合规审查时既要关注内容应当遵循国家法律法规、规章、监管要求等，也要结合公司的内部规章制度，确认规章制度所确定的管理职责是否明确具体、分配合理，确认制度的制定、修订是否完成意见征集、执行过程是否有动态记录评价，以及出现问题是否落实修改等。

（3）重大决策合规审查

在国有企业中，决策流程通常为"发起＋审查"，但不少国有企业存在"风险上移"情况，即发起部门未在提请决策前进行充分调研和论证，即将相关决策事项提起相应层级决策，将风险上交"领导"，认为经过领导层集体决策就可以规避风险，未能尽到合规履职责任。我们在流程设计时，要求决策事项发起部门在提交决策事项材料时附合规审查意见，通过 OA 或会签单的流程设计增加决策事项发起部门的合规审查流程。以投资决策事项为例，审查内容包括且不限于投资对象是否具备法定的及公司规定的主体资格与资质，投资事项内容是否符合国家法律法规、相关产业政策；是否需要履行法定的审批、核准或备案程序（见表3）。

表3　投资事项审查要点清单

合规审查事项	合规审查要点	合规依据
投资可行性研究	是否进行项目可行性论证/可行性研究是否充分	【投资责任追究】《关于建立国有企业违规经营投资责任追究制度的意见》第五条
投资立项	是否按规定制定投资项目负面清单，是否违反规定开展列入负面清单的投资项目	【投资责任追究】（以安徽省合肥市国资委监管企业为例）《合肥市市属国有企业违规经营投资责任追究实施办法（试行）》第三十二条、第三十三条、第三十四条
	投资项目是否聚焦主业、未控制非主业项目比例，是否存在不符合企业发展战略和规划	
	是否按规定履行投资决策程序	
	是否按规定履行审核备案手续	
投资合同签订	投资合同是否经相关部门及领导会审	
投资计划	是否按规定编制投资计划，项目进展未按计划进行	【行政责任】《企业投资项目核准和备案管理条例》第十八条
	未按规定报送年度投资计划及调整后的计划	
投资中立、终止	是否制定投资项目中止、终止或退出方案	【刑事责任】《刑法》第一百六十四条、第三百八十九条、第三百九十条、第三百九十一条、第三百九十三条
投资效益分析	是否按规定开展投资项目后评价工作	
投资处置	投资项目处置是否经科学决策与适当审批，导致投资项目不适当处置，影响公司经营效率	【内规后果】《××公司违规经营投资责任追究管理办法》
投资信息披露	是否按要求进行信息披露	

第一章
合规管理体系建设

而会议归口管理部门（如负责组织召开董事会的管理部门）在收到发起部门报送的事项决策请示后，对事项是否符合上会要求，是否发表了合规审查意见等进行形式审查，再将上会议题材料及附件资料流转至合规管理牵头部门。其中，对于合规管理牵头部门的合规审查，考虑到地方国有企业受限于人员力量通常并未设置独立的合规部门等因素，在实践中，我们建议法务或风险部门承担合规管理职责时结合部门设置完成合法合规性同时审查。

（三）健全合规审查机制

合规审查对企业内部信息与沟通提出了更高要求，需要严格定位具体业务事项、关键岗位、具体流程的合规要求，结合具象的合规风险和业务场景进行合规审查并发表合规审查意见。健全合规审查机制，落细落实合规审查工作，需要通过制度规范强化合规审查刚性，并进一步嵌入业务信息系统，共享底层工作数据和成果，通过信息化、大数据等手段开展精准审查和评估、管理。

1. 增强合规审查刚性和可操作性

制度是国企合规管理的基础，对国有企业经营管理和员工履职行为能起到行为预测、教育宣贯、评价定责、合规指向等意义及功能。实践中，我们会建议企业在"1+N+X"的合规制度管理体系中完善合规审查机制，如制定《重大事项合法合规审查办法》或《合规审查管理办法》，明确合规审查的组织架构及职责分配，并将合规审查的职责细化到部门乃至岗位，审查内容、具体事项及审查标准、审查流程及要求、合规审查后评价、监督检查及违规责任追究等内容，形成合规审查机制管理的闭环，并附合规审查事项清单，以制度明确必审事项未经审查不得上会，增强合规审查刚性。

此外，结合合规审查的细分领域、具体事项制定审查清单和操作指引，细化合规审查措施。例如，中核集团发布标准合同文本、编制规章制度《关键风险控制表》、严格出具风险审查意见等途径，逐年加大对规章制度制定、重大事项决策、重要合同签订、重大项目运营等经营管理活动决策流程的合规审查。对于合规管理体系建设初期的地方国有企业，我们也会建议以"制度+清单"的方式进行合规审查，并且将审查清单与风险识别清单、岗位职责清单相衔接，形成有效的合规管理工具包。

2. 强化合规审查信息化

当合规审查节点嵌入流程，并逐步能够实现标准化操作后，就需要进行合规审查线上运行。地方国有企业合规管理的信息化水平相较于央企集团总部存在较大的差距，信息化程度有待提高，因此合规审查的效能不高。但是从全球范围来看，合规管理的数据化、数智化推动是未来发展方向，也是实现合规管理有效性评价便捷和高效的重要工具。《办法》设专章强调信息化建设的重要性，国有企业应为合规管理数据系统的建设创造更有利的条件，投入资源尽可能将多种信息化技术应用于合规管理体系中。《安徽省省属企业合规管理办法》明确规定，省属企业应当加强合规管理信息化建设，结合实际将合规审查等纳入信息系统。我们认为，建设一个独立的合规管理信息化系统进行合规管理的成本较高，且难以与企业现有管理系统进行互联互通、共建共享，因此，我们通常会推荐企业在内控管理过程中增加合规审查的流程，在现有 OA 系统中进行功能模块的增加。这种只是增加功能或流程、提供勾选项上传附件的方式更容易实现，既节约成本也有利于落地。实践过程中，合规审查信息化给国有企业带来的主要挑战表现为线上流程规范性和实际工作灵活性的平衡，以及能否将合规审查标准化的要素进行数据化、信息化呈现，这还有待企业在提升合规管理体系的过程中通过各部门通力合作去实现。

3. 落实合规审查后评估

依照《办法》第 21 条的规定，中央企业业务及职能部门、合规管理部门应当定期对审查情况开展后评估。我们理解，合规审查工作的终点不是评价相关事项是否合规，而是如何保证合规目的的实现。因此，评价主要可以从量、质、效三个方面着手，一是"量"，即是否做到了应审必审；二是"质"，即合规审查的质量和水平如何，主要看审查部门发表的合规审查意见是否明确、具体、是否有助于分析和防范合规风险；三是"效"，经过合规审查后，业务及职能部门是否严格落实了合规审查意见，有效运用了合规审查的结果。例如，当企业在合规审查中发现不合规事项后，应当果断采取补救措施，及时应对、控制和解决相应的合规风险。在合规管理体系建设初期，合规审查工作刚刚运行，审查部门应当留存审查记录，既作为企业合规尽职的重要支撑证明文件，也作为企业进行决策的重要支撑。

四、结语

关键管控点（key control point，KCP）是企业风控领域的常用术语，聚焦到合规管理上，KCP 的具体定义为："对业务流程运作过程中出现的合规风险控制起关键作用的评审及检查点。"我们认为，落实合规审查的嵌入是以风险为导向的合规体系建设的重要一环，是合规管理的 KCP。其核心在于明确审查范围、审查流程、审查要求、审查动作等事项，而"为什么这样是合规"以及"如何审查才能保证合规"仍需要企业列举应用场景形成便于操作落地的指引文件，将合规审查工作和制定合规清单有效衔接起来，进而通过"应审必审"的合规决策机制使得决策审批层级、事项和方式与具体的合规风险对应统一。此外，针对合规审查发现的问题及时采取补救措施，持续动态完善合规管理清单和合规管理体系，这样的合规审查机制嵌入业务流程才能真正将对经验的依赖转化成为对标准的遵从，进而系统全面地防控合规风险。

第二章

公司治理

企业合规管理与公司治理的影响与融合

屈 啸 林思贵 张 超

企业合规管理和公司治理作为企业管理的重要组成部分，相互关联且互相影响，二者如何有效融合，是企业在发展过程中急需面对的重要课题。在当今全球化和信息化的商业环境下，企业面临前所未有的外部合规风险和内部管理挑战，不仅需要遵守不同国家、地区之间的法律法规，还需要建立起完善的组织机制和内部管理制度，以达到防范风险与可持续发展的目的。

本文通过研究企业合规管理和公司治理的概念以及影响，简要探讨企业合规管理与公司治理的融合路径，为企业在发展过程中解决合规问题和公司治理问题提供参考和启示，以此提高企业的竞争力和可持续发展能力。

一、合规管理概述

（一）合规管理的概念

企业合规管理是指企业依法遵守相关法律法规、行业规范和内部规定，通过制定和执行一系列企业合规管理的相关制度、措施和流程，以企业自身及员工为对象，确保企业的经营活动在合法、合规的框架内进行，避免违法违规行为的发生，持续开展合规文化建设，并对员工进行合规教育和监督。

（二）合规管理对企业的重要性

合规管理对企业的重要性体现在多个方面，可以降低企业在经营管理过程中的法律风险、提升企业信誉、提升企业的经营效率和竞争力，进而提升企业的可持续经营能力。企业在经营管理中，应当高度合规管理，并将其融入企业的战略规划和运营管理过程中。

1. 降低法律风险

合规管理有助于企业遵守适用的法律法规，降低法律风险的发生概率。通过明确的规章制度、流程设计和职责分工，企业能够预防和发现违规行为，并及时采取措施加以纠正，避免可能引发的法律纠纷和罚款等后果。

2. 提升企业信誉

企业合规管理能帮助企业及员工遵守外部的法律法规及行业规范，能帮助企业合规、诚信的经营。合规管理也能帮助企业识别、评估和应对各种外部风险，可以减少或避免企业不合规现象的发生，防止企业因违规行为对企业的负面影响，进而提升企业的形象及信誉。

3. 提高经营效率和竞争力

合规管理要求企业建立有效的合规管理体系，并将合规管理融入企业的工作流程及员工岗位职责中，通过规范企业经营管理流程，能够有效减少或避免企业在经营过程中的违规行为，防止因人为错误和违规行为而导致企业额外付出的纠错成本，进而提升企业的经营效率。同时，合规管理还能帮企业识别和控制风险，提升企业的竞争力。

（三）合规管理的具体表现形式

合规管理的具体表现形式，是企业通过创建合规管理体系、制定合规管理制度、创建合规文化等工作，将合规概念及合规要求融入公司的经营管理过程中，帮助企业及员工更好地理解和实施合规管理，以适应不断变化的外部环境及企业内部的管理需求。主要包括以下六个方面：

1. 明确法律法规的具体要求

合规管理需要企业对适用于其所处行业的法律法规进行深入研究和分析，并将其转化为具体的规章制度和行动准则。这些规章制度可以从不同层面详细指导企业在特定领域的活动，确保企业的各项运营管理行为合法合规。

2. 制定具体的业务流程和合规操作规范

合规管理需要企业根据其业务特点制定符合外部法律法规的具体运营流程和操作规范，以实现规范化的企业管理和运营。这样可以确保各项工作按照法规要

第二章
公司治理

求进行，减少违法违规行为的风险。

3. 建立合规管理体系

企业合规管理需要企业建立符合其自身管理实际的合规管理体系，主要包括：制定明确的合规政策和指南、设立专门的合规管理机构来负责企业的合规管理具体事务、制定并不断完善企业的合规管理制度、明确公司在运营管理活动中的合规要求和员工的合规管理职责等。

4. 企业文化和教育培训

合规管理需要企业建立合规文化，定期对企业员工进行合规管理的培训，以提升企业员工对法律法规和企业规定的理解，提高他们对合规风险的识别和应对能力，确保企业员工对外部法律法规和内部管理制度的理解。

5. 进行合规审计和风险评估

合规管理需要企业定期进行合规审计和风险评估，评估合规管理的有效性和风险状况，并及时采取措施进行纠正和改进。

6. 建立举报渠道和处理机制

合规管理需要企业建立畅通的举报渠道，鼓励员工主动举报违规行为。同时，企业还应建立合适的处理机制，及时调查和处理举报事项，保护举报人的合法权益。

二、公司治理概述

（一）公司治理的概念

1. 公司治理的概念

公司治理是指在一个公司内部对权力、责任和利益进行管理和控制的一种机制。它是为了确保公司的利益最大化，保护投资者的权益，提高公司的透明度和责任感而存在的。公司治理的概念起源于西方发达国家，在20世纪80年代开始逐渐被国际社会所关注。

公司治理的理论基础主要包括股东理论、委托代理理论和利益相关者理论。股东理论认为公司的所有权和经营权分离，股东作为公司的所有者需要监督和控制经营者的行为。委托代理理论强调公司的所有者将经营权委托给经理人，而经理人可能出于自身利益而追求不符合股东利益的决策。利益相关者理论认为公司的决策和行为应考虑到所有利益相关者的权益和利益。

2. 公司治理的组织架构

公司治理的组织架构包括股东（大）会、董事会、高级管理层、内部控制和风险管理机构、独立董事和监事会、外部监督机制，企业应关注并不断完善组织架构，推动各层级和机构之间的密切合作与沟通。

（1）股东（大）会

公司治理结构的核心是股东（大）会，股东（大）会是企业股东行使权利的机构，通过定期召开股东（大）会，股东可以参与公司重要决策、选举董事等。股东会的主要职责包括：审议和批准公司的重大事项、选举和罢免董事会成员、审查和批准公司年度报告、决定公司的战略和发展方向、监督和评估董事会和高级管理人员等。

（2）董事会

董事会是公司治理的重要组成部分，一般由企业的高级管理层、独立董事和股东代表组成，董事会能够有效地维护公司的利益，确保公司的长期稳健发展。董事会主要职责包括：制定公司战略目标、对公司重大事项进行决策、对高级管理层进行监督、进行风险管理和内部控制、向公司股东披露重大事项等。

（3）高级管理层

高级管理层是公司治理架构中负责日常经营管理的执行层，负责公司日常管理和运营，通过制定和实施公司的具体战略、准确执行决策和管理企业资源来实现公司治理的运作，寻求实现长期发展战略和实现利益相关方需求。高级管理层的职责和决策对公司治理的效果和结果具有重要影响。高级管理层主要职责包括：制定和执行公司战略、经营管理公司的具体业务、进行资源分配和财务管理等。

（4）独立董事和监事会

独立董事和监事会的设置有助于提供独立、客观的监督和建议，确保董事会的独立性和职能的有效发挥。独立董事和监事会可以加强董事会的决策质量、纠偏性和监管能力，保护股东和利益相关方的权益。

（5）外部监督机制

外部监督机制包括政府监管机构、金融机构、审计机构和证券交易所等。它们监督和约束公司的行为，确保公司遵守法律法规，履行社会责任并提供真实、

第二章
公司治理

准确的信息。

（二）公司治理的具体表现形式

公司治理的具体表现形式，要求企业将公司治理从概念层面转化为具体的实践行动，建立起相应的规则和机制，以确保公司治理目标的实现。公司治理概念的具体表现强调公司治理原则的应用、管理机制的制定以及持续改进等，以确保公司治理的有效实施。企业应根据自身特点和需求，积极探索并推进具体化公司治理的实践，以提升企业治理水平，增强企业长期稳定发展的能力。

1. 权力和责任的分配

公司治理要求明确划分企业各级管理人员及管理机构的权力义务，并建立起合理的权力制衡机制。其中董事会作为最高决策机构，负责制定企业的发展战略，高级管理层则负责执行董事会的决策。

2. 董事会的角色和职责

董事会是公司治理的核心机构，其角色是监督和决策。董事会应该由具备相应经验和专业知识的董事组成，负责监督高级管理层的业绩和决策，确保公司符合法律法规和道德规范，保护股东利益，推动企业的可持续发展。

3. 信息披露和管理透明度

公司治理要求企业及时、准确地向股东和利益相关方披露重要信息，包括财务数据、公司经营情况等。

4. 内部控制和风险管理

公司治理要求企业建立起健全的内部控制制度和风险管理机制，以应对企业内部和外部风险。其中，内部控制包括制定明确的内控制度和管理流程，以确保企业的资金安全和财务管控；外部风险管理涉及对企业在运营管理过程中潜在风险的识别、评估和应对，能帮助企业提高抗风险能力，降低或避免合规风险的发生。

三、企业合规管理与公司治理的影响与融合

企业合规管理和公司治理是现代企业管理过程中关键的两个方面，它们对企业的影响和融合方式备受关注。合规管理是指企业依法合规、按照道德标准和行业规范进行经营管理的行为，涵盖了法律法规遵循、风险防范和内部控制三个方

向。而公司治理则是指企业内部的权力关系、利益分配和决策机制等方面的规范。

在一个法治社会中，企业合规已成为企业可持续发展的基础。企业合规管理将企业内部的经营管理行为与外部的法律规定进行有机结合，确保企业经营过程的合法、合规性。同时，合规管理还能帮助企业有效预防和降低风险，减少因违规行为而导致的法律纠纷和经济损失。

企业合规管理和公司治理并非单独存在，二者相互融合且互相影响。合规管理要求企业遵守法律法规、行业规范以及监管要求的同时，还应建立起全面的合规管理体系和风险防范机制，而这些措施正是公司治理的核心要素之一。同时，良好的公司治理也能为企业合规管理提供有效的支持，确保合规管理要求的有效落地。

（一）合规管理对公司治理的影响

1. 合规管理能促进良好公司治理的实施

合规管理对公司治理具有积极的影响，有助于确保公司治理的有效实施，具体如下：

（1）加强董事会管理的职责

公司董事会在合规管理中扮演着关键的角色，他们需要按照外部法律法规以及内部管理制度的规定履行职责。首先，董事会需要深入了解国家和行业的法律法规，并将其纳入公司治理框架中。董事会需要确保公司的经营活动符合外部法律法规的要求，避免因违反法规而导致企业面临违规风险。其次，董事会需要建立健全的内部管理制度，确保公司的各项管理规定得到有效执行。此外，董事会还需对公司的合规风险进行全面评估和管理，通过合规风险的评估结果及时调整公司的管理措施，保证有效防范和控制企业在经营管理过程中的合规风险。

（2）构建独立的监督机制

合规管理要求企业建立独立的监督机制，包括独立董事会、审计委员会、合规委员会等。这些独立监督机制能够对企业的经营行为进行监督和评估，确保企业管理的透明度和合规性，促进公司治理的公正性和责任性。

（3）建立健全的合规管理体系

合规管理要求企业建立有效的合规管理体系，包括制定合规管理制度以及风

第二章
公司治理

险管理制度等。这些制度可以规范企业员工的行为,加强对合规风险的管控,确保企业的经营管理行为符合法律要求,减少或避免企业违规行为和风险事件的发生。

2. 合规管理能加强公司内控和风险管理

合规管理对公司治理影响的另一个重要方面是加强公司内控和风险管理,具体如下:

(1) 内部控制系统的建立与完善

合规管理要求企业建立健全的内部控制机制,以预防错误、欺诈和违法行为。通过建立规章制度、业务流程和监察体系,确保内部信息对外准确、真实,并有效避免管理不当的风险。

(2) 风险评估与管控能力的提升

通过合规管理,企业可以识别和分析潜在的合规风险,并及时采取措施来降低或避免风险行为的发生,这样做不仅有助于增加公司经营的稳定性和可靠性,还可以减少风险带来的损失和负面影响。

3. 合规管理能提升公司治理的声誉和竞争优势

合规管理对公司治理的积极影响还表现在提升声誉和竞争优势方面。

(1) 提高声誉与社会信任

通过遵守法律法规、行业标准以及道德准则,企业实施合规管理将赢得利益相关方的信任与尊重,为企业树立良好的声誉和形象。公司获得声誉后,可以进一步推动业务增长并提高企业价值。

(2) 提升企业品牌价值和竞争优势

合规管理有助于提升企业品牌价值和竞争优势。企业持续实施合规,建立透明度和可追溯性的规范运营,将通过树立公信力和品质信念赢得客户的选择,同时对公司的员工招聘、员工激励和留任也产生积极影响。

(二) 公司治理对合规管理的影响

1. 公司治理结构对合规管理的约束和推动作用

公司治理结构在约束和推动合规管理方面发挥着重要作用,企业应根据自身需求和经营管理特点,合理符合企业实际的公司治理机制,并与合规管理有机地结合起来,为企业的合规经营和可持续发展提供支持。

（1）决策机制的规范与监督

公司治理结构通过规范和监督决策机制，确保企业决策的合法性以及合规性。在公司治理结构下，企业的决策过程应当是公正透明的，防止企业管理者在决策中违反合规要求，以保护企业的权益。

（2）内部控制与风险管理的规范化

公司治理要求建立和规范内部控制和风险管理机制。通过制定明确的控制措施和风险管理策略，企业能够更好地识别、评估和控制合规风险。这有助于防范违规行为的发生，保护企业的声誉和利益。

（3）监督与问责机制的建立

公司治理结构还需要企业建立起内部监督与问责机制，以确保企业管理者和员工承担起合规管理的具体工作职责。企业可以通过建立独立的合规委员会或相关监督机构，以及建立内部举报制度来实现上述目标。只有在有严格的监督和问责机制下，企业才能更好地履行合规管理的责任，确保企业合规管理目标的有效执行。

（4）优化透明度和信息披露

公司治理可以优化透明度和信息披露，向外界提供企业的合规情况和运营状况。这有助于增加外部利益相关方对企业合规管理的了解和认可。

（5）提升合规要求的重视和实施

公司治理能够提升对合规要求的重视和实施。在一个有效的公司治理结构下，企业领导层将更加注重合规管理，并制定适当的政策和措施来确保合规要求得到落实。这有助于企业更好地应对合规挑战，降低违规风险。

2. 公司治理机制对合规管理的监督和评估作用

（1）独立监督机构的设置和运作

为确保合规管理的有效性，企业可以在内部建立独立的监督机构，如合规委员会等，以确保企业的合规管理工作得到全面的监督和评估。通过审查企业的合规管理制度、运行机制以及合规执行情况等，及时发现违规行为并采取相应的措施，确保企业的经营管理过程符合合规要求。

（2）内部控制与流程的规范

通过对企业的内部控制与工作流程的规范，可以帮助企业识别和管理合规风险，及时发现和纠正不合规的行为，确保合规管理的有效落地。

第二章　公司治理

（3）指导与帮助企业改进合规管理

企业通过对合规管理过程的监督和评估，不仅可以发现合规管理中的缺陷和问题，也能够为企业的合规管理提供改进指导和建议。这样，企业能更好地应对合规风险，提升合规管理的水平和效果。

3. 公司治理文化对合规管理的影响和塑造作用

将合规管理纳入企业文化中，以实现合规文化的内化和执行，提高合规管理的有效性和可信度，对企业的合规管理起到积极的引导和推动作用。

（1）公司治理文化对企业合规管理的影响作用

公司治理文化在很大程度上影响着企业对合规管理的重视程度和执行力度。如果企业的治理文化包括有合规、诚信和风险控制等内容，那么企业及其员工则会更加重视合规管理，在工作中也会更加自觉地遵守合规义务。

公司治理文化也影响着企业内部的沟通和协调机制，对合规管理的执行起到重要作用，通过营造开放、透明、负责任的工作氛围，可以为合规管理提供良好的内部环境。

（2）公司治理文化对企业合规管理的塑造作用

公司治理文化有助于塑造员工的合规意识，使其自觉遵守法律法规和内部规定，形成良好的合规管理氛围。同时，公司治理文化对企业内部风险管理观念的塑造起到重要的作用，有助于企业形成科学的风险管理体系和规范的风险管理流程；此外，公司治理文化也有助于塑造企业内部的道德行为准则，引导员工树立正确的价值观念以及行为导向，促进员工自觉及主动遵行合规。

（三）企业合规管理与公司治理的融合路径

1. 构建以合规为导向的公司治理原则

要实现企业合规管理与公司治理的有机融合，企业需要建立起以合规为导向的公司治理原则。这一原则能够引导和推动企业合规管理的各项工作。同时，建立起合规导向的公司治理原则是实现企业合规管理与公司治理融合的重要途径，企业应该充分认识到这一原则对于全面推进合规管理的重要性，在此基础上建立和完善相应的管理制度和组织机构。

（1）明确合规委员会的职责

在构建以合规为导向的公司治理原则中，合规委员会扮演着关键的角色。通过监督公司的合规管理事务、制定合规管理的具体制度和相关政策、合规管理各项工作的执行等，合规委员会可以及时发现和解决合规管理过程中的各项问题，并进行针对性的改进。通过明确合规委员会的工作职责，企业能够更好地管理和控制合规风险，确保企业的各项经营管理活动在法律规定的范围内进行。

（2）融入内部控制和风险管理

要构建以合规为导向的公司治理原则，企业需要将内部控制和风险管理纳入公司治理的环节中。企业需要将合规管理的要求融入公司治理结构和工作流程。企业可以明确内部控制和风险管理的责任部门和人员，建立有效的监督和反馈机制，确保相关控制和管理措施得到有效执行；同时，企业还需要根据合规要求不断完善自身的内部控制制度和风险管理措施，根据需要及时进行调整和优化，以适应不断变化的外部环境，来更好地适应市场环境的变化，降低经营风险。

（3）合规管理报告和信息披露

合规管理报告和信息披露也应作为以合规为导向的公司治理原则的一部分。合规管理报告是企业披露其合规管理情况及有效性的重要方式。信息披露则是企业向企业外部利益相关方公开企业信息的重要渠道，包括披露企业的财务状况、经营成果、风险管理情况等。

在构建以合规为导向的公司治理原则中，合规管理报告和信息披露应当成为公司治理的重要组成部分。企业应该建立健全合规管理制度和信息披露机制，明确合规管理报告和信息披露的责任部门和人员，确保合规管理报告和信息披露的及时性、准确性和完整性。

（4）培育合规文化

构建合规导向的公司治理机制，还需要进行合规文化的培育。企业建立起合规文化，可以使员工自觉形成合规意识和风险防范意识，并合规管理的理念融入日常的工作之中，进而有效减少违规行为的发生。

2. 强化公司治理对合规管理的支持和监督

强化公司治理对合规管理的支持和监督是企业合规管理与公司治理融合路径中的重要环节。通过合规委员会的角色定位，内部合规机构的设立，规范化的风险管控机制，公司治理机制能够有效支持和监督合规管理的全面实施。

（1）强化合规委员会的角色定位

合规委员会作为公司治理结构中负责监督合规管理工作的重要管理机构，扮

第二章
公司治理

演着非常关键的角色。主要职责包括评估合规风险、提出合规建议、对企业的合规管理工作进行监督等。企业通过强化合规委员会的角色定位,可以更好地建立健全的合规管理体系,提高企业合规管理水平,降低违规风险。

(2) 设立内部合规管理机构

为了加强对合规管理的支持和监督,企业可以设立独立的合规管理部门,以具体执行企业合规管理的各项工作,其主要职责包括制定具体的合规制度、进行合规培训、风险评估和制定合规报告等工作,为企业的合规管理的有效执行提供保障。

(3) 建立规范化的风险管控机制

为了加强对合规管理的支持和监督,公司还可建立规范化的风险管控机制,包括风险的识别和评估、制定风险管理制度、落实管理责任等工作,来推动企业合规管理的全面实施,并确保将合规风险控制在最小范围内。

3. 合规文化与公司治理文化的融合

通过全员参与的合规文化与企业治理文化的融合,企业能够将合规理念贯穿于企业经营管理的方方面面,培育出合规导向的公司治理文化。

(1) 建立共同的价值观

建立共同的价值观是建立合规文化与企业治理文化融合模式的基础。企业合规管理必须与企业的治理目标和价值观相一致。只有当企业的合规管理与其治理目标和价值观相契合时,企业才能实现可持续发展的目标。同时,建立共同的价值观能够帮助企业员工形成一种共同的行为准则和道德规范,从而构建起和谐的工作氛围和团队精神。这样的企业文化氛围能够激励员工积极履行职责,自觉遵守规章制度,来降低违规风险。同时,合规管理也需要与企业的治理目标相一致,确保企业决策的合理性和合法性,提升企业的治理水平。因此,建立合规文化与企业治理文化融合模式是企业可持续发展的重要保障,也是企业管理的关键环节。

(2) 统一的权责管理

要让合规文化与企业治理文化融合,需要一个统一的权责管理机制。这个统一的权责管理机制应确保合规管理部门和企业其他管理部门之间的密切协作。合规部门负责制定并执行各项规章制度,监督企业各项业务活动的合规性;而企业其他的管理部门则负责建立和完善企业的各项具体管理工作。通过建立统一的权责管理机制,可以实现合规管理与企业治理目标的有机结合,避免相互冲突。同时,这一机制也能够促进企业内部各部门之间的协同合作,提升企业整体管理效率和决策质量。只有通过统一的权责管理机制,合规文化与企业治理文化才能真正融合,为企业的可持续发展提供坚实支持。

(3) 沟通与培训的整合

合规文化与公司治理文化的融合需要整合沟通与培训。这一整合是为了确保企业全体员工都能深刻理解合规管理和公司治理的重要性,并且在日常工作中能够贯彻执行。通过定期举办相关培训课程,员工可以及时了解企业的外部法律规范、内部规章制度的具体要求,从而增强合规意识。同时,通过沟通和交流平台,员工可以分享实践经验,共同探讨如何在日常工作中落实合规管理和公司治理要求。有助于加强员工的法律意识和合规意识,提升员工对公司治理结构和工作流程的理解,从而促进合规文化与企业治理文化的深度融合,为企业的发展提供坚实的支撑。

(4) 鼓励和激励合规行为

实现企业合规文化与公司治理文化的融合需要鼓励和激励员工在工作中合规行为,通过建立一套完善的激励机制,激励员工在工作中积极遵守合规要求。例如,可以通过表彰那些在合规风险防控和企业治理方面做出贡献的员工,从而树立榜样,以激励更多员工的行为。通过激励合规行为,可以有效地促进合规文化与企业治理文化的融合,提升企业整体的合规管理水平和公司治理效能。

国有企业 ESG 合规发展趋势及挑战

赵海清　姚天慈

2023 年 9 月 23 日，由国务院国资委社会责任局指导、中国社会责任百人论坛承办的第六届中国企业论坛平行论坛"践行 ESG 理念，创建一流企业——中央企业 ESG 论坛"在山东济南召开，正式发布并解读了《中央企业上市公司 ESG 蓝皮书（2023）》。该论坛强调国有企业应履行社会责任，明确指出"处理好国有企业经济责任和社会责任关系、完善中国特色国有企业现代公司治理"。由此可见，随着我国社会经济的发展和转型，国有企业必将承载更多的社会责任。因此，建设自身社会责任体系与制度、践行 ESG 理念，也成为我国国有企业实现可持续发展的必由之路。

鉴于此，下文拟对国有企业 ESG 合规的背景、现状、发展趋势以及面临的挑战等进行说明，梳理我国国有企业 ESG 合规应当遵照和参考的标准，对国有企业如何应对 ESG 合规带来的挑战等提出相关建议，以期能对国有企业应对 ESG 实践浪潮有所启发。

一、国有企业 ESG 合规背景与现状

ESG 是 Environmental（环境）、Social（社会）和 Governance（治理）的缩写。2004 年，联合国在报告"Who Cares Wins"中首次提出 ESG 这一专有名词，该报告由联合国和瑞士政府支持并由全球 20 多个金融机构共同参与，目的在于探索如何更好地将环境、社会和公司治理问题与企业资产管理、证券服务和相关经济活动联系起来；2006 年，联合国成立责任投资原则组织，帮助投资者进一步理解环境、社会及公司治理对于投资决策的重要影响；2007 年，高盛将环境、社会责任以及公司治理三项因素进行了整合，首次明确了 ESG 的概念。此后，ESG

投资理念开始被广泛研究，ESG 投资实践也逐渐增多。

ESG 理念是一种强调经济、环境、社会协调发展，力求推动企业从单一追求自身利益最大化到追求社会价值最大化转型的企业经营理念，与我国提出的"30·60 双碳"目标高度契合。

ESG 主要关注企业环境、社会、治理等多方面绩效而非仅财务指标的投资理念和企业评价标准，也是一种多角度衡量企业可持续发展能力的指标。ESG 主要考量因素如表 1 所示。

表 1　ESG 主要考量因素

E（环境）	S（社会）	G（治理）
环境政策、绿色技术、环保投入、温室气体排放、员工环保意识、节能减排、绿色采购政策、废弃物污染管理	产品质量安全、隐私保护、精准扶贫、员工福利与健康	会计制度、薪酬体系、董事会结构、股权结构、道德行为准则、信息披露、反腐败与反不正当竞争、内幕交易限制

二、国有企业 ESG 合规的具体要求

近年来，国有企业 ESG 合规的趋势越发显著，ESG 合规已经成为业界共识。合规的基础首先是严格遵守各项法律法规，其次则是遵照相关机构的管理标准以及普遍的道德准则等。然而，截至目前，我国尚未出台 ESG 专项的法律法规，即 ESG 合规的法律规范体系尚未形成；同时我国 ESG 合规亦未形成普遍的、统一的标准体系。鉴于此，我国国有企业的 ESG 合规通常会参照国内相关领域的法律法规（如环境法、公司法等），国际标准（如其他国家的标准及相关国际组织、评级机构的标准等），以及相关领域专家、专业组织设立的标准等，以适应国际范围内 ESG 合规的发展趋势，这也为我国国有企业高质量"出海"奠定了坚实的基础。

截至目前，总体来看，我国国有企业在 ESG 合规方面主要呈现国际化程度高、合规边界广的特征，具体而言，我国国有企业 ESG 合规的主要标准有以下几个方面。

（一）国有企业 ESG 合规主要国内标准

目前，我国尚未形成针对企业 ESG 管理等的专项法律法规及合规标准，但

第二章
公司治理

就内容而言，我国已发布实施的法律法规中不乏涉及环境保护（E）、社会责任（S）、公司治理（G）等方面，这一系列散见在不同领域的法律规范构成了当前我国ESG的合规规范体系。

国有企业是我国资本市场重要的组成部分。作为国民经济的中坚力量，国有企业具有数量多、市值规模大、市场占有率高、社会影响力大等特点。在全市场5000余家上市公司中，国有企业的数量占比约27%；从市值规模上看，国有企业市值占比约48%。[1] 因此作为国有企业，积极践行ESG合规标准对其他企业具有较强的示范效应，随着近年来我国相关领域的立法不断完善，国有企业ESG合规面临越来越大的挑战。

1. 环境保护（E）方面

据统计，在我国，分布在石油石化、国防军工、煤炭、交通运输、建筑装饰、通信等领域的国有企业数量众多，这些行业往往关乎着国家安全，掌握着国民经济命脉，无论就行业领域、生产规模、资源配置等任何角度而言，都承担着重大的环境保护职责。[2]

加强环保法律体系建立健全，是实现可持续发展的法治保障，是实现国家资源有保障、民生能安定的风向标。[3] 我国环境保护法律体系主要由宪法、法律、行政法规、地方性法律规范等组成。其中主要的法律规范如表2所示。

表2 主要法律规范

序号	法律规范	实施时间
1	《海洋环境保护法》（2023年修订）	2024年1月1日
2	《青藏高原生态保护法》	2023年9月1日
3	《野生动物保护法》（2022年修订）	2023年5月1日
4	《黄河保护法》	2023年4月1日
5	《畜牧法》（2022年修订）	2023年3月1日
6	《黑土地保护法》	2022年8月1日

---

[1] 《大制造中央国有企业梳理：安全护航高质量发展，大国重器启航》，载 https://www.sohu.com/a/615068070_120516104，最后访问日期：2023年10月25日。

[2] 《中国能源大数据报告（2022）——石油行业发展》，载 https://www.sohu.com/a/564776647_121123711，最后访问日期：2023年12月30日。

[3] 参见郑忠国：《环境保护视域下的环保法律体系完善研究》，载《环境工程》2023年第1期。

续表

序号	法律规范	实施时间
7	《噪声污染防治法》	2022年6月5日
8	《湿地保护法》	2022年6月1日
9	《安全生产法》（2021年修正）	2021年9月1日
10	《草原法》（2021年修正）	2021年4月29日
11	《生物安全法》	2021年4月15日
12	《长江保护法》	2021年3月1日
13	《固体废物污染环境防治法》（2020年修订）	2020年9月1日
14	《森林法》（2019年修订）	2020年7月1日
15	《土地管理法》（2019年修正）	2020年1月1日
16	《土壤污染防治法》	2019年1月1日
17	《环境影响评价法》（2018年修正）	2018年12月29日
18	《大气污染防治法》（2018年修正）	2018年10月26日
19	《环境保护税法》（2018年修正）	2018年10月26日
20	《防沙治沙法》（2018年修正）	2018年10月26日
21	《循环经济促进法》（2018年修正）	2018年10月26日
22	《节约能源法》（2018年修正）	2018年10月26日
23	《水污染防治法》（2017年修正）	2018年1月1日
24	《核安全法》	2018年1月1日
25	《煤炭法》（2016年修正）	2016年11月7日
26	《水法》（2016年修正）	2016年7月2日
27	《环境保护法》（2014年修订）	2015年1月1日
28	《渔业法》（2013年修正）	2013年12月28日
29	《农业法》（2012年修正）	2013年1月1日
30	《清洁生产促进法》（2012年修订）	2012年7月1日
31	《水土保持法》（2010年修订）	2011年3月1日
32	《可再生能源法》（2009年修正）	2010年4月1日
33	《矿产资源法》（2009年修正）	2009年8月27日
34	《矿山安全法》（2009年部分修正）	2009年8月27日
35	《放射性污染防治法》	2003年10月1日

第 二 章
公司治理

由表 2 可知，近年来我国环境相关法律规范普遍进行了修订。从修订内容来看，新法普遍呈现出对合规要求明显提高的特点。除上述环保相关法律之外，我国近年来还陆续出台了一系列规范、支持环境保护的政策，尤其是随着我国双碳目标的设立，相关政策更是频繁落地，如国务院于 2021 年 10 月 24 日发布的《2030 年前碳达峰行动方案》；国资委于 2021 年 11 月 27 日发布的《关于推进中央企业高质量发展做好碳达峰碳中和工作的指导意见》，于 2022 年 8 月 1 日发布的《中央企业节约能源与生态环境保护监督管理办法》；最高人民法院于 2023 年 2 月 16 日发布的《关于完整准确全面贯彻新发展理念 为积极稳妥推进碳达峰碳中和提供司法服务的意见》等。

相关法律规范及政策对国有企业（尤其是中央企业）在环保分类管理、组织管理、应急管理、绿色发展、碳排放管理等方面作出了指导性规定，并提出了较为明确的合规要求。

2. 社会责任（S）方面

就社会因素而言，相较于环境因素其涵盖的方面及内容均更加广泛，在此领域的法律规范涵盖的范围也更为广阔。对于国有企业而言，在此领域的作用亦是不言而喻，即应当继续发挥顶梁压仓作用，从而服务社会回馈民生。在此方面主要相关的法律法规如表 3 所示。

表 3 我国社会责任主要法律规范

序号	法律规范	发布机构	实施时间
1	《未成年人网络保护条例》	国务院	2024 年 1 月 1 日
2	《妇女权益保障法》（2022 年修订）	全国人民代表大会	2023 年 1 月 1 日
3	《农产品质量安全法》	全国人民代表大会常务委员会	2023 年 1 月 1 日
4	《反垄断法》（2022 年修订）	全国人民代表大会常务委员会	2022 年 8 月 1 日
5	《工会法》（2021 年修正）	全国人民代表大会常务委员会	2022 年 1 月 1 日
6	《个人信息保护法》	全国人民代表大会常务委员会	2021 年 11 月 1 日
7	《安全生产法》（2021 年修正）	全国人民代表大会常务委员会	2021 年 9 月 1 日
8	《数据安全法》	全国人民代表大会常务委员会	2021 年 9 月 1 日
9	《未成年人保护法》（2020 年修订）	全国人民代表大会常务委员会	2021 年 6 月 1 日

续表

序号	法律规范	发布机构	实施时间
10	《预防未成年人犯罪法》(2020年修订)	全国人民代表大会常务委员会	2021年6月1日
11	《消防法》(2021年修正)	全国人民代表大会常务委员会	2021年4月29日
12	《保障农民工工资支付条例》	国务院	2020年5月1日
13	《职业病防治法》(2018年修正)	全国人民代表大会常务委员会	2018年12月29日
14	《劳动法》(2018年修正)	全国人民代表大会常务委员会	2018年12月29日
15	《慈善法》	全国人民代表大会	2016年9月1日
16	《消费者权益保护法》(2013年修正)	全国人民代表大会常务委员会	2014年3月15日
17	《危险化学品安全管理条例》(2013年修订)	国务院	2013年12月7日
18	《劳动合同法》(2012年修正)	全国人民代表大会常务委员会	2013年7月1日
19	《工伤保险条例》(2010年修订)	国务院	2011年1月1日
20	《劳动合同法实施条例》	国务院	2008年9月18日
21	《劳动争议调解仲裁法》	全国人民代表大会常务委员会	2008年5月1日
22	《劳动保障监察条例》	国务院	2004年12月1日
23	《禁止使用童工规定》(2002年)	国务院	2002年12月1日

由表3可知，在社会责任方面，截至目前我国已经初步形成了一系列配套的法律法规体系，基本覆盖了国有企业涉及比较多的安全生产、产品质量、消费者权益保护、数据安全、劳动者保护、社会慈善等领域。

事实上，早在2007年，国务院国资委就发布了《关于中央企业履行社会责任的指导意见》，要求中央企业增强社会责任意识，积极履行社会责任。2016年，国务院又发布了《关于国有企业更好履行社会责任的指导意见》，要求国有企业进一步深化社会理念、增加社会责任意识；明确社会责任议题；将社会责任融入企业战略和重大决策、日常经营管理和供应链管理、国际化经营中；加强社会责任沟通；加强社会责任工作保障等。由此不难发现，要求国有企业承担社会责任一直以来都是我国政策和法律规范积极倡导的方向。ESG理念在此基础上生

第二章
公司治理

根发芽，不断发展，在我国的政策体系中逐渐成为一种普遍共识，为国有企业整体践行负责任投资，向除重视企业效益外更加重视社会影响力的经营理念转型勾勒出了一幅清晰的蓝图。

3. 公司治理（G）方面

公司治理的核心原则包括透明度、责任、公正和合规性等。透明度是指公司应该向投资者和其他利益相关者提供及时、准确和全面的信息（信息披露）；责任是指公司高层、管理层和董事会应该对公司的决策和行为负责（董监高勤勉尽责）；公正是指公司应该以公正和平等的方式对待所有利益相关者，包括员工、股东和社会公众等（公平公正）。

除此之外，公司治理还涉及：董事会的组成和运作，包括董事的独立性和多样性等；公司内部控制和风险管理，包括内部审计、合规性审查、风险识别、风险评估、风险应对等。与国有企业公司治理相关的重要法律规范如表4所示。

表4　我国公司治理主要政策及法律规范

序号	法律规范	发布机构	实施时间
1	《关于做好2023年中央企业内部控制体系建设与监督工作有关事项的通知》	国资委	2023年3月3日
2	《银行保险机构公司治理监管评估办法》	银保监会（已撤销）	2022年11月28日
3	《中央企业合规管理办法》	国资委	2022年10月1日
4	《提高央企控股上市公司质量工作方案》	国资委	2022年5月27日
5	《企业境外反垄断合规指引》	国资委	2021年11月15日
6	《证券公司治理准则》（2020年修订）	证监会	2020年3月20日
7	《关于加强中央企业内部控制体系建设与监督工作的实施意见》	国资委	2019年10月19日
8	《反不正当竞争法》（2019年修正）	全国人民代表大会常务委员会	2019年4月23日

续表

序号	法律规范	发布机构	实施时间
9	《企业境外经营合规管理指引》	国家发展和改革委员会，外交部，商务部等7部委	2018年12月26日
10	《中央企业合规管理指引（试行）》	国资委	2018年11月2日
11	《公司法》（2018年修正）[《公司法》（2023年修订）于2024年7月1日起正式实施]	全国人民代表大会常务委员会	2018年10月26日
12	《上市公司治理准则》（2018年修订）	证监会	2018年9月30日
13	《国务院办公厅关于进一步完善国有企业法人治理结构的指导意见》	国务院	2017年4月24日
14	《关于全面推进法治央企建设的意见》	国资委	2015年12月8日
15	《关于推进落实中央企业法制工作新五年规划有关事项的通知》	国资委	2014年12月18日

注：除表内法律规范外，拟上市/上市公司的其他相关合规要求见证监会、交易所相关文件。

2022年8月，国务院国资委发布实施了《中央企业合规管理办法》作为中央企业经营管理和员工履职行为的风险防控管理规范，明确了中央企业合规管理的原则和要求。2023年12月29日，《公司法》（2023年修订）已出台并将于2024年7月1日正式实施，《公司法》（2023年修订）针对国有企业进行了一系列的修改与完善，也引起了业界普遍的讨论，其中深入总结了国有企业改革的成果，在现行《公司法》关于国有独资公司专节的基础上，设"国家出资公司组织机构的特别规定"专章，而其中就"合规"问题的规定首次在公司法条文中出现[《公司法》（2023年修订）第177条]，该条明确规定"国家出资公司"应当依法建立健全内部监督管理和风险控制制度，加强内部合规管理。

此外，国务院及国资委先后出台的《国务院办公厅关于进一步完善国有企业法人治理结构的指导意见》《关于加强中央企业内部控制体系建设与监督工作的实施意见》《关于做好2023年中央企业内部控制体系建设与监督工作有关事项的

第二章
公司治理

通知》等文件，对国有企业的合规提出了具体的要求，形成了"促合规、强内控，防风险"的国有企业合规原则。

（二）国有企业 ESG 合规主要参考的国际标准

从国际范围内来看，缺乏统一的、完善的 ESG 合规标准是当前全世界各国普遍存在的现象。在全球诸多的 ESG 标准中，认可度高和适用范围广的披露标准包括：全球报告倡议组织（GRI）的 GRI 标准、可持续发展会计准则委员会（SASB）的可持续会计准则、国际标准化组织（ISO）的 ISO 26000 社会责任指南、金融稳定理事会（FSB）的气候相关财务信息披露工作组（TCFD）建议等。

根据联合国可持续证券交易所倡议（UN Sustainable Stock Exchanges Initiative，UN SSEi）官网发布的数据显示，全球已发布 ESG 披露指引的证券交易所对 GRI 标准的引用率高达 96%，这使 GRI 标准成为全球使用范围最广的 ESG 披露标准（见图 1）。

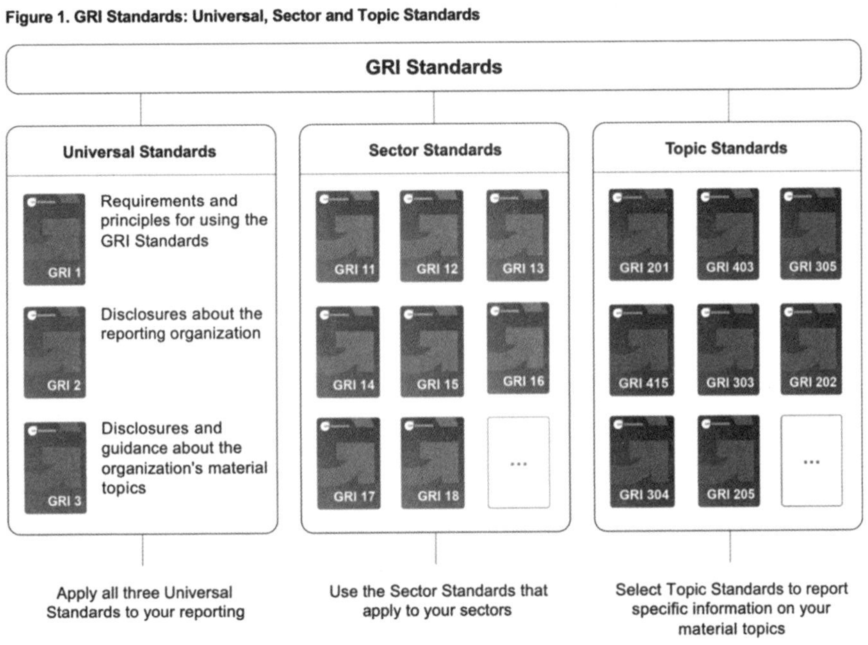

图 1 GRI 标准

资料来源：GRI 官网，https：//www.globalreporting.org。

据统计，就我国国有企业主动披露的 ESG 报告而言，大多数国有企业主要参考/采取的标准为 GRI，这与我国上市企业普遍采取的 ESG 信息披露标准一致（见图 2、图 3）。

GRI Standards 指标索引

报告目录		GRI Standards 对标
奋进新征程，踔厉奋发向未来		302-5、305-4、306-5
董事长致辞		2-11、2-16、2-22
走进南航		2-1、2-2、2-6
董事会声明		2-9、2-13、2-14、2-16、2-17、2-22
实质性议题分析		3-1、3-2、3-3
利益相关方沟通		2-26、2-29、3-3
聚焦 2022		203-1、203-2、413-1
治理 谱写发展新篇章	坚持发展战略	203-2
	完善公司治理	2-9、2-10、2-13、2-15、2-16、2-17
	合规稳健经营	2-17、205-1、205-2
	加强党的建设	205-2
安全 领航平安新征程	加强安全管理	——
	筑牢航空安全	——
	关爱员工健康	403-2、416-1
	呵护旅客健康	416-1
低碳 注入绿色新活力	管理环境影响	302-1、305-1、305-2
	应对气候变化	302-4、302-5
	开展污染防治	302-4、302-5、303-3
	传递低碳理念	——
真情 畅享服务新体验	服务质量管理	2-24
	保障航班正常	2-24
	真情服务客户	2-24
	提升客户满意度	2-24
和谐 飞向美好新未来	携手员工成长	2-7、2-19、2-20、2-30、401-1、401-2、401-3、403-6、403-9、404-1、404-2、405-1
	保障特殊飞行	
	服务区域发展	——
	热心公益事业	413-1
	携手伙伴共赢	2-6、414-1、414-2
附录	展望	2-22
	政策及法规列表	2-23
	绩效数据	301-3、302-1、303-5、305-1、305-2、306-3、401-1、403-9、404-1、418-1
	指标索引	——
	报告审验	2-5
	意见反馈表	2-29
	关于本报告	2-1、2-2、2-3、2-23

图 2　南方航空 2022 年度 ESG 报告采取了 GRI 标准

第 二 章
公司治理

GRI 内容索引

使用说明	中国移动通信集团有限公司在 2022 年 1 月 1 日至 2022 年 12 月 31 日期间参照 GRI 标准报告了在此份内容索引中引用的信息。
使用的 GRI 1	GRI 1: 基础 2021

GRI 标准	披露项	披露页码
GRI 2: 一般披露 2021		
2-1	组织详细情况	04
2-2	纳入组织可持续发展报告的实体	04
2-3	报告期、报告频率和联系人	97
2-4	信息重述	83
2-5	外部鉴证	86-87
2-6	活动、价值链和其他业务关系	78
2-7	员工	50
2-8	员工之外的工作者	81
2-9	管治架构和组成	69
2-10	最高管治机构的提名和遴选	69
2-11	最高管治机构的主席	69
2-12	在管理影响方面，最高管治机构的监督作用	69
2-13	为管理影响的责任授权	不涉及
2-14	最高管治机构在可持续发展报告中的作用	97
2-15	利益冲突	不涉及
2-16	重要关切问题的沟通	69
2-17	最高管治机构的共同知识	69
2-18	对最高管治机构的绩效评估	69
2-19	薪酬政策	51
2-20	确定薪酬的程序	51
2-21	年度总薪酬比率	51
2-22	关于可持续发展战略的声明	06-07
2-23	政策承诺	46
2-24	融合政策承诺	65
2-25	补救负面影响的程序	77
2-26	寻求建议和提出关切的机制	75
2-27	遵守法律法规	73
2-28	协会的成员资格	封底
2-29	利益相关方参与的方法	88
2-30	集体谈判协议	51

GRI 标准	披露项	披露页码
GRI 3: 实质性议题 2021		
3-1	确定实质性议题的过程	89
3-2	实质性议题清单	89
3-3	实质性议题的管理	89
GRI 201: 经济绩效 2016		
201-1	直接产生和分配的经济价值	77
201-2	气候变化带来的财务影响和其他风险和机遇	57
201-3	固定福利计划义务和其他退休计划	51
201-4	政府给予的财政补贴	77
GRI 202: 市场表现 2016		
202-2	从当地社区雇佣高管的比例	49
GRI 203: 间接经济影响 2016		
203-1	基础设施投资和支持性服务	40
203-2	重大间接经济影响	40
GRI 204: 采购实践 2016		
204-1	向当地供应商采购的支出比例	79
GRI 205: 反腐败 2016		
205-1	已进行腐败风险评估的运营点	78-79
205-2	反腐败政策和程序的传达及培训	78-79
205-3	经确认的腐败事件和采取的行动	78-79
GRI 206: 反竞争行为 2016		
206-1	针对反竞争行为、反托拉斯和反垄断实践的法律诉讼	78
GRI 207: 税务 2019		
207-1	税务方针	76
207-2	税收治理、控制及风险管理	76
207-3	与税务关切相关的利益相关方参与及管理	76
GRI 301: 物料 2016		
301-1	所用物料的重量或体积	85
301-2	所用循环材料的进料	85
301-3	再生产品及其包装材料	85

图 3　中国移动 2022 年度 ESG 报告采取了 GRI 标准

资料来源：中国移动通信集团有限公司 2022 年可持续发展报告。

此外，由国际可持续准则理事会（ISSB）发布的、我国财政部会计司参与提案和修改的《国际财务报告可持续披露准则第 1 号——可持续相关财务信息披露一般要求》和《国际财务报告可持续披露准则第 2 号——气候相关披露》，已于 2023 年 6 月 26 日正式发布，该文件也将成为我国国有企业 ESG 合规的重要参考标准之一。

以上的国际标准，不仅对于我国国有企业的发展具有重要的借鉴意义，对于我国相关标准制定也有着积极的参考作用。

三、从信息披露到合规，ESG 合规的必要性及发展趋势

2022 年 5 月，国务院国资委发布《提高央企控股上市公司质量工作方案》，明确提出要推动更多央企控股上市公司披露 ESG 专项报告，力争到 2023 年，央企控股上市公司 ESG 专项报告披露"全覆盖"。这一目标充分体现出 ESG 信息披露作为我国国有企业践行新发展理念、推动高质量发展最有效的抓手的重要地位。

聚焦当下，我国国有企业 ESG 信息披露已在我国初见成效，ESG 合规的重要性和必要性也与日俱增，无论是对于树立良好的企业形象还是促进企业可持续发展从而带动我国经济转型及高质量发展都具有显著的积极作用。

放眼未来，国有企业 ESG 合规已是大势所趋，它是国有企业持续符合我国战略定位、国内外市场需求、提高风险管理能力、提升国有企业社会影响力以及国际竞争力的必经之路。

（一）从 ESG 信息披露到 ESG 合规

ESG 已成为当今国际社会的共识，ESG 信息披露是其体系搭建的重要环节。近些年，全球相关国际组织、发达国家的政府部门、全球主要交易所纷纷出台了 ESG 披露准则和标准法案。我国也积极践行绿色可持续发展的理念，不断深化 ESG 领域的研究和实践。截至目前我国虽尚未发布强制性 ESG 信息披露要求和规范性框架，但以国有企业和上市公司为代表的诸多企业早已积极主动地践行 ESG 信息披露，并逐渐取得了社会的普遍认可。

在我国，经济社会的参与主体普遍开始关注国有企业的 ESG 表现，ESG 披露越完善越具体、ESG 表现越好的国有企业从长期来看不仅仅会取得投资者的认可，其国有企业形象和社会地位以及影响力都会获得显著提升，这对于国有企业来说无疑是重大的利好，也是激励国有企业进一步完善 ESG 信息披露的动力之

第二章
公司治理

一。据统计，近年来我国国有企业ESG信息披露的数量和质量持续走高，其中上市的国有企业主动进行ESG信息披露的数量更是增速迅猛。同时，这一发展趋势也逐渐带动了我国诸多非国有企业、非上市企业开始关注自身的ESG表现，积极参与到ESG信息披露中来，国有企业的ESG信息披露对其他类型的企业已起到了良性的示范作用，具体如图4所示。

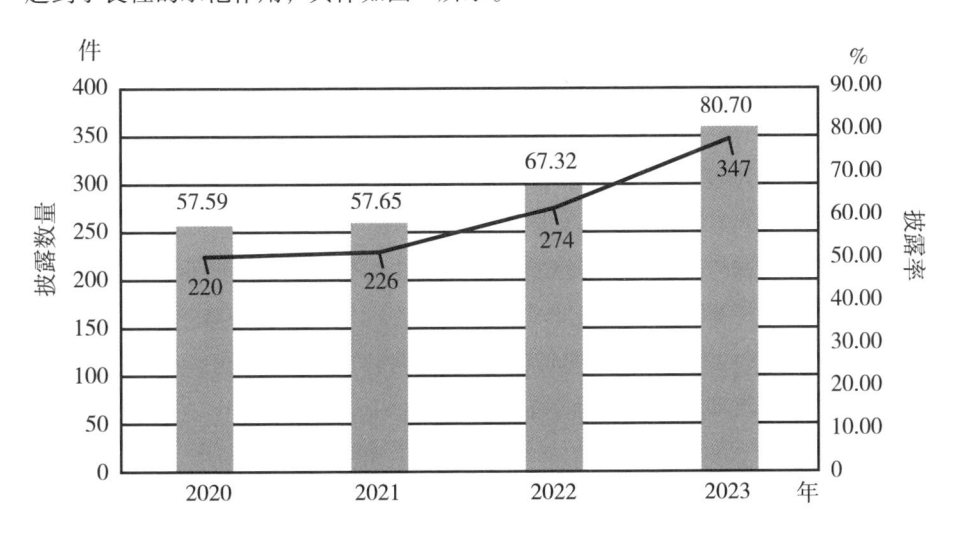

图4　A股央企上市公司近四年ESG/社会责任报告披露率（2020—2023年）

资料来源：中财大绿金院整理。

在我国ESG信息披露已初见成效的当下，在国家各项政策的推动下，我国国有企业应继续发挥示范引领作用，主动发布ESG专项报告，更加全面、更有深度地践行ESG发展，促进ESG合规，推动国有企业高质量发展再上新台阶。据统计，截至2023年10月，有153家境内上市的央企编制并发布了专门的2022年度ESG报告，占比41.58%，较上年占比提升了28.87个百分点。我国国有企业在ESG合规的道路上大步前行，已逐渐跨过ESG信息披露的初级阶段，正在积极迈向ESG合规的新征程。

（二）ESG合规的必要性

ESG合规已经成为我国国有企业发展的重要组成部分，其不仅对于企业的经济效益更是对企业的社会效益和长期可持续发展具有重要的影响。国有企业ESG合规的必要性主要体现在以下几个方面。

1. ESG 合规为国有企业形象塑造赋能

企业形象是人们在物质基础之上，借由各类型媒介对某类企业或某个企业产生的兼具客观与主观的总体感知。国有企业在我国国民经济中具有重要的地位，塑造一个良好的企业形象对我国经济发展有着重要的作用。而高水平的 ESG 合规管理则是国有企业形象构建的推进器，不仅可作为国有企业展示自身形象的窗口，也可促进外部利益相关者对企业形成正向认知，打造一个更具社会责任担当、更具科学先进管理体系的国际国内一流国有企业形象。

2. 国有企业 ESG 合规有利于其长期可持续发展

国有企业 ESG 合规是其长期和可持续发展的核心要素之一，也是我国国民经济稳步增长的重要保障。就现阶段而言，世界范围内自然灾害频发、区域性气候异常、生态污染严重、资源浪费等已经成为全人类面临的共同课题。国有企业作为我国经济高质量发展的领军企业，拥有最为优质的资源和最为强大的能力。国有企业主动践行 ESG 发展的理念，有利于实现全社会共同福祉，为我国经济社会长期可持续发展做出应有的贡献。

3. 国有企业 ESG 合规有利于促进国际国内经济双循环的发展

在可持续发展及全球化的背景下，国有企业"出海"拓展跨国业务并融入国际大循环是大势所趋。为进一步减少和避免国外企业、政府和其他组织在与我国国有企业跨国业务合作对接中，对我国国有企业的环境防治、产品质量、公司治理、消费者权益等方面提出的质疑。国有企业应当进一步加强 ESG 理念在公司经营过程中的应用，加强 ESG 合规管理，提高 ESG 表现，充分发挥国有企业在国民经济中的带头作用，加快构建国内国际双循环相互促进的新发展格局。

（三）ESG 合规的发展趋势

截至目前，我国国有企业 ESG 合规普遍呈现四大趋势：

一是 ESG 报告及实践持续加强。随着世界范围内 ESG 标准、制度和监管体系的不断完善，以及投资者对 ESG 关注度的普遍提升，我国国有企业将更积极更主动地披露 ESG 报告，提高报告的真实性、准确性和完整性，使报告更具有参考价值。

二是 ESG 评价体系逐步健全。在国家可持续发展及"双碳"等政策的引导下，市场和投资者对国有企业 ESG 表现及信息披露的关注度不断攀升，我国各专业机构、专家学者也越发积极地参与到 ESG 评价体系的建立健全的研究和实践中来，为我国形成中国特色的 ESG 评价体系奠定了基础。

三是 ESG 合规的数字化趋势①。数字化已经成为我国重要的战略目标，随着数字化、信息化技术的进步与广泛运用，为 ESG 信息收集与体系完善提供了技术支持，投资者逐渐可以使用更加智能的平台对国有企业的 ESG 表现进行评价和判断，这也在一定程度上为国有企业 ESG 合规增加了难度。

四是国有企业 ESG 合规体系不断完善。在新发展理念和"双碳"目标引领下，我国 ESG 实践发展迅速。在政策体系构建、ESG 信息披露、ESG 投资以及国际合作等方面均取得了显著成效，作为我国国民经济的"领头羊"，国有企业的 ESG 合规体系率先建立，并逐渐完善。

随着我国 ESG 合规进程的不断加深，ESG 合规将是未来几年，我国国有企业持续面临的重要挑战，而国有企业也必将持续提升自身的合规管理能力，呈现出更高水平的 ESG 表现。

四、国有企业 ESG 合规面临的挑战及相关建议

（一）国有企业 ESG 合规面临的挑战②

国有企业的 ESG 表现在我国已普遍处于领先地位，然而作为国民经济的支柱，国有企业仍面临艰巨的 ESG 合规考验。

1. ESG 报告缺乏第三方机构的验证

目前我国国有企业披露的 ESG 报告或社会责任报告等均是由企业自行撰写或委托咨询单位撰写的，其数据均由报告编制单位自行提供。该模式因缺乏第三方验证而常常被诟病或质疑其真实性和准确性。因我国目前并未出台强制企业 ESG 信息披露或编制 ESG 报告，也并未指定或授权特定的第三方机构对国有企业自行出具的 ESG 报告进行验证，因此如何进一步提升国有企业 ESG 报告的真实性和准确性，将是国有企业持续面临的课题。

2. 国有企业 ESG 发展不均衡

据统计，我国国有企业在 ESG 评级中环境、社会责任和公司治理三项指标

---

① 参见魏金金：《上市公司 ESG 投资呈五大趋势，国有上市公司 ESG 发展总体领先》，载 http://www.ce.cn/cysc/stwm/gd/202309/06/t20230906_38703868.shtml，最后访问日期：2024 年 6 月 18 日。
② 参见张平平、曾平：《ESG 投资发展现状与面临挑战探析》，载《商业观察》2023 年第 9 期。

绩效评价结果方面存在明显的不均衡。具体而言：在环境方面，随着我国双碳进程的进一步加深，诸多国有企业被纳入强制碳排放履约的范畴内，绿色转型已经迫在眉睫，因此各个国有企业纷纷开始积极制订低碳目标实施计划，规划并执行碳资产管理，参与绿色金融、碳金融。相应地，国有企业ESG报告中低碳指标披露比例随之不断上升。在社会责任方面，国有企业积极履行国有企业的社会责任和担当，服务国家乡村振兴战略，带动农村地区经济发展，为创造社会福祉做出了重要贡献。然而在公司治理层面，虽然在ESG信息披露中公司治理相关信息披露比例往往较高，但部分国有企业仍然存在制定不合理不科学的经营发展战略，导致发展受挫的情形，其相关管理制度还存在缺陷。因此，国有企业在公司治理合规方面的管理能力和表现相较于环境保护和社会责任而言还有待进一步提升。[1]

3. 缺乏统一的ESG信息披露、评级标准

截至目前，我国ESG相关法律规范和制度文件等仍然存在单维度聚焦的问题。即如前文所述，相关规范和标准等分别对环境、社会责任和公司治理等进行了规定，散见各处，尚未发布统一的ESG法律规范等。与此同时，ESG相关研究和标准制定也尚处于百家争鸣的阶段，诸多专家、专业机构和社会组织纷纷制定出了ESG的标准，金融研究机构等也积极推出了各类ESG信息披露和评级方法的研究报告，这为我国国有企业的ESG合规管理带来了一定的难度。

（二）国有企业ESG合规的意见与建议

对国有企业而言，ESG不仅是企业可持续发展能力的直观表现，更是国有企业对国家战略的践行和示范引领作用的展现。通过ESG合规管理，国有企业将进一步贯彻创新、协调、绿色、开放、共享的新发展理念，平衡企业价值和社会责任，实现国有企业的高质量发展，带动国民经济高质量转型。因此，对于国有企业ESG合规，笔者提出如下意见和建议：

1. 进一步提升企业治理水平

国有企业的ESG合规应当从企业的日常管理做起，提升治理水平，建立常态化可持续发展关键议题对标管理机制，及时查缺补漏、改进提升。同时，国有

---

[1] 张志国：《可持续发展战略下ESG在国企中的应用研究》，载《审计与理财》2023年第6期。

第二章
公司治理

企业应积极跟进国内外第三方评估体系，参考国际ESG评价标准，发现公司管理短板，与时俱进，综合提升企业ESG合规管理水平。通过完善ESG管理，不断提升企业综合价值创造能力和影响力。

2. 进一步践行绿色低碳的发展理念[①]

国有企业应当为我国"双碳"目标的如期实现做出贡献，全面贯彻落实碳达峰、碳中和的政策部署，在不断降低自身碳排放、持续绿色转型的基础上，带动我国绿色金融、碳金融的发展，为我国经济整体绿色发展赋能。

3. 进一步提升ESG信息披露水平[②]

国有企业应当积极面对ESG合规带来的考验和挑战，在现有ESG信息披露的基础上，不断提升披露的准确性、真实性，拓展信息披露的深度和广度，为投资者提供更加清晰透明，具有更高参考价值的ESG信息披露报告，从而进一步鞭策自身不断提升ESG表现，尽快迈向ESG合规的新阶段。

五、结语

ESG合规在我国尚属于初级阶段，但ESG合规在国有企业的经营发展等方面已经彰显出了不可忽视的影响力。对于国有企业而言，ESG合规可以有效地降低企业经营风险，更有利于提高企业市场竞争力，并实现长期的可持续发展。

ESG表现对国有企业价值的影响是一个复杂而又漫长的过程，ESG合规对于国有企业而言也不是一蹴而就的。国有企业需要分别着眼于ESG的各项因素，加强ESG合规管理，以增强国有企业的市场竞争力和可持续发展能力。随着我国ESG法律监管体系和社会评价体系的不断建立和完善，国有企业必将面临更加严峻的挑战，因此，国有企业需要采取更完善和全面的措施来提升自身的ESG表现，才能持续符合国内外越发明确、越发严格的ESG合规标准。

[①] 参见王凯、张志伟：《国内外ESG评级现状、比较及展望》，载《财会月刊》2022年第2期。
[②] 参见刘金硕：《我国ESG投资的痛点与对策》，载《金融博览（财富）》2022年第2期。

国有金融机构需要重点注意的合规事项

曾 颖　陈一萍　王思静

2023年3月10日，十四届全国人大一次会议表决通过了关于国务院机构改革方案的决定，新一轮国务院机构改革方案具体内容共13项，6项改革内容涉及金融领域，包括央行、银保监会、证监会等金融监管机构改革。改革后，中国金融监管体系将形成新的"一行一局一会"格局。此次金融监管机构改革也释放出国家加强对金融行业监管的信号。在此背景下梳理作为金融行业中占主导地位的国有金融机构的重点合规事项，实为必要。

一、国有金融机构的认定

根据《关于规范国有金融机构资产转让有关事项的通知》第1条，国有金融机构是指国有独资、国有全资、国有控股及实际控制金融机构，含其分支机构及拥有实际控制权的各级子企业。根据《国有重点金融机构监事会暂行条例》第2条，国有金融机构包括国有政策性银行、商业银行、金融资产管理公司、证券公司、保险公司等。根据《国有金融资本出资人职责暂行规定》第2条，金融机构是指依法设立的获得金融业务许可证的各类金融企业，主权财富基金、金融控股公司、金融投资运营公司以及金融基础设施等实质性开展金融业务的其他企业或机构。根据《金融控股公司监督管理试行办法》第2条，金融机构包括以下类型：（1）商业银行（不含村镇银行）、金融租赁公司。（2）信托公司。（3）金融资产管理公司。（4）证券公司、公募基金管理公司、期货公司。（5）人身保险公司、财产保险公司、再保险公司、保险资产管理公司。（6）国务院金融管理部

第二章
公司治理

门认定的其他机构。根据《最高人民法院关于新民间借贷司法解释适用范围问题的批复》第1条,金融机构包括由地方金融监管部门监管的小额贷款公司、融资担保公司、区域性股权市场、典当行、融资租赁公司、商业保理公司、地方资产管理公司等七类地方金融组织。

根据对前述规定的梳理我们不难发现,金融机构本身是一个较为泛化的概念,而国有金融机构实质上是指国有独资、国有全资、国有控股及实际控制的主权财富基金、金融控股公司、金融投资运营公司以及金融基础设施等实质性开展金融业务的其他企业或机构,常见的类型包括国有政策性银行、商业银行、金融资产管理公司、保险公司、信托公司等。

《国有金融资本出资人职责暂行规定》第9条第2款进一步规定:财政部负责制定统一的国有金融资本管理规章制度,依法指导和监督地方国有金融资本管理工作。因此,与一般由国有资产监督委员会履行监管职责的国有企业不同,具体的国有金融资本管理制度均是由财政部所制定,并由财政部及地方财政部门进行监督管理。《企业国有资产交易监督管理办法》第63条规定:金融、文化类国家出资企业的国有资产交易和上市公司的国有股权转让等行为,国家另有规定的,依照其规定。也就是说,国有金融机构的监管规则在一般国有企业的监管规则之外还另成体系,在一些特殊领域和事项上需要优先适用其特殊的监管规则,如未有所规定的,则适用一般国有企业的监管规则。

二、国有金融机构合规监管规则

(一) 不同金融领域的合规监管规则

因不同金融领域的业务类型和监管侧重点均有不同,为推进国有金融机构的全面合规管理体系建设,财政部、金融监管部门、行业自律组织及国资管理部门均在不同的金融领域都发布过相关规定和规范。

如中国证券业协会《证券公司全面风险管理规范》(2016年修订)、原中国银行业监督管理委员会《关于印发银行业金融机构全面风险管理指引的通知》、中国证券监督管理委员会《证券公司风险控制指标管理办法》(2020年修正)、原中国保险监督管理委员会《保险公司风险管理指引(试行)》《保险公司合规管理办法》、国家金融监督管理总局《关于促进金融租赁公司规范经营和合规管理的通知》等。除此之外，国务院国有资产监督管理委员会发布的《中央企业全面风险管理指引》（国资发改革〔2006〕108号），相关金融央企也需根据自身实际情况贯彻执行。

（二）重点经营管理行为的合规监管规则

合规建设和管理应当贯穿于国有金融机构经营管理的方方面面，但也有侧重。如《中央企业合规管理指引（试行）》提出了需要重点进行合规管理的领域包括市场交易、安全环保、产品质量、劳动用工、财务税收、知识产权、商业伙伴及其他需要重点关注的领域。① 对于部分重点经营管理行为，除了不同金融领域监管规则中有所提及外，相关部门还发布了专门的监管规则予以规范。

资产转让方面，有财政部《金融企业国有资产评估监督管理暂行办法》（财政部令第47号）、《金融企业国有资产转让管理办法》（财政部令第54号）、《金融企业非上市国有产权交易规则》（财金〔2011〕118号）、《国有金融企业集中采购管理暂行规定》（财金〔2018〕9号）等。

反洗钱和反恐怖融资方面，我国已经建立了一套较为完整的金融监管体系。具体包括《金融机构反洗钱和反恐怖融资监督管理办法》《证券期货业反洗钱工作实施办法》《银行业金融机构反洗钱和反恐怖融资管理办法》《保险业反洗钱工作管理办法》《支付机构反洗钱和反恐怖融资管理办法》《金融机构反洗钱规定》《法人金融机构洗钱和恐怖融资风险管理指引（试行）》《法人金融机构洗钱

---

① 《中央企业合规管理指引（试行）》第13条　加强对以下重点领域的合规管理：
（一）市场交易。完善交易管理制度，严格履行决策批准程序，建立健全自律诚信体系，突出反商业贿赂、反垄断、反不正当竞争，规范资产交易、招投标等活动；
（二）安全环保。严格执行国家安全生产、环境保护法律法规，完善企业生产规范和安全环保制度，加强监督检查，及时发现并整改违规问题；
（三）产品质量。完善质量体系，加强过程控制，严把各环节质量关，提供优质产品和服务；
（四）劳动用工。严格遵守劳动法律法规，健全完善劳动合同管理制度，规范劳动合同签订、履行、变更和解除，切实维护劳动者合法权益；
（五）财务税收。健全完善财务内部控制体系，严格执行财务事项操作和审批流程，严守财经纪律，强化依法纳税意识，严格遵守税收法律政策；
（六）知识产权。及时申请注册知识产权成果，规范实施许可和转让，加强对商业秘密和商标的保护，依法规范使用他人知识产权，防止侵权行为；
（七）商业伙伴。对重要商业伙伴开展合规调查，通过签订合规协议、要求作出合规承诺等方式促进商业伙伴行为合规；
（八）其他需要重点关注的领域。

第 二 章
公司治理

和恐怖融资风险自评估指引》《互联网金融从业机构反洗钱和反恐怖融资管理办法（试行）》《中国人民银行关于加强反洗钱客户身份识别有关工作的通知》等。

数据合规方面，金融数据除受网络安全和数据保护相关的基础法律法规[①]的规范外，也有其特殊的规定。如中国人民银行发布的《金融数据安全　数据安全分级指南》《金融数据安全　数据生命周期安全规范》《金融行业网络安全等级保护测评指南》《金融行业网络安全等级保护实施指引》《关于银行业金融机构做好个人金融信息保护工作的通知》《关于金融机构进一步做好客户个人金融信息保护工作的通知》《个人金融信息保护技术规范》《金融消费者权益保护实施办法》等；中国银行保险监督管理委员会发布的《银行保险机构信息科技外包风险监管办法》《银行业金融机构数据治理指引》等；中国证券监督管理委员会发布的《证券基金经营机构信息技术管理办法》《证券期货业数据分级分类指引》《证券期货业网络安全等级保护基本要求》《证券期货业网络安全等级保护测评要求》等。

劳动用工方面，除了劳动法体系下的规则外，金融行业的监管机构如中国银行业监督管理委员会、中国证券监督管理委员会等出台了一系列关于金融行业劳动用工的监管措施，如《银行业金融机构董事（理事）和高级管理人员任职资格管理办法》《证券基金经营机构董事、监事、高级管理人员及从业人员监督管理办法》《保险公司薪酬管理规范指引（试行）》《商业银行稳健薪酬监管指引》《基金管理公司绩效考核与薪酬管理指引》《银行业金融机构从业人员行为管理指引》《关于预防银行业保险业从业人员金融违法犯罪的指导意见》《关于严禁银行业金融机构及其从业人员参与民间融资活动的通知》《关于进一步加强银行业务和员工行为管理的通知》《银行业从业人员职业操守和行为准则》《保险公司董事及高级管理人员审计管理办法》《基金行业人员离任审计及审查报告内容准则》等。

三、国有金融机构需要重点注意的合规事项

我国国有金融资产在金融业中居于主导地位，其持续健康经营具有重要意

[①] 如《网络安全法》《最高人民法院、最高人民检察院关于办理侵犯公民个人信息刑事案件适用法律若干问题的解释》《关键信息基础设施安全保护条例》《网络安全审查办法》《数据出境安全评估办法》《信息安全技术　个人信息安全规范》《信息安全技术　网络安全等级保护基本要求》《信息安全技术　网络安全等级保护测评要求》等。

义。中共中央、国务院《关于完善国有金融资本管理的指导意见》就深刻指出："国有金融机构是服务实体经济、防控金融风险、深化金融改革的重要支柱，是促进经济和金融良性循环健康发展的重要力量。"主导地位之外，国有金融资产的国有属性，意味着国有金融机构不仅要遵循金融机构的行业监管要求，同样还要遵循国有企业的合规要求。基于国有金融机构"国有"和"金融业"的特质，结合金融行业、国有企业尤其是国有金融企业的重点监管规则，笔者对国有金融机构需要重点注意的合规事项概括梳理如下。

（一）资产转让

在现行的国有金融机构资产转让监管体制下，因资产类型不同，适用的监管规定有所不同：股权类资产适用《金融企业国有资产转让管理办法》；底层资产全部是股权类资产且享有浮动收益的信托计划、资管产品、基金份额等金融资产，除国家另有规定外，比照适用《金融企业国有资产转让管理办法》；不动产、机器设备、知识产权、有关金融资产等非股权类资产除行业监管部门另有规定外，适用《关于规范国有金融机构资产转让有关事项的通知》；因开展正常经营业务涉及的抵（质）押资产、抵债资产、诉讼资产、信贷资产、租赁资产、不良资产、债权等资产转让及报废资产处置，以及司法拍卖资产、政府征收资产等适用包括但不限于《银行抵债资产管理办法》《金融企业不良资产批量转让管理办法》《中国银保监会办公厅关于开展不良贷款转让试点工作的通知》等特殊行业规定。虽然适用规定不同，但国有金融机构的资产转让流程基本一致，包括内部决策、外部审批、交易价格确定以及交易开展。

1. 内部决策

中共中央办公厅、国务院办公厅《关于进一步推进国有企业贯彻落实"三重一大"决策制度的意见》规定，凡是涉及资产调整、产权转让等方面的重大决策属于重大决策事项；党委（党组）、董事会、未设董事会的经理班子应当以会议的形式，对职责权限内的"三重一大"事项作出集体决策。不得以个别征求意见等方式作出决策。《关于进一步推进国有企业贯彻落实"三重一大"决策制度的意见》中明确规定，该意见适用于国有和国有控股企业（含国有和国有控股金融机构）。《关于规范国有金融机构资产转让有关事项的通知》中对"三重一大"决策予以了明确：重大资产转让，应当严格落实"三重一大"决策制度，需经董

第二章
公司治理

事会或股东（大）会审议的，依法依规履行相应公司治理程序。因此，国有金融机构资产转让，如构成重大资产转让或重大产权转让，则属于"三重一大"事项，应根据国有金融机构的公司治理程序，由国有金融机构的党委（党组）、董事会、未设董事会的经理班子在其职责权限内作出集体决策。

2. 外部审批

《金融企业国有资产转让管理办法》中对于国有金融机构产权转让的审批权限进行了明确的规定，包括控股（集团）公司审批及财政部门审批。具体如下：控股（集团）公司审批：国有及国有控股金融机构一级子公司（省级分公司或者分行、金融资产管理公司办事处）转让子公司产权；财政部门审批：国有及国有控股金融机构转让一级子公司的产权；或国有及国有控股金融机构一级子公司转让子公司产权时，涉及重要行业、重点子公司的重大国有产权转让或者导致转让标的企业所持金融企业或者其他重点子公司控股权转移。除明确规定需要报国务院批准外，中央管理的国有及国有控股金融机构转让一级子公司的产权应当报财政部审批；地方管理的金融机构国有资产转让的审批权限，由省级财政部门确定。

《关于规范国有金融机构资产转让有关事项的通知》提及国有金融机构转让非股权类资产"按规定需报财政部门履行相应程序的，应按规定报同级财政部门"，但规定中并未对何种情况下需报财政部门、以何种方式报财政部门及报财政部门应履行的程序进行规定。在《关于规范国有金融机构资产转让有关事项的通知》颁布前，我国并无直接针对国有金融机构的非股权类资产监管规则。而《金融企业国有资产转让管理办法》对于转让审批权限确定的根据系拟转让股权所属的公司层级，对于非股权类资产的审批权限并不具有参考价值。尚待财政部对此予以进一步的规定。

3. 交易价格确定

无论是股权类资产转让还是非股权类资产转让，《金融企业国有资产转让管理办法》和《关于规范国有金融机构资产转让有关事项的通知》均贯彻了"以资产评估为原则，以无须资产评估为例外"的宗旨，以防范国有资产流失。关于无须资产评估的例外情况，在股权类资产交易中，系在实施内部重组过程中，拟采取直接协议方式转让产权、且转让方和受让方为控股（集团）公司所属独资子公司的，无须整体评估，但价格不低于最近一期经审计确认的净资产值。在非股权类资产中,有明确市场公允价值的资产交易、转让标的价值较低(单项资产价值低于100万元)的资产交易、国有独资及全资金融机构之间的资产交易、国有金融机构及其独资全资子企业之间的资产交易、国有金融机构所属控股子企业之间发生的不会造成国有金融机构拥有的国有权益发生变动的资产交易无须资产评估,但需经国有金融机构或第三方中介机构论证不会造成国有资产流失的,并依法依规履行决策程序,有明确市场公允价值的资产交易参照市场公允价值确定转让底价,其他资产交易参照市场公允价值、审计后账面价值等方式确定转让底价,投资协议或合同约定退出价格的资产交易,可按约定价格执行。

4. 交易开展

无论是股权类资产转让还是非股权类资产转让,《金融企业国有资产转让管理办法》和《关于规范国有金融机构资产转让有关事项的通知》均贯彻了"以公开交易为原则,以非公开交易为例外"的宗旨,以防范国有资产流失。关于非公开交易的例外情况,在股权类资产交易中,国家有关规定对受让方有特殊要求、控股(集团)公司进行内部资产重组或其他特殊原因,经国务院批准或者财政部门批准可协议转让。在非股权类资产交易中,属于集团内部资产转让、按照投资协议或合同约定条款履约退出、根据合同约定第三人行使优先购买权、将特定行业资产转让给国有及国有控股企业或经同级财政部门认可的其他情形下,经国有金融机构按照授权机制审议决策可协议转让。

5. 加强关联交易管理

《关于国有金融机构聚焦主业、压缩层级等相关事项的通知》提出,国有金融机构应当加强关联交易管理,建立关联交易报告制度,确保关联交易依法合规、公开透明,不得通过各种手段隐匿关联交易和资金真实去向,不得通过关联交易开展不当利益输送、规避监管规定,不得违背公平竞争规则、破坏市场秩序。国有金融机构应当严格管理内部融资、担保等事项,防止资金无效空转,避免滋生虚假交易。

(二)反洗钱和反恐怖融资

就国有金融机构而言,反洗钱和反恐怖融资合规要点主要包括以下几个方面:

1. 内部控制制度

以政策、流程或者指引等书面形式制定反洗钱和反恐怖融资的各项工作内控

第二章
公司治理

制度，对其各个部门、境内外分支机构和附属机构实施统一管理，包含风险管理、客户的身份识别、大额及可疑交易报告、反洗钱信息保密、反洗钱宣传和培训、绩效考核等。内控制度应根据监管机构最新的要求或者每年进行审核，并且需要经过义务机构董事会或者高级管理层的审批后报送至监管机构。

2. 管理组织架构

建立反洗钱和反恐怖融资治理架构，确保结构完整、职责清晰，对董监高、各个部门、境内外分支机构和附属机构的职责分工进行明确，任命或授权的一名高级管理人员和反洗钱管理部门牵头负责反洗钱和反恐怖融资工作，并为其配置充足的人员、资源和授权。各个部门、境内外分支机构和附属机构在其职责范围内有效开展工作，并对结果负责。

3. 洗钱和恐怖融资风险管理

建立洗钱和恐怖融资风险管理体系，涵盖绩效考核、内部审计、信息系统和数据治理、风险管理政策和程序、风险管理策略、风险管理架构等方面，每年开展风险识别和评估工作，覆盖各项产品和服务，及时查找风险漏洞和薄弱环节，强化风险较高领域的反洗钱合规管理措施，并将评估结果上报至董事会和高级管理层，对发现的问题及时整改。

4. 反洗钱信息保密

按照《反洗钱法》《国家安全法》《网络安全法》等规定对依法履行反洗钱和反恐怖融资义务获得的客户资料和交易信息应当予以保密，非依法律规定，不得向任何单位和个人提供。制定跨境信息保密的机制，如果跨境信息分享涉及境外政府、监管机构或者执法部门，应当通知其通过外交、司法协助或者金融监管合作等途径解决，不得擅自提供。

5. 反洗钱审计

每年通过内部审计部门或者外部有资质的审计机构开展反洗钱和反恐怖融资审计。可以是专项审计，或者与其他审计项目结合进行。反洗钱内部审计报告应当提交董事会、高级管理层和监管机构，发现的问题必须及时整改，对重复发现或者严重的问题，应当对相关人员进行责任追究。

6. 配合反洗钱相关的检查和调查

配合监管机构做好反洗钱和反恐怖融资监督检查工作，包括非现场监管、现场检查和其他监管措施。按照规定由专人及时向监管机构报送反洗钱和反恐怖融资报告,于每年度结束后20日内将本机构反洗钱年度报告按照"总对总,一对一"原则上报至监管机构。其余事项应当于发生后10个工作日之内向监管机构报告。履行协助查询、冻结、扣划义务,配合公安机关、司法机关等权力部门做好洗钱和恐怖融资案件调查和打击洗钱工作。同时,配合调查的案件信息严格保密,未经权力部门允许,不得向第三方透露。

7. 反洗钱宣传和培训

制定反洗钱和反恐怖融资培训和宣传制度和计划,对机构内部所有从业人员(包括董事会和高级管理层)定期(至少为一年)和不定期(重大监管规定变化)的开展反洗钱和反恐怖融资培训,对于从事洗钱风险较高岗位的从业人员,应当提高培训强度和频率。定期和不定期对客户开展反洗钱和反恐怖融资的多种形式宣传工作,包括机构电子平台、客户对账单、公共宣传活动等。

(三) 数据合规

随着云计算、大数据、区块链等技术越来越广泛地运用于金融领域,不同信息网络与系统也逐步成为金融机构处理金融数据的载体,网络安全和数据安全日益成为金融机构的重点风险领域。我国对金融数据监管呈现加强的趋势,国有金融机构的数据合规也成为需要重点注意的合规事项。结合中国银行保险监督管理委员会《银行业金融机构数据治理指引》以及中国人民银行发布的金融行业标准《金融业数据能力建设指引》总结国有金融机构数据合规要点如下。

1. 总体要求

将数据治理纳入公司治理范畴,建立自上而下、协调一致的数据治理体系,遵循全覆盖原则、匹配性原则、持续性原则、有效性原则。同时,当将监管数据纳入数据治理,法定代表人或主要负责人对监管数据质量承担最终责任。

2. 数据治理架构

建立组织架构健全、职责边界清晰的数据治理架构,同时建立良好的数据文化:(1)董事会应制定数据战略,审批或授权审批与数据治理相关的重大事项,督促高级管理层提升数据治理有效性,对数据治理承担最终责任。(2)监事会负责对董事会和高级管理层在数据治理方面的履职尽责情况进行监督评价。(3)高级管理层负责建立数据治理体系,确保数据治理资源配置,制定和实施问责和激励机制,建立数据质量控制机制,组织评估数据治理的有效性和执行情况,并定

第二章
公司治理

期向董事会报告。(4) 归口管理部门牵头负责实施数据治理体系建设,协调落实数据管理运行机制,组织推动数据在经营管理流程中发挥作用,负责监管数据相关工作,设置监管数据相关工作专职岗位。银行业金融机构可根据实际情况设立首席数据官。

3. 数据管理

制定、执行和修订数据战略;制定全面有效的数据管理体制;制定、发布、更新、备案、报告与监管数据相关的监管统计管理制度和业务制度;建立数据安全策略与标准,划分数据安全等级,遵循个人信息保护相关要求;加强数据资料统一管理;建立数据应急预案,组织开展应急演练,完善处置流程;建立数据治理自我评估机制;建立问责机制,并结合实际情况建立激励机制。

(四) 劳动用工

金融机构作为典型的风险管理组织,国有金融从业人员及金融用工的监管是行业监管的重点之一。国有金融机构的高级管理人员、相关从业人员从任职到离职都有相关的行业规范,在入职资格审定、入职后行为监管、离职审计和报备等事项也有行业特殊要求。

1. 入职前背景调查

金融从业人员所开展的业务关乎金融安全和公众投资者的利益,相关人员的专业素质、职业道德和合规诚信水平对用人单位的合规经营十分重要。因此,相较其他领域,金融机构尤其是国有金融机构对候选人进行背景调查具有更高的重要性和必要性。监管层面,一是相关监管机构和行业协会积极建立金融行业从业人员信息系统,记录从业人员的从业行为和任职情况等,以期为背景调查提供可靠的渠道和信息支持;二是相关部门通过立法将某些重要岗位候选人的入职前背景调查列为金融企业的法定义务和职责,违反上述义务可能导致机构本身以及相关负责人承担行政甚至刑事责任。比如,《银行业金融机构董事(理事)和高级管理人员任职资格管理办法》第33条规定,金融机构委派或聘任董事(理事)和高级管理人员前,应当对拟任人是否符合任职资格条件进行调查,并将记录调查过程和结果的文档纳入任职资格申请材料。《证券基金经营机构董事、监事、高级管理人员及从业人员监督管理办法》第36条规定,证券基金经营机构聘任董事、监事、高级管理人员及从业人员,或者决定代为履行相应职务的人员前,应当向中国证监会相关派出机构和行业协会的信息系统查询其任职管理和执业管理信息。

2. 薪酬管理

中共中央、国务院《关于完善国有金融资本管理的指导意见》第13条中特别强调要健全国有金融机构薪酬管理制度：对国有金融机构领导人员实行与选任方式相匹配、与企业功能性质相适应、与绩效考核相挂钩的差异化薪酬分配办法。

对于基本薪酬，除需遵守《工资支付暂行规定》中规定的"工资至少每月支付一次"的规则外，监管部门对于金融机构如何设定岗位的基本薪酬标准规定了一定的原则，例如，《保险公司薪酬管理规范指引（试行）》中规定"保险公司应当根据公司实际和市场水平，严格按照规范的程序，合理确定和适时调整不同岗位的基本薪酬标准"；《商业银行稳健薪酬监管指引》规定商业银行应科学设计职位和岗位，合理确定不同职位和不同岗位的薪酬标准。

对于绩效薪酬，不同金融行业均规定对于特定范围人员应当建立与风险相挂钩的绩效薪酬激励约束要求，包括：（1）额度限制：绩效薪酬应当根据年度经营考核结果，在其基本薪酬的特定倍数以内确定；（2）递延机制：根据经营情况和风险分期考核等情况，合理确定一定比例的绩效薪酬随基本薪酬一起支付，其余部分则延期支付；（3）追索扣回机制：应当建立追索扣回制度，在特定事项发生的情况下，如风险损失超常暴露、在绩效考核中弄虚作假时，将相应期限内未发放的绩效薪酬停发，已发放的绩效薪酬予以追回。

3. 员工行为监管

金融行业的特殊性决定了业内员工行为不仅要受到用人单位的规范，还要受到国家监管层面的规范，我国关于金融行业员工的行为监管规范散见于各级各类法律法规中，从全国人大常委会制定的《证券法》《商业银行法》《证券投资基金法》到诸多行业规范中均有体现。这与金融行业"分业经营、分业监管"的原则不无关系，银行、证券、保险、基金等金融行业内的细分领域各自存在着特殊性，不同领域的监管机构针对性地出台了监管文件，如中国银监会《银行业金融机构从业人员行为管理指引》、中国银保监会办公厅《关于预防银行业保险业从业人员金融违法犯罪的指导意见》、中国银监会办公厅《关于严禁银行业金融机构及其从业人员参与民间融资活动的通知》《关于进一步加强银行业务和员工

第二章
公司治理

行为管理的通知》、中国银行业协会《银行业从业人员职业操守和行为准则》等。上述规定主要是从以下几个方面重点监管员工行为：（1）禁止利用职务之便牟取私利，收受回扣，挪用客户资金等；（2）禁止损害客户利益；（3）禁止从事民间借贷、非法集资、违规担保、私自代客投资理财等非法金融活动；（4）禁止泄露内幕信息，进行内幕交易。

4. 离任审计

金融行业的部分从业人员会受制于离任审计制度。离任审计是金融企业就离开工作岗位的关键岗位人员，对于其任职期间所进行的经营管理活动进行监督、鉴定、审查、评价，以客观界定其依职责所应承担的责任的一项审计活动。①

根据金融行业的不同细分业务领域，有关离任审计制度的规定在整体上有相同、相近之处，而于细微处又各有差异与不同，并不完全重合。关于离任审计对象的范围，通常包括企业的法定代表人、董事长、高级管理人员、分支机构负责人、经营管理的主要负责人等关键岗位管理人员。但是，部分细分领域亦有其特殊规定，例如，《基金行业人员离任审计及审查报告内容准则》规定的离任审计范围，就包括基金管理公司高级管理人员、基金经理、投资经理及基金托管银行基金托管部门高级管理人员、独立基金销售机构的高级管理人员或者执行事务合伙人、证券投资咨询机构负责基金销售业务的高级管理人员、其他基金销售机构负责基金销售业务的部门负责人。关于离任审计的方式，区分为内部审计和聘请独立中介机构进行外部审计。又如，《证券公司监督管理条例》第25条规定，证券公司的法定代表人或者高级管理人员离任的，证券公司应当对其进行审计……证券公司的法定代表人或者经营管理的主要负责人离任的，应当聘请具有证券、期货骨干业务资格的会计师事务所对其进行审计。《证券基金经营机构董事、监事、高级管理人员及从业人员监督管理办法》第47条也有类似规定，证券基金经营机构董事长、高级管理人员、分支机构负责人离任的，证券基金经营机构应当对其进行审计，并自其离任之日起2个月内将离任审计报告向中国证监会相关派出机构报告。其中，法定代表人、经营管理的主要负责人离任的，证券基金经

---

① 关于离任审计的含义，规定于各细分领域的监管规则之中。例如，《保险公司董事及高级管理人员审计管理办法》（保监发〔2010〕78号）第2条第3款对离任审计的概念作出如下定义，离任审计是指对因任期届满、工作调动、辞职、免职、撤职、退休等原因离开工作岗位的董事及高级管理人员，对其在本岗位任职期间的职务行为进行的评价性审计。

营机构应当聘请符合《证券法》规定的会计师事务所对其进行离任审计。关于离任审计的时间节点，一般应遵循"先审后离"原则，以离任前完成审计为原则，以离任后完成审计为例外；确实无法在离任前完成审计的，通常亦应在离任后 30 个工作日至 6 个月内完成，不建议无限期延迟。例如，《保险公司董事及高级管理人员审计管理办法》第 9 条规定，保险公司应当制定董事及高级管理人员任中审计年度计划。对高管人员实施任中审计的间隔时间不得超过 3 年。离任审计应当根据人员变动情况及时进行，原则上实行先审计后离任的原则。确有理由不能事先审计的，应当在审计对象离任 3 个月内完成审计并出具审计报告。聘用外部审计机构进行审计的，可适当延长审计时间，但最长不得超过 6 个月。专项审计由公司根据实际情况确定审计时间和时限。关于离任审计的程序，目前尚无明确的、系统性的规范，但参考《中国人民银行关于印发〈中国人民银行领导干部离任审计制度〉的通知》第三章的相关规定，一般应包括立项、审计通知、现场查证审计、确认事实/征询被审计对象的意见、出具审计结论等基本环节。

5. 竞业禁止

金融行业特定岗位中员工的竞业禁止义务系法定义务，而不仅源于劳动合同的约定，其目的除了维护企业商业秘密外，还涉及国家金融稳定性的维护以及对投资人和消费者等其他主体利益的保护。"竞业禁止"义务具体可以进一步区分为"兼职禁止"义务和"挂靠禁止"义务。

关于兼职禁止，不同金融行业关于兼职禁止的行业性规定各有不同。如对于商业银行，《商业银行法》第 52 条规定，商业银行的工作人员应当遵守法律、行政法规和其他各项业务管理的规定，不得在其他经济组织兼职。又如，证券公司、理财公司等机构，《证券法》第 133 条规定，国家机关工作人员和法律、行政法规规定的禁止在公司中兼职的其他人员，不得在证券公司中兼任职务；中国银保监会关于《理财公司内部控制管理办法（征求意见稿）》第 23 条第 3 款规定，理财公司投资人员和交易人员不得直接投资境内外股票，不得在其他机构兼职，不得违规为其他机构或者个人提供投资顾问、受托管理等服务，不得利用职务便利为自己或者他人牟取不正当利益。

关于挂靠禁止，同样在多个金融领域的监管规则中有所体现。如在私募基金等领域，《私募基金登记备案相关问题解答（十二）》在对如何评价个别私募机

第二章
公司治理

构为完成其登记备案寻找具备基金从业资格的外部人员进行"挂靠"问题的回答中指出，这种行为违反了《私募投资基金管理人登记和基金备案办法（试行）》，属于"在私募基金管理人登记、基金备案及其他信息报送中提供虚假材料和信息"行为。证券公司、债券市场等领域也有涉及禁止挂靠的相关规定。例如《证券公司内部控制指引》第81条规定，证券公司应当加强证券投资咨询执业人员的管理和执业资格（证书）的管理，确保不存在人员兼职和挂靠，对执业人员发生变动的应及时办理变更（包括离开咨询岗位）手续。又如中国人民银行、银监会、证券会、保监会发布的《关于规范债券市场参与者债券交易业务的通知》规定："二、参与者应按照中国人民银行和银监会、证监会、保监会（以下统称各金融监管部门）有关规定，加强内部控制与风险管理，健全债券交易合规制度。……参与者应将自营、资产管理、投资顾问等各类前台业务相互隔离，在资产、人员、系统、制度等方面建立有效防火墙，且不得以人员挂靠、业务包干等承包方式开展业务，或以其他形式放松管理、实施过度激励。"

国有金融机构与一般国资监管企业合规的差别

曾 颖　王思静　陈一萍

一、国有金融机构与一般国资监管企业合规的定义

合规是指企业经营管理行为和员工履职行为符合国家法律法规、监管规定、行业准则和国际条约、规则，以及公司章程、相关规章制度等要求。一般在实践中，"合规"所指的是"合规管理"，具体是指企业以有效防控合规风险为目的，以提升依法合规经营管理水平为导向，以企业经营管理行为和员工履职行为为对象，开展的包括建立合规制度、完善运行机制、培育合规文化、强化监督问责等有组织、有计划的管理活动[1]。

国有金融机构与一般国资监管企业在合规管理的定义上基本一致，但由于两者所处的行业性质、市场环境、监管要求等不同，其合规管理也有不同的侧重点和特色。

国有金融机构作为金融市场主体，其合规管理主要是指遵守金融法律法规、监管政策、行业准则和国际条约、规则等要求，保障金融活动的安全、稳健、有效。[2] 国有金融机构合规管理不仅涉及自身经营管理行为和员工履职行为，还涉及对客户、产品、交易等方面的合规审查和风险控制。[3]

---

[1] 参见《中央企业合规管理办法》（国务院国有资产监督管理委员会令第42号），2022年8月23日国务院国有资产监督管理委员会令第42号公布，自2022年10月1日起施行。
[2] 参见财金〔2020〕111号《关于国有金融机构聚焦主业、压缩层级等相关事项的通知》，2022年11月17日财政部公告并正式实施。
[3] 参见中共中央、国务院2018年6月30日发布的《关于完善国有金融资本管理的指导意见》。

第二章
公司治理

一般国资监管企业作为实体经济主体，其合规管理主要是指遵守公司法律法规、行政法律法规、民商事法律法规等要求，保障企业经营活动的合法性、正当性、有效性。一般国资监管企业合规管理主要涉及自身经营管理行为和员工履职行为，以及对外部利益相关方（如供应商、客户等）的合规影响。[①]

二、国有金融机构与一般国资监管企业合规的目标差别

合规管理的总体目标是有效防控合规风险，提升依法合规经营管理水平。通常来说，国有企业的合规管理的共同目标之一在于保护国有资产，避免国有资产流失，但根据不同类型的企业特点和所面临的风险情况，其合规目标在保护国有资产这一共同点外，也会有所差异。

国有金融机构作为金融市场主体，其合规风险具有较高频率和较大影响力的特点。一旦发生违规行为或者违反监管要求，可能会造成严重的经济损失、法律责任、声誉损害，甚至引发金融危机。因此，国有金融机构合规管理的目标主要是保障金融安全，维护金融稳定，促进金融创新，提高金融效率。

一般国资监管企业作为实体经济主体，其合规风险具有较低频率和较小影响力的特点。一般情况下，违规行为或者违反法律法规要求，只会对企业自身或者个别利益相关方造成一定的损失或者不良影响。因此，一般国资监管企业合规管理的目标主要是保障企业合法权益，提高企业竞争力，增强企业社会责任，促进企业可持续发展。

三、国有金融机构与一般国资监管企业合规指导依据的差别

合规指导依据是企业开展合同管理所依据的一切文件、规则，涉及合规制度建设、合规风险识别评估与审查监督、合规考核问责等各个方面。国有金融机构与一般国资监管企业在这些方面都需要开展相应的工作，且都需要遵循全面覆盖、权责清晰、务实高效等原则，但由于两者所处的行业性质、市场环境、监管要求等不同，其开展合规工作所参考的依据也会有所差异。

（一）国有金融机构在合规内容上的关注重点

一是金融法律法规和监管政策。国有金融机构需要及时掌握和遵守中央和地

[①] 参见《中央企业合规管理办法》（国务院国有资产监督管理委员会令第42号），2022年8月23日国务院国有资产监督管理委员会令第42号公布，自2022年10月1日起施行。

方各级政府以及各类金融监管机构（如央行、银保监会、证监会等）制定或者发布的各项金融法律法规和监管政策，并将其内化为企业内部的合规制度和流程。例如，国有金融机构应当按照《中共中央、国务院关于完善国有金融资本管理的指导意见》《关于进一步加强国有金融企业财务管理的通知》《关于国有金融机构聚焦主业、压缩层级相关事项的通知》等相关文件的要求，明确发展战略，突出主业，回归本业，规范各层级子公司管理，严格并表管理和穿透管理，规范关联交易，加强商誉品牌管理等。同时，国有金融企业作为国际金融的重要参与主体，还需要关注国际金融组织（如国际货币基金组织、世界银行等）和跨国金融监管机构（如金融稳定委员会、巴塞尔银行监管委员会等）制定或者发布的各项国际条约、协议、标准等，并根据实际情况进行适当参照或者执行。

二是金融行业准则和惯例。中国银行业协会、中国证券业协会、中国保险行业协会等行业组织制定的相关行为准则、自律公约、操作指引等，作为同业公认的行业惯例和道德规范，反映了金融行业的专业性和规范性，体现了金融行业的社会责任和公众期待，也应当重点关注。

三是企业自身的规章制度和流程。国有金融机构需要根据自身的经营特点和风险特征，制定和完善适用于本企业的合规管理规章制度和流程，明确合规管理的目标、原则、范围、职责、方法等，确保合规管理工作有章可循、有序进行。

（二）一般国资监管企业在合规内容上的关注重点

一是国有资产监管法律法规和政策。一般国资监管企业需要及时掌握和遵守《企业国有资产法》《中央企业合规管理办法》《中央企业合规管理指引（试行）》《企业国有资产交易监督管理办法》等相关法律法规和政策，并将其内化为企业内部的合规制度和流程。同时，还需要关注国务院国资委以及地方国资监管机构制定或者发布的各项指导意见、通知、办法等，以及与国有资产监管相关的其他部门的法律法规和政策。

二是所属行业或者领域的法律法规和标准。一般国资监管企业需要根据所从事的行业或者领域，及时掌握和遵守相关部门制定或者发布的各项法律法规和标准，并将其内化为企业内部的合规制度和流程。同时，还需要关注所属行业或者领域的发展动态、市场变化、技术创新等，及时调整和完善合规制度和流程，适应外部环境的变化。

第二章
公司治理

三是企业自身的经营管理要求。一般国资监管企业需要根据自身的发展战略、经营目标、风险偏好等，制定和完善适用于本企业的合规管理规章制度和流程，明确合规管理的内容、体制、机构、职责、方法等，确保合规管理工作与经营管理工作相协调、相支持。

四、国有金融机构与一般国资监管企业合规机制的差别

企业合规机制主要包括合规制度运行机制、合规风险识别评估预警机制、合规审查监督机制等。国有金融机构与一般国资监管企业在这些方面都需要建立健全相应的机制，但具体内容也会有所不同。

（一）合规制度运行机制

合规制度运行机制是指根据国家法律法规、监管政策等要求，结合企业实际情况，将合规要求贯穿经营管理各领域各环节，形成有效的内部控制和风险防范体系。

国有金融机构与一般国资监管企业在合规制度运行机制上都需要遵循全面覆盖、权责清晰、务实高效等原则，但由于两者所处的行业性质、市场环境、监管要求等不同，其合规制度运行的方式和方法也会有所差异。

1. 国有金融机构在合规制度运行机制上的关注重点

第一，顶层设计。国有金融机构需要根据自身经营特点和风险特征，建立健全以董事会为核心的合规治理架构，明确各级各部门的合规职责和权限，形成有效的横向协调和纵向贯通的合规管理体系。

第二，制度完善。国有金融机构需要根据金融法律法规、监管政策、行业准则等要求，结合自身业务发展和风险变化，及时修订完善适用于本企业的各项合规管理基本制度和具体制度。

第三，制度执行。国有金融机构需要将合规要求嵌入经营管理流程，重大决策事项的合规审查意见应当由首席合规官或合规部门负责人签字，对决策事项的合规性提出明确意见。同时，还需要利用大数据等信息化手段，提高合规管理效能和水平。

2. 一般国资监管企业在合规制度运行机制上的关注重点

第一，顶层推动。一般国资监管企业需要加强党委（党组）对于合规管理工

作的领导作用,把党的领导贯穿合规管理全过程,将合规要求纳入党建工作考核评价体系。

第二,制度落地。一般国资监管企业需要根据公司法律法规、行政法律法规、民商事法律法规等要求,结合自身经营特点和风险特征,编制适用于本企业的各项合规管理基本制度和具体制度,并通过培训宣传等方式提高员工对于合规要求的认知和执行力。

第三,制度检查。一般国资监管企业需要通过内部审计、监督检查等方式,对合规制度的执行情况进行定期或者不定期的检查评价,对发现的问题进行及时整改,并根据实际情况对合规制度进行修订完善。

(二)合规风险识别评估预警机制

合规风险识别评估预警机制是指根据企业经营管理活动中的合规风险,建立并定期更新合规风险数据库,对风险发生的可能性、影响程度、潜在后果等进行分析,对典型性、普遍性或者可能产生严重后果的风险及时预警。

国有金融机构与一般国资监管企业在合规风险识别评估预警机制上都需要遵循全面系统、动态更新、分级分类等原则。但由于两者所面临的合规风险的类型、程度、影响等不同,其合规风险识别评估预警的方式和方法也会有所差异。

1. 二者在合规风险识别评估预警机制上的共同点

一是风险评估方面。二者都需要根据合规风险的发生频率、可能性和影响后果,对合规风险进行定量或者定性的评估,将合规风险分为高、中、低三个等级,并编制相应的风险清单和应对预案。

二是风险预警方面。需要根据合规风险的变化趋势和重要性,对可能引发重大法律责任、造成严重经济损失或者声誉损害的合规风险及时预警,并采取相应的防范措施。

2. 二者在合规风险识别评估预警机制上的差异

一是风险识别方面。国有金融机构需要从宏观和微观两个层面,全面梳理经营管理活动中的合规风险,包括法律法规、监管政策、行业准则等外部环境变化带来的合规风险,以及客户、产品、交易等内部业务活动带来的合规风险;一般国资监管企业需要从内部和外部两个方面,全面梳理经营管理活动中的合规风险,包括刑事法律法规、行政法律法规、民商事法律法规等外部环境变化带来的

第二章 公司治理

合规风险，以及供应商、客户、员工等内部利益相关方带来的合规风险。

二是风险预警方面。国有金融机构需要特别考虑引发金融危机的合规风险并及时预警。

（三）合规审查监督机制

合规审查监督机制是指对企业经营管理活动中是否符合各项合规要求进行检查和评估，并对发现的违规行为进行纠正和处罚。

国有金融机构与一般国资监管企业在合规审查监督上都需要遵循科学性、系统性、动态性等原则，但由于两者所依据的合规指引规则不同，以及所面临的合规风险类型、来源、特点等不同，其合规审查监督的方法和工具也会有所差异。

1. 国有金融机构在合规审查监督机制上的主要方法和工具

第一，适用金融法律法规和监管政策。国有金融机构需要及时掌握和遵守中央和地方各级政府以及各类金融监管机构制定或者发布的各项金融法律法规和监管政策，并对其执行情况进行定期或者不定期的审查。同时，还需要关注国际金融组织和跨国金融监管机构等制定或者发布的各项国际条约、协议、标准等，并根据实际情况进行适当参照或者执行，并对其遵守情况进行审查。

第二，对标金融行业准则和惯例。国有金融机构需要遵守和参考中国银行业协会、中国证券业协会、中国保险行业协会等行业组织制定的相关行为准则、自律公约、操作指引等，以及同业公认的行业惯例和道德规范，并对其执行情况进行审查。同时，还需要关注社会舆论、公众期待等对金融行业的影响，并对其适应情况进行审查。

第三，严格审查企业自身的规章制度和流程。国有金融机构需要根据自身的经营特点和风险特征，制定和完善适用于本企业的合规管理规章制度和流程，并对其执行情况进行审查。同时，还需要根据内外部环境的变化，及时调整和完善合规管理规章制度和流程，并对其变更情况进行审查。

2. 一般国资监管企业在合规审查监督机制上的主要方法和工具

第一，严格适用国有资产监管法律法规和政策。一般国资监管企业需要及时掌握和遵守相关法律法规和政策，并对其执行情况进行定期或者不定期的审查。同时，还需要关注国务院国资委以及地方国资监管机构制定或者发布的各项指导意见、通知、办法等，以及与国有资产监管相关的其他部门的法律法规和政策，并对其遵守情况进行审查。

第二，所属行业或者领域的法律法规和标准。一般国资监管企业需要根据所从事的行业或者领域，及时掌握和遵守相关部门制定或者发布的各项法律法规和标准，并对其执行情况进行审查。同时，还需要关注所属行业或者领域的发展动态、市场变化、技术创新等，及时调整、更新合规管理规章制度和流程，并对其适应情况进行审查。

第三，企业自身的经营管理要求。一般国资监管企业需要根据自身的发展战略、经营目标、风险偏好等，制定和完善适用于本企业的合规制度和流程，并及时跟踪、审查其执行情况。

五、国有金融机构与一般国资监管企业合规标准的差别

合规管理的标准主要包括合规制度的完备性、合规风险的可控性、合规效果等方面。国有金融机构与一般国资监管企业在这些方面都需要遵循国家法律法规、监管政策、行业准则等要求，但具体标准也会有所不同。

（一）合规制度的完备性

合规制度的完备性是指企业是否建立了符合自身经营特点和风险特征的合规管理基本制度和具体制度，以及这些制度是否能够有效覆盖企业经营管理活动中的各个领域和环节。

国有金融机构与一般国资监管企业在合规制度的完备性上都需要遵循全面覆盖、权责清晰、务实高效等原则。两者在考察自身合规制度的完备性时，一是都需要重点关注公司法律法规，遵守中央和地方各级政府以及相关部门制定或者发布的各项公司方面的法规、规章和规范性文件等，并将其内化为企业内部管理要求和企业合规制度、流程；二是都需要遵守和参照各类其他民商事法律法规和行业准则，包括合同法、招标投标法、反垄断法、反商业贿赂法、生态环保法、安全生产法、劳动用工法、税务管理法等，规范公司对外行为，并将其纳入企业内部的合规制度和流程管控。

但两者在合规制度完备性的建设方面，根据行业性质、市场环境、监管要求等不同，又表现出了具体差异，包括以下内容。

国有金融机构在合规制度的完备性上一般需要围绕其三类指导依据展开，即

第二章
公司治理

包括金融法律法规和监管政策、金融行业准则和惯例、企业自身的规章制度和流程。其中，合规制度的完备性在企业自身的规章制度和流程中的重要体现在于，动态地关注金融业务活动，根据自身经营范围和发展战略，结合客户、金融产品、交易等方面的特点，制定和完善适用于本企业的各项业务合规管理制度和流程，并根据市场变化和风险变化及时进行修订完善。

一般国资监管企业在合规制度的完备性上同样围绕其三类指导依据展开，包括国有资产监管法律法规和政策、所属行业或者领域的法律法规和标准、企业自身的经营管理要求等，但一般国资监管企业应当根据企业经营活动所需，以及自身经营范围和发展战略的要求，结合供应商、客户、员工等方面的特点，制定和完善适用于本企业的各项经营合规管理制度和流程，并根据市场变化和风险变化及时进行修订完善。

（二）合规风险的可控性

合规风险的可控性是指企业是否能够有效识别、评估、预警、应对、监督经营管理活动中的合规风险，以及这些风险是否能够控制在可接受的范围内。

国有金融机构与一般国资监管企业在合规风险的可控性上都需要遵循全面系统、动态更新、分级分类等原则。但由于两者所面临的合规风险的类型、程度、影响等不同，其合规风险管理的方式和方法也会有所差异。

但整体来说，两者合规风险的可控性，主要依赖于其合规风险识别评估预警机制是否得当，如果其具备合理、完备的合规风险识别评估预警机制，则对于合规风险的控制，基本上可以满足可控性要求。对于合规风险识别评估预警机制的考察，可详见前文关于合规风险识别评估预警机制内容的论述。

（三）合规效果

合规管理的效果主要包括合规文化的建设、合规风险的防控、合规成本的节约、合规效益的提升等方面。国有金融机构与一般国资监管企业在这些方面都需要通过有效的评价和监督，不断完善和提高合规管理水平，但具体效果也会有所不同。

1. 合规文化的建设

合规文化是指企业内部形成的以法律法规、监管政策、行业准则等为基础，以依法合规经营管理为核心，以诚信守法、自律自觉为特征，以提升企业形象、增强社会责任为目标的价值观念和行为规范。

国有金融机构与一般国资监管企业在合规文化的建设上都需要遵循内外兼顾、上下贯通、激励约束等原则。但由于两者所处的行业性质、市场环境、社会期待等不同，其合规文化的内涵和外延也会有所差异。

在内外兼顾、上下贯通、激励约束等方面，两者都需要重视培训教育和激励约束，一方面，需要根据员工岗位职责和风险特点，制定和实施针对性强、实用性高的合规培训计划，提高员工对于合规知识和技能的掌握，增强员工对于合规风险的识别和应对能力；另一方面，需要将合规要求纳入员工绩效考核和激励机制，对于依法合规经营管理表现优秀的员工给予奖励和表彰，对于违反法律法规或者监管政策等造成损失或者影响的员工给予惩戒和问责。

在差异方面，国有金融机构在合规文化的建设上需要重点关注内部宣传，包括但不限于通过各种形式和渠道，广泛宣传法律法规、监管政策、行业准则等合规要求，提高员工对于合规重要性和必要性的认识，树立合规意识和自觉性；而一般国资监管企业在合规文化的建设上则需要强调外部沟通，需要通过各种形式和渠道，积极沟通与企业经营管理活动相关的政府部门、行业协会、供应商、客户等利益相关方，了解并遵守其相关法律法规或者行业准则等要求，树立良好的社会形象和信誉。

2. 合规风险的防控

合规风险的防控是指企业通过有效的合规管理制度和运行机制，及时发现、预防、应对经营管理活动中的合规风险，避免或者减少因违规行为引发的法律责任、经济损失或者声誉损害等后果。

国有金融机构与一般国资监管企业在合规风险的防控上都需要遵循全面系统、动态更新、分级分类等原则，其防控基本依赖于自身合规风险识别评估预警机制，形成完备的风险识别、风险评估、风险预警系统，并以此开展风险防控的具体工作。

3. 合规成本的节约

合规成本是指企业为了遵守法律法规、监管政策、行业准则等合规要求，所需要投入的各种资源和费用，包括人力、物力、财力、时间等。

国有金融机构与一般国资监管企业在合规成本的节约上都需要遵循效率优先、成本最小化等原则，且都需要重视合规审计的开展，通过内部审计、监督检

第二章
公司治理

查等方式，对合规制度的执行情况进行定期或者不定期的检查评价，对发现的问题进行及时整改，并根据实际情况对合规制度进行修订完善。但由于两者所处的行业性质、监管要求等不同，其合规成本的构成和水平也会有所差异。

（1）国有金融机构在合规成本的节约上需要重点关注的事项

一是合规人员的配置。国有金融机构需要根据自身经营规模和风险特点，合理配置合规管理部门和人员，避免人员过剩或者不足，提高合规管理效率和质量。

二是合规信息化的建设。国有金融机构需要重点关注数据合规问题，并利用大数据、云计算、人工智能等信息化手段，建立健全合规管理信息系统，实现合规风险的自动识别、评估、预警、应对等功能，降低人工干预和误判的可能性。

三是合规外包的选择。国有金融机构需要根据自身业务发展和风险变化，适当选择合规外包服务，将一些非核心或者专业性较强的合规管理工作委托给具有资质和经验的外部机构或者个人，减轻内部合规管理压力和负担。

（2）一般国资监管企业在合规成本的节约上需要重点关注的事项

一般国资监管企业相较于国有金融机构而言，在数据合规方面的要求更低，更强调对员工的合规管理培训，需要根据员工岗位职责和风险特点，制定和实施针对性强、实用性高的合规培训计划，提高员工对于合规知识和技能的掌握，增强员工对于合规风险的识别和应对能力。

4. 合规效益的提升

合规效益是指企业通过有效地开展合规管理活动，所能够实现或者增加的经济收益或者社会效益，包括提高经营效率、降低经营成本、增加市场份额、提升品牌形象、增强社会责任等。

国有金融机构与一般国资监管企业在合规效益的提升上都需要遵循价值导向、效果优先等原则。但国有金融机构与一般国资监管企业在合规管理的目标、内容、重点等方面都有所不同，因此在合规效益的提升的表现和评价也会有所差异。一般来说，国有金融机构更加注重提升合规风险防控能力和金融服务质量，而一般国资监管企业更加注重提升国有资产保值增值能力和社会责任感。

（1）国有金融机构在合规效益的提升上的具体表现

第一，提高了金融市场稳定性和信用度。国有金融机构通过加强合规管理，有效地防范了金融违法违规行为，维护了金融市场秩序，保障了金融消费者权益，增强了金融市场对外开放的信心和竞争力。①

第二，促进了金融创新和发展。国有金融机构通过加强合规管理，推动了金融科技、绿色金融、普惠金融等领域的创新和发展，满足了多元化、差异化、个性化的客户需求，提高了金融服务效率和质量。②

第三，增加了经营效益和社会效益。国有金融机构通过加强合规管理，优化了资本结构和配置方式，提高了资本充足率和资产质量，降低了经营成本和风险损失，增加了利润总额和净利润。③ 同时，也积极履行社会责任，支持国家重大战略和民生工程，为经济社会发展做出贡献。

(2) 一般国资监管企业在合规效益的提升上的具体表现

第一，提高了国有资产安全性和效率。一般国资监管企业通过加强合规管理，有效防范了国有资产流失、侵占、损耗等风险，维护了国家经济安全和战略安全。同时，也优化了国有资产布局和结构，提高了国有资产运营效率和收益率。

第二，促进了产业转型升级和创新驱动。一般国资监管企业通过加强合规管理，推动了产业结构调整和优化，淘汰了落后产能，发展了战略性新兴产业。同时，也加大了科技投入和创新力度，打造了一批具有自主知识产权的核心技术和品牌。

第三，增加了经济效益和社会效益。一般国资监管企业通过加强合规管理，提高了经营管理水平和质量效益。同时，也积极履行社会责任，支持国家重大战略和民生工程，为经济社会发展做出贡献。

本文从合规管理的定义、目标、指导依据、具体机制和标准等方面，对国有金融机构与一般国资监管企业的合规管理进行了比较分析，揭示了两者在合规管理上的共性和差异。本文认为，国有金融机构与一般国资监管企业都应该树立合规意识，建立健全合规制度，加强合规风险防控，提高合规管理水平，但也应该根据自身所处的行业特点和市场环境，制定适合自身的合规管理策略和措施。本文旨在为国有金融机构与一般国资监管企业的合规管理提供一些理论参考和实践参考，但本文的研究还存在一些不足之处，如合规管理的评价指标、方法和效果等方面还需要深入探讨。

---

① 参见《中央企业合规管理办法》（国务院国有资产监督管理委员会令第42号），2022年8月23日国务院国有资产监督管理委员会令第42号公布，自2022年10月1日起施行。
② 参见国务院国有资产监督管理委员会2022年11月17日发布的《中央企业高质量发展报告（2022）》。
③ 参见中央审计委员会办公室、审计署关于印发《"十四五"国家审计工作发展规划》的通知。

公司治理结构的现状及优化

李宗泰

一、公司治理结构的法律规定

我国现行《公司法》规定的公司内部治理体系可称为"三会一体"结构，即以股东会为公司的最高权力机构，由其选举产生董事会和监事会；董事会与监事会二者之间相对独立，分别对股东会负责，受股东会监督。董事会为公司的执行机构，负责执行股东会的决议。监事会为公司的监督机构，主要负责监督董事会以及会同董事会对公司经营管理层进行监督。

（一）股东会的法律地位

股东会是公司的权力机构即公司一切重大问题的决策机构，负责就公司的重大事项进行决议，集体行使所有者权益。股东会选举产生的董事会对于公司日常经营事项具有决策权，但这些决策权的行使不能与股东会的决议相冲突。此外，公司虽由股东出资设立，但股东并不直接参与公司的日常经营管理，股东会通过将分散的股东个体意志集合成为股东合意，最终形成公司的意志，因此股东会还是公司内部意思决定机关。

（二）董事会的法律地位

相对于股东会最高权力机关的特征，董事会则属于公司的执行机关。其负责对股东会就重大问题所作出的经营决策进行具体执行，因此董事会负责公司经营活动的管理与运营，代表公司实施并贯彻股东会的决策内容。就这个角度而言，董事会是股东会的执行机关。但董事会自身也享有独立的职权，其有权在法律与公司章程规定的范围内，自主决定公司的日常经营管理活动。这也是出于公司规模的扩大、股东数量的增多以及公司运行效率等因素的考量，由股东会对公司日常经营管理事项都进行决策显然不符合公司运行的要求，因而只有赋予董事会在公司日常运营过程中享有一定的决策权，方能及时处理公司运营过程中所产生的各种问题。

（三）监事会的法律地位

监事会与董事会不同，专司监督职能，不仅包括检查公司财务，还包括对公司董事、高级管理人员执行职务的行为进行监督。根据《公司法》（2018年修订）第51条及第117条之规定，除股东人数较少或规模较小的有限责任公司不设监事会外，其他类型的公司都必须设监事会。监事在公司治理过程中起到监督的作用，不影响股东会和董事会的实际权力行使。在股东委派的情况下，监事不从公司领取薪水，从而保证监事独立性，起到维护股东利益的作用。监事没有投票权，只能列席董事会会议，因此如有意见，需要向股东反映或者通过诉讼途径履行监督职责。

二、我国公司的治理现状

（一）上市公司的治理现状

关于公司治理成果的讨论主要集中于上市公司，因上市公司治理失灵所导致的重大事件成为新闻媒体与社会民众茶余饭后的讨论焦点。① 无论是先前"国美黄光裕案"中大股东与管理层展开的激烈对抗，还是"宝万之争"中股东之间为争夺控制权而展开的争夺，抑或"当当网事件"中夫妻共同治理导致的公司控制权纠纷，都使公司治理持续引发社会热议。在证监会对"广州浪奇信息披露违法违规案"的查处中，资本市场则更加显现出虚假陈述、内幕交易等违法行为丛生的现象。而之所以出现前述治理失灵以及虚假陈述等负面事件，究其原因在于公司治理结构的缺陷。作为检验公司治理水平的重要指标之一，证监会对上市公司董事及高管违规作出的行政处罚数量逐年增长的趋势，无疑体现出上市公司的治理现状不容乐观。根据证监会公报显示，证监会作出行政处罚决定的数量屡创

---

① 参见赵旭东：《中国公司治理制度的困境与出路》，载《现代法学》2021年第2期。

第二章
公司治理

新高。① 由此可见，在《公司法》《证券法》修订后，上市公司的违规处罚数据不减反增，前述法规的完善仍难以有效遏制上市公司的违规趋势。

（二）有限公司的治理现状

相较于上市公司，有限公司内部的治理问题更为突出且复杂，但受限于有限公司的封闭性以及规模相对较小，舆论对其治理问题报道较少，因此并未引起社会民众足够的关注。与上市公司不同，有限公司的治理问题主要集中于股东之间的内部矛盾以及大股东对中小股东的欺压问题。股东之间对公司发展方向、重大交易以及人事安排等问题往往有着不同的主张与利益考量，因此股东之间的对立与冲突在商业实践中经常发生。② 在部分公司中，由于股东之间经常发生激烈冲突，致使公司的内部组织机构陷入僵局乃至停摆，最终导致公司无法作出正常经营决策，只能被迫解散。尽管现有《公司法》为有限公司强制性赋予了相关组织机构与运行规则，设计出了一套具有普适性的治理结构，然而这一设计并未能充分考虑有限公司的具体特点与现实需要，无法适应现实经济生活中不同有限公司的多元需要，导致相关纠纷频发。据学者统计，2013 年之后与公司有关的纠纷数量由每年 1000 余件快速上升至 6 万余件，其中与股东权利与公司治理有关的纠纷便占到六成以上。③

三、公司治理陷入困局的原因分析

（一）公司治理的法律设计与现实情况不符

我国现行公司法规定的治理模式是由公司的四个不同法定机构掌握不同权力，从而实现分权制衡，保障公司事务的科学管理与股东权利不受侵犯。这一公司治理模式在形式上十分科学，但在实际运行过程中却出现与法律设计完全不符的结果。

---

① 参见《证监会通报 2020 年案件办理情况》，载中国证券业协会网，http://www.csrc.gov.cn/csrc/c100200/cde2e163c393c4d69a384b228dc0fe2af/content.shtml，最后访问日期：2023 年 11 月 9 日。《证监会通报 2021 年案件办理情况》，载中国证券业协会网，http://www.csrc.gov.cn/csrc/c100028/c1921138/content.shtml，最后访问日期：2023 年 11 月 9 日。
② 参见甘培忠：《有限责任公司小股东利益保护的法学思考》，载《法商研究》2002 年第 6 期。
③ 参见罗书臻：《最高人民法院发布公司法司法解释（四）》，载《人民法院报》2017 年 8 月 29 日，第 1 版。

最为突出的问题是公司治理的法定主体与实际主体的脱节。公司内部治理的法定主体本应是股东会、董事会、监事会与经理这四个机构。但在实践中，公司实际的治理主体却是控股股东、董事长、总经理等非法定主体，依据法律规定这些主体并不享有特别权力，但往往却是公司重大事项的实际控制人。[1] 董事会可能缺乏独立决策性，股东会"一言堂"的情形在商事实践中屡见不鲜，导致公司实际控制人滥用自身支配地位进行关联交易的情况难以得到有效遏制。监事会也同样如此，作为监督机构的监事会无法起到法律预设的监督作用，在部分有限公司中，监事会仅仅是为了应对《公司法》强制性规定所设立，所能起到的作用极为有限。这从证监会等部门公布的上市公司行政监管与处罚结果中也能窥见一些端倪，大部分董事和高管的违法违规行为均不是由监事会所揭露，董事与高管对中小股东正当利益的损害无法得到及时监督与制止。

除此之外，公司法定治理权力与实际权力分配不符也成为实践中公司治理出现的主要问题。学者蒋大兴曾提出"代理权下沉"的现象，[2] 即原则上股东会对公司重大事项享有决定权，但在许多公司中股东会仅具有形式上的开会这一程序权力，实际上真正决定公司重大事项的往往是公司的控股股东或董事长；同样受限于董事会的组成与任免机制，董事会实际上完全变成了在控股股东或董事长支配下的表决机构。反倒是"经理"这一公司治理结构中权限最小的机构，却在公司实际治理过程中负责具体执行和实施事项，成为公司的实质管理者。[3]

依照现有公司法的规定，控股股东与董事长在公司内部治理过程中并无实质权利，但实际上掌管着公司的主要管理权。这就造成了公司治理的奇特现象：拥有法定权利的机构只是虚名，而事实上掌握公司主要权力的控股股东、董事长等在法律上却没有相应的法定权利。[4] 这不仅使公司治理的实际运行与立法目的不符，还使公司治理过程中权责不清的矛盾越发突出。法律规定的机构职能与实际中的行为责任无法匹配，进而导致重视集体责任、忽视个人责任现象的产生。

---

[1] 参见李建伟：《公司制度、公司治理与公司管理》，人民法院出版社2005年版，第201页。
[2] 参见蒋大兴：《公司董事会的职权再造——基于"夹层代理"及现实主义的逻辑》，载《现代法学》2020年第4期。
[3] 参见赵旭东：《中国公司治理制度的困境与出路》，载《现代法学》2021年第2期。
[4] 参见赵旭东：《中国公司治理制度的困境与出路》，载《现代法学》2021年第2期。

第二章
公司治理

（二）现有法律规定中缺少关于控股股东的规制

如前文所述，公司控股股东是公司治理的实质中心与内部控制人。股东会以资本多数决作为决策机制时，控股股东依靠其优势股权数量所产生的相对多数表决权，确保符合其个人意志的股东会决议获得通过，因此公司名义上的最高权力属于股东会，但在实际过程中仍由控股股东行使。董事会虽然在形式上具有独立意志，但由于董事会是由股东会选举产生，并且多数董事人选还是由控股股东提名，因而董事会的决议受到控股股东的间接控制。与此相似，监事会由股东会选举产生，与董事会相似，因而监事会实质上也是由控股股东委任产生，其监管对象主要是公司内部的职能部门，难以监管控股股东。经理本身便是由董事会所聘任，控股股东在间接控制董事会后也对经理享有控制权。[1] 由此可见，公司的治理结构中虽然设立了四大机构进行权力制衡，然而控股股东在现实生活中却实质上能够将公司治理权力集于一身。

控股股东享有如此大的权力，但在我国《公司法》之中却鲜有关于控股股东的规定。由此可见，《公司法》中对控股股东并未作出特别规定，而仍是将控股股东作为股东会中的普通一员进行管理，由此控股股东这一在公司治理中起到关键作用的主体却缺少对应的法律规制，导致公司治理诸多问题的产生。例如，控股股东的不实出资与虚假出资、利用关联交易损害公司以及其他股东利益等违法行为的产生，溯及源头仍是因为对控股股东规制不力所造成的。

（三）公司治理与问责机制的失灵

对于治理主体的问责机制是内部治理持续稳定运行的保障。对于治理主体的问责能够对其施加压力，督促其按照法律法规的规定妥善进行公司治理。但现行公司法仅规定了"董监高"的忠实与勤勉义务，此义务由公司所有管理者进行承担，虽然也能起到一定施加压力的作用，但董监高等参与公司治理均需采用集体决策的形式，如召开董（监）事会议、通过董（监）会议决议等，除缺席会议等极个别情形外，公司治理中出现的违法违规行为也都是由集体决策作出，在此情形下，公司作出违法违规行为的法律责任均为集体责任，由全体成员进行共同承担。这便产生了将原本属于少数人的责任转嫁于全体成员，使对此违法违规行

---

[1] 参见甘培忠：《论完善我国上市公司治理结构中的监事制度》，载《中国法学》2001年第5期。

为不存在过错的管理人员也无辜受到牵连，这与现代法律制度中的"责任自负"原则背道而驰。并且公司不同组织机构的管理人员之间因职位不同，承担的法律义务也不尽相同。例如，即便同为董事会成员，不同董事在董事会通过决议时所发挥的作用也有着巨大差异，笼统地要求全体董事会成员对错误决议承担治理责任，不仅使严重过错者借机逃避其责任，还将导致无过错者承担本不应承担的责任。

另一个导致公司治理失灵的原因是上市公司在治理过程中忽视了信息披露的实质内容。严格的信息披露机制是公司治理的关键法律途径，但在实际执行中常常遭到歪曲。尽管监管机构制定了许多严格和详细的信息披露规则和要求，但实际执行过程中公司往往更注重信息披露的形式，忽略了其中的实质内容。公司普遍仅要求在各种文件上做出符合形式规定的声明和签署，对于披露的信息是否真实、完整、准确则缺少对应要求。因此在信息披露的过程中的信息披露规则非常严格，但实际上这些规则多数流于形式，缺少实际作用，无法实现良好的公司治理。

（四）公司治理结构未考虑不同公司之间的差异化因素

我国现行《公司法》将公司类型分为有限责任公司与股份有限公司并统一制定了一套普适的完整的公司治理模式。然而这一完整的公司治理体系却在实际适用过程中产生了诸多"水土不服"，难以实现其应有职能。究其原因在于法定治理模式无法适应不同类型公司治理差异与实际需求，造成治理模式及其规则与现实脱节。《公司法》对所有类型的公司均秉持分权制衡的理念，实行股东会、董事会与监事会"三会一体"的权力结构。立法如此设计的目的在于让三大机构各司其职，互相制约。这一治理结构不仅适用于以开放性、资合性为主的大型企业，也适用于以封闭性、人合性为主的小微企业。并且在公司实务中能否通过自身章程、股东会决议等对相关机构的职能进行变通适用存在疑问，在司法实践中这种制度选择似乎并未得到认可。

然而由于不同公司之间因经营业务与行业规模存在差异，以小微企业为例，其董事会、监事会难以制衡股东会，并且由于其控股股东或实际控制人并不受到"三会"的限制或制约，各股东之间因经营理念、利益分配不同而产生的冲突与矛盾也始终难以得到有效规制，笼统地要求所有公司不分类型一律按照"三会一

第二章 公司治理

体"的模式构建公司内部治理结构,不仅严重压缩了公司依据自身情况进行自治的空间,而且在实际落地过程中也产生了诸多弊端。除此之外,《公司法》中有关股份有限公司的治理模式的规定与有限责任公司基本一致,但二者之间在股东人数、开放性程度方面存在很大差异,适用近乎一致的治理模式难免会产生一定问题。综合而言,《公司法》未能重视不同类型公司之间的差异性,仅作简单区分下设置近乎趋同的公司治理规则,在实践中未能起到预期效果。

四、优化公司治理结构的建议

(一)分散控股股东的控制权

如前文所述,由于控股股东对公司享有过度控制权导致公司治理结构无法起到分权制衡的效果,因而对公司治理结构的完善首先便要从分散控股股东的控制权出发。一方面,公司可以采取对控股股东控制权的直接约束机制,例如公司可以采取限制表决权的方式,即在公司章程中限制股份总数达到一定比例的股东行使表决权。另一方面,公司还可以采取累计投票制完善和强化中小股东制衡控股股东的权利。我国《公司法》第 105 条规定公司可以采取累积投票制。根据该制度,股东既能把全部投票权集中于一人,也能将全部投票权分散于数人,按照得票数量决定当选董事与监事。实行这一制度能够保障中小股东能够选举出一定数量的代表自身利益的董事,能够起到制衡控股股东滥用股东权利的作用。

(二)公司内部监督机制的革新

2023 年 12 月最新修订的《公司法》中对公司内部监督机制做了重大改革,基于公司的具体情况对监督权力实行差异化配置,公司可以不设监事会,而代之以在董事会下设审计委员会,行使监事会的职权。

这一立法趋势为探索公司内部监督机制的革新提供了有效探究,为实现公司治理的多元化治理提供了更多的柔性因素,对其合理性与进步性应当予以肯定。[①] 立法者为公司提供了"二选一"模式鼓励公司进行理性自治,为公司留出

[①] 参见邹海林:《〈公司法〉修订的制度创新:回顾与展望——以〈公司法〉修订草案二次审议稿为蓝本》,载《法律适用》2023 年第 8 期。

了一定治理空间。① 但理性而言，内部监督机制的完全换血将面临较大难度，基于多年的商事习惯，采用完全摒弃现有监事会机制转而引入审计委员会模式，将对现有公司制度造成巨大冲击，乃至出现因"水土不服"而流于形式的结果，无法起到有效监督的效果。因此，笔者认为，公司内部监督机制的革新在发展审计委员会模式的同时，也应给予监事会同样的重视，通过充分发挥监事会的作用，实现内部监督机制的自我革新。基于商事实践经验，监事会如果想真正发挥作用，一方面应做到监事会的独立性保障，另一方面应做到监督范围的扩展。

有效的公司内部监督机制下监督方相对于被监督方应当具有独立性。如前文所述，企业内部监督机制无法对控股股东进行监督，其根本原因在于监事会实质上是由控股股东选任产生，其对控股股东不具有独立性。

有效的公司内部监督机制下监督方还应当拥有完整的监督权力，在最新修订的《公司法》中并未对监事会的7项职权作出修改，但为提升监事会在公司治理体系中的影响力，避免监事会职权虚置化，还应将监事会权力扩大化。其一，对违法人员应享有弹劾权。监事会有权对执行职务时存在违反法律法规、公司章程情形的董事、高管以及其他职工分别向选任机关提出罢免建议。其二，对董事、高管绩效享有评价权。《上市公司治理准则》中将监事会的监督记录与财务检查的结果作为对董事、高管绩效评价的重要依据。② 虽然最终报酬方案仍由股东会作出决策，但监事会所享有的评价权也能对其结果产生重要影响，以此实现对董事、高管的制衡。其三，监事会还应享有报告权。《上市公司治理准则》中规定监事会发现董事、高管存在违反公司章程以及法律法规情形的，有权向董事会通报、向股东会报告，也可以直接向证监会及其派出机构、证券交易所或其他部门报告。③ 该规定赋予的监事会报告权应在后续《公司法》修法过程中予以吸纳。④

有效的公司内部监督机制下监督方还应当能够正确行使监督权。监督机构应

---

① 参见刘俊海：《监事会制度改革的盲区与方向》，载《董事会》2023年第Z1期。
② 《上市公司治理准则》（2018年修订）第49条：监事会的监督记录以及进行财务检查的结果应当作为对董事、高级管理人员绩效评价的重要依据。
③ 《上市公司治理准则》（2018年修订）第50条：监事会发现董事、高级管理人员违反法律法规或者公司章程的，应当履行监督职责，并向董事会通报或者向股东大会报告，也可以直接向中国证监会及其派出机构、证券交易所或者其他部门报告。
④ 参见刘俊海：《监事会制度改革的盲区与方向》，载《董事会》2023年第Z1期。

第二章
公司治理

由具有专业知识和能力的工作人员组成，公司监督最重要的内容为对财务的监督，因此监事机构的工作人员应当具备相应的财务审计能力。除此之外，监督机构的工作人员还应当具有专职性。独立董事制度无法有效发挥监督作用的主要原因便是许多独立董事都是兼任，其本职工作的繁重导致其客观上无法妥善完成独立董事工作。因而在后续监督机制改革中，应对相关工作人员提出专职化要求，确保公司内部监督权力得到有效利用。[①]

（三）设立合理的问责与追责机制

合理的问责与追责机制是保障内部治理体系长期有效运转的保障。所谓"合理"，便是坚持"从集体责任到个人责任"的原则，以相关人员的行为严重程度与过错程度为衡量标准，对相关人员进行精确追责。[②]

为实现这一机制，在确定责任的过程中应以过错责任作为核心要素，责任承担程度应与过错程度成正比。以董事会决议为例，董事会决议作为一项集体行为，对于其决议事项的责任追究，不应笼统地进行集体追责，而应根据每个董事对决议事项的表决是否存在主观过错以及过错的具体程度确定其应承担的责任。董事会决议虽是各个董事共同意思表示的结果，但不同董事之间作出意思表示的背景与利益衡量有着较大差别，最终决议内容是否体现其意思表示仍需要进行分辨。并且普通董事与担任高级管理人员的董事，其注意义务也有着明显的差别。高管由于各位熟悉公司业务的开展，理应承担更高的注意义务。如果普通董事以一般过失为其是否尽到注意义务的归责原则，那么高管便应以重大过失为其归责原则。

（四）扩大公司内部治理的自治空间

由于《公司法》中规定的公司治理模式过于单一雷同，粗放型的治理规则不仅对公司生产经营产生消极影响，导致公司的治理成本增加，长此以往也将造成投资市场环境的恶化。因此，对公司内部治理结构的改革势在必行。为克服法定治理模式过于单一的弊端，应当考虑依据公司的具体类型，适用强制性规范或任意性规范。对于封闭性、人合性属性较强的公司，其内部治理往往依赖于各股东

[①] 参见赵旭东：《中国公司治理制度的困境与出路》，载《现代法学》2021年第2期。
[②] 参见刘俊海：《监事会制度改革的盲区与方向》，载《董事会》2023年第Z1期。

之间达成意思合意，此类公司的治理规则应当具有更大的任意性空间，增强公司章程的自治程度。例如，允许此类型公司在章程、股东会决议中依据自身具体情形自主选择治理模式、机构设置以及职权分配，根据公司运行过程中的实际需要采用"董事会中心主义"抑或"股东会中心主义"。而对于开放性且资合性属性较强的公司（如公众公司、上市公司等）由于受到股东集体行为等机制的制约，管理层的寻租空间更大，对此类公司则更应适用强制性规范予以约束。并且无论是哪种类型的公司都应明确自身的自治边界依据公司自身的开放程度、规模等因素，制定差异化章程，并于章程中载明必要事项予以公示。

在公司内部治理结构改革过程中，公司组织机构的设置对每个公司的正常生产经营活动来说都是必不可少的条件，机构设置与职能分配是一个绕不开的问题。在治理模式寻求任意性与强制性相结合的情况下，对公司组织机构的设置来说也应当坚持规范化与灵活化的统一，公司组织机构的设置应视不同类型公司的现实需要而定，在明确不同之间共同需求的同时，赋予公司最大化的自治空间。[①] 一方面，如果某种机构为该类型公司生存与发展所必需，那么该机构的设置便应当由《公司法》以强制性规范的形式予以明确规定；另一方面，如果某一机构的设立并非该类型公司稳定运行的必要条件，那么是否设立该机构以及如何设立便可交给公司自主决定。《公司法》对该机构是否设立可不作规定，即便作出相关规定也应当适用任意性规范形式。除此之外，在后续立法过程中可以进一步针对同一类型公司提供多种治理模式，辅之以多种类型的机构组合用以应对商事实践中不断变化的公司需求。

在最新审议通过的《公司法》第 83 条、第 133 条以及第 121 条中规定公司（含股份公司）可以不设监事会或监事，可以在董事会下设审计委员会，行使监事会的职权。由此可见，《公司法》在优化公司内部组织结构的设置上已经做出努力并取得一定成果。在此基础上，可以逐渐明确"规模较小"的参照因素以及公司封闭或开放程度对治理结构的影响，探究在公司封闭与开放程度这一角度继续按照规模大小划分类型的必要性。

现代市场经济围绕公司展开，公司治理不仅事关公司收益，也间接影响着社

---

① 参见刘世幸：《〈公司法〉修订背景下公司治理结构变革的探析》，载《投资者》2022 年第 3 期。

第二章
公司治理

会总体的经济发展水平。公司治理制度作为公司运行的核心，其治理效果影响着公司的发展。随着建设法治化营商环境的新目标，公司制度也应当与时俱进更新。在控股股东"一股独大"并高度参与经营工作制约公司内部有效管理的现状下，后续公司制度改革中应对此问题作出回应，多元化公司治理模式，强化内部监督机制与追责问责机制，以期实现公司治理结构的现代化与有效化。

国有企业常见公司治理风险及合规路径

窦丽华

国有企业是引领我国经济高质量发展的关键力量和战略支撑。强化自身风险识别和管理能力从而提升国有经济的竞争力和抗风险能力一直是深化国资国企改革的主旋律。提升风险防控能力是实现企业健康可持续发展的重要前提。近年来，国务院国资委逐步加强企业合规管理强化工作部署，2023年作为"合规管理深化年"，国资委对国有企业进一步强化合规管理提出了更高要求。基于此，本文就国有企业常见法律风险的主要类型及合规路径进行探析。

一、强化国有企业公司治理是合规的必要要求

面对严峻复杂的国际形势和接踵而至的巨大风险挑战，为了"化险为夷、转危为机"，保持自身的健康发展和社会稳定，国有企业全面推行风险管理工作的重要性也越发凸显。

2006年，国务院国资委发布《中央企业全面风险管理指引》。2017年，《合规管理体系指南》出台。2018年，国务院国资委发布《中央企业合规管理指引（试行）》。从近年来中央立法倾向不难看出，合规问题对于国有企业至关重要。

公司合规风险的防控是公司治理的关键要素。一般而言，治理结构对公司合规风险的防范是通过股东和股东会层面、董事会、监事会层面及经营层面四个层面的机构设置及运行流程来实现的。针对国有企业，则还会牵涉党委会。公司治理结构对公司的作用体现在以下几个方面：（1）降低治理成本，提高公司的经济效益；（2）有利于股权结构的合理化，保证公司的股权结构既有一定的分散度，

第二章
公司治理

又有一定的集中度；（3）保证内部控制有效运行，提高企业的经营效率，实现长期经营目标。

二、国有企业常见的公司治理风险

近年来，国有企业在市场活动中由于法律风险意识不强，影响了企业的正常发展，因此如何防范法律风险成为国有企业的必修课。本文就实践中常见的国有企业公司管理有关的法律风险点进行了梳理。在此基础上，就如何更好地防范法律风险提出建议和提示。

（一）企业出资风险

1. 注册资本虚高的风险

自2014年修改公司法实施注册资本认缴制以来，因不受出资期限、最低注册资本和首期出资比例的限制等多方面原因，国有企业在设立新公司时，注册资本常偏离经营实际，高达数亿元。在后续运营的过程中，注册资本虚高必然存在一定风险。

首先，注册资本虚高扩大了股东责任。2019年最高人民法院关于印发《全国法院民商事审判工作会议纪要》的通知已明确，在达到一定条件的情况下，股东的出资义务将加速到期。若企业债务无法偿还，其股东将面临在认缴的出资范围内，被法院要求提前履行出资义务，增大了股东责任。

其次，注册资本虚高增加了减资难度。当国有企业根据发展需要减少注册资本时，会因注册资本过高面临复杂的减资程序。《公司法》第177条规定，公司需要减资时，必须编制资产负债表及财产清单，并履行通知债权人、公告的程序。如若是国有独资公司，需要减少注册资本，还需上报国有资产监督管理机构决定。

最后，公司法的修订有加速认缴出资期限的趋势。2023年8月28日，《公司法》修订草案三审稿提请人大常委会会议审议，修订草案新增有限责任公司股东认缴期限的规定，明确全体股东认缴的出资额应当自公司成立之日起5年内缴足。股东出资义务是法律赋予股东享有有限责任制度保护的前提条件，注册资本虚高导致股东出现违反出资义务的行为，不仅股东应承担相应的民事责任，也会导致国有企业本身利益受损。

2. 非货币财产出资不实的风险

《公司法》允许用一定的非货币财产出资，并明确用于出资的非货币财产应当评估作价。国有企业在非货币财产出资面临的风险既包括国有企业本身接受非货币财产出资的风险，也包括国有企业以非货币财产对外出资的风险。

首先，国有企业本身接受非货币财产出资时，要履行评估作价手续，如若非货币财产不能达到出资股东承诺的价值或非货币财产上存在权利负担，都属于股东的出资瑕疵，国有企业接受此类出资公司将会面临巨大的损失。

其次，国有企业以非货币财产对外出资时，如未履行评估备案手续将会面临被追责的风险。《企业国有资产评估管理暂行办法》第 6 条规定，国有企业以非货币资产对外投资不仅需履行资产评估手续，而且作价不得低于经备案的评估价。如若国有企业未按规定进行评估、备案，就将非货币资产作价入股，将面临违规被追责的风险。

(二) 公司章程条款设置之风险

公司章程是关于公司经营范围、经营管理制度等重大事项的基本文件，相当于企业宪法。现行《公司法》对公司章程的内容规定比较原则化，但可操作性不强，国有企业在经营中需要将这些原则的规定细化。

1. 关于公司组织规则条款的法律风险

关于公司组织规则条款的法律风险，首先，看公司章程是否有规定；其次，如若章程虽对此进行了规定，则需要考察规定是否具有足够的可操作性。例如，规定"董事会由过半数以上董事同意可以通过决议"，一旦发生争议时，"过半数"是以"全体董事"还是"出席会议董事"为计票基数就很容易发生分歧。再如，重大事项表决时是否适用董事回避表决原则也需要细化。

一旦章程缺少对于公司组织规则的规定或者不具有可操作性，很容易出现公司僵局。如经典案例（2017）最高法民终 416 号，贵州东圣恒泰矿业投资管理有限公司、兖矿贵州能化有限公司公司关联交易损害责任纠纷中，法院认为争议公司为有限责任公司，该公司章程也并未规定存在"关联交易"需要回避表决，因此决议的表决程序无瑕疵。根据此案给予国有企业管理的启示在于，若法律赋予了公司章程自行约定的空间，那么就可以将回避制度约定于公司章程中，降低后期因董事回避产生公司僵局的风险。

第二章
公司治理

2. 关于股东会与董事会职权划分事项的法律风险

《公司法》对有限公司的董事会和股东会的职权都给予了明确规定和划分，但又留出了意思自治的空间。对《公司法》明确规定的"两会"职权，不得出现股东会和董事会彼此僭越；对没有明确规定的部分允许意思自治，如果想提高公司的效率则可将允许的职权写入董事会的职权，比如董事会有权作出公司给他人提供担保，对外投资的限额、向他人举债数额等；如若想要限制董事会的权利，也可将前述职权写入股东会的职权范围。

3. 关于法定的章程决定事项条款的法律风险

《公司法》规定，公司对外投资或者提供担保，根据公司章程规定由董事会或者股东会、股东大会决议；公司章程对投资或者担保的总额及单项投资或者担保的数额有限额规定的，不得超过规定的限额。上述事项法律仅仅为公司章程规定提供了选择范围，并没有明确作出规定，章程缺乏相应的规定，则法律风险必然存在。因公司章程发生的纠纷，对公司的损害无疑是巨大的。

实践中，较为常见的是公司章程并未载明提供担保需经股东会决议的，担保仅通过公司董事会决议的，担保是否有效的问题。在最高人民法院（2021）最高法民申3576号，广西横县国泰投资发展有限责任公司、交通银行股份有限公司广西壮族自治区分行等金融借款合同纠纷中，法院认为公司章程并未载明为他人提供担保需经股东会或者股东大会决议，该公司董事会决议同意为他人案涉债权提供担保，于法有据。

（三）"三重一大"决策违规风险

《关于进一步推进国有企业贯彻落实"三重一大"决策制度的意见》指出，国有企业的"三重一大"决策制度主要指的是国有企业生产经营实践中重大决策、重要人事任免、重大项目安排和大额资金使用必须经过集体讨论决定。"三重一大"违规行为主要是指违反决策原则和程序作出重大事项决策，主要表现为：

（1）未经企业领导班子集体研究，决定捐赠、赞助事项，或者虽经集体研究但未经履行国有出资人职责的机构批准，决定大额捐赠、赞助事项。

（2）违反企业决策管理程序，在未进行可行性研究、资产评估和主管部门审批的情况下，决定企业合并、分立、转让、改制、合作等涉及国有资产变动的重大事项。

（3）在未进行可行性研究，违反国资监管程序和企业规章制度的情况下，决定对外投资、借贷、担保、为他人代开信用证或对本企业进行重大生产经营变动等重大事项。

（4）违反国有资产管理规定，未经批准实行股票期权等分配制度，将国有资产或股权作为奖励进行分配，或者违反国家规定发放薪酬、补贴等。

（5）企业的合并、分立、改制、解散、申请破产等重大事项，未听取工会的意见，未通过职工代表大会或其他形式听取职工的意见。

（6）违反"三重一大"决策程序，超越权限调拨、使用大额资金。

（7）违反"三重一大"决策程序，擅自决定本企业中层以上经营管理人员或下属企业单位负责人的任命、免职或者聘用、解除聘用等重大人事任免。

最高人民法院在关于甘肃农垦金昌农场有限公司、金昌水泥（集团）有限责任公司公司决议效力确认纠纷一案的裁定书中已表明公司决议如果未经过"三重一大"决策程序，不会导致决议无效。但这并不意味着"三重一大"形同虚设，没有民事法律上的无效问题，却会面临更严重的处分。例如，2022年2月18日，招商蛇口的全资子公司重庆招商置地开发有限公司，在重庆的长嘉汇小区的一个项目，在未取得建设工程规划许可证的情况下，就擅自进入工地，强行开工，属于违法建设，最终被重庆市城市管理局依据《重庆市城乡规划条例》做出行政处罚，罚款金额是69.092988万元。[①]

（四）"四会一层"权限不明

通常在民营企业中，公司治理结构主要是"三会一层"，即股东会、董事会、监事会和经理层。在国有企业中，为了强化党对国有企业的领导作用，则在"三会一层"的基础上增加了党委会，演变成了"四会一层"。

根据《中国共产党国有企业基层组织工作条例（试行）》以及《公司法》等有关法律法规的规定，党委会、股东会、董事会、监事会和经理层的职责权限如表1所示。

[①] 参见渝城违建罚决字〔2021〕313005号。

第二章
公司治理

表1 "四会一层"职责权限分工

	党委会	股东会	董事会	监事会	经理层
主要职责	研究讨论以下事项： （1）贯彻党中央决策部署和落实国家发展战略的重大举措； （2）企业发展战略、中长期发展规划，重要改革方案； （3）企业资产重组、产权转让、资本运作和大额投资中的原则性方向性问题； （4）企业组织架构设置和调整，重要规章制度的制定和修改； （5）涉及企业安全生产、维护稳定、职工权益、社会责任等方面的重大事项； （6）其他应当由党委（党组）研究讨论的重要事项	（1）决定公司的经营方针和投资计划； （2）选举和更换非由职工代表担任的董事、监事，决定有关董事、监事的报酬事项； （3）审议批准董事会的报告； （4）审议批准监事会或者监事的报告； （5）审议批准公司的年度财务预算方案、决算方案； （6）审议批准公司的利润分配方案和弥补亏损方案； （7）对公司增加或者减少注册资本作出决议； （8）对发行公司债券作出决议； （9）对公司合并、分立、解散、清算或者变更公司形式作出决议； （10）修改公司章程； （11）公司章程规定的其他职权	（1）召集股东会会议，并向股东会报告工作； （2）执行股东会的决议； （3）决定公司的经营计划和投资方案； （4）制订公司的年度财务预算方案、决算方案； （5）制订公司的利润分配方案和弥补亏损方案； （6）制订公司增加或者减少注册资本以及发行公司债券的方案； （7）制订公司合并、分立、解散或变更公司形式的方案； （8）决定公司内部管理机构的设置； （9）决定聘任或者解聘公司经理及其报酬事项，并根据经理的提名决定聘任或者解聘公司副经理、财务负责人及其报酬事项； （10）制定公司的基本管理制度； （11）公司章程规定的其他职权	（1）检查公司财务； （2）对董事、高级管理人员执行公司职务的行为进行监督，对违反法律、行政法规、公司章程或者股东会决议的董事、高级管理人员提出罢免的建议； （3）当董事、高级管理人员的行为损害公司的利益时，要求董事、高级管理人员予以纠正； （4）提议召开临时股东会会议，在董事会不履行本法规定的召集和主持股东会会议职责时召集和主持股东会会议； （5）向股东会会议提出提案； （6）依照本法第151条的规定，对董事、高级管理人员提起诉讼； （7）公司章程规定的其他职权	（1）主持公司的生产经营管理工作，组织实施董事会决议； （2）组织实施公司年度经营计划和投资方案； （3）拟订公司内部管理机构设置方案； （4）拟订公司的基本管理制度； （5）制定公司的具体规章； （6）提请聘任或者解聘公司副经理、财务负责人； （7）决定聘任或者解聘除应由董事会决定聘任或者解聘以外的负责管理人员； （8）董事会授予的其他职权

但在实践中，国有企业的"四会一层"的权责划分不清、权利与义务不对等的现象比比皆是。例如，2020年6月，中国建材集团有限公司因"党委'把方向、管大局、保落实'作用发挥不充分"被要求整改。

三、国有企业治理风险之合规路径

针对运行中存在的问题，基于公司治理视角，国有企业应以优化治理结构、严格过程管理等为重点优化企业制度体系，具体建议如下。

（一）规范企业出资行为

1. 合理设定注册资本与出资期限

国有企业在确定注册资本时，应理性思考，切忌盲目追求高数额，需结合公司资金投入需求、业务规模、公司对外融资时注册资本的影响等，合理确定注册资本的数额，并根据自身资金运转情况合理确定出资时间。

不过，注册资本并非一旦设定便不可更改，经过一定的程序可以增加或减少注册资本。建议目前已成立的公司，若注册资本显著过高且未实缴，可适当进行减资，降低注册资本。

2. 防范非货币财产出资风险

第一，明确实际交付并及时过户。国有企业的股东以非货币财产出资时，应当实际交付并且到相关部门办理所有权变更登记，特别注意的是，划拨土地不能直接出资，需要先办理土地使用权变更手续，即需要将划拨土地转变为出让土地。

第二，评估作价确保价值。用于出资的实物、知识产权、土地使用权等非货币财产应当经评估作价，并且需要达到出资股东承诺的价值，防止出资瑕疵。

第三，设定权利负担拒绝接受。用于出资的非货币财产不能是设定权利负担的财产，在非货币财产进行出资前一定要审查其上是否设置权利负担，或者权利负担是否已经解除，否则公司可能会面临巨大的损失。

（二）强化公司章程的法定地位

公司治理的制度核心是章程，章程搭建了法人治理结构，依法依规划分了各治理主体的决策权限，是各治理主体依法行权、合规决策的根本依据。如在经典案例（2019）鲁0181民初3529号，崔某与济南中新能源工程有限公司公司决议

第二章
公司治理

效力确认纠纷一案中,股东认为《公司章程》规定让董事会僭越行使股东会之法定权力,应属法定无效条款,但法院认为,《公司章程》是公司依法制定的规定公司经营管理制度等重大事项的基本文件,经全体股东一致通过,故而章程依法不存在认定无效的情形。

国有企业要遵照《国有企业公司章程制定管理办法》(国资发改革规〔2020〕86号),进一步完善公司章程,明确"四会一层"的职责分工体系;要健全章程管理体系,全面梳理以章程为基础的治理类制度及决策清单,查漏补缺;要科学合理地规划设置专门委员会,提高董事会决策的专业性、科学性、严谨性,要规范董事会和专门委员会工作制度,全面落实董事会各项权利;要健全授权体系,强化董事会决策、经理层执行作用的发挥。

(三)完善"三重一大"事项决策的制度建设

国有企业应结合单位实际,补充和完善现行"三重一大"制度上的疏漏和不足,细化"三重一大"制度的具体程序和操作流程。

第一,构建流畅的沟通机制,保障董事会科学、审慎决策。一是决策会议前预先报送议案,董事会召开前提前将议案资料报送董事。涉及中长期发展战略等重大事项的,会前由经理层成员与外部董事进行充分沟通,根据意见修改完善并进行二次沟通后,再提交董事会审议。二是决策会议中充分听取意见建议。当外部董事提出相关补充完善意见时,董事长积极听取采纳,对议案进行补充完善后再行审议。三是决策会议后及时反馈执行情况。建立董事会决议执行情况定期反馈机制,董事会办公室定期向外部董事汇报董事会决议执行情况,定期向外部董事反馈战略执行情况、投资项目进展,以及薪酬考核、风险内控、合规管理等工作情况。

第二,规范决策流程,在调查研究、广泛论证、充分讨论的基础上进行决策,建立健全"三重一大"事项决策前的报审、会商、通报程序,不可违反程序随意提出决策事项;同时,注意建立健全可行性论证程序,防止草率决策。

第三,健全领导责任体系,党委(党组)书记、董事长、总经理各司其职,对重点问题亲自研究、部署协调、推动解决。同时,将领导责任向子企业延伸,将法治素养和依法履职情况作为考察使用干部的重要内容。

第四,大力强化"三重一大"决策的监督力度。要完善违反"三重一大"

决策的责任追究制度，并严格执行。进一步落实职工监督的渠道和流程，使职工监督能够真正发挥作用。

（四）明确"四会一层"主要职责划分

第一，"党建入章"，将党建纳入公司章程，制定党委（党组）前置研究讨论重大经营管理事项清单。国企党组织"把方向，管大局，促落实"。公司"三重一大"事项要先由党组织讨论，再提交董事会与经理层决策。

第二，厘清权责边界，确保科学运行有依据。国有企业应结合上级要求、自身特点和管理实际，建立清晰的党委、董事会、经理层权责边界，健全完善决策事项清单，推动各治理主体不缺位、不错位、不越位，发挥好党组织领导作用、董事会决策作用、经理层经营管理作用。

第三，优化前置清单，确保科学运行有方向。基层生产企业应从可操作性出发，结合业务特点、管控要求，建立差异化的党组织前置研究清单。对于股权结构多元、董事会和经理层来源多样的国有企业，党组织前置研究要加强其他股东事前沟通，落实好前置研究讨论要求。

四、结语

综上所述，国有企业在新时代下开展风险管控工作，必须重视风险控制体系的构建和完善，将该体系中的各子体系予以完善，保证风险控制体系的职能达到完整的效果，并使各子体系之间能够相互协调。同时，还要借助信息管理系统将风险控制体系与国企目标体系对接匹配，从而发挥风险控制体系的职能作用，推动国有企业稳定发展。

第三章

合同合规

合同合规管理路径与风险防范

于 跃

合规是企业发展的基石。近年来，为了满足新形势下合规管理的需求，GB/T 35770—2017《合规管理体系指南》、ISO 37301：2021《合规管理体系要求及使用指南》相继出台，为建立健全合规管理体系提供了标准和指南。合同作为市场交易的重要载体，是平等民事主体在日常经济生活中规范权利义务关系的重要纽带，贯穿于企业经济业务的全过程，是企业合规管理工作中的核心，故加强合同业务的合规管理，有助于提高企业合规履职尽职的能力，助力企业高质量可持续发展。本文将着眼于企业在合同管理中常见的合规风险的识别及应对，从合同的宏观、中观以及微观层面对企业在日常运行中常见的合同合规风险进行总结分析，并相应提出企业合规体系建设中合同管理部分的相关建议，以期帮助企业全面提高合同管理的整体质量。

一、企业合同管理中常见的合规风险类型

企业合规是对公司全部活动的科学管理，使公司具有随着内外部各种条件（如外部合规义务）变化不断持续改进的可持续发展的能力，具体到合同的合规管理则是对合同合规风险进行审查并进行全面防范。

对合同风险的审查与识别往往从三个方面进行分析：宏观、中观和微观层面。在宏观层面，其核心在于明确合同目的、把握交易内核，弄清是"什么交易"，重点关注合同类型、合同主体、合同标的、合同程序四个方面内容。在中观层面，核心则是把握适用"什么文本"，重点关注各类合同形式适用场景以选择合适的合同形式。在微观层面，核心是厘清"什么条款"，重点对合同条款进行全面审查修改。

（一）宏观层面上的合同合规风险

宏观层面上的合同风险主要存在于合同类型、合同主体、合同标的、合同程序四个基本方面，这些都是企业在订立合同初期的潜在风险。

1. 合同类型中的合规风险

首先，在合同类型方面，企业在订立合同时往往会存在合同类型与交易需求不符的风险，例如合同类型错误（与实际交易不符）、当前合同类型不是最佳方案、合同名称和合同内容不符等。不同的合同类型对应着不同的交易需求，同时也会对相应的交易风险安排不同的类型条款以帮助企业降低风险。我国《民法典》合同编一共列出了 19 种典型的合同，除此之外，在实际的交易过程中还有更多更细分的合同类型。若企业在交易的初期无法选定符合交易需求的合同类型，交易风险无法在合同条款中予以针对性约定，交易安全便无法得到保障。

此外，合同类型方面的风险上还存在交易违法的风险，如以非法占有为目的的交易，合同骗局，非正常交易，无相应资质许可进行交易。这类的风险总体上表现为合同目的的违法以及交易模式的违法，该类风险所能导致的后果较为严重，轻则合同被法院认定无效，重则还会引发刑事犯罪的风险。最后，企业的非常规交易也是合同类型方面的一大风险，例如资产代持交易[①]、明显低于正常价格的交易、付款方式不合理的交易（如我方先付全款，对方后交货）、超越经营范围的交易、关联交易、不合理的担保、连带或补充责任等。

2. 合同主体中的合规风险

在明确合同类型后，则需要对合同主体的合规性展开相应的审查。常见的风险往往归结于企业在订立合同时对合同相对方的调查以及合同交易模式了解不足。比如企业会有主体错列的风险，具体表现为合同主体与拟交易的主体不一致等。此外，企业还存在合同签约主体与合同类型不相符的风险，比如企业与退休人员返聘签订劳动合同。

在合同主体的能力上还存在签约能力欠缺风险，这同样是造成这类合规风险的一大原因，如签约主体并未进行工商登记或登记主体被吊销营业执照（被吊销

---

① 指财产、权利的实际所有权人与登记所有人、形式所有人不一致的"隐名"交易。

第三章
合同合规

主体未必不能作为合同主体，但导致履行不能），签约主体已被注销，签约主体为限制民事行为能力人、无民事行为能力人；履约主体存在信用问题导致合同履行异常；签约主体存在缺乏相应资质或超越资质等级等。另外，合同主体的利益相关方也会引起合同主体的风险，共有人、用益物权人、配偶、家庭成员等利益相关方都可能影响合同履行。

3. 合同标的中的合规风险

完成合同主体相关的风险审查后，企业便需要进一步审查合同标的的相关风险从而确定交易内容的可行性。该类型的风险审查主要着眼点有二：

第一，交易标的是否违反法律强制性规定，比如限制或禁止买卖、流通的物品，如文物、野生动物等。此外，若合同标的涉及身体器官、人格尊严或具有明显人身属性的权利的交易，涉及违法、违反公序良俗的服务或交易的（如代孕），均应当停止。

第二，交易标的是否存在一定限制，比如标的产权归属不明（产权归属与合同主体不符；产权归属存在争议；不动产缺乏产权登记；特殊动产缺乏登记；产权存在其他共有人；交易标的需要履行审批手续，如碳排放配额交易、CCER交易，交易标的物的获取均需要主管部门核准并登记等）；标的资产存在特殊风险（产权存在瑕疵，如违法建筑、小产权房等）、标的财产交易模式存在限制（国有资产、农村土地及农村房屋等）。

例如，吴某在向胡某收受购房定金、签订《房屋买卖合同》时均未主动告知案涉房产存在未涂销的抵押登记，其提供给胡某的《房屋所有权证》亦未记载有抵押登记情况，故意隐瞒了案涉房产设有抵押登记的事实且存在无法办理过户的客观情况……而吴某隐瞒所售房屋设有抵押登记致使胡某陷于错误判断而作出错误的购房意思表示，吴某的行为已构成欺诈。现胡某以吴某签订合同时存在欺诈为由主张撤销合同，应予支持。合同被撤销后，吴某因该合同取得的50万元购房定金应当返还胡某。[①]

4. 合同程序中的合规风险

在前述类型与主体的风险核查清楚无误后，还需要对合同程序上的风险进行审查，该类型的风险大体上可以分为合同主体内部程序的风险以及外部程序的

[①] （2019）桂01民终2300号判决书。

风险。

合同主体内部的风险主要来自内部程序要求以及相关主体同意程序，若存在瑕疵，则很有可能会引发合同效力瑕疵的法律后果，其虽不会对合同效力产生直接的影响，但在企业合规的层面上该类瑕疵风险并不亚于违反合同主体外部程序的法律风险。在实务工作中，涉及合同主体内部程序的合同风险主要有以下三种：（1）合同未批先签，即应报公司审批的合同及相关补充协议，在实际工作中各部门可能在未对经济事项进行审批或者经济事项审批与公司制度规定不一致的情况下擅自签署；（2）倒签合同，即合同双方已经实际履行合同后才签署合同或者已经签署合同后才进行合同履行事项的申请审批；（3）随意修改合同条款或更换合同文本，即双方在签署合同经审批定稿后，擅自对合同条款进行除校对、更改文字错漏的以外的修改。

此外，不同类型的合同也有着许多不同的程序性要求，比如批准，包括具体交易类批准、资质类批准、其他批准等。批准的主体一般都是国家机关，但也存在其他机构（如某些行业协会）根据法律授权具有批准权力的情形。如根据《企业国有资产交易监督管理办法》规定，涉及对主业处于关系国家安全、国民经济命脉的重要行业和关键领域，主要承担重大专项任务国有企业子企业的产权转让，须由国家出资企业报同级国资监管机构批准。因此，一般情况下，涉及此类程序的合同往往会将其作为合同的生效/解除条件，对合同效力有着根本影响。且负有报批义务的当事人应当完全履行相应的义务，否则根据《最高人民法院关于适用〈中华人民共和国民法典〉合同编通则若干问题的解释》第12条的规定，合同依法成立后，负有报批义务的当事人不履行报批义务或者履行报批义务不符合合同的约定或者法律、行政法规的规定，对方请求其继续履行报批义务的，人民法院应予支持；对方主张解除合同并请求其承担违反报批义务的赔偿责任的，人民法院应予支持。此外，合同的外部程序还有登记，包括物权类、知识产权类权利登记，以及市场主体登记及其他登记等；备案，根据法律法规，部分合同、行为需向国家机关进行备案，如固体废物转移协议、商标使用许可合同、基金合同等。

例如，上海市生态环境局执法总队执法人员在专项执法中发现，A企业将其在机械加工过程中产生的固体废物废钢灰，委托同区B企业收集处理，B企业再将废钢灰通过陆路运至湖南C企业综合利用。经调查，B企业将固体废物废钢灰

第三章
合同合规

由上海转运至湖南利用的行为未报上海市生态环境局备案。B 企业将固体废物转移出上海市进行利用，未报上海市生态环境局备案的行为，违反了《固体废物污染环境防治法》第 22 条第 2 款的规定，上海市生态环境局依据《固体废物污染环境防治法》第 102 条第 1 款第 6 项、第 2 款的规定，责令 B 企业立即改正，处罚款人民币 10 万元，并没收违法所得。A 企业因未履行产废单位相应污染环境防治责任的行为另案处理。[①]

（二）中观层面上的合同合规风险

在经过对宏观层面上的合同风险进行审查，明确交易可行并决定采用合适的交易结构后，企业人员需要准备合适的合同形式进一步落实交易的结构，常见的合同形式有意向书类文件、预约合同、格式合同、"阴阳合同"类文本等。对于采取不同形式的合同文件，企业所面临的合规风险也不尽相同。

在前述列举的合同类型中，"阴阳合同"类文本与空白合同所涉及合规风险最高。在许多交易往来中，许多企业会基于避税的考量而采取运用"阴阳合同"类文本作为交易合同类型：具体为企业将约定的较为简单的"阳合同"提交备案，但同时约定更详细的"阴合同"作为交易双方实际履行的合同文件。如以逃避税费为目的签订的"阴阳合同"一旦被税务机关查出，将面临追缴税款、滞纳金，被处以行政罚款，乃至移送司法机关追究刑事责任的后果。而对于空白合同来说，其风险则更为直观，在合同纠纷中，对于空白合同，一般都视为无限授权。无论是某一方在其中添加了某些条款或要求，还是对方对空白部分进行扩大或缩小解释，都可能会导致双方的权利义务失衡。此外，如果空白条款涉及合同中的核心条款，则很可能导致合同出现效力上的瑕疵，如空白合同中没有买卖标的的金额，则该合同有很大概率会被认定为未成立，若企业后期单方根据实际情况填写的，也会存在单方变更合同产生纠纷的风险。因此，企业在实际运营的过程中应当避免采用前述两类合同文本。

（三）微观层面上的合同合规风险

经过前述两个层面的合同合规风险的审查，交易在法律上的可行性、交易结构以及合同形式都得以基本明确。此时，对合同风险的审查便可以进入微观层面

[①] 上海市生态环境执法 2021 年度固废专项执法中查处的 5 例典型违法行为（第一批）。

对合同具体条款潜在的合规风险进行审查。对合同条款的审查大体上可以分为合同首部、交易条款、配套条款以及尾部四个部分对其中条款的表达、范围及协调搭配进行全面的审核及合理的控制。合同的微观层面风险的主要表现形式为合同信息的不完整、合同条款约定的不明确、不具体两个方面。

1. 合同信息的不完整

合同信息不完整的问题常常出现在合同的首部。比如，合同首部主要包括合同标题、引言、主体等条款。在实务操作中，一些企业在草拟合同时常常会出现遗漏某些信息导致合同信息不完整的情况，如缺少对方单位名称、地址、联系/经办人等，或者填写但存在错误，或合同文本有空白条款未填的，遗漏这些信息虽然一般不会影响合同的成立，但存在影响合同顺利履行的风险，容易导致合同纠纷的出现。

例如，雷某鸣主张其与福田雷沃公司签订的《保证合同》是伪造的。其曾在一份空白合同上签字，福田雷沃公司在《保证合同》关键处的改动及单方擅自添加妻子吴某琼签字，并未征得雷某鸣的书面同意，因此《保证合同》是伪造的。法院认为，雷某鸣将留有空白内容的合同交于合同相对方的，应视为对合同内容包括《保证合同》中保证事项的无限授权，合同相对方在空白部分可以填写相应内容。[1]

2. 合同条款的不明确

合同条款不明确的问题则往往出现在交易条款以及配套条款中，如合同标的（如采购合同需明确品牌、规格、材质等）、数量、质量、履约时间/期限、地点、履约方式等必备条款约定不明确。具体以违约责任条款为例，很多合同会简单地约定"一方违约，应承担违约责任，并赔偿对方一切损失"的条款。尽管上述约定完全符合法律规定，但是由于其没有约定具体的违约责任触发条件以及违约金等具体违约责任，在实际执行该条款时便需要花费大量的时间及成本收集证据，举证守约方所遭受的损失，最终是否被司法裁判机关采纳存在不确定性。因此，当合同表述较为笼统时，对合同的履行以及争议的解决都会造成极大的不利影响。

例如，根据原审查明事实及双方当事人主张，案涉租赁合同未约定违约金具

---

[1] （2018）最高法民申3112号裁定书。

第三章
合同合规

体数额及计算方法,但约定:任何一方不履行合同义务均构成违约,应承担违约责任,即应向守约方赔偿其违约行为所造成的实际损失;实际损失包括但不限于守约方直接经济损失、诉讼费、仲裁费、律师代理费、差旅费、司法鉴定费和取证费等费用。

在西部公司诉中绿公司支付土地租金及解除案涉租赁合同一案中,法院作出的(2019)最高法民申6073号民事裁定书以中绿公司未曾占有使用案涉土地,案涉租赁合同中约定的支付首期租金的条件并未成就为由,对西部公司请求中绿公司给付5年9个月租金的主张未予支持。

故西部公司不享有收取前述租金的权利,其主张实际损失为应得而未得的租金,缺乏事实基础和法律依据。[1]

二、企业合同管理中合规风险的防范路径

建立一个全面的企业合同法律风险防范机制是一项全面的任务。在企业风险管理理论中,就总结了以不确定性为基本管理对象的风险管理理论的八个核心要素:"目标设定、内部环境、事项识别、控制活动、风险评估与应对、信息沟通和监控。"为了实现这一目标,笔者建议需在宏观上完善企业合同合规管理制度,从企业的管理结构和运营管理模式入手,全面升级和合理配置内部资源。同时,我们需要从中观上落实合规运营及管理制度并在微观上明确合同合规风险审查的重点方面,将企业合同中的法律风险预防纳入日常管理,确保企业的所有活动,如生产和运营,都受到法律的保护。

(一)宏观层面上的合同合规风险管理

宏观层面重点关注合同类型、合同主体、合同标的、合同程序等方面内容。

1. 建立健全合同合规制度体系

企业应当建立健全合同合规制度体系,从合同立项、洽谈、合同草拟、审查、批准、签署、履行、监督评价、归档等全过程设置明确的合规制度要求,如企业合同管理办法、合同授权委托制度、合同审批制度、印章管理制度、合同台账管理制度、合同向对方管理制度、采购制度、合同档案管理制度等,细化合同

---

[1] (2020)最高法民申7041号裁定书。

管理工作中业务部门、法务风控部门、监督检查部门等具体职责、合同管理程序、标准等,有效搭建法律风险的隔离"防火墙"。

2. 探索完善企业合规岗位建设

《中央企业合规管理办法》对企业合规官作出了明确的规定,至此,我国中央企业的合规岗位建设得到了长足的发展。在该规定出台后,各地方政府也同样将企业合规官的制度推广到更大范围的省属国企中,如《广东省省属企业合规管理办法》。相对而言,我国大部分民营企业的合规岗位建设尚有完善的空间,例如,企业可以设立企业合规岗位,由具有一定法律经验的行政人员兼任,在日常经营管理的过程中积极与相关监管机构和外部律师咨询合作,尽可能地确保企业经营的合规。

3. 建设合同信息化合规管理制度

在当今互联网、云计算和大数据日益普及的背景下,企业合同管理的信息化已成为必不可少的议题,也是合同管理发展的不可逆转趋势。

建立合同信息化合规管理制度的首要任务是建立适合企业特点的合同管理信息化系统。通过整合资源,利用人工智能、大数据等技术手段,合理统筹网络以及计算机终端,为企业管理者和从业人员提供合同管理信息化服务,合同签订、修改、履行和保管在信息管理平台上实现了电子化再现,在企业的内部有效实现数据信息共享。相关企业之间还可以对接信息平台,在更大范围内共享信息。

(二) 中观层面上的合同合规风险管理

中观层面的合同合规风险的核心则是把握适用合适的合同形式来落实交易框架,要管理中观层面上的合同合规风险,企业需要建立适应合同形式的管理制度和管理系统。

基于商业交易的复杂性以及合同形式的多样性,在构建信息管理系统时,建议企业通过数字化结合国家政策、公司的制度、实际情况等,协助公司建立一套规范、高效的合同全生命周期管理系统。

笔者梳理了企业建立合同文本类型数据库的步骤,大致有以下8个,具体如表1所示。

第三章
合同合规

表1 建立合同文本类型数据库的大致步骤

序号	分类	内容
1	确定需求	首先,明确企业的需求和目标,结合数据库的规模和范围,以及所需的功能和特性,确定希望在数据库中管理的合同文本类型。
2	收集合同文本	由企业合规部门或聘请外部律师事务所与各个部门和团队合作,收集企业已有的各种合同文本,并进行整理和分类,确保收集到所有相关合同文本。
3	制定标准化和模板化	对于每种合同文本类型,制定相应的标准化和模板化要求。定义每个合同类型的必要条款、格式和内容。
4	设计数据库结构	根据需求和合同文本的特点,设计数据库的结构。确定合同文本类型的分类、字段和关联关系。确保数据库能够有效地存储和管理合同文本。
5	建立数据库	根据设计的结构,建立合同文本类型的数据库。选择适合企业需求的数据库管理系统,并进行数据库的创建和配置。
6	导入和整理数据	将已收集的合同文本导入数据库中,并根据数据库结构进行合同文本的整理和分类,为后续的检索和管理做好准备。
7	实施权限控制	根据企业的需求和安全要求,设置适当的权限控制,确保只有授权人员可以访问和修改数据库中的合同文本。
8	进行定期维护和更新	依据法律法规以及企业内部规定,定期对数据库进行维护和更新,确保合同文本的准确性和完整性,在添加新的合同类型或更新现有合同模板时,及时进行相应的调整和更新。

在运营管理企业合同管理数据库时,笔者建议企业首先应当同时重视数据安全和保密性的建设,确保数据库中的合同文本得到安全保护,防止未经授权的访问和泄露;其次,还应当对系统进行定期的数据备份,以防止数据丢失或损坏,并确保能够及时恢复数据;最后,想要使系统能够在日常管理中最大限度发挥其作用,企业还需要常态化地开展培训和指导,确保员工了解如何使用数据库和管理合同文本类型,将合同管理系统融入日常运营中。

(三) 微观层面上的合同合规风险管理

微观层面上的合同合规风险管理重点在于对合同具体条款的审核,由于合同在起草时通常都按照合同首部、交易条款、配套条款以及尾部四个部分依次起草，笔者建议在审理合同时依照这四个部分依次审核，符合其在最初起草时的逻辑，以全面识别合同条款的合规风险。

1. 合同首部合规风险管理

合同首部合规风险审查的关键点主要在合同标的、价款以及引言的条款中，在对合同条款的风险进行审查的时候务必要高度重视。

首先是合同标的条款，一般包含数量、质量、验收等内容。关于数量的条款在法律实务中极为重要，很多时候是法官在认定合同是否成立的基本条款之一。数量条款的关注点往往在于计量方式以及单位的约定，合同中应当使用合同当事方都接受的计量单位、方案、工具等。关于计量单位、计算方法以及允许的误差范围等必须明确具体地进行规定，应当避免使用含义笼统的字词。质量以及验收条款也同样重要，应当避免使用类似"合理误差范围"等笼统的字眼，并明确货物进行验收检测的时间、方式以及检测机构的名称。此外，企业还应当注意约定质量异议条款，给双方预留出质量异议的空间，明确解决质量异议的方式。

其次是价格条款必须清晰明了，明确合同的计价方式（总价包干、单价包干等）以及计价的依据。比如，关于建设工程合同计价是否为以政府财政机构进行财政审核的结果为依据的问题，由于财政审核作为一种行政行为，并不是认定工程价款的直接依据，工程造价结算是否必须以其结论作为依据，应当在合同中明确约定是否以财政评审结论作为双方结算依据，若仅仅约定合同需要提交政府财政审核，财政审核的结论并不会被认定为结算的依据。[①]

最后是引言条款，虽然其并不包含任何实质性约定，但其简明扼要地阐述合同签订的背景及目的，对合同目的的确认以及合同责任的划分等方面均有重要作用。如本协议签署时，双方在之前或同时已经签署其他文件与本协议有一定关系，这时便需要在本协议前面予以说明。具体如表2所示。

---

① （2022）辽13民终949号判决书："财政部门的审查结论是其行使国家财政性资金监督管理职能的依据，而非当事人结算的法定依据。对工程价款的确定问题，在双方当事人未明确约定以财政部门的审查结论作为依据的情况下，只能依据当事人间的合法约定。"

第三章
合同合规

表2 合同首部常见条款及审查措施

常见条款	审查措施
合同标题	与所选择合同类型相符，反映交易的类型和实质。
合同主体	主体与交易结构匹配，信息准确。
注意事项	易忽略的条款，实践中重要。鉴于条款重点交代合同签订背景，有利于阐明合同目的，在产生争议时有利法官进行判断；实质性条款应放到正文条款中。
合同标的	明确数量、质量、验收等。结合公司业务，应重点关注质量验收条款，对质量标准应明确约定，除执行国家强制标准或行业标准外，应关注各类推荐标准，如为定制类设备，应结合实际需求，划定原则性标准；如我方为供货方，应避免采用主观标准。
价款	明确价款标准，包括合同不完全履行下的价款标准，明确支付方式。

2. 交易条款合规风险管理

交易条款包含许多具体的条款，如交割条件条款、合同期限条款、知识产权归属条款、合同解除条款以及付款条款等，其中知识产权条款最为重要，因其是企业重要的经济资源与生产资本，对其管理不当导致的侵权不仅涉及经济赔偿，还会对企业造成商誉等商业利益损失。

对知识产权条款的审查，在不同类型的合同中有着不同的侧重点：在货物买卖合同中，首先，对货物所附着的知识产权应当约定明确其合法性以及侵权处理方式。出卖方应当保证货物在一定的地域范围内不侵犯第三方的知识产权，若出现知识产权侵权时的责任应当由出卖方承担。其次，应明确知识产权是否要让渡给采购方，若知识产权归属不变动，则应明确知识产权许可的相关事项如许可实施的内容、地域、期限等。如在技术开发合同中，知识产权条款的约定则侧重于防范因其约定归属不明而导致其最终归属使用以法律为准进行分配，从而与合同方订立合同时的真实意思表示相违背。具体如表3所示。

表3　交易条款及审查措施

常见条款	审查措施
交割条件、流程	明确交割条件、流程，尽量与付款相挂钩。
合同期限	适当修订为主要权利义务期限。
知识产权归属条款	明确知识产权归属。
合同解除终止条款	适当的解除终止条件，明确提前解除的违约责任；一些投资较大或履行时间较长的合同，不确定因素较多，应合理设置我方退出机制或解除合同的具体情形。
付款条款	应注意审查比对收款主体与合同签订主体是否一致，不一致或增加我方付款风险、税务风险或被认定协助第三方逃避履行债务的风险。

3. 配套条款合规风险管理

配套条款虽然不对合同的成立与否有直接影响，也不及交易条款那样被业务人员所重视，却是合同合规审查的主要重点内容，为合同目的的顺利实现保驾护航。通常情况下，配套条款主要包括违约责任、争议解决，以及通知与送达类条款。

违约责任的设置。最常见的违约责任是根据具体的违约情形设置违约金。违约金标准的设定一般包括按日比例计算、按合同总金额的一定比例以及直接按固定数额计算等方式，在审查违约责任条款时就需要结合合同的性质、双方的地位等实际因素来适用不同的计算方式。例如，按日比例计算的违约金一般约定为以应付款或合同金额为基数，按日万分之五、日万分之三等比例计算，主要用于约束逾期类的违约行为，如逾期付款、逾期交货或逾期完工。但是也有例外的情形，若逾期付款这种违约情形将直接导致根本违约时，约定逾期付款的违约责任便失去了其本来的意义，此时选择固定比例或者数额的计算方式将更能保护客户的利益，同时要明确交通费、差旅费、住宿费、诉讼费、保全费、律师费、公告费等费用由违约方承担。

争议解决条款中的主要风险在于不能明确约定有效的争议解决条款，常见的错误有同时约定仲裁以及诉讼两种解决方式、约定仲裁时没有选定明确的仲裁委

第三章
合同合规

员会、约定的争议解决机构违反级别管辖和专属管辖等。

通知与送达条款的主要风险在于：若履行合同时信息传递受阻碍，可能导致影响合同的效力、合同的存续的重要信息无法送达；在诉讼程序中，影响诉讼文书的送达，提高诉讼成本。在审查该种条款时除了明确合同各方的联系方式及地址等信息以外，还需要注意约定"一方若变更相关信息的，应当在特定时间内通知他方，否则按照原地址送达的信息视为送达"以保证联络的畅通。具体如表4所示。

表4　配套条款及审查措施

常见条款	审查措施
违约责任	设定较明确、适当的违约责任，原则上应约定违约损失的计算范围、违约金的具体金额、比例等。如合同约定我方违约责任过重，或未针对对方设置违约责任，或对方违约责任过轻，应修改条款，如无法修改的，业务部门需书面说明原因和风险解决措施，合同需经最终审批人同意。
争议解决方式	应明确仲裁或诉讼或其他方式（不得同时约定仲裁、诉讼）；在确定诉讼管辖条款中应选择对我方有利的地点（如公司所在地）作为管辖法院，一般情况下应以法院作为争议解决的首选方式，特殊情况下（如涉及商业秘密、案件不宜公开等），可以选择商事仲裁，仲裁协议中应明确约定对应的仲裁机构名称（如中国国际经济贸易仲裁委员会）。
联系方式	明确的联系方式、送达地址。
其他配套条款	适当补充、修订配套条款。

4. 合同尾部合规风险管理

合同尾部的合规风险管理重点在于对签字盖章部分的审查。签字盖章作为对合同文本的最终确认，通常在没有约定其他生效条件的情况下便会直接带来合同生效的法律后果，因此对该部分仔细审查尤为重要。

对于签字盖章部分的审查可以分为以下三个方面：（1）签订合同的用章是否正确、信息是否清晰准确。首先，公司签订合同应当加盖"公司公章"或者"合同专用章"，不能使用财务章、发票专用章及其他业务章等。其次，加盖的公章应清晰可辨，其主体名称等信息应当与合同约定的完全一致。（2）合同的落款处以及骑缝处是否有加盖印章。合同文本两页及以上的，应采取加盖骑缝章等措施防范篡改、更换；除合同文本应加盖公章外，合同修改的地方、合同附件也应加盖印章，同时还应加盖合同骑缝章。(3)空白页或未签署的文本不盖章。在前节关于风险的论述中，空白合同系风险极高的合同类型，因此在对合同进行盖章时应当避免在任何空白的页面进行盖章。同时，未经确认定稿的文本也不应当盖章，若已经在未最终定稿的合同文本中盖章的，应当及时回收相应的合同，加盖"作废"印章。具体如表5所示。

表5 尾部条款及审查措施

常见条款	审查措施
合同附件	应完整列明附件。合同约定应当作为合同附件的如资质文件、安全承诺函、担保函、价格表、技术指标或参数等我方要求提供的材料不得缺失。特别是部分附件约定了履约标准，是关键条款，不可缺失。
签字盖章部分	合同文本两页及以上的，应采取加盖骑缝章等防范篡改、更换措施；除合同文本应加盖公章外，合同修改的地方、合同附件也应加盖印章，同时还应加盖合同骑缝章；审核印章是否清晰，是否与合同主体名称一致，盖章印鉴一般应是公章，签字应是法定代表人或授权代表（比对授权文件）；避免在合同所附空白页、空白合同文本或未经审核、签署的合同文本上盖章。

三、结语

合同合规作为企业合规中的重要一环，合同风险的识别和应对是企业在日常合同合规管理中的重中之重。本章节通过从合同的宏观、中观以及微观层面对企业在日常运行中的合同合规风险进行总结分析，对其进行了系统归纳，同时相应提出企业在合规体系建设中针对合同管理部分应当着重加强企业合规岗位制度的建设运营、建设合同信息化合规管理制度、构建合同类型的管理机制、规范企业日常合同条款的审核关键点等建议，如此一来则企业可以参照本章节的思路从宏观到微观规范合同的合规管理制度，全面提高合同管理的整体质量。

合规视角下招投标管理和合同管理的关系及合规管理实务

叶 飞 尹瑞霞

合规经营,既是企业的立身之本,也是企业实现持续发展的必然要求,更是企业应当履行的社会责任。近年来,我国社会经济高速发展,市场主体之间的市场交易活跃程度不断提高,对于企业合法合规经营的监管要求更是日趋严格。

2018 年,国务院国有资产监督管理委员会(以下简称国资委)发布《关于印发〈中央企业合规管理指引(试行)〉的通知》,明确规定市场交易是企业合规管理的重点领域之一[1]。从开展市场交易的流程来看,合同[2]是市场交易得以开展的基础,而招投标活动则是市场主体,特别是国有企业开展大部分市场交易的前置程序。因此,可以说,招投标的合规管理是市场交易合规管理的必要路径,而合同的合规管理,则是招投标合规管理不可或缺的重要内容。因此,企业要想加强市场交易的合规管理,必须在厘清前述逻辑关系的基础上,识别招投标活动和合同之间的具体联系以及存在的合规风险,并采取相应措施予以防范。

一、招投标合规管理的依据和招标人常见违规情形

(一)招投标合规管理的依据

根据《中央企业合规管理办法》第 3 条的规定,"合规"是指企业经营管理

---

[1] 《关于印发〈中央企业合规管理指引(试行)〉的通知》第 13 条规定:"加强对以下重点领域的合规管理:(一)市场交易。完善交易管理制度,严格履行决策批准程序,建立健全自律诚信体系,突出反商业贿赂、反垄断、反不正当竞争,规范资产交易、招投标等活动……"

[2] 为统一表述,本文中的"合同"仅指经过招投标签订的项目合同。

行为和员工履职行为符合国家法律法规、监管规定、行业准则和国际条约、规则，以及公司章程、相关规章制度等要求。根据该条款规定，企业合规管理的依据主要包括"外法"和"内规"两个层面，具体而言，"外法"包括国家法律法规、监管规定、行业准则和国际条约、规则，"内规"则指公司章程、相关规章制度等。

笔者根据招投标活动相关规定的效力等级，梳理了招投标活动的主要合规管理依据，如图 1 所示。

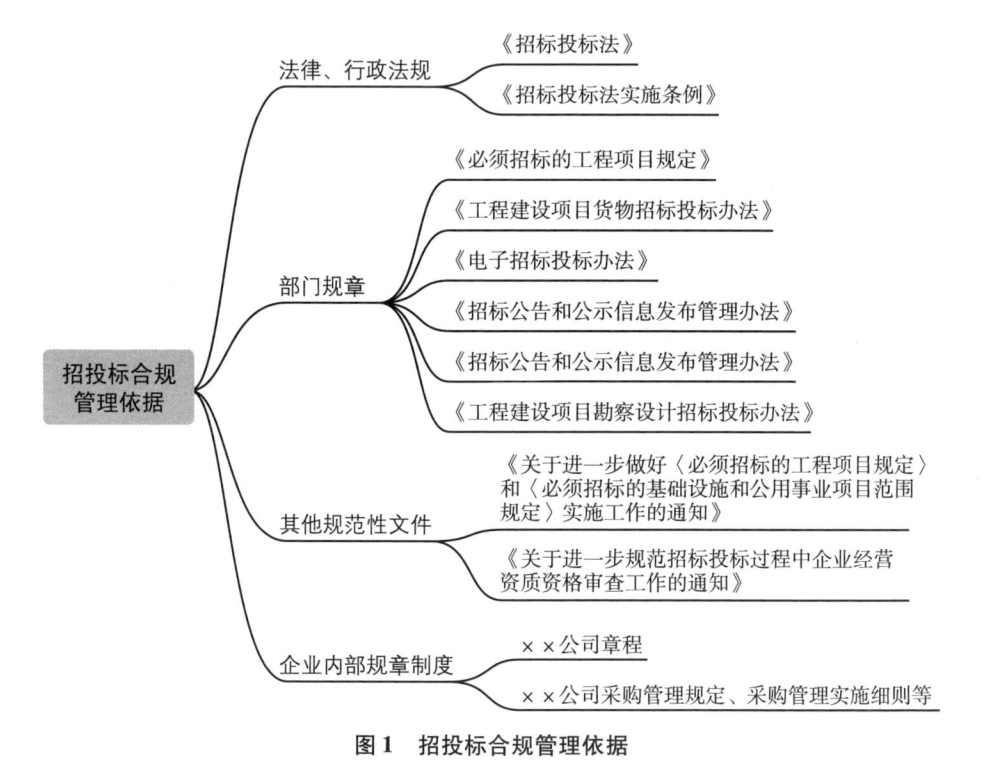

招投标合规管理依据

- **法律、行政法规**
  - 《招标投标法》
  - 《招标投标法实施条例》
- **部门规章**
  - 《必须招标的工程项目规定》
  - 《工程建设项目货物招标投标办法》
  - 《电子招标投标办法》
  - 《招标公告和公示信息发布管理办法》
  - 《招标公告和公示信息发布管理办法》
  - 《工程建设项目勘察设计招标投标办法》
- **其他规范性文件**
  - 《关于进一步做好〈必须招标的工程项目规定〉和〈必须招标的基础设施和公用事业项目范围规定〉实施工作的通知》
  - 《关于进一步规范招标投标过程中企业经营资质资格审查工作的通知》
- **企业内部规章制度**
  - ××公司章程
  - ××公司采购管理规定、采购管理实施细则等

图 1　招投标合规管理依据

可以说，"外法"和"内规"是企业合规管理的指南针，只有在全面梳理企业相关业务的合规管理依据的基础上，才能有效开展具体合规管理工作。

（二）招投标活动中常见的招标人违规情形

笔者根据招投标活动的流程，从招标人的角度，重点梳理了招标人在招标环节、投标环节、评审环节及定标后常见的违规情形，具体如表 1 所示。

第三章
合同合规

表1 招投标中招标人常见违规行为

环节	合规风险	具体情形
招标环节	未依法招标	必须进行招标的项目而不招标
		将依法必须进行招标的项目化整为零或者以其他任何方式规避招标
		依法应当公开招标而采用邀请招标方式
		以营利为目的发售资格预审文件、招标文件
	排斥、限制潜在投标人	依法必须招标的项目,限制或者排斥本地区、本系统以外的法人或者其他组织参加投标
		以不合理的条件限制或者排斥潜在投标人
		招标文件中要求或者标明特定的生产供应者以及含有倾向或者排斥潜在投标人的其他内容
		强制要求投标人组成联合体共同投标
		限制投标人之间竞争
	流程违规	招标文件、资格预审文件的发售、澄清、修改的时限,或者确定的提交资格预审申请文件、投标文件的时限不符合规定
投标环节	泄露信息	向他人透露已获取招标文件的潜在投标人的名称、数量及其他情况
		泄露标底
	串标	招标人与投标人串通投标
	挪用资金	挪用投标保证金
	投标文件接收违规	接受未通过资格预审的单位或者个人参加投标
		接受应当拒收的投标文件
	进行实质性谈判	与投标人就投标价格、投标方案等实质性内容进行谈判
评审环节	泄露评标人员	在中标结果确定前泄露评标委员会成员名单
	应回避而未回避	评标委员会成员与投标人有利害关系
	评标委员会成员违规	评标委员会成员私下接触投标人或收受投标人的财物或其他好处
定标后	中标结果违规	无正当理由不发出中标通知书或中标通知书发出后无正当理由改变中标结果
	订立合同违规	无正当理由不与中标人订立合同或实质性变更中标合同内容

招投标活动中的违规行为，不仅破坏了公平竞争的市场交易秩序，还可能影响招标项目的正常开展，甚至对国家、社会公共利益造成损害。而之所以出现违规行为，一方面因为招标人与投标人等违规行为人对相关法律规定的漠视或对违规行为后果的认知不足，另一方面则是因为企业内部管理人员及业务人员缺乏风险管理意识，对于招投标活动合规管理和监督存在不足或缺失。因此，笔者认为，在梳理合规义务、识别常见违规情形及其风险的基础上，确定合规管理方向，进而制定具体的风险防范措施，是企业开展招投标合规管理工作的必要路径。

二、合同与招投标活动的关系

（一）招投标活动是招标人和中标人以"要约、承诺"方式订立合同的法律行为

招投标活动主要包括以下环节：（1）公告：招标人发出招标公告及相关招标文件；（2）投标：投标人向招标人提交投标文件；（3）中标：招标人确定中标人，并向中标人发出中标通知书；（4）签订合同：招标人与中标人签订书面合同。

对上述各环节的行为如何从法律角度进行分析定性，《民法典》相关条款已提供思路。首先，《民法典》第473条第1款对招标公告的法律性质已作出明确定性，即招标公告属于要约邀请；其次，投标人按照招标公告和招标文件的要求，向招标人提交投标文件，其法律性质是向招标人发出的要约；最后，招标人经依法评标后确定中标人，并向中标人发出中标通知书，其法律性质是招标人向中标人作出的接受其要约的承诺。因此，根据《民法典》第471条的规定，在中标人收到中标通知书时，合同已经实质成立。故招投标活动的法律性质，是招标人和中标人以"要约、承诺"的方式订立合同的法律行为。

（二）合同与招投标活动具有紧密联系

在理解招投标活动法律性质的基础上，便不难理解合同与招投标活动之间的紧密联系，具体体现在时间上的延续性和内容上的衔接性。

1. 时间上的延续性

如前文所述，中标人收到中标通知书的时点，既是招投标活动结束的时点，

第三章
合同合规

也是合同成立的时点。同时,《招标投标法》第46条第1款规定,招标人与中标人应当自中标通知书发出之日起三十日内签订书面合同。因此,在以招投标方式选择交易对象开展的市场交易中,交易合同实际成立的时间和签订书面合同的期限,均以招投标活动结束时点为基准,即合同与招投标活动之间具有时间上的延续性。

2. 内容上的衔接性

《招标投标法》第46条第1款规定,招标人和中标人应当按照招标文件和中标人的投标文件订立书面合同。根据该规定以及招投标活动的法律性质,在中标人收到中标通知书时,合同的实质性内容即依据招标文件和投标文件得以确定,招标人与中标人签订的书面合同不得变更已经确定的合同实质性内容。因此,合同与招投标活动之间具有内容上的衔接性。

(三)招投标活动中的违规行为将影响合同效力

《招标投标法》《招标投标法实施条例》对导致中标无效的违规行为作出列举性规定,而中标无效可能导致合同不成立或合同无效。

根据违规行为主体不同,在招标人、投标人及招标代理机构分别存在以下违规行为时,中标无效(见表2)。

表2 无效情形分类

主体	无效情形	法律依据
招标人	依法必须进行招标的项目的招标人向他人透露已获取招标文件的潜在投标人的名称、数量或者可能影响公平竞争的有关招标投标的其他情况的,或者泄露标底,影响中标结果的	《招标投标法》第五十二条
	依法必须进行招标的项目,招标人违反本法规定,与投标人就投标价格、投标方案等实质性内容进行谈判,影响中标结果的	《招标投标法》第五十五条
	招标人在评标委员会依法推荐的中标候选人以外确定中标人的,依法必须进行招标的项目在所有投标被评标委员会否决后自行确定中标人的	《招标投标法》第五十七条

续表

主体	无效情形	法律依据
投标人	投标人相互串通投标或者与招标人串通投标的，投标人以向招标人或者评标委员会成员行贿的手段谋取中标的	《招标投标法》第五十三条
投标人	投标人以他人名义投标或者以其他方式弄虚作假，骗取中标的	《招标投标法》第五十四条
招标代理机构	招标代理机构违反《招标投标法》规定，泄露应当保密的与招标投标活动有关的情况和资料的，或者与招标人、投标人串通损害国家利益、社会公共利益或者他人合法权益，影响中标结果的	《招标投标法》第五十条

三、招投标合同的签订及常见合规风险

（一）签订招投标项目合同的合规管理要求

根据《招标投标法》第46条第1款①的规定，招标人与中标人签订项目合同应遵守以下基本要求：

（1）合同主体：应由招标人和中标人签订合同。

（2）签订时间：招标人和中标人应当自中标通知书发出之日起三十日内订立书面合同。

（3）合同内容：应按照招标文件和中标人的投标文件签订合同，不得再行订立背离合同实质性内容的其他协议。

（二）变更招投标项目合同实质性内容的法律风险

笔者认为，除招投标程序中的违规情形可能影响合同的合法合规签订与履行以外，招投标项目合同签订层面的核心风险即为《招标投标法》第46条第1款所规定的"不得再行订立背离合同实质性内容的其他协议"。如何判断相关行为

---

① 《招标投标法》第46条第1款规定："招标人和中标人应当自中标通知书发出之日起三十日内，按照招标文件和中标人的投标文件订立书面合同。招标人和中标人不得再行订立背离合同实质性内容的其他协议。"

第三章
合同合规

是否构成"背离合同实质性内容"的违规行为，现行法律规定中虽无明确规定，但司法实践中已经逐步形成较为统一的裁判观点。笔者将在界定合同实质性内容的范围的基础上，结合《招标投标法》第 46 条第 1 款的立法目的以及司法实践案例，分析变更合同实质性内容的违法性界定和法律风险。

1. 合同实质性内容的范围

现行法律法规中涉及合同实质性内容的规定主要体现在《民法典》第 488 条、《招标投标法实施条例》第 57 条第 1 款、《最高人民法院关于审理建设工程施工合同纠纷案件适用法律问题的解释（一）》（以下简称《建工司法解释（一）》）第 2 条第 1 款以及《第八次全国法院民事商事审判工作会议（民事部分）纪要》（以下简称《八民纪要》）第 31 条，具体内容如表 3 所示。

表 3　法律规范

法律条款	内容
《民法典》第 488 条	有关合同标的、数量、质量、价款或者报酬、履行期限、履行地点和方式、违约责任和解决争议方法等的变更，是对要约内容的实质性变更
《招标投标法实施条例》第 57 条第 1 款	招标人和中标人应当依照招标投标法和本条例的规定签订书面合同，合同的标的、价款、质量、履行期限等主要条款应当与招标文件和中标人的投标文件的内容一致。招标人和中标人不得再行订立背离合同实质性内容的其他协议
《建工司法解释（一）》第 2 条第 1 款	招标人和中标人另行签订的建设工程施工合同约定的工程范围、建设工期、工程质量、工程价款等实质性内容，与中标合同不一致，一方当事人请求按照中标合同确定权利义务的，人民法院应予支持
《八民纪要》第 31 条	招标人和中标人另行签订改变工期、工程价款、工程项目性质等影响中标结果实质性内容的协议，导致合同双方当事人就实质性内容享有的权利义务发生较大变化的，应认定为变更中标合同实质性内容

根据上述规定，除《招标投标法实施条例》《建工司法解释（一）》明确列举的情形外，《民法典》还将履行地点和方式、违约责任、争议解决等条款列为合同实质性内容。且司法实践中，也存在将履行方式［见（2021）最高法民申

1006号案①]、违约责任[见（2019）皖03民终1807号案②]认定为合同实质性内容的案例。

综上所述，笔者认为，按照特别法优先于一般法的原则，在招投标领域，一般项目的合同实质性内容主要包括合同标的、价款、质量、履行期限等；针对建设工程项目，其合同实质性内容除上述条款外，还包括工程范围、工程项目性质等特殊条款。此外，根据《民法典》的规定，合同的标的数量、履行地点和方式、违约责任、争议解决等条款属于要约的实质性内容，在招投标领域，亦存在被认定为招投标项目合同实质性内容的可能性。

2. 《招标投标法》第46条第1款的立法目的分析

根据《民法典》第543条③的规定，合同变更是当事人的意思自治范畴。根据《招标投标法》第46条第1款规定，招标人和中标人不得订立背离招标文件和投标文件的实质性内容的合同。该条款实质是对招投标活动中当事人意思自治和合同自由的限制，此种限制应当以实现该条款的立法目的为界限。

根据《招标投标法》第1条④及第5条⑤的规定，笔者认为，《招标投标法》第46条第1款的立法目的包括以下两个方面：第一，保障招投标活动不违反公开、公平、公正和诚实信用的原则；第二，保护国家利益、社会公共利益和招投标活动当事人的合法权益。

3. 关于合同实质性内容的变更是否构成《招标投标法》规定的"实质性背离"的认定

根据对《招标投标法》第46条第1款的立法目的分析，笔者认为，对合同内容的实质性变更是否必然构成《招标投标法》之"实质性背离"，不能一概而

---

① （2021）最高法民申1006号案，法院认为：《工程施工合同》实际将备案的《建设工程施工合同》进度款支付约定变更为承包人垫资施工是对备案合同的实质性变更，该案应当依照备案的《建设工程施工合同》来确定双方当事人的权利义务。

② （2019）皖03民终1807号案，法院认为：关于逾期竣工违约金约定是否属于实质性变更问题。原《合同法》第30条规定："有关合同标的、数量、质量、价款或者报酬、履行期限、履行地点和方式、违约责任和解决争议方法等的变更，是对要约内容的实质性变更。"依据上述规定可知关于合同违约责任的变更属于合同实质性变更。

③ 《民法典》第543条规定："当事人协商一致，可以变更合同。"

④ 《招标投标法》第1条规定："为了规范招标投标活动，保护国家利益、社会公共利益和招标投标活动当事人的合法权益，提高经济效益，保证项目质量，制定本法。"

⑤ 《招标投标法》第5条规定："招标投标活动应当遵循公开、公平、公正和诚实信用的原则。"

第三章
合同合规

论。特别是针对建设工程招投标项目合同，存在合同履行过程中因设计变更、规划调整等客观因素所导致的合同变更。若对前述变更作出"一刀切"的认定，则可能导致工程项目无法顺利推进或合同双方权利义务不对等。

经笔者检索该类判例，司法实践中，法院在认定合同实质性变更是否构成"实质性背离"时的主要裁判思路为：首先，根据《招标投标法》《建工司法解释（一）》规定对合同实质性内容是否发生变更进行形式审查；其次，在判断合同实质性已发生变更的基础上，再结合变更的原因、结果等客观情况，从《招标投标法》的立法精神出发，判断合同内容的变更是否违背招投标活动的"公开、公平、公正和诚实信用"的基本原则，从而综合认定是否违反《招标投标法》规定。

例如，最高人民法院（2022）最高法民申262号案件中提出该类问题的裁判思路："确定是否对中标合同实质性内容进行变更，应考虑以下两个方面：第一，是否足以影响其他竞标人能够中标或者以何种条件中标。……第二，是否对招标人与中标人的权利义务产生较大影响。"

又如，最高人民法院在（2021）最高法民申6808号案件中，亦是从合同变更的背景和实质性影响出发，认为："正常的合同变更没有损害其他竞争者的利益、破坏竞争秩序，亦不具有损害国家、社会公共利益和他人利益的目的，与《中华人民共和国招标投标法》的相关规定并不相悖，不应因此而认定为无效。"

综上所述，笔者认为，在中标合同实质性内容发生变更的情况下，应进一步判断合同变更行为是否违背《招标投标法》第46条第1款的立法目的，从而认定合同变更是否违规。具体包括：是否违背招投标活动的公平、公正、公开及诚实信用原则，以及是否损害国家利益、社会公共利益和招标投标活动当事人（包括中标合同当事人）的合法权益。若变更中标合同违背《招标投标法》第46条第1款的立法目的，则属于为对中标合同的"实质性背离"。

4. 未按照招标、投标文件签署合同或变更合同实质性内容存在合规风险

若招标人与中标人未按照招标文件、投标文件签订合同，如另行签订背离合同实质性内容的其他协议，或在签订书面合同后，以补充协议等形式对合同实质性内容作出修改的，存在被认定为构成《招标投标法》第46条规定的"实质性背离合同内容"的合规风险。具体包括以下两方面法律风险：

第一，变更后的合同可能无效。虽然《招标投标法》《建工司法解释（一）》

均未明确规定"实质性背离"中标合同无效,且《招标投标法》第46条是否属于效力性强制性规定在司法实践中存在争议,但根据《建工司法解释(一)》第2条第1款,在建设工程领域,若当事人"实质性背离"中标合同,当事人有权请求法院以变更前的中标合同确定双方权利义务,该条款已经从结果上否认了变更行为的效力。

第二,可能面临行政处罚风险。根据《招标投标法》第59条及《招标投标法实施条例》第75条规定,若招标人与中标人"实质性背离"中标合同,将被有关行政监督部门责令改正、可处中标项目金额千分之五以上千分之十以下的罚款。

四、招投标中进行合同合规管理的必要性和存在的不足

(一)合规视角下的合同管理内涵

合同是绝大多数交易得以实现的载体,签订和履行合同是市场交易主体最基本的民事法律行为。而合同签订、履行过程中的法律风险也是市场交易中最为常见的法律风险。合规视角下的合同管理,要求对合同风险进行全流程管控,从合同起草、审查、订立到合同履行、提前解除、终止,是一种全面的、动态的风险管理。

(二)在招投标过程中开展合同管理工作的必要性

如前文所述,招投标中的合同具有一定特殊性,即合同内容受限于招标文件和投标文件,在签订书面合同时不得作出背离招标文件和投标文件中合同实质性内容的变更。而实践中,大部分企业在开展招投标活动时,往往只关注招投标程序本身的合规性,忽略了合同的合规管理,存在合同内容不完善、与项目需求不匹配等风险或未合法合规签订合同等违规情形,从而对项目进展造成不利影响,或对自身合法权益造成损害。

因此,为了避免因合同内容不完善而影响招标人的合法权益,或因中标后擅自变更合同而产生纠纷或法律风险,笔者认为,在招投标活动中提前介入合同合规管理势在必行。

(三)招投标活动中合同管理存在的不足

根据笔者为多家国企、大型企业提供法律服务的经验,大部分企业在招投标

第三章
合同合规

活动中的合同管理存在明显不足，具体包括以下方面：

1. 合同范本内容与项目实际需要不匹配

大部分企业内部有各类项目的招标文件范本，招标人通常是根据项目类别选用相应的招标文件，并根据项目情况对采购标的、数量、质量等商务条件作出调整，但往往忽略招标文件中合同条款特别是法律条款的审核，从而导致最终签订的合同条款与项目实际需要不匹配，存在局限性或不合理之处。例如，部分项目中需要对交易对方设置相对严格的违约责任，以充分和有效地约束对方和保障招标人的合法权益，保障交易顺利开展，但因招标文件中的合同条款为通用条款，约定相对宽泛，导致在交易对方出现违约情形时，招标人无法在合同中找到有效的救济措施，从而遭受损失。

2. 招投标活动与合同管理脱节

实践中，部分企业的招投标工作和合同管理工作由不同部门或不同人员负责，招投标管理流程及合同管理流程通常相互独立，且由于招投标项目合同系在招投标活动结束后签订，导致该类合同管理流程往往具有滞后性。在招投标项目的交易对方、合同内容等已通过招投标活动确定后，因合同管理人员未参与前述流程，未能对交易对方的实际履约能力、合同条款是否完善等进行充分审查，导致招标人在后期的合同管理与履行中相对被动，易出现问题或纠纷，从而对项目进展造成影响或阻碍。

3. 招投标工作人员缺乏合同合规管理意识和专业能力

企业招投标工作人员往往缺乏合同管理意识，未能认识到合同管理工作在招投标过程中的重要作用以及因缺乏合同管理可能导致的后续合同履行层面的不确定性和风险。同时，大部分企业的招投标工作人员亦缺乏合同管理的专业能力，在编制、审核招标文件时，无法结合项目需要从法律角度对合同条款进行调整或补充完善，亦可能导致后期面临合同变更风险及履行风险。

五、招投标及合同合规管理建议

（一）完善招投标合规管理制度，严格依据法律法规规定开展招投标活动

招投标制度是国有企业进行市场交易的基础性制度，要实现招投标合规管

理，首先应建立、完善招投标制度体系。笔者建议，在建立企业内部招投标管理制度体系时，可以从以下两个层面出发：第一，编制企业招投标管理基本制度，例如采购管理规定、招标管理制度、非招标管理制度等；第二，编制企业招投标合规专项指引，结合开展招投标活动的流程和各项法律法规，梳理招投标各环节的具体合规义务，作为企业开展招投标活动时的业务指引。

在建立、完善招投标合规管理制度体系的基础上，企业内部还应加强招投标监管，确保相关制度得到有效执行。招标人、投标人、招标代理机构等招投标活动参与主体，均应严格执行招投标相关法律法规和招投标业务流程及相关管理制度，避免在招投标过程中出现违规行为，从而影响招投标项目合同的效力。

（二）完善招投标及合同合规管理制度，构建招标、合同一体化管理的架构

1. 完善合同合规管理制度

合同合规管理制度在目前我国大部分企业中都有一定程度的设置，但实际管理工作中仍存在规定不完善、执行不到位等问题。笔者建议，按照合同管理全周期的要求，针对管理的每一个环节建立健全有章可循、可操作性强的管理制度，包括但不限于合同起草、审核修改、审批决策、合同签署、履行等各环节的管理制度。

此外，合同的合规管理不能局限于书面工作，还应当通过专业法务人员或法律服务机构，深度介入并全程跟踪合同订立、执行及事后处理的全流程，全面掌握交易双方主体资格、履约能力及实际履行状况，及时对合同未尽事宜以及合同存在的潜在风险做出相应调整和补充，保障项目顺利推进并妥善维护自身合法权益。

2. 构建招投标、合同一体化管理架构

招投标管理与合同管理属于不同的业务流程，但二者之间相互影响，相互关联。笔者建议，企业在制定招投标管理制度时，有必要纳入合同管理内容，根据内部部门设置及运作模式，在流程、组织机构、管理内容等方面进行结合，构建与企业自身相适应并且能够得到有效执行的招标、合同一体化管理的架构，避免招投标项目合同管理的滞后性，从而降低招投标项目合同签署方面的违规风险。

具体而言：第一，管理流程方面，建议在招标工作前期准备环节，即启动合

第三章
合同合规

同管理流程，如编制、审核招标文件时，重点审核招标文件中的合同条款，结合项目需要予以补充完善；第二，组织机构方面，既可以将已有的招投标部门、合同管理部门通过业务流程联系起来，也可以在招投标部门专门配备具有合同管理专业能力的人员，负责招标文件编制审核及其他合同管理工作；第三，管理内容方面，合同管理部门或人员可参与招标前的文件编制审核、合同签订时的主体资格审核工作，以及合同签订流程把控、合同履行过程中的风险识别与防范等。

（三）提高管理层及经办人员的招投标合同合规管理意识

大部分企业在招投标活动中普遍存在"重业务、轻合同"的现象，没有认识到合同合规管理在招投标合规管理中的重要作用。笔者建议，企业在建立完善相关制度的同时，还应对公司管理人员及招投标部门相关人员进行培训宣讲，同时设定合规管理考核指标，建立完善对于招投标及合同违规行为的责任追究制度，提高相关管理人员及经办人员对招投标合同的合规管理意识，从而促进招投标及合同管理相关制度的有效落实，真正实现招标、合同一体化管理。

综上所述，招投标活动与合同管理工作之间存在密切关系，二者可以相互作用、相互影响。在我国不断强调企业合规管理的背景下，笔者建议，将招投标管理和合同管理进行适当融合，构建招标、合同一体化管理的架构，在招投标阶段合理运用合同管理方式，以提高招投标管理及合同管理水平，提高项目管理工作效率，并预防后续合同签订违规风险以及合同履行阶段的项目管理风险及合同履行风险。

第四章

财税、投资经营合规

企业合规之财税合规探讨

——中国—中亚合作新时代背景下建筑企业"走出去"财税合规研究[*]

苑 涛 吴晓燕

  2023年是共建"一带一路"倡议提出的十周年。我国早在2013年9月就提出了"丝绸之路经济带"倡议,中亚五国率先公开支持这一倡议,打开了双方交往合作的大门,同时也成为"一带一路"的重要合作地区和合作伙伴。10年以来,作为倡议的先行者,中亚五国积极参与"一带一路"倡议建设,全面推进各项合作,取得了一系列有目共睹的突破性成就,将当地市场和中国以及国际市场有效连接起来。中国作为中亚五国最大的贸易和投资伙伴,与中亚国家在2022年的贸易额创历史新高,其对中亚国家的直接投资达到近150亿美元,中亚地区已成为高质量共建"一带一路"的示范区。

  2023年5月19日,中国—中亚峰会在西安召开,会议达成了54项主要合作共识和倡议,搭建了中方倡议成立19个多边合作平台,签署了9个峰会框架内的多边合作文件。2023年8月18日,在乌鲁木齐举行的中亚法律服务合作论坛,以"共建平台共享发展"为主题,同时启动了2023中亚法律服务合作机制。2023年9月11日,在格鲁吉亚的首都第比利斯召开了第四届"一带一路"税收征管合作论坛。论坛聚焦"包容开放携手前行——助力优化税收营商环境"主题。推进合作机制朝着务实、互信、共赢的方向深入发展,将进一步发挥独特和

---

[*]【基金项目】本文是2021年度国家社科基金西部项目"'一带一路'倡议下中国与中亚国家间投资争端预防与解决机制研究"的阶段性研究成果。

重要的作用。2023年11月1日，中国—中亚仲裁论坛在乌鲁木齐举行，论坛聚焦"共话中国—中亚国际仲裁新发展，共绘'一带一路'经贸发展新蓝图"的主题，为增进交流互信，共建合作平台打造法治丝路奠定坚实基础。

一、中国企业在中亚提供建筑服务涉税法律概况

建筑行业的税务环境复杂多变，通常情况下建筑项目会涉及多个税种，如企业所得税、增值税、土地增值税等，涉及的税收法律较为繁杂。中国建筑企业"走出去"提供建筑服务不仅要受到有关国家的国内法管辖，同时还要受到相关国际法规范的调整。

（一）国内法

1. 中国相关法律

按建筑行业的税务特点及相关政策，建筑工程项目在境外的建筑、工程类服务增值税规定有：《国家税务总局关于发布〈营业税改征增值税跨境应税行为增值税免税管理办法（试行）〉的公告》《国家税务总局关于在境外提供建筑服务等有关问题的公告》《国家税务总局关于跨境应税行为免税备案等增值税问题的公告》；企业境外承包工程税收抵免凭证的规定有《国家税务总局关于企业境外承包工程税收抵免凭证有关问题的公告》《国家税务总局关于哈萨克斯坦超额利润税税收抵免有关问题的公告》。

2. 中亚五国所涉税收法律

（1）哈萨克斯坦

哈萨克斯坦法律制度属于欧陆法系，总体比较健全。其法制体系包括宪法、法律、规章、宪法委员会、最高法院颁布的相关监管决议以及本国承诺和国际条约。其中税收制度较为完善，总体税负适中。

2001年公布实施的《税法》是哈萨克斯坦税收方面的基本法律，后经多次修订。2017年进行税制改革，哈萨克斯坦制定出台了新版《哈萨克斯坦共和国税款和其他应缴财政款法（税法）》（以下简称《税法》），于2018年开始执行。2022年9月1日，哈萨克斯坦总统宣布在2023年制定新税法，新税法将改革现行税收和海关管理。

此外，还要注意哈萨克问题与外商投资有关的税务政策或税收优惠，尤其是

第四章
财税、投资经营合规

与建筑工程承包有关的法律对中国建筑企业财税合规的影响，如2003年颁布的《哈萨克斯坦吸引外国投资的优先经济领域清单》和2005年通过的《哈萨克斯坦政府第633号决议》，此外还有《建筑、城市开发和建设法》《许可证法》《民法典》《哈萨克斯坦共和国投资法》等也有建筑业投资方面相关规定。

（2）乌兹别克斯坦

独立后的乌兹别克斯坦建立了较为完善的法律体系，对外商投资持欢迎态度，并形成一系列与之配套的法律法规。

乌兹别克斯坦现行有效的税法为2023年1月1日开始施行的《税法典》。除《税法典》外，现有涉及在乌兹别克斯坦投资的法律主要有《投资和投资活动法》、《保护私有财产和保证所有者权益法》、《保证企业经营自由法》（新版）及《关于促进吸引外国直接投资补充措施》的总统令等。

承包工程法规包括《关于继续深化基建经营改革主要方向的总统令》《关于个别经营种类的许可制管理法》《关于完善基建经营关系机制的措施决议》《关于批准建筑领域许可证条例的决议》。

与外商投资有关的税收优惠因投资方式、投资行业、投资地域的不同而有所差异。乌兹别克斯坦先后出台了多部法律法规，向外资提供了减免税的优惠政策。例如《向外资企业提供激励和优惠的补充决议》、《鼓励吸引外国私人投资的补充措施的决议》、《鼓励商品（工程、服务）出口的补充措施的决议》、《保护私有财产和保证所有者权益法》、《保证企业经营自由法》（新版）和《关于促进吸引外国直接投资补充措施》的总统令等。从事特定活动的法律实体可以暂时免征公司所得税、不动产税、社会基础设施开发税以及免于缴纳统一税和国家道路基金缴费的义务。此外，如果公司扩大产能、重建工业结构、提升生产设施和设备的现代化程度等，则有资格以扣除五年内所发生的费用方式降低其计税基础。

（3）吉尔吉斯斯坦

吉尔吉斯斯坦法律较为完备，其税收法制趋向系统化和规范化，实际税负在中亚处于中等水平。该国实行平等的税收优惠制度，先后取消了给予外资的单独税收优惠。

吉尔吉斯斯坦税收制度按其税收立法权限或法律效力的不同，主要由六个部分组成。一是宪法中有关税法的规定；二是税收法律，如其税法典、投资法、海关法和经济自由区法等；三是总体发布的与税法相关的命令和指令；四是其税务机关规范性法律文件；五是其地方自治机关制定的规范性法律文件；六是其缔结的国际税收协定。其中，《税法典》在整个税收法律制度中具有重要地位，现行有效的税法为 2022 年 1 月 1 日开始施行的《税法典》。

与外商投资有关的税收优惠主要体现在其《自由经济区法》中，包括自由经济区的海关优惠和其他优惠制度。据该法规定，对自由经济区实施特殊的海关制度，包括取消或降低自由经济区生产的出口商品关税，简化商品过境手续，放宽（取消）进出口非税率方面的限制。其他优惠如：在自由经济区从事生产和外贸活动的法人和公民享受包括 10 年内免缴（或降低）应上缴共和国预算的利润，降低增值税税率，降低法人和自然人的所得税税率；降低土地、电力、水、生产厂房和设施以及其他基础设施的使用费；与中央和地方预算进行外汇结算时提供优惠；加快固定资产折旧；自由经济区生产的产品出口不受配额和许可证的限制等优惠措施。

（4）塔吉克斯坦

塔吉克斯坦属于大陆法系国家，受苏联立法影响深远，具备较好的法律基础，但该国目前尚处于转轨阶段，宪法、司法体系和各项法规处于不断健全和完善中，配套的法律法规可操作性不强，法律制度不健全，在实践中法律法规的执行力不够。

塔吉克斯坦税法除 2021 年颁布的《塔吉克斯坦共和国税法》外，其他有关投资方面的法律还包括《投资法》、《企业法》、《外国投资法》和《对外经济活动法》等近 40 部法律法规中也有税法规范。

与外商投资有关的税收优惠主要体现在与投资方式相关的税收优惠和与投资区域相关的税收优惠两个方面。塔吉克斯坦对外国投资者给予国民待遇，但给予外国投资者和外国企业低税率优惠，优惠税率不能低于塔吉克斯坦境内通行税率的 50%。外国投资者在塔国境内设立企业可享受免税的优惠政策，如免缴关税、增值税、法人利润税（不同投资规模，免税年限不同）等。此外，在规定的自由经济区内，塔国给予外国投资者相关的税收优惠措施；又如，针对塔吉克斯坦国内市场的服务业企业，只征收增值税；企业雇用的当地雇员免征个人所得税；外籍雇员若证明已在本国缴纳个人所得税，可免缴，若未在本国缴纳，可在塔吉克斯坦减半缴纳；外国企业和自然人的经营利润和工资可自由汇出，不纳税；从事

第四章
财税、投资经营合规

供水、供电以及排水等业务的企业免征增值税。

(5) 土库曼斯坦

土库曼斯坦是中亚第二大国家,奉行中立政策,对内保持政治稳定,对外务实交往。其属于大陆法系国家,实行全国统一的税收制度,建立了符合其国情的税收体系。《税法》自 2004 年 11 月 1 日开始生效,随着土库曼斯坦经济的不断发展,税收制度也在不断调整变化。2021 年 6 月 5 日,《关于修改和补充土库曼斯坦税法》经总统(别尔德穆哈梅多夫)签署后正式发布,分别增加了增值税条款和消费税条款;2022 年 4 月 17 日,又签署了《关于修改和补充土库曼斯坦税法》,在个人所得税、增值税、企业所得税中增加了多项与向外国驻土库曼斯坦外交使团和领事馆提供服务相关的税收优惠条款。

与外商投资有关的税收优惠主要体现在跟投资方式有关的税收优惠措施和跟投资区域有关的优惠两个方面。据其《税法》规定,有两种情况可以免缴所得税,主体分别为合资企业和外国投资者,第一种情况为前者在外商没有收回其投资成本之前,第二种情况是后者将其所获利润用于二次投资。此外,在自由经济区的外国投资者享有所得税的优惠,自由经济区内的企业有权自主规定商品、工程以及服务的价格,在经营的前三年内,享有免征经营所得税的权利等。

(二) 国际条约

1. 中国与中亚五国双边税收协定

中国与中亚五国签订的双边税收协定见表1。

表1 中国与中亚五国双边税收协定

国别	名称	签订年份	生效日期	内容
哈萨克斯坦	《中华人民共和国政府和哈萨克斯坦共和国政府关于对所得避免双重征税和防止偷漏税的协定》	2003 年 7 月 27 日	2004 年 1 月 1 日	中哈协定总共 29 条,规定了居民、常设机构、不动产所得、营业利润、海运和空运、联属企业、股息、利息、特许权使用费多个概念和事项。

续表

国别	名称	签订年份	生效日期	内容
乌兹别克斯坦	《中华人民共和国政府和乌兹别克斯坦共和国政府关于对所得避免双重征税和防止偷漏税的协定》	1996年7月3日	1996年7月3日	协定共28条，主体部分包括协定的适用范围、双重征税的解决办法、税收无差别待遇、协商程序以及情报交换五大内容。
吉尔吉斯共和国	《中华人民共和国政府和吉尔吉斯共和国政府关于对所得避免双重征税和防止偷漏税的协定》	2002年6月24日	2003年3月29日	全文共29条内容，规定了协定适用的对象、适用的税种、消除双重征税的办法、争端解决方式、中吉两国政府实施该协定的情报交换途径和该协定的生效终止条件。
塔吉克斯坦	《中华人民共和国政府和塔吉克斯坦共和国政府关于对所得避免双重征税和防止偷漏税的协定》	2008年8月27日	2009年3月28日	协定共30条，主体部分包括协定的适用范围、消除双重征税方法、非歧视待遇、相互协商程序以及信息交换五大内容。
土库曼斯坦	《中华人民共和国政府和土库曼斯坦政府对所得避免双重征税和防止偷漏税的协定》	2009年12月13日	2010年5月30日	协定共29条，主体部分包括协定的适用范围、双重征税的解决办法、税收无差别待遇、协商程序以及税收信息交换五大内容。议定书共一份，主要对协定的适用范围进行了补充，并进一步明确了常设机构和营业利润的含义。

第四章
财税、投资经营合规

2. 2023年签署的谅解备忘录

（1）2023年5月签署《"中国—中亚五国"相关部门关于推动基础设施和工程建设合作发展的谅解备忘录》。

（2）2023年9月签署《关于建立中国—中亚交通部长会议机制的谅解备忘录》。

（3）2023年1月签署《中华人民共和国政府与土库曼斯坦政府关于共建"一带一路"倡议和"复兴丝绸之路"战略对接的谅解备忘录》。

二、近年中国建筑企业在中亚投资典型案例及其涉税风险

近年来，建筑企业在中亚五国的直接投资主要集中在能源、物流、交通、农业、水利、灌溉、光伏等基础民生领域，项目建设多签订的EPC合同，需要经历设计、施工、竣工等多个阶段，周期长达数年，涉及的资金规模巨大。

东道国通常会出台一系列招商的优惠政策，比如，在吸引资金方面，如果是政府支持的项目，其可以享受国际金融组织给予的优惠贷款政策以及东道国国家担保贷款的免税待遇；在产业发展方面，如果是关于工业促进和国计民生领域的大型基础设施项目则可以享受相应的特别减免税政策；针对特定地区方面的措施，则是在特定的地区开展项目则可享受相应的特别减免税政策；在促进就业方面，若大量招聘当地员工，满足当地充分就业要求的企业则可享受特殊的减免税待遇。

（一）经典合作项目

1. 中国企业与哈萨克斯坦典型合作案例梳理

中国企业与哈萨克斯坦合作的项目梳理见表2。

表2　合作项目梳理

中方企业	时间	项目领域	合作项目	简介
国家电网	2014年2月	电力	哈萨克斯坦SK基金公司签战略合作协议	合作双方一致同意共同推进中国、哈萨克斯坦电网互联互通，积极研究在哈萨克斯坦建设大型煤电和可再生能源基地的可能性，实现从哈萨克斯坦向中国和其他国家输送电能的目标。

续表

中方企业	时间	项目领域	合作项目	简介
中国能建	2017年4月	水泥	葛洲坝哈萨克斯坦西里水泥项目	项目由中国葛洲坝集团水泥有限公司投资，中国建材国际工程集团有限公司承建。项目总投资1.69亿美元，设计年产水泥100万吨，并建有哈国内首条油井水泥生产线。2017年4月，西里水泥厂项目正式开工建设，2019年5月投入试生产，同年10月举行竣工投产仪式，创下哈境内同类工程建设最快纪录。
中国电建	2022年11月	矿产	哈萨克斯坦西图尔盖斑岩铜矿项目开采总承包	项目位于哈萨克斯坦中西部阿克托别州东北的艾特克比区，距首都努尔苏丹约1003km。该项目模式为施工承包，主要工作内容包括矿区三个区块的补充勘探和西北区块10年采剥期采剥工程施工。项目补充探勘期12个月，采剥期120个月。
中国电力	2022年9月	能源	札纳塔斯100兆瓦风电项目	项目由中国电力国际有限公司和哈萨克斯坦维索尔投资公司共同投资，中国水电建设集团国际工程有限公司承建，中国电建集团成都勘测设计研究院有限公司总包实施，共建有40台2.5兆瓦的风电机组，是中哈合作的中亚最大风电项目。

资料来源：各公司公告，民生证券研究院。

2. 中国企业与吉尔吉斯斯坦典型合作案例梳理

中国企业与吉尔吉斯斯坦合作项目的梳理见表3。

表3 合作项目梳理

中方企业	时间	项目领域	合作项目	简介
中国电建	2020年1月	灌溉	吉尔吉斯斯坦灌溉系统改造项目	项目主要包括3个灌区施工内容，分别为：4号灌区楚河州莫斯科地区斯巴达克水库下游修新开发土地灌溉项目，工期45个月；5号灌区塔拉斯州卡拉布乌林地区巴赫特－诺卡渠道建设，工期42个月；6号灌区塔拉斯州巴凯·阿塔地区的克济尔·扎勒和扎尔帕克季尔渠道重建工程，工期28.2个月。

第四章
财税、投资经营合规

续表

中方企业	时间	项目领域	合作项目	简介
中国重机	2022年7月	能源	220kV/250MVA自耦变压器及500kV电抗器供货合同	项目为吉尔吉斯斯坦2022年重点电力改造项目，建成后将有助于解决首都比什凯克供电短缺问题。实际上这是双方再次携手合作，为中国重机吉尔吉斯斯坦市场实现"区域滚动发展"奠定了良好基础。
山东电建	2023年3月	光伏	沙特WAD光伏项目EPC合同	项目位于沙特，工作范围为新建118.997MW光伏发电站，配套升压站及对端SEC变电站扩容改造（ESF）。该项目是山东电建乃至中国电建集团在沙特落地实施的首个单体光伏项目。

资料来源：各公司公告，民生证券研究院。

3. 中国企业与塔吉克斯坦典型合作案例梳理

中国企业与塔吉克斯坦合作项目的梳理见表4。

表4 合作项目梳理

中方企业	时间	项目领域	合作项目	简介
中国铁建	2021年6月	水利	塔吉克斯坦东杜奥巴金矿尾矿坝水利工程项目	项目位于塔吉克斯坦共和国列宁纳巴德州艾尼区，是特变电工股份有限公司在塔吉克斯坦开发的"东杜奥巴金矿"配套工程，该矿山产能3000t/d，设计服务年限6.9年。
东方国际	2023年3月	供货	沙特贾富拉余热锅炉供货项目	最终用户为沙特阿美石油公司。项目建成后，将为当地提供320MW容量电力及314t/h蒸汽。
中泰集团	2023年3月	农业	塔吉克斯坦农业纺织产业园项目	项目为全产业链的产业园，从棉花种植、皮棉压轧、纱线纺织、织布成衣，这条先进成熟的全产业链，对塔吉克斯坦保证就业、传授经验、革新技术、提高税收都有非常重要的示范作用。

资料来源：各公司公告，民生证券研究院。

4. 中国企业与乌兹别克斯坦典型合作案例梳理

中国企业与乌兹别克斯坦合作项目的梳理见表5。

表5　合作项目梳理

中方企业	时间	项目领域	合作项目	简介
国机重装	2022年7月		200万吨炼钢工程电炉-精炼-连铸生产线工厂设计及成套供货项目	项目是"一带一路"沿线中亚地区首个百万吨级短流程炼钢工程项目。项目建成投产后，将加速推进乌兹别克斯坦工业化进程，为中乌在相关领域进一步开展全面战略合作奠定坚实基础。这也是中国重型院近年来继印度尼西亚、泰国等东南亚和土耳其等中东地区项目后收获的又一大型海外冶金工程总包项目，彰显了中国重型院在钢铁全流程产业链上的品牌价值优势与领先技术实力。
山东电建	2022年9月	能源	乌兹别克斯坦Zarafshan 500MW风电项目	Zarafshan项目位于乌兹别克斯坦中部Navoi地区，项目总装机500MW，选用金风科技111台GW155－4.5MW永磁直驱智能风电机组，机组具有良好的并网性能和环境适应性，可最大限度保证客户的投资收益。项目计划于2022年第三季度发运，2024年年底完工，建成后将明显改善当地的电力结构，可以满足50万户乌兹别克斯坦家庭的电力需求，每年将减少110万吨二氧化碳排放，助力乌兹别克斯坦实现到2030年将绿色电力占比提升至25%的目标。
中国石油	2023年1月	能源	凝析气田大修井作业项目	项目为中标卢克乌兹别克斯坦运营有限责任公司凝析气田大修井作业，共计182口井，修井工作量超过36000小时。卢克大修井项目涵盖2023年至2024年乌兹别克斯坦卡尔西州、布哈拉州多个油田共计182口井，作业内容包括更换井下设备、封堵、酸化作业、完井和解封等服务，预计将于2023年3月启动。

第四章
财税、投资经营合规

续表

中方企业	时间	项目领域	合作项目	简介
中国能建	2023年2月	能源	乌兹别克斯坦巴什和赞克尔迪风电项目	项目是业主方与乌兹别克斯坦外投部、能源部议标开发的IPP项目。项目总装机1GW,工程内容主要包括158台6.5MW风机,两座33kV/500kV升压站以及两条总长约290.5km的500kV架空线路。中国能建已与项目业主方签署《EPC合同》,项目合同总金额为9.97亿美元,预计毛利率为7.09%,拟使用本次募投资金25亿元。
中工国际	2023年2月	建筑	乌兹别克斯坦奥林匹克城项目	该项目建成后将用于举办2025年第四届亚洲青年运动会及第五届亚洲青年残疾人运动会,建设内容包括主体育馆、游泳馆、自行车馆、摔跤和柔道等体育场馆及综合大楼、室外运动场等配套设施。
中国能建	2023年3月	能源	乌兹别克斯坦赞克尔迪风电项目	项目是中亚在建最大规模风电项目——乌兹别克斯坦布哈拉1GW风电项目重要组成部分。此次开工建设的变电站工程拟安装两台275MVA主变压器,本期安装500千伏出线2回,预留远期1回,主线采用3/2接线方式。项目建成后,将极大缓解布哈拉州及周边区域的电网用电压力,助力乌兹别克斯坦政府实现2030年国家新能源战略目标。
中国能建	2023年3月	能源	乌兹别克斯坦锡尔河1500兆瓦燃气联合循环电站项目	项目是乌兹别克斯坦政府吸引外资投资开发的首个IPP项目,本次发运开创了多个世界纪录——2#燃机是中亚地区采用桥式系统运输的最重件货物,也是世界运输史上运输距离最长的超重件货物之一。

续表

中方企业	时间	项目领域	合作项目	简介
中国铁建	2023年3月	灌溉	乌兹别克斯坦布斯坦灌溉渠道修复项目	该项目全长35.2km，是乌兹别克斯坦西部地区规模较大的农业灌溉项目。建成后，将有效改善乌兹别克斯坦卡拉卡尔帕克斯坦自治共和国境内3个地区、10多万公顷农田的水资源短缺问题，灌溉效率将提高60%。

资料来源：各公司公告，民生证券研究院。

5. 中国企业与土库曼斯坦典型合作案例梳理

中国企业与土库曼斯坦合作项目的梳理见表6。

表6 合作项目梳理

中方企业	时间	项目领域	合作项目	简介
中国石油	2021年3月	能源	加尔金内什气田钻井项目	中标土库曼斯坦最大气田加尔金内什气田（又称复兴气田）钻井的国际招标。根据相应的投标，中石油承诺在30个月内完成此项工作。根据2017年签署的协议，公司服务费用将以三年内每年向中国供应170亿立方米天然气的方式支付。
中国石油	2022年6月	能源	B区西部新气田投产项目	中石油阿姆河公司巴格德雷合同区B区西部新气田投产，对华年供气量将提升至650亿立方米。中土两国已建成中国—中亚天然气管道A、B、C三条天然气管线，起自土乌边境，途经乌兹别克斯坦和哈萨克斯坦，止于新疆霍尔果斯口岸附近，全长1833km。
上海合作组织	2023年2月	物流	土库曼斯坦国家运输和物流中心战略合作项目	项目签约落地上合新区。中国-上海合作组织地方经贸合作示范区工作汇报会暨产学研合作洽谈会在北京举行，通过与在京头部企业洽谈交流，进一步发挥上合示范区策源作用，加强产业人才对接，共同打造"一带一路"国际合作新平台。

资料来源：各公司公告，民生证券研究院。

第四章
财税、投资经营合规

(二) 主要的财税风险分析

1. 税收政策风险

目前中亚五国处于税制改革期，本文第一部分做了陈述，此处不再赘述。受全球经济影响，东道国财政收入压力增加，加强税收征管手段，因此"走出去"建筑企业大多便成为东道国的重点税收来源，东道国将会对"走出去"建筑企业进行更为严格的税务检查。

有些"走出去"建筑企业，为了节约成本，往往会选择不亲自调研，而是直接在项目投标前，将随手获得的免费的财税资料作为其决策的参考依据。或者有的"走出去"建筑企业虽然在前期有亲自做过一些调研，但是并没有实时更新其调研数据，以至于其掌握的数据信息与东道国现存的信息不相符，从而影响其决策的可行性。还有些"走出去"建筑企业，由于其企业内部的考核激励制度存在不足，为了尽快获取公司奖励，一些负责境外项目的员工必须尽快使其企业中标，由此往往会忽视前期税收调研，低估潜在的税负，从而导致税务风险。

中国与东道国的双边协定的适用也存在风险。有些双边协定的适用需要"走出去"建筑企业主动向国内省级税务机关申请，由国家税务总局启动双方税收磋商机制（MAP机制），因此部分"走出去"企业往往会忽视双边协定的适用。

2. 合同中涉税条款的风险

"走出去"建筑企业在项目签订合同时，往往忽略税务需考量的"双边税收协定、境外税收抵免、资本弱化"等主要因素，导致垫资引起税务增加，合同税务估价不足，税收分摊不合理，优惠政策无保障等风险。

（1）集团公司垫资导致税务负担增加。由于存在东道国业主阶段结算大多存在拖延付款的情况，施工进度与现金流需求不匹配，集团公司需为境外项目垫资解决资金流短缺问题。"走出去"建筑企业通常按东道国最低资本金的要求注册公司，是导致项目公司债资比失衡的另一主要原因。债资比超过东道国税法规定的比例，超出债资比的借款利息无法在企业所得税前列支，进而多缴企业所得税。为现金流短缺应急，集团公司为境外项目公司在国内购买材料，支付中方外派人员工资等情况时有发生，其相关贷款安排如未按东道国的相关规定进行登记备案，导致该贷款本金不能汇回国内，其利息无法在企业所得税前列支进而多缴企业所得税。

（2）税负预估与合理分摊风险。由于中亚五国的直接投资的项目特点，项目往往涉及投标、融资、保险、建设资质等原因，东道国业主大多与中国企业签订总承包 EPC 合同。中国企业在东道国注册项目公司并申请纳税人税号，但项目分包商没有当地注册公司的硬性要求，分包商通常使用东道国项目公司法律身份和纳税号来实际经营和缴税。如分包合同关于财税权责无约定或模糊不清，项目公司税务风险和税负无法分解到分包商，最终项目公司承担了全部的税收稽查压力。税负承担约定模糊，分包商以不合法、不合格甚至假票冲抵分包款，导致东道国税收行政处罚的风险增加，对应成本不能税前扣除，增加企业所得税多缴。

（3）税收优惠缺乏保证。中亚五国为了招商颁布了多种形式的税收优惠政策。一般而言，"走出去"建筑企业在与东道国签订合同之前有争取税收优惠待遇的优势。但实际"走出去"建筑企业与东道国业主签订的合同中有关税收优惠的条款，往往因东道国税务机关不予认可而无法得到保证和兑现。比如，尽管"走出去"建筑企业与东道国业主在合同中明确约定了该项目在东道国免缴增值税，但在实操中，由于进项增值税扣缴方式的特殊性，在各个环节根本无法实现全部免税，加之申请退税的困难性，于是"走出去"建筑企业的进项增值税无法抵扣，增值税免税条款则不能兑现。

3. 账务合规风险

账务合规要求企业的财务核算需要在财务运作规范的框架内运行，包括会计法、企业会计准则，财务制度、企业内部财务管理办法等。"走出去"建筑企业的财务要同时满足国内合规和东道国合规。财务合规是税务合规的前提，透明、规范的会计制度有助于确保企业财务信息的准确性和可靠性，从而提供准确的税务数据作为纳税申报的依据，也是汇算清缴、税务稽查的依据。"走出去"建筑企业在东道国财务核算体系往往因为对财务政策的不了解、财税法律规定和现实税务征管情况存在差异等原因，未能建立规范、完善的核算体系，会计差错导致财务报告不实，纳税申报不准确，最终导致东道国税务行政处罚。

4. 税收争议难解决

中亚五国司法独立，属于成文法形式的大陆法系。根据近年的相关统计，跨国的直接投资产生的争议大部分是由税收引起的。中亚五国的现行制度与中国不同，没有复议前置的规定，少有与东道国税务机关协商和解的。因此税收争议的解决途径并不多，通过法院诉讼判决存在耗时长、花费大的问题；通过 MAP 机

第四章
财税、投资经营合规

制解决又受到适用范围的约束，耗时通常为 2~3 年；通过仲裁方式解决争议虽克服了 MAP 机制的缺点，但全球仲裁体系在改革期，作为 MAP 机制的补充，并未得到广泛应用。当"走出去"建筑企业在东道国产生税收纠纷时，大都通过公关手段来解决，很可能因非法公关造成负面社会舆论影响。

三、财税合规管理的建议

（一）注重项目前期尽调和应用项目

促进建筑企业顺利实现"走出去"的基础条件为前期做好全面调查，这对项目的后续发展有非常重要的基础作用。而做好全面调查需要在前期对项目在国家的发展环境和税收政策等做到准确把握，对国际税收政策除了把握以外，还要创建相应的知识库。制度要根据实际情况定期更新，对与项目相关的工程、金融机构、承包商等主体要做好尽调，对涉及的税目、税率、税务成本要准确计算，从而完成项目实施的可行性研究，保证项目能够顺利实行。

充分利用尽调成果，对合同谈判具有重要作用；在合同谈判的重要阶段，编制设计标书也需要充分利用尽调结果。编制设计标书后则进入合同协商环节，此环节需要重点注意优惠政策对项目的适用性以及提前扩充各项条款，用以应对不确定事项等风险。

充分利用尽调成果防范东道国的政治风险，一方面避免因东道国政府换届、政党之争影响既定的税收优惠，获得具有国家权威或法定的税收优惠形式。另一方面要对东道国法律法规的修订有合理的预期和应对，比如在合同中设置保留条款以防止东道国对其税收法律规定的变更，增加税种和税负。

（二）合同条款的合理设计和保障

1. 集团公司垫资问题的防范措施及建议

为避免资本弱化，现金流与施工进度不匹配等问题，境外项目公司应适度增加注册资本，并妥善做好贷款安排，充分利用东道国政府资金，调动东道国社会资本的参与。除此以外，要做好两个保障，一是保障好集团公司在企业所得税前合理合法地列支贷款利息，以此来保障免税待遇；二是保障前文提到的借款利息，通过按照东道国的相关规定，做好预算及预测将借款利息在税前列支，从而保证本息顺利回流集团公司；当出现境外项目的贷款长期挂账的情况时，要做好法律风险预测,通过对应的法律安排,减少法律风险以及减少部分税收支出。

2. 税负预估与合理分摊风险的建议

在分包合同的报价中明确分包商的财税权责,厘清税负并与分包商之间合理分摊;应要求分包商提供应分摊税负部分的责任担保;应对分包商的原始票据审核管理;制定财税资料合规管理规范,要求分包商共同应对税务稽查;细化与分包商境外所得税抵扣分割依据。

3. 税收优惠保障的建议

为了增强税收优惠的保障,"走出去"建筑企业一定要根据东道国的立法、执法、司法要求履行享受税收优惠所需的法定程序。在与业主签订合同时,应当在合同中约定相应的补偿条款,若境外项目无法享受税收优惠时,则可以要求业主方先行对企业进行相应补偿,从而降低企业风险。另外,"走出去"建筑企业除了要享受前文提到的税收优惠政策,还要重点关注现实的税收规定,确保合同中的税收优惠政策能够在现实中顺利执行。

(三) 完善财务合规制度

一是要制定《东道国账务编制规程》,详细介绍东道国财务制度、会计准则、税法规定内容,对比与国内财务制度的不同之处;东道国与国内账务之间相互对应;东道国的会计核算、记账方法应统一,并采用东道国认可的会计核算软件;规范账务的审核和账表的报送程序。"走出去"建筑企业财税主管应采用积极的互动模式聘请东道国的财务中介机构。二是要制定《票据审核管理办法》,通过规范原始票据,确保企业财务依据合法合规,以此确保通过审计报告和税务检查。

(四) 积极应对争议纠纷

"走出去"建筑企业若遇税务纠纷,应根据具体情况灵活选择争议解决方式积极应对。一是双边磋商机制即 MAP 机制。需要注意的是,"走出去"建筑企业需主动提供东道国的税法依据、事实认定、举证资料,东道国法律、税务等专业分析报告。二是仲裁方式。近年来,由于仲裁具有快捷性等特点,以仲裁作为国际投资纠纷的解决路径已得到大多数国家的承认。随着国际仲裁体系司法化改革,仲裁是作为 MAP 的补充程序,其公正、高效的优势凸显。三是司法诉讼方式。"走出去"建筑企业应聘请东道国的税务律师,与境外项目的负责人、财税

第四章
财税、投资经营合规

人员、涉外律师相互配合,厘清案件事实,收集保全相关证据,提供准确的资料和数据。

财税合规是"走出去"建筑企业优化管理流程、防范财税风险、降低经营成本、提升价值创造的重要内容。"走出去"建筑企业需要结合建筑企业的特点和实际,建立并完善科学、系统的财税风险管理制度,优化财税合规管理工作流程等创新策略;同时不断补充和更新东道国及中国相关财税法规,以及东道国的实操规定与流程。财税合规管理越完备,"走出去"建筑企业的财税风险的防范、管控就越行之有效,从而促进"走出去"建筑企业获得持续发展的动力。

国有企业开展金融衍生业务的合规要点

李 衡

虽然我国的《期货和衍生品法》于2022年才正式公布和施行，但早在20世纪90年代初，各类金融衍生交易即出现在我国的商品经济市场中，国有企业作为改革开放和市场探索的重要先行者之一，在我国金融衍生业务的初涉和发展中，都扮演了重要的角色。本文从国有企业作为金融衍生业务交易者的角度出发，按照其可以参与的金融衍生业务的分类和相关路径，来论述国有企业以及中央企业在金融衍生业务中应当注意的合规要点，以期给国资国企相关交易方提供有效的法律参考。

一、国有企业以及中央企业参与金融衍生业务的背景简介

金融衍生业务主要是相对于标准化的期货交易合约来讲的，比如在《期货和衍生品法》中定义了期货交易，在明确期货交易的定义后，衍生品交易则是排除了期货交易以外的其他互换、远期和非标准化期权合约，和以前述交易品种的组合作为交易标的的交易活动，也就是说，衍生业务对标的是期货交易业务，交易的合约类型相似，但是品类互斥。具体到国资国企关于金融衍生业务的定义，其也对衍生业务进行了分类，但是不同于交易类型分为互换、远期等，而是对交易的标的进行分类，将相关企业在境内外从事衍生业务根据交易标的分为商品类衍生业务和货币类衍生业务，具体到商品类和货币类衍生业务，具体的交易品类也包括远期合约、期货、期权、掉期等，比如商品类衍生业务有棉花远期合约交易、大豆期货、动力煤期权等。具体如表1所示。

第四章
财税、投资经营合规

表1　衍生业务

衍生业务种类	衍生业务内容	部分特殊要求
商品类衍生业务	指以商品为标的资产的金融衍生业务，包括大宗商品期货、期权等	原则上仅开展场内业务，确需开展场外业务的，应当进行单独风险评估
货币类衍生业务	指以货币或利率为标的资产的金融衍生业务，包括远期合约、期货、期权、掉期等	货币类衍生业务的规模、期限等应当在资金需求合同范围内，原则上应当与资金需求合同一一对应

（一）套期保值原则

在《期货和衍生品法》公布施行之前，我国的期货和衍生品交易的监管法规一直遵循的行政法规是2007年3月6日我国国务院令第489号《期货交易管理条例》①，在这部唯一的金融衍生业务的上位法中，对于国有企业参与金融衍生业务有明确的法律规定，国有及其控股企业在参与境内外期货交易时，应当遵循套期保值的原则，从现货交易量需要对冲的规模出发，严格遵守国务院国有资产监督管理机构及相关部门的有关规定。由此可知，国资国企在《期货和衍生品法》生效前参与金融衍生业务的原则之一是必须遵循套期保值原则。

套期保值是金融衍生业务三种交易类型②中的一种，是指交易者为了管理因其持有的或者负担的资产、负债等价值变化而产生的风险，继而参与或者主导的与前述资产、负债等基本吻合的期货交易和衍生品交易的活动，其根本目的和出发点是对于可预期的风险的资产管理。套期保值也是当前市场中比较常见的"对冲交易"的另外一种表达方式，是指为了冲抵现货的价格风险而买卖期货和相关衍生合约的行为，是金融市场中交易者基于价格锁定目的的保险型交易方式。

在财政部2015年11月26日印发《商品期货套期业务会计处理暂行规定》之前，国有企业财务、审计部门依据《企业会计准则第24号——套期保值》的规定对套期保值业务进行审核，因为前述企业会计准则对套期保值的有效性的判断制定了严格的量化考核指标，要求在套期保值期间，套期保值业务预期必须高度有效地抵销套期指定期间的被套期风险，其中的"高度有效"的要求是，必须

---

① 在《期货和衍生品法》生效前，经过2012年、2013年、2016年、2017年共四次修订。
② 另外两种交易类型是投机交易和套利交易。

实际抵销结果在80%~125%的范围内才被认可其套期保值业务的有效性，对于套期保值的有效性的定义在实务操作中，极大地限制了套期保值业务的空间，也削弱了相关业务发展的合理性。

（二）境外期货业务须经批准

国资国企在《期货和衍生品法》生效前参与金融衍生业务的第二个原则是从事境外期货业务的国有以及国有控股企业必须经国务院批准，并取得中国证监会颁发的境外期货业务许可证，未取得《境外期货业务许可证》的相关企业，不得从事境外期货业务；并且，相关业务发生的结购汇以及外汇收支等，应当符合国家外汇管理机关颁布的有关规定。

在《期货和衍生品法》中也并未对国有企业参与境内外衍生业务再行单独立法规定，当前国有企业参与境内外金融衍生业务仍然应当遵循前述两个原则。

（三）聚焦主责主业的要求

此外，在国有企业参与金融衍生业务时，也要注意国有企业改革三年行动推动国有企业改革发展的有关规定，国有企业需聚焦其主责主业，发展实体经济，并且有效提升国有资本的配置效率，不可以通过金融衍生业务参与投机行为，突破国有企业主责主业的范围。比如经营大宗商品类的国有企业衍生业务以商品为基础标的，而金融机构性质的国有企业则更多涉及货币类衍生业务。

二、国有企业可以参与的金融衍生业务的分类

除了前述的相关规定以外，国有企业自身作为期货和金融衍生业务的交易者，在交易发生前后，并没有专门的交易者的特定规则，比如在通过投资者适当性审核后，其在参与各个期货交易所的场内期货、期权交易时，不会受到不同于其他交易者的审查和限制，从这个角度来看，国有企业一旦通过期货或者证券公司持有交易账户后，其可参与的金融衍生业务种类同其他交易者，均需遵守交易所的交易和风控规则。

（一）参与境内的期货和衍生业务交易

境内的金融衍生业务从交易场所上来看，分为各个期货交易所内标准化合约业务的交易和场外金融衍生交易，具体的交易监管有以下区别。

1. 场内衍生品市场交易的监管模式

场内衍生品监管主要路径为"证监会—交易场所（结算机构）—经营机构—

第四章
财税、投资经营合规

交易者"这一单一监管模式。单一监管模式的形成和我国金融市场的发展历史有很大的关系,该模式在系统风险的监管、对金融机构尤其大型金控集团的管理方面具有很大优势,可以达到审慎监管的效果。此外,从监管收益角度看,单一监管模式可以避免多层级监管并存中存在的监管标准不一、风险把控冗余、失效的弊端,也大大节约管理成本,符合我国的国情,在监管责任分配和承担方面也更加的明确和清晰。但同样地,从另一个角度看,单一监管路径也有一定的劣势,较少的参与监管层级容易发生风险集中、不会有多机构分摊承担核查,达成有效合规监管的效率相对较低。此外,单一监管机构模式下,强大的监管权力集中在一个政府部门中,部分岗位权力和责任都过大,也容易滋生官僚主义、垄断和权力滥用的情形,一定情况下容易发生道德风险。对于行业整体的发展来看,集中的金融机构和金融产品监管不易激发市场参与的主动性,相对活跃度会减低,因此,当前全球市场中也依然有非常多的市场选择多监管机构并存的模式。

2. 场内期货和衍生品交易需要遵守的规则

(1)交易品种注册。依据《期货和衍生品法》的相关规定,期货合约上市交易品种和标准化期权合约上市交易品种应当符合国务院期货监督管理机构的规定,具体路径是由期货交易场所论证后依法报经国务院期货监督管理机构申请注册。

(2)上市备案。依据《期货和衍生品法》的相关规定,关于期货合约品种和标准化期权合约品种发生中止上市、恢复上市和终止上市的情形,也应当符合国务院期货监督管理机构的规定,是由该品种上市交易所在的期货交易场所决定,并由其向国务院期货监督管理机构备案。

(3)账户实名(开户管理制度)。依据《期货和衍生品法》的相关规定,期货交易实行账户实名制度。交易者在进行期货交易前,应当持有可以证明其身份的合法证件,以本人名义申请开立账户,由相关会员经纪机构审核办理。实务中,交易者在期货公司开立期货交易账户,均应当按照法律和监管要求,提供实名开户相关资料。同时,期货公司还将根据监管要求,对开立期货交易账户的法人交易者进行受益人调查,实质为进行"穿透式"监管提供信息基础。

(4)进场交易(交易所)。也是金融衍生业务经常提及的场内、场外业务的出处。对于期货合约来说,是由期货交易所统一制定的、在未来特定时间和地点交割确定数量的标的物的标准化合约。该合约的交易必须在对应的交易场所内交易,也就是场内交易,合约中提及的标的物,也是期货合约的基础资产,是其对应的确定数量和标准的现货产品，既可以是特定的商品，比如大豆、铜或线材等，也可以是特定的金融工具，比如外汇、利率、信用评级等，还可以是指定的金融指标。

（5）关于程序化的特殊规定。依据《期货和衍生品法》的相关规定，交易者通过计算机程序自动生成或者下达交易指令达成交易的，应当符合中国证监会的相关规定，并应当向期货交易场所如实报告；其交易行为不得影响期货交易场所系统安全和场内正常的交易秩序。程序化交易进入千禧年以来发展迅速，相关交易对于交易系统和模型语言都有较高的技术要求，同样地，该类交易在金融衍生市场天然具有机器交易的优势，极易造成不公平的交易结果，这次立法将程序化交易纳入监管范畴，体现了立法的先进性，各期货交易场所对于程序化交易的管理也有了法律依据，对于相关的量化、高频交易有更详尽和准确的监管细则，保护交易市场。

（6）保证金制度。依据《期货和衍生品法》的相关规定，我国期货交易实行保证金制度，这也是期货和金融衍生业务具有高风险和高杠杆的原因，由期货结算机构向结算参与人收取保证金，结算参与人向交易者收取保证金的模式来实施。交易场所对于保证金交付比例有宏观管理的职责，可以根据市场交易的情况和现货相关数据一定程度上进行调整，确保保证金用于结算和履约保障。在保证金的形式方面，当前有现金、国债、股票、基金份额、标准仓单等流动性强的有价证券。

（7）持仓限额制度。依据《期货和衍生品法》的相关规定，期货交易实行持仓限额制度，以防范合约持仓过度集中，影响交易的有效性和公平性。但是，对于以套期保值业务为主的国资国企来说，其参与的套期保值业务可以向交易场所申请持仓限额豁免。持仓限额是指期货交易所规定期货经营机构、境外经纪机构或交易者在某一期货合约、标准化期权合约或品种上持仓的最大数量。交易所可根据不同期货品种的具体情况，分别确定每一品种每一月份的限仓数额。市场总持仓量不同，适用的持仓限额也不同。

（8）实控关系报备制度。依据《期货和衍生品法》的相关规定，期货交易实行交易者实际控制关系报备管理制度。对于同一实际控制关系账户组内的各个账户，其持仓量应当合并计算，遵守合并计算后持仓限额的相关规定。根据《上海期货交易所实际控制关系账户管理办法》第4条的规定，实际控制是指行为人对他人期货账户具有管理、使用、收益或者处分的权限，从而对他人交易决策有决定权或者重大影响的行为或事实。实控账户信息的报备工作由中国期货市场监

第四章
财税、投资经营合规

控中心,原保证金监控中心负责。无论是具有实际控制关系的控制人还是被控制人,均应当通过其开户的期货公司会员主动向监控中心报备实际控制关系的信息。符合实控账户认定标准的客户应当在签署期货经纪合同后10个交易日内完成实际控制关系账户报备。

(9) 当日无负债结算制度。依据《期货和衍生品法》的相关规定,期货交易实行当日无负债结算制度。在期货交易场所规定的时间,由期货结算机构当日按照结算价对结算参与人先进行结算;结算参与人根据期货结算机构的结算结果对其代理的各个交易者进行结算。结算结果由结算参与人当日内按照期货经纪合同约定的方式及时通知交易者。当日无负债结算制度,即业内所称的"逐日盯市"制度,结算机构按当日结算价对结算参与人结算所有合约的盈亏、交易保证金及手续费,对应收应付的款项实行净额一次划转,如果发生结算参与人的保证金余额低于规定的标准时,将会收到交易场所追加保证金的通知,结算参与人通知交易者,并要求交易者在规定时间内补足账户内的保证金。

(二) 参与境外金融衍生业务

1. 境外期货业务实行许可证制度[①]

根据相关规定,境内单位或者个人从事境外期货交易,须经由中国证监会会同国家经贸委严格审查,经国务院批准。由中国证监会颁发《境外期货业务许可证》。企业申请境外期货业务应当具备的条件如表2所示:

表2 条件汇总

序号	内容
1	有进出口权的企业。
2	期货品种的进出口量在全国同行业名列前茅,套期保值需要量较大。
3	有完善的业务规则和管理办法。
4	有必要的营业场所、通讯设备等交易设施。
5	至少有3名从事境外期货业务1年以上的从业人员。
6	符合国家有关期货市场的法规、政策。

[①] 《国有企业境外期货套期保值业务管理办法》当前已废止,并无新法规定该事项。

2. 应当委托具有境外期货经纪业务资格的境内期货经营机构进行。

根据中国证监会行政许可事项服务指南，期货公司可以向中国证监会申请经营境外期货经纪业务，但根据证监会公示信息，当前期货公司境外期货经纪业务相关规则正在研究中，暂不受理期货公司境外经纪业务申请，实务中，也仅有头部的几家期货公司获得了试点许可。

3. 未经中国证监会和国务院有关主管部门的同意，任何单位和个人禁止擅自向境外监督管理机构提供与期货业务活动有关的文件和资料。

4. 以美国为例，境外期货和衍生品交易的监管框架如下：

美国期货和衍生品市场监管制度不仅具有健全的法律法规基础作为底层依据，该国三元监管制度之间的相辅相成更体现了它的监管效用，美国期货交易监管框架如图1所示。

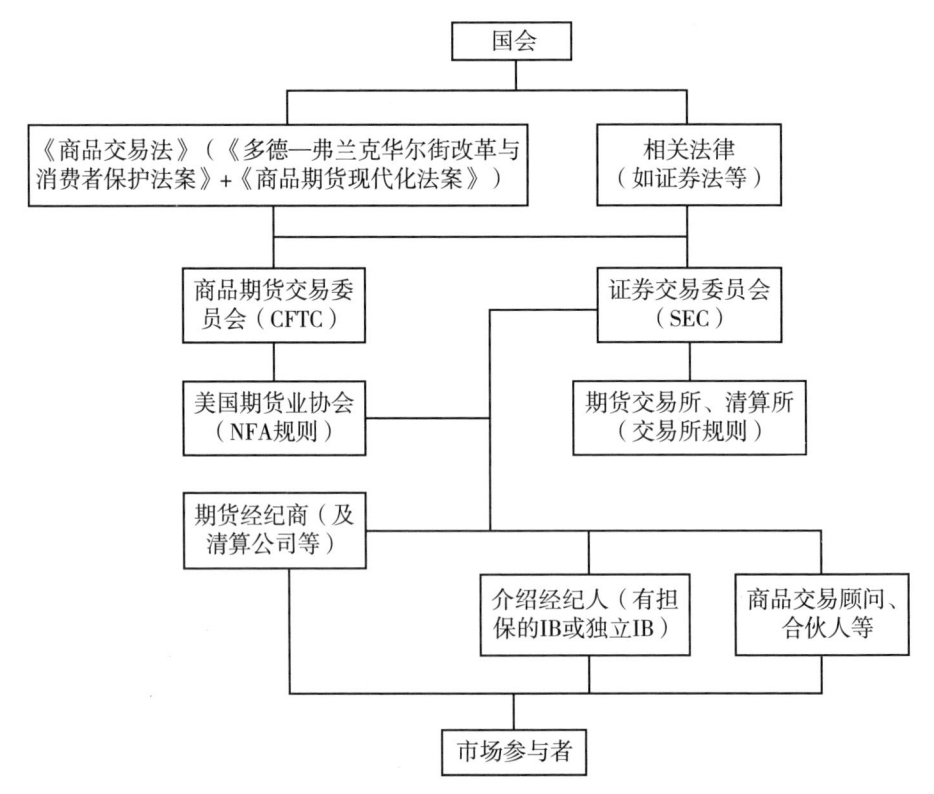

图1 美国期货交易监管框架

第四章
财税、投资经营合规

美国商品期货交易委员会（U. S. Commodity Futures Trading Commission，CFTC）是美国期货和衍生品交易的监督管理机构，其对于（1）涉及互换或远期交割商品合约的账户、交易合约、衍生交易以及基于前述账户和合约的交割执行等具有排他的管辖权；（2）该管辖权可以在任何时候取代或者限制美国法律赋予其证券交易委员会或者其他监管机构的管辖权。CFTC 的组织结构分为主席办公室和 14 个委员会，每个委员会有各自明确的职责，比如清算和风险委员会主要负责衍生品交易和参与者的清算流程，包括不限于对于期货参与者，互换交易商，主要互换参与人和大宗交易者等的清算。

美国全国期货业协会（National Futures Association，NFA）是美国衍生品行业的全行业自律组织，被 CFTC 指定为注册期货协会，其职责在于维护衍生品市场的诚信、保护投资者并确保会员履行其监管责任。其基本监管职责在于：（1）注册和管理衍生品交易会员；（2）制定自律规则并推动会员执行；（3）会员的管理和教育；（4）提供仲裁计划，帮助客户和会员解决与期货和外汇相关的争议；（5）提供各种资源，帮助交易者在做出任何投资决定之前进行尽职调查；（6）市场监管职责，向指定合约市场（DCM）和掉期执行设施（SEF）提供监管服务，每个市场和设施都有自我监管责任，以监控其平台上的交易；（7）根据要求向世界各地的监管机构、交易所和自律组织提供培训。

期货交易场所具有一定的市场监管职能，主要有以下权限：（1）允许非适当合约参与者自己进行交易或者由他人代为交易；（2）允许按照"委托人对委托人"以外的方式进行交易；（3）直接制定规则或者通过其他非政府实体制定的规则规范交易场所的指令提交及交易执行，并规范参与者的行为；（4）直接制定规则或者通过其他非政府实体制定的规则取消参与者的交易资格以及其他纪律处分措施。

三、国有企业受到金融衍生交易处罚的案例

2022 年 9 月 23 日，CFTC 在其官网上公布了中粮集团有限公司全资子公司中国中纺集团有限公司因涉嫌洗售交易（Wash Trading）、违反持仓限额和未披露事宜遭受处罚的案例，最终该案件以中纺集团向 CFTC 缴纳 72 万美元罚款结束。

中纺集团的交易员预先安排并在相近的时间内输入了相同交割月份的美国州

际交易所 2 号棉花期货的冲抵买卖订单,价格相差不到一个点。交易员通过使用交易员的登录凭证,同时为两个不同的账户下冲抵订单,并通过构建订单以确保在进入下一组冲抵订单之前完成一组抵销订单,以提高以相似价格执行买入和卖出订单的可能性。CFTC 认为这些订单并不是为了在市场上建立真正的头寸,而是为了在最大限度地降低风险和价格竞争的同时进行清算和重新建立头寸。中纺集团通过其交易员的操作得以平掉资源公司 6600 份合约的多头头寸,降低了其成本而获利,违反了美国《商品交易法案》关于禁止洗售交易的相关规定。

此外,中纺集团在披露其公司性质和违反持仓限额方面也遭到了 CFTC 的起诉,并最终被处罚。同样,在该案的应对过程中,中纺集团也反映出了大多数中国企业不愿意通过法律应诉、抗辩的思维,而是以缴纳和解金解决,既是对其被诉行为抗辩权利的放弃,也提高了国有企业的处罚成本。

四、中央企业金融衍生业务监管规定

中央企业作为国有企业中的重要支柱,在 2018 年发生中石化联合石化进口原油套期保值加场外期权交易暴雷后,国务院对于央企的金融衍生业务进行了风险排查,并出台了专门针对中央企业金融衍生业务合规风控的管理规定,具体有以下内容。

(一) 金融衍生业务的三个基本原则:资质核准、紧守原则、及时报备

1. 业务资质由集团董事会核准,统一管理、强化集团管控

在资质核准方面主要注意以下要点:

(1) 资质核准时需要经过充分论证,风险管理委员会或者同类专业委员会应当提出明确审核意见。核准事项应当明确交易场所、品种、交易工具等;

(2) 前述核准事项,如交易场所、交易品种和交易工具等发生变更的,需要集团董事会重新审批,该处审批的标准应当同新申请标准;

(3) 业务资质因开展投机业务或者发生重大风险等原因暂停后申请恢复业务开展的,需报集团董事会重新申请,虽未有公开细则,但此处的审核标准应不低于重新申请;

(4) 因中央企业集团发生并购、划转等公司类业务导致纳入了新的操作主体的,应当在 3 个月内履行该主体业务资质核准程序,该待核准事项或等同于新申

第四章
财税、投资经营合规

请需核准事项,因责任主体发生变更,但此处的资质核准程序同样不应当低于重新申请。

图2为国有企业集团相关主体的层级结构,参考适用行管审批主体层级。

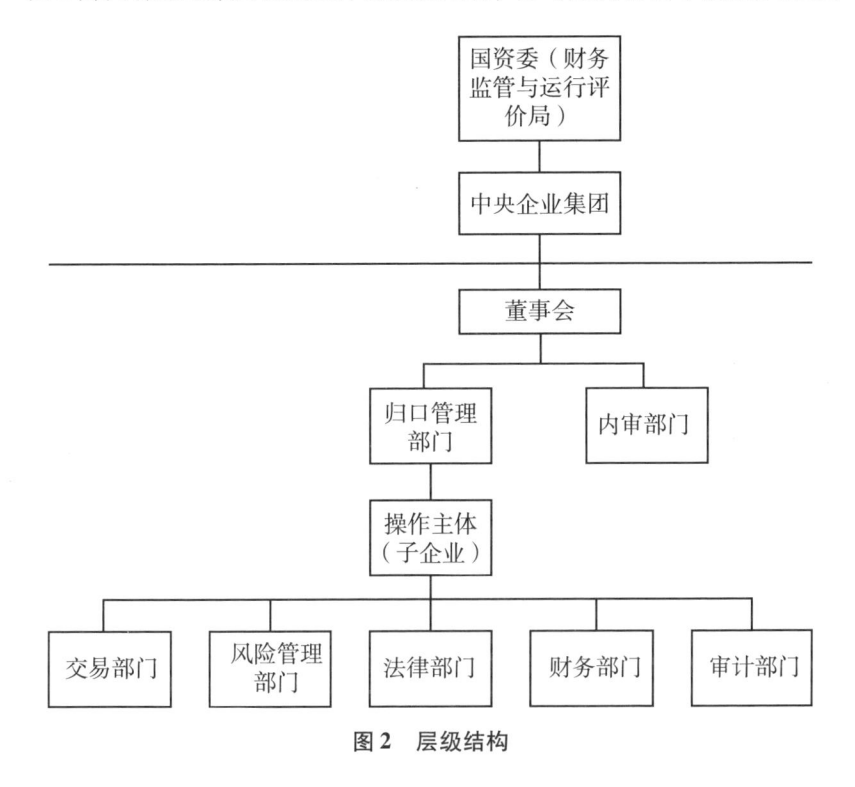

图2 层级结构

2. 执行过程中,需规范业务操作,严守"套期保值"和"主业密切相关"的原则

在本项规则的设定下,监管对于衍生业务的魔鬼属性即高杠杆、高风险的投机性进行了制度层面的限制,另外也包含了限制单边逐利等规定。

(1) 不得进行任何投机交易。不可以通过交易获得实货经营规模以外的收入,不得以投机交易为目的,脱离套期保值的主要原则。但是此处注意,本轮规定并未限制投机业务,因此在非交易领域,或可以有投机类业务的开展,但对于该类业务的风险管控要求较高(具体可见后文分析),图3为套期保值交易的审核标准。

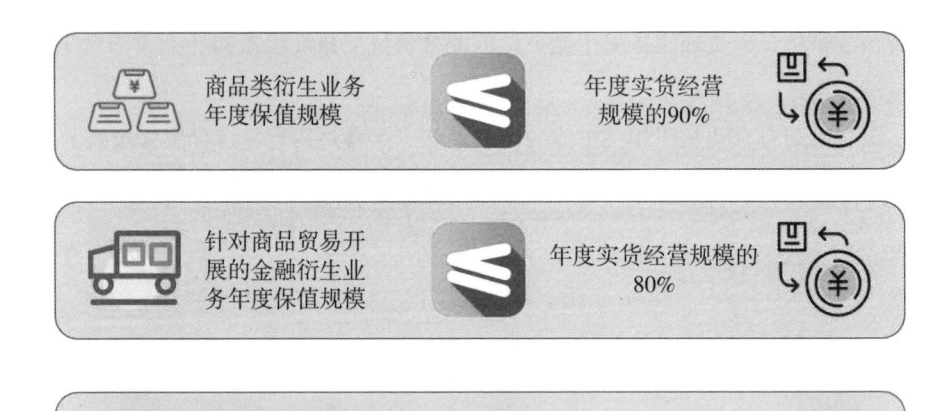

```
商品类衍生业务           年度实货经营
年度保值规模       ≤     规模的90%

针对商品贸易开           年度实货经营规模的
展的金融衍生业     ≤           80%
务年度保值规模

时点净持仓规模     ≤     对应实货风险敞口
```

图 3　套期保值交易的审核标准

（2）直接操作人员的限制性规定：直接负责人不得操盘，有效排除个体逐利的交易和道德风险。

（3）对交易时间的限制：对于持仓时间要求①不得超过 12 个月；或者②实货合同规定的时间；并且不得盲目从事长期业务或展期。

当发生必要展期需求时，相关操作实体需要有清晰、明确的论证和理由。当前法规中并未予释明对于展期的审核标准，该事项也不属于已明确的需重新核准的变更事项，其审核标准或不至于资质重新核准，但展期后衍生业务的风险是否会发生巨大调整，引发相关事项的变动，其风险是否可控等都应当在展期申请中明确说明并基于实际情况调整审批级别。

（4）细化交易中的套期保值原则：相关策略对应的建平仓、调整等操作均应当符合生产经营的实际需要，避免频繁的短线交易。

（5）从盈亏层面管理：实货盈亏最终需要综合评判，防止片面单边盈利激励导致的人性逐利，偏离交易原则。

3. 定期、不定期及实时的监测、报告、备案要求。该主题下对相关各个主体的分工明确，时点清晰，并压实了监管责任。

主要的报备主体和时点如表 3 所示。

第四章
财税、投资经营合规

表 3　主要的报备主体和时点

执行主体	执行动作	接受方	频率	备注（事项）
风险管理部门	报告	—	每日	—
风险管理部门＋交易部门	核对	财务部门	每月	—
风险管理部门＋交易部门	报告	经营管理层	每季度	业务开展情况
集团归口管理部门	开展专项监督检查	抽取部分企业或业务	每季度	业务合规性：品种、规模、期限、授权范围内；是否有重大损失风险
集团内审部门	审计	所有操作主体	每年	业务制度是否健全；执行是否有效；会计核算是否真实
中央企业（负责部门）	报送金融衍生业务报表	国资委	每季度终了15日内	日常业务开展情况通过金融衍生业务季报表（按照规定模板格式）形式上报
中央企业集团	报送专项报告	国资委	每年度	同专项审计意见，年度财务决算报告一并报送
中央企业（负责部门）	专项报告（投机业务或重大事项）	国资委（财务监管与运行评价局）	24小时＋周报	突发或特别紧急事项先口头＋2日内书面报告
中央企业（负责部门）	特殊业务需求报告	国资委	提前	针对特殊业务需求在规定范围外的事项
集团归口管理部门	业务资质核查	所有操作主体	每3年	—
集团董事会	履行业务资质核准程序	新纳入的操作主体	3个月内	自纳入集团之日起算

续表

执行主体	执行动作	接受方	频率	备注（事项）
中央企业（负责部门）	业务资质备案	国资委（财务监管与运行评价局）	董事会核准后20个工作日内	—
中央企业（负责部门）	年度计划备案	国资委（财务监管与运行评价局）	每年3月31日前	—

（二）执行金融衍生业务需要注意的五个着力点

1. 同类衍生业务原则上应统一平台集中操作

（1）委托企业和操作平台都应当取得董事会核准的资质；

（2）衍生业务交易品种需要分类管理，不同的操作主体子企业之间，不同交易品种的规模指标不得相互借用、串用。

2. 对"场内—场外"业务和"境内—境外"业务区别管理

（1）对于商品类衍生业务来说，场内业务优先于场外业务，如果确需开展场外业务的，应当严格审核，并进行单独的风险评估（见表1）。因涉及交易场所，原则上审核标准应当等同于资质审核，由董事会核准通过。货币类衍生业务多见场外交易，未有明确对交易场所的限制性规定，而是对于套期保值原则进行了明确限制。

（2）对于境外金融衍生业务的开展，相关监管主体的态度比较谨慎，还是集中在套期保值原则限制，比如，未经营境外实货业务的企业不得从事境外金融衍生业务等。

3. 谨记不得开展金融衍生业务的子企业和应当暂停业务资质的情况

（1）"禁止开展"的情形：①资产负债率高于国资委管控线；②连续3年经营亏损；③资金紧张的操作主体。

（2）"资质暂停"的情形：①开展投机业务；②产生重大损失风险、重大法律纠纷；并且造成严重影响的。

4. 记住信息系统建设两个时点

（1）2021年6月30日：所有开展金融衍生业务的操作主体均应在该日期前

第四章
财税、投资经营合规

完成集团董事会的核准。无核准，无展业。

（2）2023年4月12日：在2021年4月12日前已开展金融衍生业务的中央企业集团主体，应在该日期前完成金融衍生业务信息系统的建成使用。(2023年4月12日后开展的金融衍生业务的中央企业集团，信息系统建设使用是业务开展的必备条件。)

5. 注意其他操作规范

如场外业务应当对交易工具、对手信用、合同文本等进行单独的风险评估，审慎选择交易对手，慎重开展业务；保证金专户管理，不得以个人账户或个人名义开展金融衍生业务等。

（三）其他待厘清的问题

1. 无投机交易，但是有投机业务；但对什么类型的业务属于投机业务，并未做出明确规定，因此对于投机业务的审定极大可能是属于一事一议的业务审批范围，由审批过程中进行单独论证，但此处或会涉及风险敞口，需要相关部门注意。

2. 对于境外金融衍生业务的管理并未细化明确，尤其不同衍生业务的交易特点和风险管控有较大差异，在坚定不移推进高水平对外开放，建设上海国际金融中心的今天，境内外的金融衍生业务交流需求越发迫切，是否后续会有进一步的详细法规指导，我们也拭目以待。另外，当前境外衍生业务资产的管理仍要遵守《境外国有资产管理暂行办法》。

3. 境外混合所有的中央企业是否应当遵守金融衍生业务的相关规定。

境外混合所有的中央企业也要具体区分是不是控股还是仅仅为参股企业，根据国资委官网问答选登[1]，中央企业境外控股企业属于混合所有制企业，该控股企业经营也需要遵守我国有关的规章制度，应当符合国资委关于中央企业金融衍生业务的管理规定。

4. 年度计划变更、保证金追加等调整性事项的审批规定比较简略，未明确审批标准。

金融衍生业务根据市场行情的变动会有较大的变化，当发生需要项目调整

---

[1] 参见 http://www.sasac.gov.cn/n2588040/n2590387/n9854197/c9933276/content.html，最后访问日期：2024年7月2日。

时，比如每年金融衍生业务年度计划的审批，年度计划的变更，财务保证金追加等事项时，当前表述多为"严格履行审批程序"但对于审批程序严格的程度、审批的标准如何把控，并未明确规定，而因为市场风险多变，此类情况较常发生，且一旦发生即对项目的风险变动产生很大影响，需要对审批的尺度、期限、责任主体等均进行明确细化的规定。

融资性循环贸易"暴雷"的幕后对于企业合规风险防范的思考与探究

丁 娟

资金是企业的血液,在银行收紧对民营企业信贷政策、新冠疫情冲击的大形势下,由于国有企业存在一定闲置资金、国有企业内部管理经营绩效指标调整,不少中小微企业与国有企业或其他非金融机构开展以"名为买卖,实为借贷"的融资模式,实现资金的拆借流转,这种模式被称为"融资性循环贸易""融资性贸易"。这种贸易模式通常涉及复杂的金融工具和交易结构,通过循环购销合同进行资金的拆借和流转。在当前经济下行的大环境下,这种模式的复杂性和不透明性导致"暴雷"事件频频发生,即突然的财务危机或违约,给企业带来了巨大的经济损失和法律风险。一系列的"暴雷"事件不仅揭露了企业在合规和风险管理方面的薄弱环节,也引起了对企业如何在遵守法规的同时确保其商业操作可持续性的广泛讨论。

本文旨在从融资性循环贸易的案例切入,分析这种贸易方式引起的主要法律问题和挑战,评估企业在合规管理方面应如何应对类似风险。通过案例分析和合规管理原理,针对合规制度建设、合规风险防范提供有效策略,以提高企业在复杂商业环境中的适应能力和竞争力。

一、融资性循环案例分析

下面以笔者所带领的法律服务团队曾接手过的一个案件为例,初窥融资循环贸易的"游戏规则"。

2020年5月25日、29日，A公司与B公司签订《购销合同》2份，双方约定由A公司向B公司提供共计8000吨铝锭，货款共计10080万元。

上述合同签订当日，C公司与B公司签订《购销合同》2份，双方约定由B公司向C公司提供共计8000吨铝锭，货款共计10164万元。也是在同日，C公司又与A公司签订《购销合同》2份，C公司又将涉及的8000吨铝锭以10180万元的价格再转卖给A公司。上述交易均有全套的提货单、收据等交易单据。后B公司以C公司未能支付10164万元货款为由，向仲裁委员会提起仲裁（见图1）。

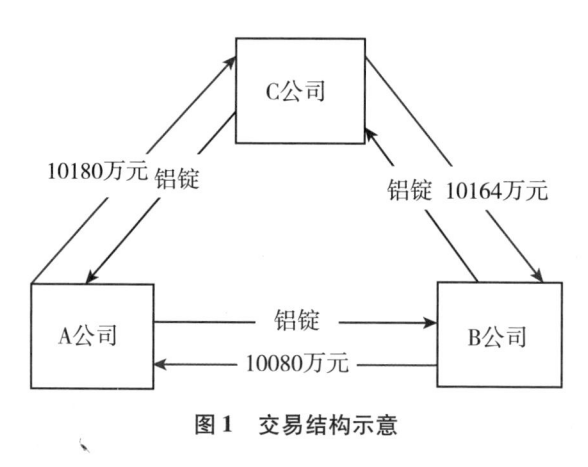

图1 交易结构示意

经与客户沟通交流，逐步还原了案件原貌。B公司与C公司原属同一国企集团序列，双方关系较好，一直有业务往来。A公司系某地方头部民营企业，但因各种原因导致资金链断裂，急需现金支持。B公司为规避国企内部的合规要求，与C公司合意通过"走票、走单、不走货"方式，以向A公司出借资金为目的，虚构了闭环的货物交易。理想状态下，A公司按照约定的"货款"支付时间向C公司还款，C公司将"货款"向B公司支付，最终形成完整的资金闭环。但A公司未能如期还款，且实际丧失履行能力；加之B公司从原有的国企集团剥离，领导层、管理层变更，最终引发纠纷，B公司申请仲裁C公司返还货款。

本案是融资性循环贸易众多案件中，法律关系相对简单的案件。司法实践中，同一循环链条上可能出现更多交易主体，出借人、借款人、通道方的身份相

第四章
财税、投资经营合规

互交织，在民法典时代，对于融资性循环贸易的司法认定规则已经有相当数量的理论及裁判案例予以分析，但仍属于疑难问题。①

二、融资性循环贸易的机制与法律挑战

（一）融资性循环贸易的内在机制

融资性循环贸易是通过一系列看似正常的商业交易作掩护，实际上是为了融资目的而设计的新型融资手段。这种交易模式的特点是使用买卖合同作为融资工具，其中涉及的商品或服务往往只是名义上的交易标的，真实目的是资金的流转和拆借。该模式下，企业通过循环买卖的方式，以贸易为名进行资金拆借。这一过程涉及多方主体，包括资金出借方、借款使用方及中间通道方，他们之间通过签订买卖合同来隐藏真实的借贷关系。②

（二）融资性循环贸易的法律挑战

正是由于涉及多个交易主体和复杂的资金流，交易模式的复杂性显著增加了交易的不透明度。企业可能通过层层子公司和关联企业进行交易，从而隐藏其财务状况的真实性，且此类交易往往涉及高额的融资成本和隐性债务，增加了企业的财务风险。

近年来，国务院国资委、财政部和各地方国资监管机构对禁止开展融资性贸易更加重视，2021年，国务院国资委发布《关于印发〈关于加强地方国有企业债务风险管控工作的指导意见〉的通知》（国资发财评规〔2021〕18号）明确"严禁融资性贸易和'空转''走单'等虚假贸易业务，管住生产经营重大风险点"。2022年，国务院国资委《关于推动中央企业加快司库体系建设进一步加强资金管理的意见》中明确"要严控供应链金融业务范围，严禁提供融资担保，严禁开展融资性贸易业务和虚假贸易业务"。

三、企业合规管理的基本内容

2023年年底，新《公司法》正式发布，在第七章关于国家出资公司组织机

---

① 参见湖北省武汉市中级人民法院课题组：《融资性循环贸易纠纷裁判路径实证研究》，载《法律适用》2023年第5期。
② 参见李建伟：《融资性贸易合同的定性及效力规制研究》，载《法学评论》2023年第3期。

构的特别规定中明确提出，国家出资公司应当依法建立健全的监督管理和风险控制制度，加强内部合规管理。自此，合规管理正式写入社会主义市场经济制度的基础性法律之中。

加强合规管理是贯彻落实全面依法治国战略在公司治理领域下的必然要求，也是国有企业防范融资性循环贸易等类金融风险的重要"防火墙"。透视融资性循环贸易的背后，更深层次的原因，实际上是国有企业内部的合规机制没能充分发挥制度作用，没能及时识别、监控、控制合规风险，最终使企业遭受到巨大损失。

在后疫情时代的阴影尚未消散的今天，加强合规管理建设，是新时代下保障企业发展的安全带，是企业在经济发展的浪潮中前行的压舱石，国有企业的决策者应当更高更清晰的站位，做好合规管理建设。在理论上，合规管理主要包括以下几个方面内容。

（一）合规组织建设

为有效预防合规风险，首要任务是构建一个合理的合规组织体系，这是企业合规管理成功的基本支撑。企业必须建立一个从上至下、责任明确、层次分明、相互协作、高效联动、严密控制的一体化合规管理架构。基于层级管理和全面覆盖的原则，企业应精确将合规管理职能分配给不同的管理部门，并建立一个相互协作的合规管理工作机制。这样做可以确保各合规部门有效地执行合规工作，并积极推动合规管理措施的实施。在设置合规组织和配置职责时，应遵循适宜性、独立性和权威性的原则。

适当性原则强调，企业的合规管理架构和职责划分应与其业务范围、规模、所属行业的特性及运营模式相匹配，并合理匹配企业的实际需求。在具有现代化法人治理结构的大型企业中，通常设立四个层次的合规组织：首先是合规管理委员会，其应隶属于董事会；紧随其后是首席合规官；其次是公司的合规部门；最后是各部门或其他分支机构。对于中小型企业来说，建立一个负责合规事务的领导机构是必要的，该机构负责设定合规目标、合理分配资源以及监管和协调整个合规管理系统的运作。同时，还需要通过及时了解企业的合规义务、制定合规政策和管理程序、控制合规风险、确保合规目标的达成等方式，建立独立执行合规职能的专门合规管理机构。

第四章
财税、投资经营合规

独立性原则强调，企业的合规组织应与财务和经营管理体系保持独立，以确保其管理职能和资源、权限的专一性，从而保障合规工作的独立与客观。作为企业合规政策的执行者和裁决者，合规管理组织承担着防范合规风险、监控与处理合规风险、审核公司重大决策、监督员工行为、处理违法违规行为等职责。合规部门要保持极高的独立性，以免出现利益冲突。合规工作应由专门的全职人员负责，避免从事与合规职责相竞合的其他工作。而其他部门或个人可能施加的影响，是严格履行合规职责必须要规避的障碍，这要求在制度设计上，合规工作专员应有权直接向企业的合规领导机构报告其合规相关工作。

权威性原则是指合规部门和人员在企业内部享有一定的权威地位，能够行使权力。这种权威主要体现在几个方面：首先，合规部门在进行信息获取、参与决策过程、控制关键岗位、处理重要的商业活动和法律文件时，应进行合规审查并提出建议，这些建议需要得到适当的重视和尊重；其次，对于存在重大风险的关键决策，合规部门应进行合规评估，并在必要时建议合规领导机构进行否决；最后，应定期对企业所有业务领域进行监督检查，及时处理可能的法律风险。

有效的实施合规管理，其管理机构不仅需要保持独立和权威，还要强化与其他相关部门的协作和联动。合规管理部门应确保与企业内部重要部门的沟通畅通无阻，实现部门间的协同工作，从而提高合规管理的整体效果。

（二）合规义务

合规义务通常是指组织需严格遵循的法定要求，以及组织主动选择遵循的准则。在必须遵守的法定要求方面，这包括但不限于各种法律和法规、许可证、执照或其他授权形式、监管机构颁布的命令、条例或指导原则、法院的裁决或行政裁定、各类条约、公约和协定等。至于组织自主选择遵循的要求，则涵盖了与政府机构、社会组织和非政府组织签订的合同或协议、与客户和合作伙伴的合同协议、组织内部制定的方针和程序、自愿性的标志或环保承诺以及签订合同所产生的责任；此外还包括相关行业和组织的标准。从更广泛的视角出发，商业道德和社会公德也应视为企业的重要合规义务（见图2）。[1]

---

[1] 参见陈瑞华：《有效合规管理的两种模式》，载《法治与社会发展》2022年第1期。

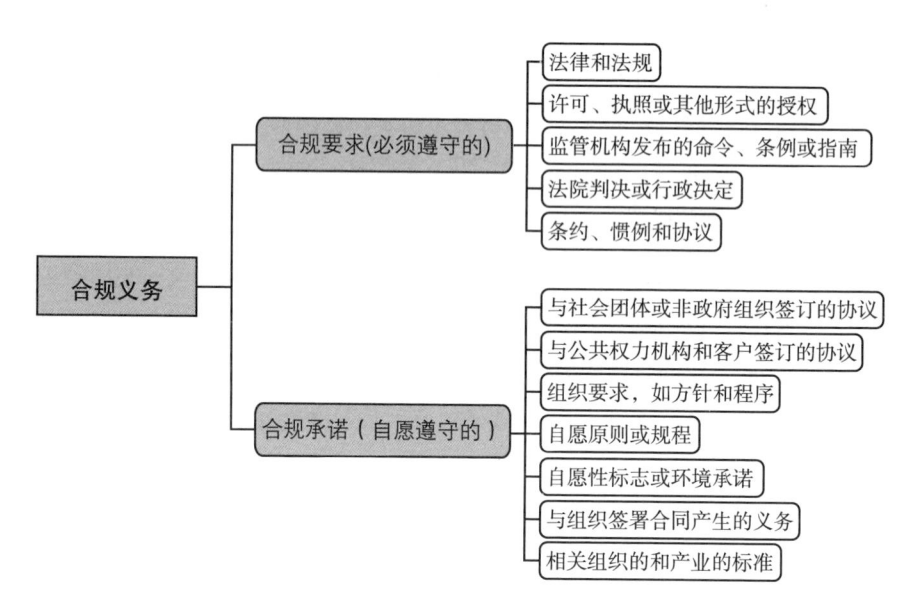

```
                    ┌─ 法律和法规
                    ├─ 许可、执照或其他形式的授权
         合规要求(必须遵守的) ─┼─ 监管机构发布的命令、条例或指南
                    ├─ 法院判决或行政决定
                    └─ 条约、惯例和协议
合规义务 ─┤
                    ┌─ 与社会团体或非政府组织签订的协议
                    ├─ 与公共权力机构和客户签订的协议
                    ├─ 组织要求，如方针和程序
         合规承诺（自愿遵守的）─┼─ 自愿原则或规程
                    ├─ 自愿性标志或环境承诺
                    ├─ 与组织签署合同产生的义务
                    └─ 相关组织的和产业的标准
```

图 2　合规义务

资料来源：国家标准《合规管理体系要求及使用指南》（GB/T 35770—2022）。

构建合规义务制度包括两个核心机制：一是梳理和识别合规义务的机制，二是评估和分级合规风险的机制。对合规义务进行梳理和识别，既是开展合规风险评估和等级评定的依据，也是企业合规管理的重点工作。从合规义务的来源来看，根据国资委发布的《中央企业合规管理办法》，合规义务主要源于国家的法律法规、监管指令、行业标准、国际协议和规则，以及公司章程和相关制度等。在分类方面，合规义务按照《合规管理体系要求及使用指南》和《中小企业合规管理体系有效性评价》分为强制性义务和自愿性义务两大类。强制性义务主要涵盖法律法规、监管机构的命令、法院判决或行政决策、国际条约等，而自愿性义务则包括企业的自我承诺、与公益组织的协议、自愿遵循的规程和相关行业或组织标准等。企业应持续收集、识别、整理与其业务、产品和服务有关的合规义务，并在合规管理目标指引下，结合不断变化的内外部环境，及时将外部合规要求转化为适应不断演变的监管环境的内部法规和行为规范。

合规风险的评估与分级是实施合规管理体系的关键步骤，也是对已经识别出的合规风险进行有效管理的基础。一旦企业准确识别出具体的合规风险，就需要对这些风险进行深入的分析和评估。具体来说，就是要根据这些合规风险发生的

第四章
财税、投资经营合规

可能性和可能导致的后果，建立一份详尽的合规风险清单，进行风险排序和分级。这样做的目的是提升董事会和高级管理层对于重大风险的认识，为防止、减轻或补救这些风险提供决策依据。确立合规管理的关键领域是进行合规风险评估的主要目标。《中央企业合规经营管理办法》提出，企业要以反垄断、反商业贿赂、环境保护、生产安全、劳资管理、税收管理、数据保护等领域为重点，加强对关键领域、关键环节、重点人员的管理，要坚持依法依规，严肃企业治理。在合规风险较高的领域，企业应投入更多的合规管理资源，制定专门的合规管理指导原则和员工行为准则，明确高级管理人员和员工的行为范围，对潜在的违法违规行为制定严格的禁止规定。而在合规风险较低的领域，企业则应通过加强日常管理来实现有效的风险控制。

（三）合规风险

合规风险，根据国务院国资委在《中央企业合规管理办法》中的定义，是指企业及其员工在经营管理过程中因违规行为引发法律责任、造成经济或者声誉损失以及其他负面影响的可能性。国务院国资委政策法规局进一步强调，合规风险本质上是这些不良影响发生的可能性。这凸显了合规在企业运营中的基础地位，显示了合规风险不是可以利用的机会性风险，而是一种需要通过降低、控制、避免或接受等策略来管理的潜在威胁。这种理解突出了合规的重要性，并促使企业采用主动措施来识别、评估和处理这些风险，以防止潜在的法律、经济或声誉损害。[1]

（四）矫正制度

矫正制度是指企业在违规行为发生之后采取的事后补救措施，以便对从事违规行为的员工施加惩罚，同时检查并修补合规管理体系的缺陷，并采取纠正措施和补救措施。该制度主要由两部分组成，即合规纠偏机制和违规行为责任追究机制。

合规整改机制是在合规风险发生后，企业分析造成合规风险和合规管理目标偏离的原因，改进具体的违规行为，调整或更新控制措施，弥补系统性的漏洞，以提升原有的合规管理体系，预防相似风险的再次发生。由于企业经营范围、业

---

[1] 参见陈瑞华：《论企业合规的基本价值》，载《法学论坛》2021年第6期。

务以及营商环境的变化,原有的合规管理体系可能会失效,因此需要建立持续性的合规整改机制,确保合规管理体系与企业的实际情况保持一致。

违规问责机制涉及对违规事件责任人的惩戒,包括训诫、警告、岗位调整、职务免除甚至是移交司法机关处理等措施。明确公司内部责任归属对于保证合规管理体系长期有效运行至关重要,坚持有责必究的原则是在组织内部建立和维护道德文化的关键。因此,企业应当清晰划分责任范围,详细制定惩罚标准,加强问责力度,严肃处理违规人员的责任。为提高合规管理的约束力,企业可将合规管理情况与员工绩效考核挂钩,将合规责任履行情况作为年度考核、评优评先的重要依据,并对发生违规事件的责任人进行绩效扣减、责任追究等处理。

四、国有企业合规风险防范的必要性与现实问题

(一) 国有企业融资性循环贸易风险分析

在企业贸易经营过程中,银行以单笔或额度授信的形式,结合企业的真实贸易背景、上下游客户的信用实力,向企业提供短期金融产品或贷款。这种融资业务称为自补偿贸易融资,以企业销售收入或贸易产生的确定的未来现金流作为直接还款来源。

然而,由于大多数中小民营企业缺乏足够的信贷,很难通过银行的自我补偿贸易融资来解决流动性不足的问题,因此其想办法通过拥有良好银行信用、闲置资金较多的国有企业进行融资借贷,并通过货物循环、资金循环的方式向相关国有企业返还一定费用。

由于企业内部机制固化,行业竞争日趋激烈等一系列原因,国有企业的外部市场份额不断被压缩。而民营中小企业扩张的愿望强烈,在内外因双重作用的影响下,循环贸易逐渐成为普遍的融资工具,风险暴露的可能性也在不断增加。最终,在经济逆全球化和新冠疫情的双重打击下,多种原因导致循环链条断裂,大多数的国有企业成为最后的风险买单人。

(二) 国有企业合规风险防范的必要性

融资相关的循环贸易纠纷涉及多方权益,法律关系复杂。除民事责任外,有的还涉及刑事责任问题,容易给企业合规管理带来重大风险。在一些融资循环贸

第四章
财税、投资经营合规

易案件中，融资公司往往通过伪造交易关系、开具虚假增值税发票、伪造货物权属证明等方式，从事合同欺诈、融资欺诈等犯罪活动；部分融资企业与国有企业工作人员串通骗取融资，构成国有企业工作人员在签订、履行合同中玩忽职守、欺骗罪；一些融资企业为国有企业掌权者提供寻租空间，容易涉及腐败、贿赂、渎职等犯罪。以融资性循环贸易为代表的各类合规风险，给国有企业发展埋下了严重隐患，是经济环境的不安定因素之一。

在我国的经济体系中，国有企业扮演着重要角色，融资性循环贸易的复杂性和潜在风险凸显了国有企业加强合规风险管理的重要性。有效的合规管理可以帮助企业识别和减少类似法律风险，增强市场竞争力，实现良性发展，维护国家资产的安全和效益。

(三) 现实问题

不可忽视的是，国有企业在依法开展贸易业务，构建良性的合规管理制度上，还面临一系列的现实问题。

1. 国有企业的体制问题

在我国，国有企业经历了多次重大的转型，从政府直接控制的部门转化为受政府监管的企业实体，并随着公司化改革的实施，这些企业从传统模式向现代公司结构过渡。尽管这种转变正在进行中，但在这些"全民所有制企业"中，计划经济的遗留特征仍然显著。目前，国有企业的管理制度、组织架构、责任机制、执行流程和评估系统等方面仍然受到行政主导的影响，存在集权式决策和小团体操作的现象，行政权力的惯性，是合规制度构建的重要障碍之一。

2. 内部机制问题

在机制上，人才队伍活力不足、高层次领军人才缺乏，是目前国企管理中最突出的问题。国有企业在很多科技领域表现平平，缺乏市场竞争力，无法通过创新实现外部创收，于是许多人就将目光放到了内部资源如何分配问题上。经济基础决定上层建筑，企业的制度建设是需要建立在一定的企业实力之上的，而国有企业的发展动力不足，其对风险容忍度非常低，不利于创新发展，无法吸引新型人才，没有人才，没有合规人才，无法形成真正有效的合规管理机制。

3. 合规意识、文化淡薄

实际上，国有企业对于合规意识文化的建设十分积极，无论是从中央部委、地方国资委的各类文件,以及各中央企业、地方国有企业的内部文件来看,合规建设一直是其一项重要的制度建设。但从实际效果来看,相当数量的国有企业领导、员工的合规意识流于表面,公司整体无法形成良性的企业合规文化,为具体业务开展、风险审查埋下了重大隐患。

五、加强合规风险防范的措施

(一)加强合规组织建设

企业合规管理的核心在于建立健全的管理体系。这包括明确各层级管理机构在合规管理中的职责,实施"三道防线"策略:业务部门作为防范合规风险的第一道防线,承担主要合规责任;合规管理牵头部门为第二道防线,负责合规管理体系的建设和实施;而内部审计和纪检监察部门则作为第三道防线,负责监督和评价整体风险防控措施的有效性。此外,合规管理制度体系的建设也是重点,如强化执行力、合规审查、风险应对、违规举报、考核评价等环节的细化和完善(见图3)。

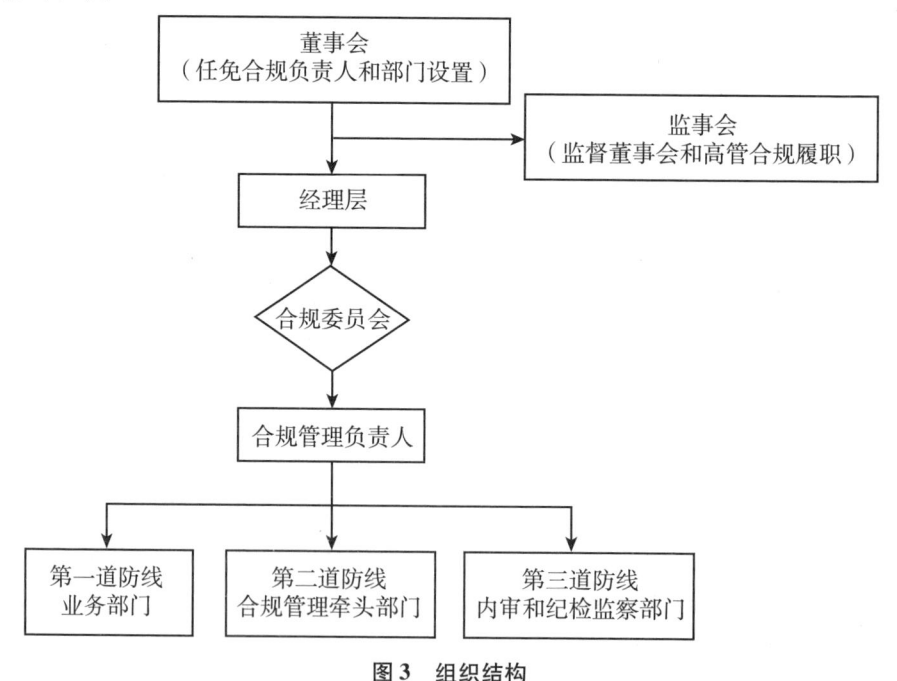

图3 组织结构

第四章
财税、投资经营合规

(二) 加强合规文化建设

合规文化实质上是一种企业内部的规则遵守文化，它渗透在组织的价值观念、伦理规范、信念和行动之中，与组织的架构和监控系统互动，从而促成符合合规要求的行为模式。这种文化的塑造对于加固企业遵纪守法的思维基础具有极大的价值，对于确保合规管理的效力与持久性至关重要。随着企业结构从传统的家长式管理向更加开放、透明、负责任的体制转变，倡导合规文化成为一种趋势。

在我国，合规文化建设也是企业合规流程中的关键部分。如国资委出台的《中央企业合规管理办法》中，专门就企业合规文化建设这一章节进行了规定；中小企业协会发布的《中小企业合规管理体系有效性评价》中，将有效性评价体系纳入合规文化建设，并制定了具体的评价标准，极大地增加了合规文化建设的实操性。

树立现代的合规价值观，为组织行为提供基本指引。良好的价值观能够引导员工认识到合规的重要性，并在此基础上，自觉地约束自己的行为。领导和管理层应以身作则，做出合规承诺并积极落实，推崇"零容忍"文化；带头遵循合规管理制度，用实际行动践行合规文化和价值观。最后，持续进行合规培训，这是培养合规文化的基本方式，应在企业运营的所有环节实施，以覆盖所有在职员工，帮助员工内心理解并实际行动遵守合规价值观[1]。

(三) 加强企业具体业务的合规审查

1. 有效实施征信和资信背景调查

定期不定期对从事本业务相关客户以及企业进行审查，形成科学有效的审查机制。全方位、立体式地评估客户的和企业的信誉度，以及抵押资产的情况，合理调整资金运用比例，最大限度降低经营风险。

2. 落实资金抵押担保

除按要求必须交足履约保证金外，国有企业还应要求客户在重大业务中提供充足的抵质押物，国有企业在合理评估抵质押物的市场价格的同时，根据经营风险和抵质押物的不同，办理完整的抵质押手续。保持底线思维定期，或不定期跟

---

[1] 参见江必新、袁浙皓：《企业合规管理基本问题研究》，载《法律适用》2023 年第 6 期。

踪抵质押物的现状，最大限度把控业务风险，确保资产兜底。

3. 调节业务占比

要避免个别业务或客户整体业务占比过大，对各项业务占比和客户占比进行合理调配，不能孤注一掷，避免将风险集中于某一项业务或某一客户。贸易型企业在控制大量终端客户的同时，要逐步向制造业或科技类企业进军，做到贸工技一体化，对成本的控制更好，对市场的贴近性更强，这样企业的发展才能立于不败之地。

（四）加强动态、信息化管理

有效的合规管理不仅涉及制度的建立，更重要的是制度在实际运行中的动态完善。这需要企业进行持续的合规管理有效性评估，以确保合规管理机制能够有效地落地，并持续改进提升。此外，国务院国资委为推动合规制度的全面梳理和有效运行，要求中央企业开展合规管理考核，并强调要对合规风险进行系统性分类，细化和实化责任清单。企业的合规管理团队必须根据最新或修订的规章制度，适时更新当前的合规风险评估，并识别新的合规风险，同时也需要持续改进风险预防措施。在执行合规风险检查方面，合规部门通过定期审查可以及时掌握合规工作的实施情况，补救因执行不到位而可能导致的损失，并有助于及时发现新出现的合规风险，从而及时采取措施，确保合规管理工作的有效性。

利用大数据、人工智能和云计算等现代技术来打造企业合规管理的数字化平台，已成为合规管理领域的主要发展趋势。尽管许多中大型国有企业已经具备了基本的信息化建设能力，比如在财务、办公自动化（OA）、人力资源等方面的系统建设，实现了业务操作的数字化，但为了达到跨部门、跨流程的数字智能化管理，企业仍需专注于核心业务的整合，并深入挖掘关键业务环节中的数据潜力，不断加强企业合规的信息化程度。

（五）打破企业封闭和集权的管理模式，引入外部专业机构

众多公司在内部管理上面临封闭和权力过于集中的问题，这常常导致内部监管机制名存实亡，企业领导或高层管理者的权力缺乏有效监督，使公司在合规风险面前常常视而不见。为了改善这一状况，在合规改进过程中，企业需对现有的管理架构、运营管理、财务和法务管理等进行重塑，并应考虑吸纳外部独立专业机构或人士，以确保合规管理的独立性和有效性。

具体来说，企业可以考虑聘请外部法律顾问团队，以帮助评估合规风险并修正现有制度；同时，企业也可以引入独立的如环境保护、税务和审计等专业性领域的专家，他们可以为企业的合规整改提供专业评估和建议。此外，引入若干独立董事加入董事会，有助于优化董事会结构，增强其监督功能，以有效制约执行董事的权力。对于涉及合规问题的企业而言，聘请外部专家担任合规管理委员会主席或首席合规官，能够增强这些职位的权威和独立性，从而提高整体合规管理的效果。

六、展望

随着我国经济由高速增长转向高质量增长，合规管理已成为企业发展的关键要素。国有企业作为合规管理的先期探索者，已经取得一定成绩，合规管理从国有企业蔓延到民营企业，向建工、房地产、互联网、保险、医疗卫生等多个行业扩展。

未来，企业合规管理体系从建设阶段过渡到运行阶段，在新《公司法》的引领下，《中央企业合规管理办法》将进一步得到贯彻执行，推动首席合规官管理职责到位，着重强化领导责任和压实业务部门的主体责任，以确保合规要求深入日常管理。各地国资委按照中央部署及文件要求，陆续出台相应的合规管理办法，在中央、地方政策的双重倡导下，逐渐使合规观念深入人心，影响广大的中小企业，促使其依法合规经营，在全社会形成企业合规风气。同时，立法部门、执法部门、司法部门积极探索合规管理在各个阶段、各个程序中的具体操作，深入探索，真正让合规激励落到实处，激发企业参与的内在动力，让企业合规建设形成良性循环，助力经济高质量发展。

跨境投资合规指引

满 莹

境外投资是指中华人民共和国境内企业（包括金额企业和非金融企业）直接或通过其控制的境外企业，以投入资产、权益或提供融资、担保等方式，获得境外所有权、控制权、经营管理权及其他相关权益的投资活动。包括但不限于：获得境外土地所有权、使用权等权益；获得境外自然资源勘探、开发特许权等权益；获得境外基础设施所有权、经营管理权等权益；获得境外企业或资产所有权、经营管理权等权益；新建或改扩建境外固定资产；新建境外企业或向既有境外企业增加投资；新设或参股境外股权投资基金；通过协议、信托等方式控制境外企业或资产。所谓控制，是指直接或间接拥有企业半数以上表决权，或虽不拥有半数以上表决权，但能够支配企业的经营、财务、人事、技术等重要事项。

根据我国相关法律法规的规定，境内企业境外投资需要经过发改委和商务部的核准或备案。国有企业在中央企业和地方国有企业进行区别，分别根据中央企业境外投资，以及地方国有企业境外投资的相关规定进行管理。本文就国有企业的境外投资管理、发改委和商务部的核准与备案要求以及项目投资外汇登记的相关要求进行说明。

一、国资委的监管要求

本文以中央企业境外投资为例，地方国资委也在国资委的规定项下，制定了本省的相关规定，但是主要内容还是以参考中央企业的监管方式为主。

根据相关法规的规定，中央企业的境外投资原则是战略引领、依法合规、能力匹配、合理回报。同时，在境外投资之前，需要企业内部建立企业的境外投资管理制度，在经过企业内部董事会批准后，上报国资委。对于已经开展境外投资

第四章
财税、投资经营合规

的中央企业，应当按照要求，每季度将境外投资完成情况报送国资委。每一年度中央企业应当编制年度境外投资完成情况报告报送国资委。

国有企业境外投资实行负面清单制度。国资委根据国家有关规定和监管要求，建立和发布中央企业境外投资项目负面清单，设定禁止类和特别监管类项目。列入负面清单禁止类的境外投资项目，中央企业一律不得投资；列入负面清单特别监管类的境外投资项目，中央企业应当报送国资委履行出资人审核把关程序。

二、国家发展和改革委员会的审批

根据项目的情况不同，需要向发改委提交的审批手续不同，具体分为核准和备案两种。境内企业直接或通过其控制的境外企业开展的敏感类项目，核准机关是国家发展和改革委员会。所谓敏感类项目主要包括涉及敏感国家和地区的项目以及涉及敏感行业的项目。而敏感国家和地区主要包括与我国未建交的国家和地区、发生战争、内乱的国家和地区以及需要限制企业对其投资的国家和地区。敏感行业包括武器装备的研制生产维修、跨境水资源开发利用、新闻传媒、需要限制企业境外投资的行业。

敏感类项目以外的项目，视为非敏感类项目，实行备案管理制度。国家发改委负责中央管理企业的项目，以及中方投资额 3 亿美元及以上的项目地方企业项目；境内企业注册地省级政府发展改革部门负责地方企业中方投资额 3 亿美元以下的项目。

此处所指中方投资额包括货币、证券、实物、技术、知识产权、股权、债权等资产、权益，以及提供融资、担保的总额。

对于需要核准的对外投资项目，如投资主体是中央管理企业可由其集团公司或总公司向核准机关提交；如投资主体是地方企业，可直接向核准机关提交。提交的申请报告内容主要包括：投资主体情况、项目情况、对我国国家利益和国家安全的影响分析、真实性的声明。

对于需要备案的对外投资项目，中央管理企业由其集团公司或总公司向备案机关提交；地方企业由其直接向备案机关提交。

禁止性规定：如果项目违反我国法律法规、有关发展规划、宏观调控政策、产业政策和对外开放政策，违反我国缔结或参加的国际条约、协定，威胁或损害我国国家利益和国家安全，均不得进行核准或通过备案。

核准文件、备案通知书有效期2年。对于需延长有效期的项目，投资主体可以向出具该项目核准文件或备案通知书的机关申请延长。

对于已核准、备案的项目，如果出现变更投资主体、投资地点变化、主要内容和规模发生、中方投资额变化幅度大于等于原核准、备案金额的20%，或中方投资额变更额度在1亿美元及以上，境内企业应当在变更发生前提出变更申请。

三、商务部的审批

商务部和省级商务主管部门对企业境外投资分别实行备案和核准管理，向获得备案或核准的企业颁发《企业境外投资证书》，实行统一编码管理。《企业境外投资证书》是企业境外投资获得备案或核准的凭证。

境外投资如涉及敏感国家和地区、敏感行业的，实行核准管理。实行核准管理的国家是指与我国未建交或受联合国制裁的国家。实行核准管理的行业是指涉及出口我国限制出口的产品和技术的行业或影响国家利益的行业。非敏感类的境外投资，实行备案管理。

对属于备案情形的境外投资，中央企业报商务部备案；地方企业报所在地省级商务主管部门备案。企业按要求填写并打印《境外投资备案表》加盖印章后，连同企业营业执照复印件分别报商务部或省级商务主管部门备案。

对属于核准情形的境外投资，中央企业向商务部提出申请，地方企业通过所在地省级商务主管部门向商务部提出申请。核准境外投资应当征求我们国家驻外国使（领）馆意见。

商务部应当在受理核准申请后20个工作日内作出是否予以核准的决定。省级商务主管部门应当在受理核准申请后进行初步审查，并在15个工作日内将初步审查意见和全部申请材料报送商务部。

需要注意的是，如果是两个以上企业共同开展境外投资的，由相对大股东在征求其他投资方书面同意后办理备案或申请核准。如果各方持股比例相等，应当协商后由一方办理备案或申请核准。如投资方属于不同的行政区域，负责办理备案或核准的商务部或省级商务主管部门应当将备案或核准结果告知其他投资方所在地商务主管部门。

第 四 章
财税、投资经营合规

四、跨境外汇管理

境内居民跨境投资的主要方式之一是设立境外特殊目的公司。无论是境内机构还是居民个人，以投融资为目的，以其合法持有的境内、外企业资产或权益，在境外直接或间接设立控制的境外企业就是所谓的特殊目的公司。境内居民在向特殊目的公司出资之前需要履行的一项手续就是向外汇管理局申请办理境外投资外汇登记手续。

上文所述的对外投资的资产或权益包括自有外汇资金、符合规定的国内外汇贷款、人民币购汇、实物、无形资产及经外汇局核准的其他外汇资产。如果境外直接投资产生了利润，那么该利润也可留存在境外，用于其将来再进行直接投资。

以境内资产或权益对外出资的，办理登记的机关是境内机构注册地外汇局或者资产或权益所在地的外汇局。以境外资产或权益出资的，办理登记的机关是注册地外汇局或是户籍所在地外汇局。

办理境外投资外汇登记手续，根据投资主体的不同，需要提交的资料也有所不同。投资主体主要分为两类：一类为境内居民个人，另一类为境内机构。本文以境内机构为例，介绍境内机构对外投资所需办理的外汇登记手续。

（一）境内机构办理跨境投资的外汇登记分为两种情况，一是以境内资产出资；二是以境外资金或资产出资

1. 以境内资产出资的

境内机构在以境内合法资产或权益（包括但不限于货币、有价证券、知识产权或技术、股权、债权等）向境外出资前，应到注册地银行申请办理境外直接投资外汇登记。在外汇局资本项目信息系统中登记商务主管部门颁发的企业境外投资证书中的投资总额，同时允许企业根据实际需要按现行规定对外放款。金融类境外投资根据行业主管部门的批复或无异议函等进行相应登记。

境内机构办理境外投资申请登记的前置条件是获得境外直接投资主管部门核准。

境内机构需要提交的资料包括：（1）《境外直接投资外汇登记业务申请表》；（2）营业执照或注册登记证明及组织机构代码证，如存在多个机构共同进行同一

项境外投资,应当提交各机构的相关资质文件;(3)非金融企业提供《企业境外投资证书》;金融机构需要提供主管部门的批准文件或无异议函;(4)如果境内公司是因为境外股东并购导致该公司或该公司股东持有境外公司股权的,应当提供外商投资企业批准证书和外商投资企业营业执照。

2. 以境外资金或资产出资的

境内机构以境外资金、资产、权益出资的境外直接投资,需要向境内机构所在注册地的银行申请办理外汇登记。银行在审查时,会着重审核所用的境外投资资金或境外收益的取得是否合规,如果银行认为境内机构存在以非法留存境外的资产、权益用作境外再投资的,将不会为其办理外汇登记。

外汇局资本项目管理部门主要负责境外投资登记业务的事后核查,对于发现的可能存在违规的情况,将移交外汇检查部门处理。

根据银行的要求,办理境外投资登记需要提交的资料主要包括:(1)外汇登记业务申请表;(2)营业执照以及组织机构代码证;(3)非金融企业提供《企业境外投资证书》;金融机构提供上级金融主管部门的批准文件或无异议函。如果是国有企业境外直接投资的,还需提交国有资产管理部门或财政部门的批准文件;国家发展和改革委员会的境外投资备案文件;(4)对于因为外国股东并购境内公司导致该公司或其股东持有境外公司股权的,需提供商事主体登记及备案信息和外商投资企业营业执照;(5)境外企业登记文件,比如公司注册文件,公司章程,包括和境内企业的股权关系证明、对于存在多个股权层级的公司需提供每一层级的注册证明文件及包含股东构成的文件;(6)股权架构图,主要是指投资前及投资后境内外企业股权架构图;(7)公司权力机关的决议文件,如股东、董事会或合伙人关于本次投资的决议、并购协议、转股协议、价格评估报告(如需),以及境内企业最近一期经审计的财务报表;(8)资金来源证明材料,主要是指资金账户流水、入账凭证、股东信息、经审计的财务报表、验资报告等;(9)资金用途证明材料,主要是指提供符合发改委批复的用途的境外公司银行流水、资金使用证明文件,境外公司股东变更文件、境外公司用款材料,注册资本变更文件及相关收购、注资银行流水/回单等,该项资料可以在投资后再提交;(10)银行要求的其他材料。注意:如果该境外投资项目是多个境内机构共同实施的,应当由其中的一个境内机构向其注册地银行申请办理外汇登记并提供材料。

对于银行特别关注的客户,除了上述资料外,银行还要求其提供:对于发生

第四章
财税、投资经营合规

前期费用汇出的，提供说明文件及汇出凭证；资金来源的证明材料，主要是指经审计的财务报表、近期银行对账单、承诺函、第三方出具的可证明用途的材料等；其他经审计的能够说明境外直接投资商业合理性的财务报表、第三方认可的投资计划、商业计划、企业说明、本次投资的详细情况介绍、投资前后股权架构、直投资金来源、资金使用计划等。

3. 特别提示

根据银行的相关规定，如果境内投资者存特殊情形，银行都应审慎办理，从严实施尽职审查，并加强资金汇出、利润汇回等环节的持续监控。所谓的特殊情形主要是指：（1）短期内集中办理多项境外直接投资外汇登记，且无前期费用登记和汇出的；（2）企业成立时间不足一年或正常经营时间少于一年；（3）境内投资主体自身资产总额大幅低于其对外投资项目的投资总额或注册资本的；（4）境外投资项目经营业务与境内投资主体主营业务存在较大差异的；（5）属于境内企业向境外母公司、关联企业投资的情况，如外商投资企业向其外方投资者进行投资的；（6）被收购或参股的境外项目为境内居民控制或持有的，且相关项目未办理境外直投投资登记的；（7）涉及收购境外企业股权或境外资产权益，被并购境外企业股权或境外资产权益作价明显较市场行情大幅偏高或偏低的；（8）境外投资目的地为英属维尔京群岛、开曼群岛等离岸中心、避税天堂的；（9）境内投资主体最近两个会计年度连续出现经营亏损，或已资不抵债的。对于以上情况，银行都会根据不同的情况，要求境内投资主体进一步提交证明文件，并加强审查。从上述特殊情况也可以看出，对于可能出现的以合法境外投资为外衣，实际对外转移资产，逃避税务监管，是银行重点监管和审查的对象。

4. 多机构共同投资的

如果一个境外投资项目是多个境内机构共同进行投资实施的，在办理外汇登记时，只需要约定由其中一个境内机构向其注册地所在的银行申请办理外汇登记即可。银行通过外汇局信息系统完成外汇登记后，其他境内机构就可以向注册地银行领取业务登记凭证。

5. 设立分公司

对于境内机构在境外设立分公司的情况，外汇登记是参照境外直接投资方式的申报。境内机构在其注册地当地的银行办理外汇登记。同时，在资本项目信息系统中，分公司的开办费用是应当包含在投资总额登记中的。对于已经设立境外分公司的机构，每年需要办理境外直接投资存量权益登记。

境内公司在银行办理后续资金购汇、付汇手续之前，应当在银行办理境外直接投资外汇登记手续，否则无法完成后续的购汇付汇。

（二）境外直接投资的前期费用

1. 前期费用登记

对于境内投资主体来说，在境外进行投资时，前期是需要支付相关的房租、人力资源等方面的支出，以上支出都可以视为境外投资的前期费用。根据相关的管理文件的要求，企业前期费用汇出时，需提交《境外直接投资外汇登记业务申请表》、营业执照和组织机构代码证、国有资产管理部门或财政部门的批准文件。

境内投资主体在境外投资时，很多时候需要为境外的分支机构、代表机构等在境外购置房产。在办理购置境外房产，对外购汇付汇时，境内的投资主体需准备《境外直接投资外汇登记业务申请表》、境外设立分支、代表等机构的批准或备案文件、注册证明文件、购房合同或协议、其他真实性证明材料。

除了以上所需的证明文件，银行还可能会要求投资主体提供：（1）已向境外相关投资主管部门提交的书面文件、境内机构参与投标、并购或合资合作项目的协议、证明，包括但不限于并购协议、境外项目投标书、租赁合同、劳务合同等；（2）投资资金来源证明、资金使用计划和董事会决议、投资合同或其他证明材料。主要包括最近一期财务报表、在银行办理结算的收支记录、客户在海关或其他第三方机构可查数据等信息，通过收集、分析资料判断投资主体的资金来源是否真实、合法；通过境内主体提供的投标书、收购协议、转股协议、租赁合同、劳务合同等合同证明文件，从而分析境内投资主体的真实资金用途。从以上规定可以看出，银行对于境内投资主体的办理境外购置房产等前期费用汇出的外汇登记时，对于资金来源的合法性以及资金的实际用途审查较严格。

2. 具体要求

根据相关规定，银行办理前期费用汇出的具体要求主要包括：境内投资主体向境外支付的前期费用，累计汇出额不得超过300万美元同时也不能超过中方投资总额的15%。如果前期费用汇出的金额以上金额或比例，境内投资主体需提交说明函至注册地外汇局申请办理。向境外支付的前期费用，包含在其境外直接投资总额中。境内投资主体只有在银行通过外汇管理局相关系统为其办理前期费用

第四章
财税、投资经营合规

登记手续后，方可凭业务登记凭证到银行购汇付汇。如果境内投资主体在汇出前期费用之日后 6 个月内没有完成境外投资项目的设立或在境外购买房产的，境内投资主体可以向办理登记的银行申请延期，经银行同意，该期限可以延长至 12 个月。如果没有特殊情况进行延期的，境内投资主体应当履行报告义务并将剩余资金退回国内。

对于一些具备特殊情形的企业，银行会要求投资主体提供更多的证明材料，以确认投资的真实性及投资金额的合理性。如短期内拟设立多个境外投资项目而集中申请办理境外直接投资前期费用登记业务的；属于境内外关联企业相互间投资而申请登记前期费用作为保证金的；属于收购境外企业股权或境外资产权益而申请办理前期费用登记的。

3. 前期费用汇入、汇出

对于已经办理了前期费用登记的对外投资主体，在将相关费用汇出境外，或者将已经汇出境外的前期费用汇入境内时，需要向银行提交以下资料：（1）跨境人民币结算付款/收款说明；（2）营业执照和组织机构代码证（三证合一的，提供新版营业执照）；（3）业务登记凭证及外汇局资本项目信息系统银行端打印的境外投资前期费用额度控制信息表；（4）境外投资资金来源证明、资金使用计划和董事会决议（或合伙人决议）、合同或其他真实性证明材料。

4. 特别提示

对于重点关注客户，除上述资料，还需提供资金使用具体计划，用于详细说明资金支付的具体安排、计划用途和最终用途（多层控股情况）、收款人以及最终收款人（多层控股情况）。

对于存在一些特殊情形的投资主体，银行会加强审查力度，要求投资主体提供更多的证明文件，以确认投资的真实性、资金来源的合法性等问题。例如，（1）一些境内投资主体在短期内多次且集中办理境外投资前期费用的资金支付和汇回，银行一般会要求投资主体进一步提供资金在境外使用的相关证明材料。（2）如银行根据投资主体前期提供的资料及对投资主体的分析，从而认为前期费用资金来源的正当性存疑，可能出自多个个人户机构的资金汇集，如来自一个或多个个人账户、投资类机构、合伙制企业等。银行一般会要求投资主体进一步提交文件用于证明资金的真实来源，如经审计的财务报表、报告，第三方机构提供的账户或收支记录、数据等。

（三）境外直接投资变更登记

如果已经办理登记的境外企业发生一些重大变更，如企业名称、经营期限、合资伙伴、合资方式等，或增资、减资、股权转让、置换、合并、分立清算等企业经营中的重大情况，投资主体应当向主管部门提交审评，经主管部门批准或备案后，由境内投资主体到银行申请办理人民币境外投资变更登记。

投资主体在办理境外投资变更登记时，需要提交的审核材料主要包括：（1）业务申请表及业务登记凭证。（2）如果该境外投资是金融类境外投资，需要提供相关行业主管部门对变更事项的审批或备案文件。如果该投资是非金融类境外投资，需要提供商务主管部门和国家发改委对变更事项的批准或备案文件。（3）如增加新的境内投资者，提供该投资者的营业执照和组织机构代码证；如果该新增境内股东的境外投资属于国有企业境外投资的管理范畴的，需提交国资委或财政部门的批准文件。（4）资金来源证明、资金使用计划、董事会决议或合伙人会议决议、合同或其他能够证明真实性的材料。如果该股权转让的价款与股权投资的价款存在差异，还需要提供相应的评估报告。（5）对于银行重点关注的客户，如果其变更境外直接投资，除需要提供以上资料外，还应提供经审计的财务报表说明投资的合理性，相关机构出具的企业对应变更的批准备案文件，或第三方认可的投资计划、商业计划等。

对于短期内集中办理或多次办理境外投资外汇登记，频繁或快速进行增资、减资、股权转让，或者是境内投资主体持续出现较大的经营亏损的情况下仍然进行新增较大金额的境外直接投资的，银行都会进行重点审查并审慎办理，可能会要求投资主体提供相应的商业行为合理性以及资金来源合法性的证明文件。

（四）银行的重点关注客户

在办理外汇汇出手续时，银行会对一些客户予以关注。对重点关注客户，资金汇出境外后，银行会要求客户提供境外资金使用相关凭证、对账单等材料，继续跟踪资金使用情况。如银行发现资金使用用途和业务登记用途不一致的，会及时向人民银行上报异常信息。

银行重点关注的客户主要包括：（1）被人民银行列入《跨境人民币业务重点监管名单》的客户。（2）被外汇局或其他监管部门纳入公开发布的限制性分类管理目录的，如货物贸易外汇管理分类为B、C类，资本项目业务被管控，公

第四章
财税、投资经营合规

司的法人或实际控制人被纳入法院失信被执行人名单等。(3) 近一年内被人民银行、外汇局通报或被其他相关部门调查的客户，如涉及跨境人民币或外汇检查处罚案件信息、违法违规案例、风险提示案例、恶意规避跨境人民币或外汇监管案例、企业征信报告存在重大瑕疵的及其他不良行为记录的。(4) 客户身份信息存在疑问、背景不明的，或者无法获取足够信息对客户背景进行评估，如无正式固定办公经营场所、无准确联系方式，异地客户身份信息存疑，新创建业务关系的客户。(5) 机构成立时间不足一年的、生产经营不正常或正常生产经营时间不足一年的客户。(6) 交易明显不符合常理或不具商业合理性的客户。(7) 交易规模与客户资本实力、投资总额、生产经营规模显著不符的客户。(8) 净资产小于零（资不抵债）和返程投资类客户。(9) 资金往来尤其是跨境流动、外汇收支存在明显异常的客户。(10) 投资主体为融资租赁公司、基金类机构、投资公司、咨询公司等不具有实际生产经营活动的机构以及合伙制企业。(11) 在房地产、酒店、影城、娱乐业、体育俱乐部等领域开展的境外直接投资客户。(12) 自身资产总额低于其对外投资项目投资总额的机构（母小子大情形）。(13) 投资资金并非来自投资主体自有资金的机构（不含股东借款）。(14) 境内投资主体短期内集中办理境外直接投资登记业务的机构、有"快设快出"行为的机构。(15) 境外投资项目与境内投资主体主营业务差异较大的机构。(16) 境内投资主体为异地机构、股东为异地机构或个人。银行在进行客户背景调查时，应综合考虑客户或实际控制人身份、地域、行业、特点、历史交易等因素，合理划分客户风险等级，对于关注客户办理境外直接投资业务适用更加严格的尽职调查和业务审批程序。同时，银行有权根据跨境收支形势变化，将业务规模大、影响范围广的客户列为关注客户。

因此，对于办理外汇登记相关业务时，对外投资机构应当对照上述要求，审查自身是否为银行重点关注的对象。

第五章

劳动用工合规

劳动用工合规管理体系建设要点分析

刘春鹏

为推动中央企业切实加强合规管理，不断提升依法合规经营管理水平，有力保障深化改革、高质量发展，根据《公司法》《企业国有资产法》等有关法律法规，结合中央企业实际，国务院国资委于2018年11月2日颁布《中央企业合规管理指引（试行）》，后各省、市国资委分别发布了地方合规指引执行的通知，开启了中央企业合规管理的新篇章。自《中央企业合规管理指引（试行）》发布以来，各级国有企业大力推进合规管理体系建设。截至目前，中央企业已经全部成立了合规管理委员会，合规管理负责人、牵头部门、一线合规联络员的设立保证了层层有抓手，组织领导持续加强；多家企业出台了重点领域专项指引，积极推进建章立制及规章制度"立改废"，制度体系不断健全、管理规范性不断提升；合规管理"三道防线"逐步建立，围绕合规风险定期开展识别、预警、处置，运行机制不断完善；通过开展合规承诺、合规宣誓、合规手册制定、合规培训等多种形式的文化建设，初步形成了合规文化。在合规管理指引运行三年后，国资委于2021年12月3日再次召开中央企业"合规管理强化年"工作部署会，会议强调：建立健全工作机制，加快突破重点难点，不断筑牢"三道防线"；着力抓好境外合规，突出重点领域管理，力争通过一年时间推动企业合规管理工作再上新台阶。紧接着，2022年4月1日，《中央企业合规管理办法（公开征求意见稿）》发布，2022年8月23日，《中央企业合规管理办法》正式发布，并自2022年10月1日起施行。因此，不只是中央企业，目前国有企业的合规管理，特别是重点领域的合规管理的体系建设已经提升到了新高度，而劳动用工领域，无论是在

《中央企业合规管理指引（试行）》的规定，还是《中央企业合规管理办法》的规定，都确定为重点合规领域。这就要求国有企业工作人员或专业服务机构不能按照传统的人力资源管理视角进行搭建，而更要贴近合规管理的要求。

合规管理要求：国有企业应建立健全本部门业务合规管理制度和流程，开展合规风险识别评估，编制风险清单和应对预案；定期组织开展合规风险识别和预警，参与企业重大事项合规审查和风险应对；主动开展合规风险识别和隐患排查，发布合规预警，组织合规审查，及时向合规管理牵头部门通报风险事项，妥善应对合规风险事件，做好本领域合规培训和商业伙伴合规调查等工作，组织或配合进行违规问题调查并及时整改；建立健全合规管理制度，制定全员普遍遵守的合规行为规范，针对重点领域制定专项合规管理制度，并根据法律法规变化和监管动态，及时将外部有关合规要求转化为内部规章制度；通过制定发放合规手册、签订合规承诺书等方式，强化全员安全、质量、诚信和廉洁等意识。因此，根据以上合规管理要求，在劳动用工重点领域合规体系建设，应做到"4+1"个阶段，分别为：第一阶段合规诊断与实施方案起草；第二阶段合规风险识别与风险评估；第三阶段合规管理制度（手册/指南）的搭建；第四阶段合规风险预警与评估报告；第五阶段培训及宣贯。因考虑到实操方面，笔者会着重在从前三阶段进行分析。

一、劳动用工合规诊断与实施方案起草

劳动用工合规诊断不同于常规的法律尽职调查，因专业层面的要求，劳动法规本身就存在差异性、地域性与时效性的特点，因此在开展合规诊断前就应首先确定国有企业的性质及运行模式，很多国有企业集团总部较多行使管理性职能，而真正的业务部门大量集中在各层级下属公司，故合规风险的第一道防线以及合规的主要责任更加集中于各层级下属公司。如为国有集团公司进行诊断，则应更注重监管层级，如为独立业务公司更应关心一线执行层级。但无论企业运行模式如何，都应围绕"严格遵守劳动法律法规，健全完善劳动合同管理制度，规范劳动合同签订、履行、变更和解除，切实维护劳动者合法权益"的合规要求开展。

实施方案，我们更愿意称为工作目标与任务分工，该方案的确定需要国有企业的业务、职能、管理部门以及外部专业机构共同确定，通常我们建议将实施方

第五章
劳动用工合规

案按照劳动合同履行层面、员工行为层面、涉访涉诉信息层面分别梳理。

劳动合同履行层面，主要包括：员工自入职至离职期间的配套资料，包括招聘、劳动合同的签订、履行、变更、解除或终止，以及与之相关现有的规章制度。

员工行为层面，主要包括：现有的员工行为规范、劳动纪律、休息休假、奖惩问责以及保密与竞业限制方面的规章制度与实践操作层面的实施细则，其中含员工晋升降级、淘汰、问责等与劳动用工管理层面的配套制度。

涉访涉诉信息层面，主要包括：就过往与目前正在进行的劳动用工方面的仲裁或纠纷案件进行复盘与提炼问题焦点，建议收集3年期限内的生效文书、庭审笔录及配套证据。

当然，除了上述合规实施方案相关的材料外，更重要的是收集该国有企业的内部决策或议事规则的相关文件，如公司章程、董事会工作规则、总经理会工作规则、支委会议事细则、"三重一大"事项决策制度实施细则等，以确保本次合规项目的决策或内部流程合规性。

二、劳动用工合规风险识别与风险评估

经过第一阶段诊断与确定实施方案，经审查收集的相关资料，已可以初步确定国有企业劳动用工方面存在合规风险，但并不足以形成风险清单与合规评估报告，因此，需要以更专业的视角审视，不能只停留在国有企业规章制度的制定层面，而更多在风险往往是在业务和职能执行层面。为此，上海市锦天城律师事务所劳动与社会保障专业委员会出品《劳动用工合规项目之"风险合规文件清单（110项）"》，该清单是基于我们多年的法律服务经验及专业知识，针对企业劳动用工合规管理的二十三个场景，尽可能地全面列举出劳动用工管理文件清单，供对照目前国有企业正在使用的配套文件对比参考，进行更全面的识别风险。

二十三个场景囊括：面试、入职、试用、考勤、调岗和待岗、调薪、考核、薪酬、休息休假、三期女职工（孕、产、哺乳）、工伤、违纪管理、劳动合同续签、辞职、辞退、协商解除劳动合同、经济性裁员、劳动合同终止、保密、竞业限制、培训服务期、其他、企业改制与关停。

按照以上清单通过分部门、分职能对国有企业人员进行访谈、问卷、核对后，形成合规风险管控专用的风险分析清单，并作为搭建合规管理制度（手册/指南）的基础性材料。

劳动用工合规项目之"风险合规文件清单（110项）"

"企业劳动用工合规管理合规"是企业风控及合规的重要组成部分，基于我们多年的法律服务经验及专业知识，针对企业劳动用工合规合规管理的"二十三"个场景，列出以下劳动用工合规合规管理文件清单，供对照参考：

- 一、面试
- 1. 面试登记表（个人信息收集获取的授权、诚信承诺、不包含法律禁止事项）
- 2. 体检通知书（可以包括在录用通知书内容中）
- 3. 录用通知书
- 二、入职
- 4. 入职登记表
- 5. 劳动合同
- 6. 个人信息处理授权确认书
- 7. 薪资（福利）总额确认单
- 8. 录用的基本条件和确认书
- 9. 试用期考核表
- 10. 已阅规章制度并同意遵守的承诺
- 11. 诚信及廉洁承诺书
- 三、试用
- 12. 试用期转正申请表
- 13. 试用期转正通知书
- 14. 试用期不符合录用条件辞退通知书
- 四、考勤
- 15. 《员工手册》中的"考勤"模块（包括：上班时间、考勤方式、迟到早退的定义、旷工的定义、违反考勤纪律的后果等）
- 16. 《员工手册》中的"加班申请"模块（加班的种类及定义、加班的申请审批和流程、加班的认定、加班申请与考勤记录的关系、加班的补休流程、加班费支付标准等）
- 17. 异常考勤登记表（员工忘记打卡/设备故障等无法打卡的情形）

第五章
劳动用工合规

- 18. 考勤汇总确认表（定期存证）
- 19. 催告到岗通知书（针对旷工员工用）
- 五、调岗和待岗
- 20.《员工手册》中的"调岗"的定义（在劳动合同约定范围内安排是否属于调岗）
- 21. 到岗确认书（目的：与员工确认同意岗位调整）
- 22. 工作安排通知书（适用场景：在员工不同意的情况下，单位在劳动合同约定范围内强制性为员工安排工作）
- 23. 待岗通知书（企业停工停产时，需要安排员工待岗的，员工待岗在家无须员工同意）
- 24. 岗位调整通知书（员工不胜任岗位调岗用）
- 六、调薪
- 25. 调薪审批表（内部流程）
- 26. 薪资标准确认单（员工签署，以确认同意）
- 七、考核
- 27.《员工手册》中的"考核"模块（相对概括，可授权部门制定考核制度，并对"不胜任岗位"的绩效标准进行界定，此部分需要履行完整的"民主程序"）
- 28. 细化至部门的"考核制度"（相对细化，就本部门考核标准制定、考核流程、考核结果、结果如何与员工个人利益挂钩等进行设计规定。部门员工讨论通过即可）
- 29. 针对具体岗位的"考核评分表"（要求员工签署，并按此执行）
- 八、薪酬
- 30.《员工手册》中的"薪酬"模块（概要的规定：员工薪资的具体结构，奖金模块的通用规则、通用福利等，以及员工岗位如发生变化薪资的变化规则，此部分需要履行完整的"民主程序"）
- 31. 相对详细的"薪酬制度"【公司内部保密文件，不对外公开】（例如：公司的职级职等对应的薪资标准、薪资结构、薪酬绩效模块的计算方法、假期薪资的支付标准、薪资调整的审批流程等）
- 32. 薪资（福利）总额确认单（一般在入职时/薪资变动时签署）

- 33. 员工月工资条
- 34. 员工年度薪资结清确认单（确认当年度工资已经全部结清）
- 九、休息休假
- 35. 《员工手册》中的"休息休假"模块［请假的审批流程，以及病假、事假、调休、婚假、产假（含流产）、照顾假、丧假、独生子女陪护假、年休假等，以及各类假期的：可请天数、请假条件、请假流程、凭证资料、薪资待遇］
- 36. 员工请假审批单
- 37. 休假通知书（目的：员工年假公司可以安排休假，如果员工在收到休假通知后未休假的，公司不承担年假工资）
- 38. 病假复查通知书（目的：员工如果请病假，根据员工手册可以要求员工去指定医院复查）
- 十、三期女职工（孕、产、哺乳）
- 39. 劳动合同暂停履行协议（员工需要请长期"保胎假"时适用，当然员工也可以考虑请"病假"并使用医疗期）
- 40. 岗位调整协议书（孕妇调岗需经本人同意）
- 41. 哺乳时间使用确认单（哺乳期考勤时间的确认）
- 42. 劳动合同期满顺延通知书
- 43. 三期女职工管理注意事项清单
- 十一、工伤
- 44. 工伤申请表
- 45. 停工留薪期确认单
- 46. 劳动合同期满顺延通知书
- 47. 劳动能力鉴定及停工留薪期鉴定申请表
- 48. 工伤待遇测算表（Excel自动计算表格）
- 49. 工伤和解协议（两份：解除劳动合同/不解除劳动合同）
- 50. 工伤处理流程指南
- 51. 劳动能力鉴定通知书（员工如果一直不按规定去劳动能力等级鉴定的，公司可以停止其停工留薪待遇）
- 十二、违纪管理
- 52. 《员工手册》中的"普通违纪"模块

第五章
劳动用工合规

- 53. 员工奖惩审批单
- 54. 员工违纪通知单
- 55. 员工违纪公告文本（公司内部）
- 十三、劳动合同续签
- 56. 劳动合同续签意向征集函
- 57. 续签劳动合同通知书
- 58. 不续签劳动合同通知书
- 十四、辞职
- 59. 《员工手册》中的"辞职流程"模块
- 60. 离职申请单
- 61. 离职结算单
- 62. 解除（终止）劳动关系证明
- 十五、辞退
- 63. 《员工手册》中的"严重违反规章制度"模块
- 64. 《员工手册》中关于"重大损害界定"的模块
- 65. 《员工手册》中关于"客观情况发生重大变化"的特别约定
- 66. 《员工手册》中关于在外兼职的禁止性要求，或对"对完成本单位的工作任务造成严重影响"的界定
- 67. 《员工手册》中的"辞退流程"模块
- 68. 医疗期满复工询问函
- 69. 员工培训纪要格式模板
- 70. 就解除劳动合同征求工会意见的函件文本
- 71. 解除劳动合同通知书
- 72. 解除劳动合同内部公告文本
- 73. 离职结算单
- 74. 解除（终止）劳动关系证明
- 75. 辞退违纪员工存证指南
- 76. 医疗期届满员工辞退存证指南
- 77. 不胜任岗位员工辞退存证指南
- 78. 客观情况发生变化，辞退员工存证指南

- 十六、协商解除劳动合同
- 79. 协商解除劳动合同协议书（补偿/不补偿/工伤员工特用）
- 80. 离职结算单
- 81. 解除（终止）劳动关系证明
- 十七、经济性裁员
- 82. 经济性裁员注意事项指南
- 83. 拟经济性裁员的情况说明及员工安置方案初稿（向工会/职工/劳动保障部门）
- 84. 解除劳动合同协议书
- 85. 解除劳动合同通知书（经济性裁员特用：联系方式的确认）
- 86. 离职结算单
- 87. 解除（终止）劳动关系证明
- 十八、劳动合同终止
- 88. 《员工手册》中的"劳动合同终止"模块
- 89. 劳动合同终止通知书（合同期满/到达法定退休年龄/单位关闭清算）
- 90. 离职结算单
- 91. 解除（终止）劳动关系证明
- 十九、保密
- 92. 员工保密协议
- 93. 员工涉密信息确认单
- 94. 离职保密告知书
- 95. 离职后保密承诺书
- 二十、竞业限制
- 96. 竞业限制协议
- 97. 竞业限制履约申报表
- 98. 离职履行/无须履行竞业限制告知书
- 99. 离职后履行竞业限制承诺书
- 100. 竞业限制的适用指南及竞业限制与保密义务的说明
- 二十一、培训服务期
- 101. 专项培训服务期协议书

第五章
劳动用工合规

- 102. 专项培训确认表（多次培训涉及服务期使用以及专项培训服务费用的确认）
- 二十二、其他
- 103. 员工福利协议（提供户口、入学、人才房等福利，与员工签订的特殊协议）
- 104. 员工借用协议
- 105. 在校生勤工俭学协议
- 106. 劳务合同
- 107. 兼职劳务协议
- 108. 退休返聘劳务协议
- 109. 附条件或预约解除劳动合同的协议书
- 110.《员工手册》中的其他常见管理模块，例如：报销管理/出差管理等
- 111. 安全生产制度
- 112. 个人信息保护制度
- 113. 防止职场性骚扰制度
- 二十三、企业改制与关停
- 114. 国有企业改制过程程序问题及指引
- 115. 国有企业改制过程职代会与征求职工方面的建议

三、合规管理制度（手册/指南）的搭建

我们建议将规范劳动合同签订、履行、变更和解除贯穿于合规管理制度（手册/指南）的始终，每一篇章的内容应当以法律法规、现实操作为出发点，落脚点为合规建议，并且将风险清单审查完善后的规配套用工文件嵌入到内容中去，并在劳动合同的解除与终止篇幅进行更深入的指引或提示，以便于国有企业可以更灵活地去查阅相关的合规建议。对于目前已存在的合规风险清单，可以附以单独的法律意见书或意见书进行提示，以便达到整改效果。我们常用的文件目录如图 1 所示，供读者参考。

国资国企合规建设实务

目录

总则 1
第一篇 劳动用工规范指引 3
 第一部分 劳动合同的签订 3
  一、招聘录用缔约的环节 3
   (一)招聘信息发布 3
   (二)简历筛选与笔试面试 3
   (三)背景调查与利益冲突 6
   (四)录用通知 6
   (五)应届毕业生 7
  二、劳动合同订立环节 7
   (一)劳动合同的订立 7
   (二)劳动合同的种类 8
   (三)事实劳动关系 9
   (四)试用期 10
 第二部分 劳动合同的履行与管理 11
  一、标准劳动关系日常用工管理 11
   (一)工时与休假 11
   (二)薪酬与福利 13
   (三)社会保险、医疗保险、住房公积金、企业年金 .. 15
   (四)劳动安全卫生 16
   (五)培训和服务期 17
   (六)保密与竞业限制 18
  二、标准劳动关系特殊员工管理 19
   (一)三期员工 19
   (二)医疗期员工 21
   (三)工伤、职业病员工 24
   (四)外国人 28
  三、劳务派遣、业务外包与灵活用工 30
   (一)劳务派遣 30
   (二)业务外包 33

   (三)灵活用工 33
 第三部分 劳动合同的变更 37
  一、岗位调整 37
  二、薪酬调整 38
 第四部分 劳动合同的解除与终止 40
  一、劳动合同的解除 40
   (一)协商解除劳动合同 40
   (二)劳动者单方解除劳动合同 43
   (三)试用期不符合录用条件解除 45
   (四)严重过失解除劳动合同 53
   (五)劳动者被追究刑事责任解除 66
   (六)医疗期满解除劳动合同 73
   (七)不胜任工作解除 80
   (八)客观情况发生重大变化解除 89
   (九)经济性裁员 97
   (十)用人单位解除劳动合同的程序与离职手续 105
   (十一)违法解除劳动合同的法律责任 113
  二、劳动合同的终止 119
  三、后合同义务 120
 第五部分 其他 121
  一、职工代表大会与工会 121
   (一)职工大会与职工代表大会 121
   (二)工会组织 122
  二、国有企业改制 124
   (一)中央规定 124
   (二)地方规定 126
  三、国有企业职工安置相关问题 128
   (一)企业搬迁 128
   (二)企业转产、重大技术革新或者经营方式调整 .. 132
   (三)国有企业股权转让 133
  四、劳动争议案件处理 134

   (一)劳动争议案件诉前阶段 134
   (二)劳动争议案件仲裁阶段 135
   (三)劳动争议案件诉讼阶段 136
   (四)劳动争议案件执行阶段 137
第二篇 劳动用工规范指引重要法规 139
 1.《人才市场管理规定》(2019修订) 139
 2.《中华人民共和国劳动法》(2018修正) 139
 3.《中华人民共和国劳动合同法》(2012年修正) 140
 4.《中华人民共和国就业促进法》(2015修正) 146
 5.《中华人民共和国传染病防治法》(2013修正) 146
 6.《残疾人就业条例》............................. 147
 7.《关于进一步规范招聘行为促进妇女就业的通知》... 147
 8.《中华人民共和国民法典》....................... 148
 9.《中华人民共和国公司法》(2018修正) 148
 10.《中央企业禁入限制人员信息管理办法》(试行) .. 149
 11.《人力资源社会保障部办公厅关于订立电子劳动合同有关问题的函》 149
 12.《工资支付暂行规定》.......................... 149
 13.《国务院关于职工工作时间的规定》(1995修订) . 150
 14.《全国年节及纪念日放假办法》(2013修订) 151
 15.《职工带薪年休假条例》........................ 151
 16.《企业职工带薪年休假实施办法》................ 152
 17.《关于工资总额组成的规定》.................... 152
 18.《住房公积金管理条例》(2019修订) 153

 19.《中华人民共和国职业教育法》(2022修订) 153
 20.《中华人民共和国劳动合同法实施条例》.......... 154
 21.《企业民主管理规定》.......................... 155
 22.《企业工会工作条例》(试行) 155
 23.《女职工劳动保护特别规定》.................... 156
 24.《关于贯彻〈企业职工患病或非因工负伤医疗期规定〉的通知》..... 157
 25.《企业财务通则》(2006修订) 158
第三篇 劳动用工规范指引配套附件 159

图1 常用文件目录

第 五 章
劳动用工合规

四、结语

  劳动用工合规是所有企业稳定运营和可持续发展的基石。随着法律法规的不断完善和劳动者维权意识的增强,企业必须高度重视劳动用工的合规性,以避免潜在的法律风险和经济损失。而且劳动用工合规管理体系的建设是一个持续的过程,国有企业需要不断关注法律法规的变化,及时调整和完善管理措施,加强内部监督和培训,提高全体员工的合规意识,寻求专业律师协助,构建、优化、完善劳动用工合规管理体系,提升国有企业新质生产力水平。

劳动用工合规风险研究及合规建议

周 琦 刘庆庆

我国自 1994 年开始，相继制定了《劳动法》《劳动合同法》以及相关的行政法规和部门规章，以确保劳动者的合法权益得到有效保障。企业作为上述法律法规监管的重要主体，在搭建劳动用工合规管理体系时，应重点注意规章制度、劳动合同、休息休假、薪酬管理、工伤保险等要求，本文将主要聚焦劳动合同与薪酬管理的合规风险问题。

一、劳动合同合规风险要点

劳动合同是用人单位与劳动者之间法律关系的核心，及时签订一份合法、完整、明晰的书面劳动合同，对厘清双方权利义务关系具有重大影响，企业在单方解除或终止劳动合同时也应留意《劳动合同法》相关规定，避免引发不必要的诉争，并遭受劳动行政部门的监管压力。

（一）劳动合同条款风险

根据《劳动合同法》的规定，劳动合同条款可以分为必备条款与约定条款，虽然缺失必备条款并不必然导致合同无效[1]，但如果被劳动行政部门监察发现，将面临责令改正以及承担赔偿责任的可能性。

此外，劳动合同条款应具体明确，且不得违背《劳动合同法》第 26 条的规定，条款用语不清、约定不明、内容违法、显失公平都会给企业劳动用工埋下诉

---

[1] 参见雷杰淇、薛柏成：《论劳动合同的法定必备条款》，载《东南学术》2014 年第 1 期。

第五章
劳动用工合规

争的隐患。例如违背最低工资规定、违反休息休假制度规定、违规约定试用期期限等，都会导致劳动合同的部分无效乃至全部无效，致使企业在管理过程中无法提供约束依据，无法保障自身合法权益。

（二）劳动合同订立风险

劳动合同的订立应当符合法律法规对时间和形式的要求。根据《劳动合同法》第 10 条、第 14 条、第 82 条的规定，用人单位应自用工之日起一个月内订立书面劳动合同，否则需自第二个月起向劳动者支付双倍工资，满一年未订立书面劳动合同将视为已订立无固定期限劳动合同。企业应尽量避免代签、补签、倒签情况的发生，如违背劳动者意愿、损害劳动者合法权益亦会导致合规风险的发生。

除初次订立劳动合同外，劳动合同期满后的续订风险也需要企业在劳动用工过程中多加注意[1]。根据《关于实行劳动合同制度若干问题的通知》第 14 条的规定，因用人单位方面原因未办理终止或续订手续而形成事实劳动关系的，视为续订劳动合同。用人单位应及时与劳动者协商合同期限，办理续订手续，由此给劳动者造成的损失由用人单位承担。

（三）劳动合同变更风险

劳动合同订立之后，有可能因为企业分立、合并引发劳动合同主体的变更，也有可能经双方协商一致，或根据法定、约定情形对劳动合同内容进行变更。劳动合同的变更应遵循协商原则、合法原则、反歧视原则和书面原则[2]，避免因违反法律规定导致变更无效情形的发生。

劳动合同因企业合并、分立引发的主体变更在学理上通常会被概括为劳动合同的承继问题[3]，根据《最高人民法院关于审理劳动争议案件适用法律问题的解释（一）》第 46 条第 2 款第 3 项的规定，在原用人单位未支付经济补偿时，在日后合同解除、终止时应合并计算工作年限。

---

[1] 参见陈昌衡：《劳动合同期满后继续工作 劳动关系如何处理》，载《中国人力资源社会保障》2020 年第 7 期。
[2] 参见姚昊：《浅谈企业在劳动合同变更时的几个常见问题》，载《知识经济》2020 年第 4 期。
[3] 参见张朴田：《劳动合同履行中的动态调整——以劳动合同变更/解除为中心》，载《北京政法职业学院学报》2017 年第 1 期。

鉴于劳动关系自带人格从属性[1]，协商变更主体不应属于劳动合同的变更，此时劳动者接受的是新用人单位的管理制度，双方权利义务发生了实质性的变更，故而新用人单位应与劳动者订立新的劳动合同，否则将面临支付二倍工资差额的风险[2]。

劳动合同变更的内容应为尚未履行或未完全履行且依法可予变更的有效条款，例如工作岗位、工作地点、薪资报酬等内容，法律规定必须由企业承担的职业保护、社会保险等事项双方不得随意变更。在变更过程中，若劳动合同中未明确约定企业享有单方劳动合同变更权[3]或不符合单方变更的法定情形[4]，变更内容涉及劳动者合法权益时，企业应充分考虑本人诉求，并适当给予相应的协助和补偿，避免激起用工矛盾，给企业埋下合规风险隐患。

（四）劳动合同解除风险

从前期招聘、订立劳动合同，直至劳动合同解除与终止，企业在劳动用工领域各环节均存在不同程度的风险，但在诸多风险之中，矛盾最激烈、处理难度最大、最易爆发的环节应属劳动合同的解除环节。劳动合同解除通常意味着企业与劳动者之间的身份关系的终结，劳动者的诉求通常会在此时集中爆发，如若处理不当极易引起双方关系对立，致使企业卷入劳动纠纷之中，面临支付赔偿金、商誉受损的风险。

我国劳动合同解除制度可以分为双方协议解除、劳动者任意解除和用人单位限制解除三种[5]。双方协议解除需明确解除事由与解除提出方，如果未约定由员工主动提出，企业或会面临支付经济补偿的风险，另企业应在协议中明确弃权条款，并写明不存在重大误解、显失公平、欺诈胁迫等情形，以保证协议的有效性。劳动者任意解除则需重点注意劳动合同解除的程序性事项，如保留书面证

---

[1] 参见沈建峰：《论劳动关系的法律属性：继续性债之关系的回归》，载《环球法律评论》2023年第45卷第4期。
[2] 参见北京市第一中级人民法院民事判决书，（2022）京01民终621号。
[3] 参见邓雪：《用人单位单方劳动合同变更权法律规制研究——从一则调岗案例谈起》，载《山东行政学院学报》2019年第6期。
[4] 法定情形指用人单位因劳动者存在不能胜任或违法违纪等情形，通过用工自主权对劳动合同作单方面调整。
[5] 参见袁兵喜、林振彪：《论〈劳动合同法〉倾斜保护的限度——以劳动合同解除制度为例》，载《法治论坛》2019年第2期。

第五章
劳动用工合规

据、及时出具书面证明、及时办理档案和社保关系转移等。用人单位限制解除所涉风险最多，具体可以细分为过失性辞退、无过失性辞退和经济性裁员三种。

其中过失性辞退对应的是《劳动合同法》第39条规定，在此6种情形下，企业无须支付经济补偿金即可随时解除合同，但企业应就合法解除承担相应的举证责任[1]，例如证明劳动者不符合录用条件、劳动者严重违反规章制度、解除程序符合法律规定等。如果企业不能证明解除事由和解除程序符合法律规定，则要面临败诉和支付违法解除赔偿金的风险。

无过失性辞退需企业提前30日以书面形式通知劳动者本人或者额外支付劳动者1个月工资后，方可解除劳动合同。根据《劳动合同法》第40条的规定，无过失性辞退应符合劳动者无过错、因主客观情况发生变化致使劳动合同无法继续履行两个要件[2]，企业应就"合同无法继续履行或继续履行将损害自身利益"承担举证责任，但在实际操作中常会因为职责不清、规则不全，难以证明劳动者不能胜任致使合同无法继续履行的要件事实。

经济性裁员作为企业自救的一种方式，常发生于企业生产经营遇到严重困难或者因转产、重大技术革新、客观经济情况发生重大变化致使劳动合同无法继续履行等情形，根据《劳动合同法》第41条的规定，虽无须与劳动者进行协商，但仍应注意听取工会意见并完成对劳动行政部门的报告义务。经济性裁员往往涉及人数众多，如若处理不当，还会引发群体事件，致使企业陷入舆论风波。

二、薪酬管理合规风险要点

薪酬管理作为劳动用工领域的重要组成部分，是企业维系良好劳动关系的有效手段之一。企业健康经营、高质量发展离不开合规的薪酬管理制度，薪酬水平和薪酬发放应符合法律强制性规定，避免对劳动者合法权益造成侵害。

（一）薪酬约定风险

在企业与劳动者订立的劳动合同中，薪酬约定是法律规定的必备条款，但具体应按照何种标准约定、应约定哪些内容，《劳动合同法》《劳动合同法实施条

---

[1] 参见《最高人民法院关于审理劳动争议案件适用法律问题的解释（一）》（法释〔2020〕26号）第44条。
[2] 参见钟芳：《用人单位预告性解除劳动合同制度的法律思考》，载《知识经济》2015年第15期。

例》并未给出确切的回复。在实践中，有不少企业仅笼统约定劳动者薪酬不低于当地最低工资标准，或者约定按公司规定执行，在劳动合同文本中也不对薪酬构成、工时制度、加班工资计算标准进行界定[1]，致使发生争议时企业难以证明双方在薪酬方面的真实约定，而在诉争解决过程中陷入被动，并承受不必要的损失。

（二）薪酬构成风险

根据国家统计局《关于工资总额组成的规定》，劳动者的薪酬主要由六个部分构成，即计时工资、计件工资、奖金、津贴和补贴、加班加点工资、特殊情况下支付的工资。企业在设计薪酬构成时，不得违反法律强制性规定，同时还应兼顾公平、合理、经济的理念。

首先，劳动者薪酬设计不得低于法律底线。无论是计时还是计件，只要劳动者正常为企业提供了劳动，其薪酬总额不得低于当地最低工资标准[2]，并应依法享受带薪休假的薪酬待遇；工作日、休息日、法定节假日加班工资应按正常薪酬待遇的1.5倍、2倍、3倍支付；加班工资基数不得低于最低工资标准21.75元/天等。

其次，劳动者薪酬构成不应涵盖社保福利费用、劳保支出费用、差旅补贴、安家费、稿费等其他未列入薪酬总额的各项劳动报酬和其他专项收入。企业因此产生的支出不得直接从劳动者薪酬构成中划扣，也不能冲抵各类最低标准要求。

最后，劳动者薪酬构成代扣、扣除应符合《工资支付暂行规定》法定情形。企业除代扣代缴个人所得税、社保费用、公积金费用之外，不得随意克扣劳动者薪酬，即便由于劳动者自身原因给企业带来经济损失，企业每月扣除部分亦不得超过劳动者当月薪酬的20%，扣除后的剩余薪酬不得低于当地最低工资标准。

（三）薪酬支付风险

根据《劳动法》第50条、第51条及《工资支付暂行规定》第5条、第7条的规定，企业应以法定货币形式在与劳动者约定的日期按月支付薪酬给劳动者本人，法定节假日、婚丧假期间企业应依法支付薪酬。在薪酬支付领域，企业应重

---

[1] 参见陈君：《工资条款可以随意约定吗》，载《人力资源》2012年第8期。
[2] 目前合肥市区最低工资标准为2060元/月。

第五章
劳动用工合规

点关注支付形式、支付期限、支付方式以及支付凭证问题[①]。

实务中，企业大多通过银行转账的形式委托银行代发薪酬，并要求员工签署工资表或工资单证明薪酬具体构成，借由本月支付上月薪酬的方式约束劳动者的随意离职行为，同时保证企业资金链安全、畅通的运转。根据笔者与企业实际接触得知，部分企业尚存在凭证保管不全问题，一旦劳动者与企业就薪酬支付发生争议，企业将面临无法提供薪酬支付书面记录的尴尬场面，并因此承担举证不利的法律后果。

三、合规建议

企业合规作为舶来品，近几年逐渐受到广大中国企业的青睐，合规建议也逐步成为企业生产经营所需的苦口良药。笔者将从风险防范的角度对上文梳理的合规风险提出相应的合规建议。

（一）合理约定劳动合同的各类重要条款[②]

1. 工作地点的约定

由于劳动关系的"属地性原则"，工作地点的约定涉及劳动纠纷仲裁地、最低工资标准等一系列问题。考虑到很多企业有不同的经营地点，建议在劳动合同的工作地点和工作内容处增加：乙方工作地点在甲方注册地或甲方实际经营地。

2. 工作内容的约定

工作内容作为劳动者向企业交付劳动的约定事项，企业应向劳动者说明工作的具体职位、职责、种类和行为要求。在约定工作内容时，企业可以约定较宽泛的岗位概念，也可以另外签一个短期的岗位协议作为劳动合同的附件，还可以约定在何种条件下可以变更岗位条款。弹性约定工作内容可以避免因工作岗位约定过死、变更岗位条款协商不一致而发生的争议。

3. 劳动报酬的约定

劳动报酬是劳动者提供劳动的主要目的，获得劳动报酬也是劳动者的首要权利。在劳动报酬条款中，企业可以明确劳动者的标准工资、加班加点工资、奖

---

① 参见马小丽：《企业工资支付问题和法律风险防范》，载《中国劳动》2016年第9期。
② 参见李振华：《企业劳动用工的法律风险与防控》，浙江大学出版社2014年版。

金、津贴、补贴的数额及支付时间、支付方式等内容。

4. 加班工资的约定

在工业、服务等劳动密集型产业，加班已然成为一种常态，加班工资的计算标准也应作为合同的重要条款。笔者建议在劳动合同中增加：甲乙双方确认，加班工资按基本工资作为基数计算。并在每个月或每个季度的工资单中明确列出加班工资的类目，同时要求劳动者确认。

5. 劳动合同期限的约定

劳动合同按照期限可以分为固定期限劳动合同、无固定期限劳动合同和以完成一定工作任务为期限的劳动合同。用人单位与劳动者在协商选择合同期限时，应根据双方的实际情况和需要来约定。

6. 试用期的约定

试用期的约定一般应当以劳动合同为准，若劳动合同约定的试用期限超过了法定最长期限，则应当以法定最长期限为准。同一单位仅能与员工约定一次试用期，同时试用期工资不得低于本单位相同岗位最低档工资或者劳动合同约定工资的80%，也不得低于用人单位所在地的最低工资标准。对于在试用期内已发现劳动者不符合录用条件的，用人单位应当及时进行处理，依法运用自身的解除权限，而不应在试用期满后再以劳动者不符合录用条件为由解除劳动合同，从而造成不必要的劳动纠纷。

7. 违约金的约定

依据《劳动合同法》第25条的规定，除与用人单位为劳动者提供专项培训并约定服务期，以及与劳动者签订竞业限制并按月支付经济补偿外，用人单位不得与劳动者约定违约金。

（二）劳动合同的订立、变更、解除应遵循法律的强制性规定

1. 及时与劳动者订立书面劳动合同

企业在劳动者入职后应及时与其订立书面劳动合同，订立劳动合同的时间最迟不得超过入职后一个月。如因特殊情况在一个月内无法与劳动者订立书面劳动合同，则应与劳动者积极协商，在双方达成合意的情况下尽快补签劳动合同，并从劳动者入职之日起计算劳动合同期限。如若劳动者本人不愿意订立书面劳动合同，企业应书面通知终止劳动关系并留存相关证据，按照实际工作时间给付劳动

第五章
劳动用工合规

者薪酬。

2. 劳动合同变更以协商为原则，以单方为例外

劳动合同变更应当符合法定情形，即在双方协商一致或存在"不能胜任""客观情况发生重大变化"等足以导致合同继续履行不能的情况，企业方可变更劳动合同。劳动合同变更应采用书面形式，并加盖企业公章或合同专用章，并要求劳动者本人签字。劳动合同变更的内容应为没有履行或者尚未履行完毕的有效条款，变更后的内容必须符合法律法规的相关规定。涉及调整劳动者薪酬、岗位、工作地点时，应留存双方协商一致的证明材料，对于"不能胜任""客观情况发生重大变化"的单方变更，企业应持有合理且充分的理由和证据，不得随意作出变更决定。

3. 劳动合同单方解除应做到谨慎依规

除双方协商一致解除劳动合同外，企业和劳动者在符合法定情形时均可单方解除劳动合同，在此着重讨论企业单方解除中的即时解除和预告解除。根据《劳动合同法》第43条及《最高人民法院关于审理劳动争议案件适用法律若干问题的解释》（已失效）第13条的规定，企业单方面解除劳动合同应事先将理由通知工会并征求意见，因企业单方解除劳动合同而引发的劳动争议，由企业自己承担举证责任。因此，企业在单方解除劳动合同时，应详尽履行法律要求的必要程序并保存相关书面证据，重视工会和劳动行政部门意见，留存劳动者违规违纪行为的证据，及时签订劳动合同解除协议并完成薪酬结清工作。

（三）薪酬构成设计应兼顾合法合理与效率公平

在企业的劳动用工成本中，最大的支出部分是薪酬成本，其中包含国家法定的各种保险与福利。在知识经济时代，企业为激发劳动者潜力并主导企业的核心竞争力，必然会在薪酬成本方面存在较大的开支。如何在合法的前提下，通过削减薪酬成本为企业创造更多的利润，是企业面临的重大挑战之一。

企业作为市场主体，拥有自行投资和决策、自行经营和管理的权利，同时也面临效率、公平和合法性等一系列问题。企业的薪酬管理思路，首先要合乎相关法律法规的规定，其次要在此基础上运用薪酬规则和财务方法激励员工发挥创造性，并有效规避可能的法律风险。

由于《劳动合同法》迫使企业必须在劳动合同中约定工资标准，而劳动用工

管理又需要保证企业在薪酬上的自主权。为实现法律规定和劳动用工管理的平衡，复合式薪资结构应成为企业的首选，即在具体操作上企业将薪酬的一部分作为固定工资，在劳动合同中明确约定；同时增加薪酬中与业绩考核相关部分的比例，在等量价值、等量报酬的基础上实现奖勤治懒，奖优治劣，实现企业生产经营的降本与增效。

（四）劳动合同及薪酬合规应加强流程管控

根据《中央企业合规管理办法》第34条的规定，企业应定期梳理业务流程，将合规要求和防控措施嵌入流程，并对关键节点强化过程管控，即合规流程管控。

劳动合同和薪酬管理作为劳动用工合规的重点领域，其流程管控应以部门工作内容为基础，通过业务拆分将合规义务与工作职责有机融合。例如，在新员工入职时，人力资源部门应如实记录入职时间，同时将员工信息录入职工名册并要求签字确认，人力资源部门应于30日完成书面劳动合同的订立与交付，如有试用期，需明确告知试用期起止时间及录用条件，同时在试用期期间做好员工的考核记录；员工在职期间，如需变更劳动合同或者调整薪酬，用人单位应首先完成对变更合理性及合法性的证据收集，并就变更协议与员工进行充分协商，除具备用人单位单方变更情形外，变更协议均应得到员工的签字确认；涉及员工薪酬发放时，用人单位应留存发放凭证并保留两年备查，员工工资单双方各执一份并由员工签字确认，如员工因故不能亲自领取，代领者需提交员工本人出具的授权委托书方可领取；涉及劳动合同解除及员工离职时，用人单位应根据离职类型留存相应的书面材料，并根据规定支付相应经济补偿和办理离职手续，用人单位单方解除劳动合同在证明具备法定情形外，还需留存通知程序、协商或调岗前置程序等过程性材料。

第六章

反商业贿赂、反舞弊合规

反商业贿赂合规之路

王 轩

良好的市场环境是影响我国企业健康发展的重要因素之一,商业贿赂行为已经成为我国市场环境的"毒瘤",如果企业的商品或提供的服务是"钟",企业要使"钟"持续地运转,就必须坚守自己的理念,为适应不断变化的市场环境,企业必须进行各种创新并不断进步,而不是排斥其他一样做"钟"的企业。商业贿赂这种不正当行为手段,是以排斥自身竞争对手为目的,使自身在销售或购买商品或提供服务等活动中获得不正当利益,从而采取的向相关交易人或其代理人许诺提供某种利益,破坏市场经济的运行规则,从而实现交易目的的不正当竞争行为。

一、为什么反商业贿赂

(一)商业贿赂行为对市场经济环境带来的负面影响

我国在经过了几十多年的改革与发展,已经在健全有效的市场经济环境方面,取得了一些成绩,但客观地说,距离完善的市场经济环境还有一定的距离。其中商业贿赂这种行为,一直以来都严重影响了市场经济体制竞争的公平性。市场经济核心要义是"公平"。商业贿赂不正当行为对市场经济体制环境的影响主要体现在以下方面:

首先,商业贿赂这种不正当行为对市场经济机制的良性运行造成了严重影响,破坏了公平交易的基本原则。在良好的市场竞争机制中,诚信经营是企业在良性市场经济机制正常运行的基本条件,商业贿赂不正当行为,违背了市场经济竞争中的相互平等原则和市场准入原则。在这种商业竞争"潜规则"的趋势推动下，只要有部分企业通过这种不正当贿赂的方式快速取得了成功，大多数企业为争得发展机会和经济利益就会竞相模仿，从而营造出商业贿赂不正当行为正常化的错觉，使市场竞争体制处于一种不良发展的状态。

其次，商业贿赂不正当行为对市场经济的资源配置造成严重影响。市场经济体制下资源的合理配置，是在商业活动中共同的参加者在保证公平竞争基础上建立起来的，如果背离市场经济条件下，放松对公平竞争的要求，肆意破坏公平交易秩序，使诚信的企业在不公平的竞争中处于不利的劣势，必然会影响企业技术研发的进步和产品质量的提高。商业贿赂不正当行为严重破坏了市场经济资源的合理配置，不仅使交易的天平向行贿者和不正当一方倾斜，影响社会经济资源的合理配置，还为假冒伪劣商品提供了便捷，最终损害的是消费者的合法权益。此外，上述一系列行为，还可能会引发"蝴蝶效应"。例如，上述不正当行为会对我国社会保障体系的正常运转造成巨大冲击，特别是对医疗行业领域中的商业贿赂行为，该种不正当行为对我国社会的保障体系造成了严重影响，医疗药品价格普遍虚高，其中很大一部分费用，是用来支付相关医疗采购主管人员的高额回扣，提高了医疗相关费用的成本，加重了患者的经济负担，这样发展下去，不利于我国社会保障体系的建设。

最后，商业贿赂不正当行为会引发多项经济领域犯罪，对国家经济安全和金融管理等相关领域造成巨大威胁。当前，我国市场经济环境并没有充分地发挥其自由性，市场经济依然存在政府管控及调控的问题，因此在商业贿赂行为甚嚣尘上的情况下，相关监管商业贿赂的权力机关及依靠大型企业生存发展的小型企业都开始向上述政府监管权力机关或大型企业的相关人员进行贿赂活动，以此来为自身发展谋求不公平的机会，快速地实现企业的暴利化，从而能够在激烈的市场竞争中存活下来。久而久之，积少成多，最终使政府监管权力机关官员及大型企业高管走上了经济犯罪的不归路，是我国近年来腐败滋生的主要途径。

综上所述，商业贿赂这种行为使服务和商品的价格不再真实地反映市场供求关系和生产资料的生产成本，而是让不法分子通过不正当的行为及手段获取不公平的竞争优势。因此，通过严厉打击商业贿赂，可以维护市场经济的公平良性竞争原则，提高经济运行的发展效率，维护和保持正常的市场经济运行环境。

(二) 商业贿赂损害了社会诚信体系

商业贿赂是一种严重不诚信的行为，它破坏了整个社会诚信体系建设，让人

第六章
反商业贿赂、反舞弊合规

们失去对商业交易的信任。毋庸置疑诚信是市场经济的基础，诚信经营是市场经济企业成长的生命线，企业应当严格遵守商业道德，坚持遵循公平竞争的原则，杜绝进行商业贿赂等不诚信的行为，企业应当重视诚信经营，树立正面的企业形象，赢得市场的尊重和信任。打击商业贿赂可以保护消费者的权益，提高市场经济的透明度和公正性。此外，商业贿赂不正当行为使服务和商品的价格不再真实反映生产资料成本，导致消费者无法判断服务和商品的真实价值，从而遭受经济损失。商业贿赂不正当行为使不良商业活动参与者获得了捷径的机会，使商业交易的质量没有保障，大量不具有生产能力和不诚信的企业窃取了商业交易的重任，使市场生产能力受到阻碍甚至遭受了严重破坏，商业产业结构的发展遭受了严重的影响，同时造成了在商业经济活动中的消费者切身利益受到了破坏，从而不利于市场经济文明的建设。因此打击商业贿赂可以维护社会诚信体系，提高社会公信力，促进社会和谐稳定，企业作为社会的一员，应该履行相应的社会责任。打击商业贿赂是企业履行社会责任的一种体现，也是对社会的贡献。

（三）商业贿赂阻碍了企业高质量发展

商业贿赂阻碍企业提高服务水平和产品质量，商业贿赂通过不正当手段使企业获取快速竞争优势。如果长期依赖于商业贿赂来获得竞争优势，那么企业必然不会专注于提高服务水平和产品质量，因为这些努力终究会被商业贿赂所替代。所以，打击商业贿赂可以促进企业更加注重创新和质量还有服务的提升，推动企业良性健康的发展，增强企业的核心竞争力，也有助于维护商业环境秩序和市场秩序的良性健康发展。

综上所述，反商业贿赂的重要性不容小觑，它是创造公平竞争市场环境、保护消费者合法利益、维护社会基本诚信体系、促进企业良性健康发展和履行社会责任的重要举措。通过加强法律、法规的制定和加大执行力度、宣传教育、建立有效举报机制、加强企业自律管理和推动诚信文化建设等方面的努力，可以更加有效地打击商业贿赂行为，为市场经济健康良性有序的发展提供强有力保障。

（四）传统商业贿赂的模式

1. 招待贿赂

目前实务中常见的招待贿赂的形式包括：商务宴请、旅游、商务往来中的通行、餐饮、住宿等。我国法律并未将商务宴请等招待明确作为商业贿赂的一种形式，但在公司招待过程中却常常会混杂送礼、以埋单之名变相贿赂的情况存在。向交易对手提供旅游和外地考察机会并支付相关费用的行为也被认定为商业贿赂的一种形式。

2. 会务贿赂

会务的典型形式有以下几类：学术会议/研讨会、年会、经销商会议、培训会议、展会、会务考察、公司内部会议等。

（五）新型商业贿赂的模式

传统的商业贿赂模式包含招待贿赂、会务讲座贿赂等。随着科技的发展和时代的进步，商业贿赂的形式除了原有的给付或收受财物的贿赂行为等商业贿赂行为，还出现利用信息平台刷单炒信，利用虚拟货币等新型以合法形式掩盖非法目的的商业贿赂行为。

1. 新形式之刷单炒信

刷单行为是伴随互联网的高速发展，出现的新型隐蔽的商业贿赂形式，该种形式不仅对当事人的客观实际利益造成损害，也同样对当事人后期维权设置了障碍。网店经营者通过虚设交易，好评返利利用网络交易平台刷单，本质上是伪造产品销售数量以营造出产品知名度高、吸引更多消费者进行消费的虚假交易行为，直接导致消费者做出错误的购买交易、为遵纪守法的其他网络经营者诚信经营造成了障碍、扰乱互联网网络交易平台的经营管理秩序的同时损害社会公共大众的利益。网络经营者的刷单行为，迷惑性较强，从消费者的角度出发，很难发现其真实的产品质量，加之互联网网络交易平台的特殊性，无法现场辨别产品质量，加之消费者对于商家的初始信任取证意识淡薄，因此对于后期维权也构成了不小的障碍。

2. 新形式之利用虚拟货币进行商业贿赂

随着互联网现代技术信息的应用，出现的虚拟货币成为商业贿赂的新途径新形式。虚拟币交易隐蔽性强、存在专业技术加密等难以监管的特点，恰恰为商业贿赂创造了新的利益输送方式。

二、合规是反商业贿赂的必由之路

近年来不少知名企业因合规问题而进入公众视野，并由此在实务界和理论界

第 六 章
反商业贿赂、反舞弊合规

被广泛议论。广义上来说,"企业合规"的内涵包括公司的治理方式、行政监督激励机制、刑法激励机制等方面。例如,行政监督激励机制,是企业在接受行政调查时,与行政机关保持积极沟通,承诺进行合规整改,与行政机关达成和解,减轻企业应承担的行政责任。近年来,我国也开始探索行政和解制度,例如,中国证监会于 2015 年 2 月出台了《行政和解试点实施办法》,虽然该办法现已失效,但也一定程度上推动了我国行政和解制度的进步。

2022 年 10 月 1 日施行的《中央企业合规管理办法》(以下简称《合规办法》),更是将反商业贿赂置于企业合规建设的重点领域。商业贿赂作为严重影响企业商誉、破坏市场公平竞争的一颗"毒瘤",历来是全球打击的对象。近年来随着国内外局势的变化,反商业贿赂日渐成为企业合规的重点。

如果说竞争是市场经济运行的基础,那么公平竞争就是市场经济运行的核心。伴随市场竞争,各式各样的垄断与不正当竞争问题往往无法避免。前者使竞争无法开展,后者使竞争无序发展。因此,为了持续维护市场经济的公平竞争秩序,国家不断出台相应法律法规、司法解释等以作规制。

合规的本质在于切割及防范风险,这种风险不仅源于法律风险,更涉及企业内外合规规范,具体而言,一是企业需强制遵守的外部合规要求,二是企业选择自愿遵守的内部合规承诺。企业在设立、经营、注销的治理全过程均应重视合规风险,企业通过有效识别合规风险,才能在此基础上制订有效的专项合规计划,准确切割企业与员工、第三方之间产生的责任,将企业有效合规贯穿公司治理的全过程,顺应国家层面对公司治理新趋势的合规要求。

商业贿赂合规可以区分单位责任和员工责任,《反不正当竞争法》第 7 条第 3 款规定:"经营者的工作人员进行贿赂的,应当认定为经营者的行为;但是,经营者有证据证明该工作人员的行为与为经营者谋取交易机会或者竞争优势无关的除外。"但现行法律、司法解释均未就企业提供何种证据可以达到"无关"的程度作出明确规定。有证据证明工作人员的行为与为经营者谋取交易机会或者竞争优势无关是指,经营者已制定合法合规合理的措施,并采取有效措施进行监管,不应放纵或变相放纵工作人员实行贿赂行为。

三、合规如何避免商业贿赂

1. 日常招待中的合规

一般而言,若企业出于维系商业合作关系或自身形象目的而进行的经营管理活动，且消费金额合理的，应属于符合商业管理的合法招待行为。

企业进行商务招待应考虑的因素包括：（1）避免在一定时期内对特定的人有过于频繁的招待记录。（2）鉴于招待的过程中极易出现商业贿赂情形，公司应当对招待的行为制定详细的管理手册，对招待的标准、形式、财务要求进行具体细致的规定。（3）向交易对手提供旅游或名为考察实为旅游是绝对禁止的行为。（4）针对招待行为制定内部审批流程，可能需要参与审批的部门有法务部、合规部、财务部、市场部等。（5）按金额分为小额招待、限额内招待、超过限额招待。相应地小额招待可由业务部门直接对外发生，限额内招待需要通过公司内部的审批程序，超过限额的招待需要更高的管理层进行个案审核。（6）根据不同招待对象予以区别对待，对政府官员采取较业务合作伙伴更严格的限制。（7）限定招待发生的情形，禁止为获得交易等不正当目的进行礼品招待，如在招投标时不得向相对方送礼或招待。（8）限定招待的形式，如禁止赠送奢侈品牌产品、房子、汽车等，禁止去高档餐饮及娱乐场所进行招待。如果涉及娱乐活动，则不应触及敏感甚至是违法的娱乐活动。例如，餐饮过程中涉及按摩、赌博等。（9）禁止直接赠送现金或现金等价物（如现金卡、购物卡等）作为招待。（10）禁止员工主动向相对方索要招待。（11）确保所有招待及费用开支行为符合相对方的内部政策。（12）员工必须以公司名义提供或接受招待，不得以个人名义进行。（13）不得通过秘密方式提供或接受招待。（14）公司员工在收到交易方招待邀请时应首先征得公司同意。（15）无论提供招待还是接受招待必须根据现行有效的财务政策如实记录，且确保相对方亦如此。（16）对于外资公司或者有对外交易的公司，应该注意境外企业对于招待的法律红线。

企业进行商务宴请时应注意，首先，商务宴请的费用应当正常、合理，符合当地平均消费水平。其次，在商务宴请当中不得有其他财务和礼品往来。同时建议就商务宴请的标准与报批、报销手续制定管理手册。最后，应尽量避免宴请政府机关及事业单位、国有企业中执行公务的人员。

企业在商务往来中与邀请人产生的通行、住宿等情形时，应注意在考察、参观及参会等过程中产生的通行、住宿费用宜由被邀请人自行承担，否则容易被认定为商业贿赂的一种形式。在考察参观过程中应当严禁陪同至其他景点旅游，并支付相关费用。

企业如果邀请其他单位的人员参加本公司举办的会议、讲座，应注意，会

第六章
反商业贿赂、反舞弊合规

议、讲座的目的应当正常合理,其中的宴请应当正常合理,不得有其他财务和礼品往来。虽然法律法规无明确规定不得支付讲课费,但费用应当正常合理。对于邀请对象是政府工作人员的,一般应是公对公的行为,并且不产生讲课费。如果邀请其他单位的人员参加第三方举办的会议、讲座,应注意不得为被邀请对象支付会议费、交通费、住宿费等任何费用。

2. 企业会务中的合规

进行会务合规,尤其注意以"会务费"的名义出账后由公司相关人员以会议赞助、科室聚餐、赠送礼品等形式给付至相关人员的情况发生。

企业举办会务是否属于商业贿赂行为考量的因素包括:商业目的是否合法、正当;商业行程有无娱乐活动和旅游;参会者选择机制是否合理;合同、财务账簿、照片等文件是否保存完好;是否承担合理差旅、住宿费。

企业会务活动合规应当注意,相关活动应真实、合法、合理。真实存在的合同、发票及相关收费凭证、相关业务部门的计划及说明、会议记录及会议报告、其他相关记录(包括但不限于照片、视频、音频、宣传册)是证明会务真实性、合法性和合理性的有效途径。还应注意,企业举办会务不能人数虚假、参会人员造假、多报销会务花费。关于企业举办会务还应考虑会务费是否合理。从"质"上看,需提供完整的会务费证明材料,包括会议通知、会议内容、出席人员、费用标准、支付凭证等;从"量"上看,企业在会务费中列支的相关费用必须有量度的考量。过度铺张致使过高的人均开支标准、过于频繁的相似会议的支出是不合理的;特别注意应实质重于形式,不能借会务费之名虚列费用。

企业在举办会议的过程中,应当注意以下合规要点:会议应当有正当合理的商业目的;会议中仅包含商业行程,无娱乐活动和旅游;参会者选择机制要合理;仅承担合理的差旅、住宿费;会议的合同、财务账簿、照片等文件要保存完好。

3. 其他利益形式中的合规

在企业业务往来中,为促进积极的业务合作关系,企业经常会在产品销售过程中为购买其产品的相对方提供折扣与返利,折扣与返利均为商品购销中的让利行为。

(1)折扣与返利

在给予折扣与返利的过程中存在以下行为,则可能被认定为商业贿赂:①不入账或者计入错误的账册；②假借折扣、促消费、推介费、广告费、劳务费、咨询费、宣传费、科研费等名义给付回扣，抑或以赠送实物（产品）的形式给付回扣。

对于折扣而言，应当严守"明示 + 如实入账"的要求；对于返利而言，应当严守"明示 + 如实入账 + 不得无条件给予"的要求。经营者如果是个体工商户，也应当注意对日常的经营进行记账，特别是销售款及相关折扣与返利的登记台账，防止因未记账而被处罚。应依照《国家工商行政管理局关于禁止商业贿赂行为的暂行规定》第6条的规定严格把握折扣与返利的形式，避免假借折扣与返利之名行贿赂之实。如果给予折扣与返利的目的在于排斥正当竞争，则也可能构成商业贿赂。"如实入账"应当根据财务有关规定进行记录，不得有不计入财务账、做假账或转入其他财务账的行为，如果记录不当，例如接受折扣与返利的经营者将折扣与返利计入公司利润，也是不合规的处理方式。除了现金形式的折扣与返利外，实践中还经常存在实物形式的折扣与返利。

实物形式的折扣与返利应当注意以下合规要点：实物形式的折扣与返利，必须与销售具有紧密联系；作为折扣与返利的实物应当是以某种方式与销售交易中的实际产品相关联的；作为折扣与返利的实物的价值应当合理并与相关销售交易的价值保持在合理比例。

（2）佣金

在企业经营交易活动中，企业是可以明示方式向交易相对方或中间人支付佣金的，企业应当如实入账，接受折扣、佣金的经营者也应当如实入账。企业应与具有合法经营资格的中介服务企业或个人签订代办协议或合同，并按国家有关规定支付手续费及佣金。除委托个人代理外，企业以现金等非转账方式支付的手续费及佣金不得在税前扣除。企业为发行权益性证券支付给有关证券承销机构的手续费及佣金不得在税前扣除。企业做好佣金相关合规，应当严格把握佣金的支付对象是中介、经纪人或者代理，而不能是客观中立的第三方或对消费者有影响力的第三方。在实务中，中介、客观第三方、受交易相对方委托的第三方以及对交易相对方有影响的第三方应当进行严格的区分。提供佣金服务，应当具备"佣金服务"的服务范围，如果是针对特定行业的居间服务（如房产、拍卖、艺人经纪等），则还需要具备特定的资质。中介、经纪人或代理人应当在从事代理或推荐业务时明示身份，告知消费者其是作为经营者的代理人。若不明示身份，以第三

第六章
反商业贿赂、反舞弊合规

方的态度向消费者推荐商品或服务后,从经营者处获取佣金的,容易被认定为商业贿赂。向交易相对方有影响力的个人或机构支付费用,视为商业贿赂。例如,当实际消费者是学生、病人或旅游者时,向学校、医院或导游支付推荐费等类似费用,均认定为商业贿赂。支付或收取的佣金,应当按照财务规定做入账处理,而且计入的账目应当符合要求;企业不得将佣金支出在财务账目中计入回扣、业务提成、返利等费用;企业支付的佣金不得直接冲减合同金额。

(3) 捐赠

企业捐赠行为应符合《公益事业捐赠法》以及其他有关规定,明确并如实入账,不得损害其他经营者合法权益,不间接与商品交易挂钩,并且必须用于公益事业。以捐赠为名,通过给予财物获取业务、交易机会、优厚条件或者其他相关经济利益的,属于商业贿赂。

企业为避免捐赠行为被相关行政机关认定为商业贿赂,捐赠行为在我国只能严格按照《公益事业捐赠法》的规定执行,并应符合以上合法性要求。在我国法律和实务操作的范畴下,完全合规的捐赠行为必须在目的、受赠主体及捐赠程序上符合以下要求:

首先,捐赠目的合法。捐赠行为必须是为公益性的目的,且是自愿和无偿的。典型的公益性目的有救助灾害、救济贫困、扶助残疾人,教育、科学、文化、卫生、体育事业,环境保护、社会公共设施建设等。在实践中,捐赠是否出于公益性目的,往往由相关行政机关依据其自由裁量权并结合一定的客观因素来判定,如若受赠人与捐赠人间存在历史的商业交易或潜在的合作关系,或捐赠财物被用于某些商业用途的,则该等捐赠行为有可能会引起相关监督机关的注意并被认定为商业贿赂。

其次,受赠人身份合法。只有公益性质的社会团体或从事公益事业的不以营利为目的的事业单位可以作为合法的受赠人。前者如基金会、慈善组织等社会团体,后者如教育机构、医疗卫生机构、科学研究机构、社会公共文化机构等,其业务范围和性质应能体现公益性质的宗旨,且捐赠财产用途应符合该等宗旨并仅用于发展公益事业。同时,机构必须以机构法人的名义接受捐赠,而不得由机构内部的职能部门或人员以自己的名义接受捐赠。此外,值得注意的是,一般而言政府部门不得作为受赠人,政府行为所需的财政支持应当走政府内部的行政审批程序,而不应向外部的企业索取。当然,也存在例外情形允许政府接受捐赠,即在发生自然灾害时或境外机构捐赠时，县级以上人民政府及其部门可接受捐赠，但不得以本机关为受益对象。

最后，捐赠程序合法。捐赠人与受赠人应事先签订捐赠协议，明确捐赠财产的种类、数量、价值、用途及双方的权利义务。捐赠人和受赠人都必须根据财务制度如实入账，受赠人应向捐赠人开具合法有效的捐赠票据，且受赠人与收款人应保持一致。此外，受赠人应对捐赠财产按照约定使用并接受监督。同样地，程序不合法也有可能导致捐赠行为被认定为商业贿赂，例如行政监督机关在查案时往往以财务票据和会计账簿作为切入口，不如实入账有可能被认定为假借捐赠为名进行利益输送。

（4）赞助

企业对与经营者有业务往来关系的对象，无论是否正在交易的业务，都严禁收受或支付各类形式的赞助费，严禁以各种名义向对象支付费用。企业应该在决定赞助学术会议前对活动的真实性、正当性及合法性进行审核，包括对活动的招商函、请捐函、项目书等文件进行审核，以及对受助主体和/或活动供应商进行尽职调查。企业与受赞助主体签订合法、规范的合同以明确双方权利义务。合同主体、受助主体以及招商函出具和盖章主体应该保持一致，并就受助资金用途及反腐败条款等进行明确约定。企业应要求受助主体承诺所有款项的使用均被充分、准确、完整地予以书面记录入账，并在本项目结束后一定时间内妥善保管。同时，合同应允许指定的审计人员获得任何受助主体与学术会议赞助合同有关的交易账簿、文件、公文和记录。企业在赞助的学术会议等活动结束后，要求相关执行人在公司规定的时间内收集并提交项目履行证明。提交的证明文件包括但不限于活动/项目成果照片、实际费用使用情况、符合法律法规开具的票据等。除此以外，对于具备一定条件的企业，还可以选择对赞助学术会议以抽查方式选派合规人员进行现场监督与视察。

四、商业贿赂法律未来严监管趋势

（一）商业贿赂涉及的刑事犯罪立案标准降低

根据《最高人民法院、最高人民检察院关于办理商业贿赂刑事案件适用法律若干问题的意见》，商业贿赂犯罪涉及刑法规定的八种罪名："1. 非国家工作人

第六章
反商业贿赂、反舞弊合规

员受贿罪；2. 对非国家工作人员行贿罪；3. 受贿罪；4. 单位受贿罪；5. 行贿罪；6. 对单位行贿罪；7. 介绍贿赂罪；8. 单位行贿罪"，而实践中除上述八种罪名提到的个人或单位行为外，其他一些商业来往中的个人行为或单位行为亦可能涉及其他刑法罪名。其中，非国家工作人员受贿罪、受贿罪、利用影响力受贿罪、行贿罪、介绍贿赂罪只有个人犯罪。单位行为所涉及的罪名，在量刑时均采取双罚制，即同时对单位和直接负责的主管人员、其他直接责任人员进行处罚。仅有国家机关、国有公司、国有企业、事业单位、人民团体可能构成单位受贿罪，民营企业不符合该罪的主体要件。

2022 年《关于公安机关管辖的刑事案件立案追诉标准的规定（二）》将非国家工作人员受贿罪、（个人）对非国家工作人员行贿罪的一般立案追诉标准由 2016 年《关于办理贪污贿赂刑事案件适用法律若干问题的解释》规定的 6 万元以上，下调至 3 万元以上。

上述文件的出台降低了商业贿赂的刑事犯罪追诉标准，进一步加大对"非国家工作人员"职务犯罪的惩治力度，这无疑拉近了企业与商业贿赂违法犯罪红线之间的距离。

如图 1 所示，这是近年涉及商业贿赂案件的刑事犯罪案件统计情况，从图 1 得知除疫情原因的影响，商业贿赂刑事案件的数量体现了逐年上升的势头。

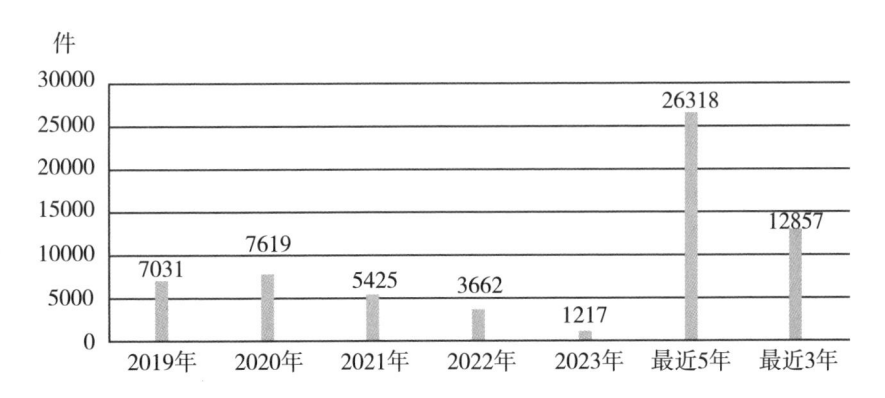

年份	件数
2019年	7031
2020年	7619
2021年	5425
2022年	3662
2023年	1217
最近5年	26318
最近3年	12857

图 1　商业贿赂犯罪案件统计情况

数据来源：威科先行。

（二）商业贿赂的行政处罚力度加大

2022 年，根据市场监管总局公布的数据显示，查办各类不正当竞争案件为

9069件、罚没金额约为6.2亿元[①]；自2018年以来，商业贿赂高发行业主要集中在旅游、医疗器械、医药等领域，同时医美、家装设计、餐饮、教育行业的相关行政处罚数量也有明显上升。市场监督管理部门的线索来源丰富多样，包括举报、投诉、日常检查等。商业贿赂行为呈现出新老交杂的情况，常见行为主要体现为将贿赂金额和销售金额明确挂钩，新型认定方式也不断出现。根据《反不正当竞争法》第19条之规定，"经营者违反本法第七条规定贿赂他人的，由监督检查部门没收违法所得，处十万元以上三百万元以下的罚款。情节严重的，吊销营业执照。"行政处罚主要针对公司，对于违法所得一般予以没收。在严重不良影响的案件中，市场监督管理机构会依据新《反不正当竞争法》作出吊销营业执照的处理。

2017年11月修订的《反不正当竞争法》对商业贿赂等处罚条款进行了修订。其中最重要的修订在于将违反商业贿赂行为的行政处罚罚款从1万元以上20万元以下大幅提高至10万元以上300万元以下，并增加吊销营业执照等更为严厉的处罚手段。据此，企业应当做好商业贿赂风险防范的全面规划，高度重视企业合规体系建设，规避经营活动中存在的商业贿赂法律风险。《反不正当竞争法》从处罚罚则上来看越发严厉，不仅对新增的违法行为类型配套设置了相应处罚规则，同时对传统不正当竞争行为，也适当地将罚款金额提高了上限。

五、结语

商业贿赂确实在短期会使企业获得效益，对于企业趋利的这种特性，需要外部的力量帮助纠正企业的行为。通过引导，企业能够更加有效地达成自己的目标。因此，反商业贿赂的企业合规就是对引导企业的外部力量，是保障企业"钟"运行的必由之路，企业应做造钟师，不要做报时人。反商业贿赂合规体系建立的根本目的在于以制度建设为企业构筑一道反商业贿赂"防火墙"，在公司业务的各个环节防微杜渐，将商业贿赂扼杀于萌芽状态，真正做到以合规赋能企业发展。

[①] 参见https：//www.samr.gov.cn/xw/zj/art/2023/art_2c0b4cf0599f4f08b3b2e169c64a670a.html，最后访问日期：2024年7月2日。

中国企业海外"反腐败"合规指引

满 莹

我们国家企业境外投资面临多种的法律风险，有些风险显而易见，但是有些风险犹如海面以下的冰山，不易被企业发现，但是潜伏着巨大的风险。反腐败问题就是其中之一。各国对于反腐败问题有着不同的法律规定，甚至在有些国家，腐败问题是一项长期难以解决的顽疾。但是中国企业"走出去"，就必须了解海外反腐败的相关规定，尤其是面对一些国家"长臂管辖"，一些企业因为触发"反腐败"风险，被处罚甚至被相关机构制裁，给企业自身以及关联公司造成了巨大的损失。

贪污腐败最根本的危害在于造成人们对所处环境体制机制的不信任，阻碍市场公平、高效地运行。当然，公权私用，侵犯公众的利益、危及国家财产安全，也是贪污腐败给社会造成的重大危害。

为帮助私营和公共组织有效管控贿赂行为，国际标准化组织于 2016 年 10 月发布了 ISO 37001《反贿赂管理体系要求及使用指南》。现已在全球 56 个国家 800 多个私营和公共组织实施。

根据《反贿赂管理体系要求及使用指南》的规定，"贿赂"是指无论在任何地方违反适用法律直接或间接地提供、承诺、给予、接受或索取任何价值的不当好处（可以是财务或非财务的），以作为一个人履行其职责或阻止其履行职责的诱惑或奖励（ISO 37001 3.1 条款）。该标准包括行贿（提供或支付贿赂）以及受贿（索取或接受贿赂）。它包括政府官员贿赂，也包括公司或协会等民间组织的人员贿赂。常见的贿赂形式包括：赠送财物，包括任何馈赠、贷款、费用、回扣、佣金或报酬，其形式为金钱、任何有价证券或任何种类的其他财产或财产性利益；提供职位、受雇工作或不当合约利益；将任何贷款、义务或其他法律责任全部或部分予以支付、免却、解除或了结；行使或不行使任何权利、权力或职责；其他财产性或非财产性利益。几乎所有形式的贿赂可直接进行，或通过业务伙伴如代理商或者合作伙伴等间接进行。

一、相关公约及法律规定

1. 《联合国反腐败公约》

《联合国反腐败公约》作为全球反腐败的法律基石，于2005年12月14日正式生效实施。2005年10月27日我国在第十届全国人大常委会第十八次会议审议并批准了该公约，同时声明：中国不受公约第66条第2款的约束。《联合国反腐败公约》是迄今为止关于治理腐败最完整且具全球性、综合性和创新性的国际法律文件，对腐败犯罪的界定、腐败利益的剥夺及反腐败国际合作议题的严谨规定，不仅为国际社会反腐败提供了基本法律指南，而且在世界范围内倡导了治理腐败的科学理念和长远策略。

2. 世界银行的规则

世界银行（The World Bank），是世界银行集团的简称，国际复兴开发银行的通称，也是联合国的一个专门机构。由国际复兴开发银行、国际开发协会、国际金融公司、多边投资担保机构和国际投资争端解决中心五个成员机构组成。世界银行向发展中国家提供贷款和投资支持，同时要求项目参与者在采购过程中和履行项目合同时遵守最高的道德标准。世界银行颁发了一系列文件，其中就包含关于"反腐败"方面的内容，比如《世界银行集团诚信合规指南》《世界银行反腐败指导方针》《世界银行采购指导方针》《世界银行借款人选择和聘请咨询顾问指导方针》《世界银行政策：欺诈与腐败》《世界银行制裁程序》《世界银行制裁委员会规则》《世界银行制裁指南》《国际复兴开发银行贷款和国际开发协会信贷采购指南》等。如果企业违反了世界银行的规定，则企业以及关联公司将面临世界银行的制裁。

3. 美国《海外反腐败法》

1977年12月19日，美国通过了《海外反腐败法》。自1977年至今，美国多次对《海外反腐败法》进行了修订，增加了相关的内容。它的主要内容分为两个

第六章
反商业贿赂、反舞弊合规

部分：禁止对外国公务人员行贿和确保会计的透明性。《海外反腐败法》规定禁止以下三类主体向外国官员实施贿赂：证券发行人及其管理人员、董事、职员、代理人或股东；美国国内实体及其管理人员、董事、职员、代理人或股东；以及在美国境内通过代理或者亲自实施贿赂外国官员行为（包括提供、承诺或授权支付）的外国个人或实体。而第二条所指的"国内实体"，则是指任何美国公民、国民或居民，以及任何根据美国州、属地或联邦法律设立的，或主要营业地点在美国的，公司、合伙、团体、股份公司、商业信托、非法人组织或个人独资企业。即便代表该实体行事的管理人员、董事、职员、代理人或股东是外国人或公司，也受到该法律约束。美国实行"长臂管辖"政策，只要满足了和美国发生了任何联系，只要有哪怕一点点"美国因素"，美国都具有管辖权，因此，即便是非美国企业和非美籍人员都有可能会面临被美国调查、起诉甚至境外逮捕的危险。

近年来，随着"一带一路"国家倡议的深入实施以及鼓励中国企业"走出去"，有着越来越多的国内企业看好"一带一路"共建国家的发展机遇，从扩大企业影响力、扩大企业经营业务目的，开始积极制定和实施自己的"走出去"目标，包括开发国际市场、运作国际项目，以及多年前中国企业就开始运作的对外承包工程项目、绿地投资项目、收购项目、融资项目以及劳务合作项目等。但是，由于境外的法治环境与国内有着较大的差别，很多企业在"走出去"时茫茫然，没有进行充分的境外法律法规的研究以及境外法治环境的调查。尤其是在一些国际工程承包领域，国内企业在境外缺少充分的人脉资源，进而往往会选择聘用当地的具有一定国有公共关系资源的人员作为项目代理人，帮忙与客户或当地的政府部门进行联络，利用项目代理获取项目。这种方式在境外投资非常普遍，也无可厚非。但是项目代理人从中国企业处获取的代理费或佣金，其中相当一部分将可能成为向项目审批决策人输送利益的贿赂金。尤其是美国作为国际货币，在境外具有很大的认可度，通过美国的支付系统或者美国的通信系统完成所谓的"交易"，都可能成为美国《海外反腐败法》关注的"美国"连接点。

事实上，美国的《海外反腐败法》针对对象早已经从美国企业转向了"他国企业"，《海外反腐败法》早已成为打击其他国家外海利益扩张的法律工具。在中美博弈的今天，中国的国际影响力以及中国企业的实力已经严重地影响了美国全球经济霸权。在百年未有之大变局的格局下，中国政府坚持推进并实施"走出去"和"一带一路"倡议，我国"走出去"的企业势必将成为美国重点关注对象，这应引起我国国家和企业的高度重视。可见，中国企业在美国《海外反腐败法》下将面临严重的法律风险，中国企业应当引起足够的重视。

从相关的规定来看，符合以下条件的中国企业与自然人受到《海外反腐败法》的管辖：(1) 由中国公民在美国境内设立的公司；(2) 由中国公司在美国境外设立（如离岸公司）但在美国直接发行股票上市的公司，包括通过场外交易市场交易股票的公司；(3) 依照中国法律设立但通过美国存托凭证（ADR）在美国上市的中国公司；(4) 依照中国法律设立但主要营业地在美国的中国公司；(5) 以上这些公司中具有中国籍的管理人员、董事、职员或代理人或代表该公司行事的股东；(6) 依照中国法律设立、未在美国以任何形式交易股票、主要营业地也不在美国境内的中国公司，其任何管理人员、董事、职员或代理人或代表该人行事的股东，在美国境内从事任何有助于腐败的行为，比如通过美国银行转账腐败款、通过美国电信公司或网络服务商接收或发送任何与腐败行为相关的电话、短信、电邮，甚至是微信等；(7) 受到美国母公司或自然人控制的中国子公司及中国子公司的员工。尤其是 (6) 规定的使用美国银行转账、通过美国电信公司或网络服务商进行相关的"腐败行为"都会导致产生"美国"连接带，进而触发美国的"长臂管辖"。

《海外反腐败法》中对于"反贿赂"条款的规定比较宽泛，比如，它将非美国政府官员、政治候选人、政党以及联合国或世界银行此类国际公共组织的官员也列入禁止收受腐败款项或有家物品的名单。通过行贿来获取合同、业务、批准、有利的公文、机密信息或其他不正当利益都是《海外反腐败法》规定的禁止行为。

同时，该法律还规定了"会计条款"，该条款主要针对的是美国上市公司和其他"发行人"，要求此类公司必须持有准确的账簿和记录，并具备有效的内部控制体系。如果账簿中出现隐瞒或欺诈行为，比如隐瞒了"贿赂咨询金"，或者公司持有不正当的资金，就会被指控为会计违规。在此情形下，即便执法部门没有获取企业实施贿赂行为的证据，也可以公司会计违规为由，要求公司承担责任。例如，在美国上市的公司如果没有对其商业伙伴进行反腐败尽职调查，即使执法部门没有证据证明该公司的合作伙伴有商业贿赂的行为，也可以追究上市公司的责任。

美国实行"长臂管辖"，对管辖权进行大量的扩大解释，主要用于起诉在全

第六章
反商业贿赂、反舞弊合规

世界范围内违反《海外反腐败法》的企业和个人，无论该行为是发生在美国境内还是境外，也无论行为人或企业是否为美国国籍或美国注册。这一点对于"走出去"的中国企业尤为不利。

如果企业或个人违反了美国《海外反腐败法》，可能会导致企业或个人面临巨额的罚款、没收利润、暂停或取消与政府签订的合同、取消出口特权、刑事处罚以及任命合规监督员用于监督企业后续的经营行为。以上所有处罚结果，对于企业而言，往往都是致命的，轻者企业利益严重受损，重者直接导致企业破产。很多公司在被美国执法机关调查后，不得不支付数亿美元的罚款，一些企业的高管也因此受到刑事处罚被判处监禁。与此同时，美国的执法机关还会以调查中发现的其他相关事实，追究企业的欺诈、洗钱等法律责任，以及可能会引发其他的衍生诉讼。

4. 英国《2010年反腐败法案》

英国《2010年反腐败法案》于2010年4月8日获得英国女王御准并于2011年4月生效。《2010年反腐败法案》取代了英国原有的关于反贿赂的条文法和普通法规则，并且由刑事检控专员、英国严重欺诈办公室和英国税收海关监察办公室三方联合执法，其规定涉及一般贿赂犯罪和预防商业机构贿赂失职犯罪两个方面，包括行贿罪、受贿罪、贿赂外国公职人员罪、预防商业机构贿赂失职罪。该法律被称为目前全世界最严厉的反腐败法律。

二、对企业的影响

企业一旦被认定存在违反美国《海外反腐败法》的相关行为，处罚执法机关将会对企业进行经济处罚、刑事处罚以及其他调查，对企业产生严重的连锁反应。

1. 被调查企业需要承担高额的处罚

根据美国《反海外腐败法》的规定，执法部门是按照违法的次数对企业和个人进行处罚的。对于企业每出现一次违反贿赂条款的行为，美国执法部门对企业可处以最高200万美元的罚款，对违法公司的管理人员、董事、股东和代理人处以最多25万美元的罚款，并可以对个人处以5年以下的监禁。

对于企业每出现一次违反"会计条款"的行为，美国执法部门可以对企业处以最高2500万美元的罚款，对违法公司的管理人员、董事、股东和代理人可以处以最高 500 万美元以下的罚款，并对个人处以 20 年以下的监禁。

同时，如企业出现多次违法行为，罚款金额是可以进行累加计算的。这样一来，处罚的金额可能就高达几千万美元甚至数亿美元。这对企业来说都是巨大的经济损失。

2. 触发其他调查程序

违反《海外反腐败法》引发经济处罚之后，还可能给企业带来更多的司法调查。这对于企业来说往往更加致命。从公布的案例来看，美国的执法部门认为一些企业在违反《海外反腐败法》的同时，也违反相关的出口管制、税收、反洗钱、欺诈等其他法律规定。执法部门在进行调查之后或调查的同时，会引入多个执法部门对该企业展开调查，进而触发对企业的更多的处罚。

3. 对企业的名誉和信誉产生负面影响

对于企业来说，一旦其被美国执法部门进行处罚，将会对其企业名誉和商誉产生严重的负面影响。尤其是近些年我们中国的企业刚刚开始"走出去"的步伐，处于一个逐步做大做强的时期，这个时候出现了违反《海外反腐败法》的行为，进而引发处罚，不仅要承担巨额的罚款，相关的高级管理人员还会面临刑事处罚。更为重要的是，处罚的结果将会带来一系列的连锁反应，会给企业在国际上的业务开拓、融资贷款以及投标产生严重的负面影响。引发投资者、合作伙伴对于中国企业的经营能力、职业操守的严重质疑。

三、近年发生的案例

1. 2021 年 6 月 16 日，世界银行发布了对一家中国公司的处罚禁令，处罚的原因是该企业存在以下违规行为：该企业的代理和分包商存在向政府官员行贿的行为；该企业对需要调取的资源和信息进行了虚假陈述。鉴于该中国企业发生了上述违规行为，世界银行决定对其采取两年禁令，在此期间，该公司将没有资格参与世界银行集团资助的项目和业务。

2. 美国康宝莱营养有限公司案件

美国康宝莱营养有限公司因违反《海外反腐败法》，被美国政府调查。案件的起因是该公司为了获取、保留和增加其在华业务而伪造账簿和记录，向中国政府官员行贿的计划。康宝莱公司与美国司法部门达成协议，同意继续与美国政府合作，对康宝莱、其高管、雇员或代理人进行任何持续或未来的刑事调查。另外

第六章
反商业贿赂、反舞弊合规

康宝莱同意加强合规管理,并向美国证券交易委员会(SEC)支付 5500 多万美元和大约 6700 万美元的刑事处罚。

3. 高通公司案件

2015 年,高通公司因为涉嫌向中国官员亲属提供职务,用于影响中国政府决定是否选择该公司的移动技术产品,而被美国证券交易委员会调查。美国证券交易委员会经过调查发现并认为:高通公司存在以通过提供礼品、安排旅游和其他娱乐的方式,企图影响在电信公司的大部分官员,进而使高通公司在电信领域获得业务优势。同时,高通公司在其公司账簿和记录中将用于行贿的金额记录为正常的商业费用,且该公司没有充分和严格的内部控制系统检测出以上非法付款行为。根据美国证券交易委员会披露的信息,高通公司存在的违规行为包括:向中国官员的家庭成员提供全职工作和带薪实习机会,以便在中国获得或保留业务;高管点名指定录取某名实习生;代表某中国官员的儿子向一所美国大学提供了 75000 美元的研究经费,还为他提供了实习及转正工作;为某中国官员留美的儿子提供了 70000 美元的低息贷款以购买房屋。

最终,2016 年 3 月 1 日,高通公司同意支付 750 万美元,以解决违反《海外反腐败法》的指控。

4. 摩根士丹利前高级管理人员案件

2012 年 4 月 25 日,美国证券交易委员会指控摩根士丹利的一位前高级管理人员违反《海外反腐败法》。

根据美国证券交易委员会披露的情况,Garth R. Peterson 曾担任摩根士丹利房地产投资和基金咨询业务董事总经理,他在多年间安排摩根士丹利基金向一些官员支付了 180 万美元以上的非法费用,并伪装成摩根士丹利基金支付给第三方的合理费用;还暗中安排了中国政府官员和律师获得上海房地产权益。在此期间,摩根士丹利公司对 Garth R. Peterson 发出过 35 份以上的合规提醒。最终,美国证券交易委员会指控了这位前高管个人而放过了摩根士丹利公司,因为美国证券交易委员会认为该公司已经尽到合规检测和审查义务。

四、合规建议

企业面临的反腐败的合规要求越来越严格,因此,反腐败已经成为中国企业经营和发展中不可回避的问题。考虑到一旦因反腐败问题受到调查和制裁,将会给相关企业带来不可估量的损失，因此，我们应当未雨绸缪，将"反腐败"问题列为合规的重点问题。

首先，提高风险识别能力。

企业海外运营面临的风险往往比国内经营的风险更大，不确定性也更多。公司海外运行对当地的法律法规不熟悉是造成风险的最主要原因，因此企业提高风险识别能力对于企业提升跨境合规管理水平极为重要。一方面，企业要聘请外部法律顾问咨询、持续跟踪监管机构发布信息，以及参加行业组织研讨等方式获取了解外部监管政策的变化，识别合规风险企业；另一方面，企业内部也要建立必要的制度和流程，识别新的和变更的合规要求。同时，企业应根据其规模、目标、面临的市场环境及风险状况对合规风险进行评估，设定评价标准以及合规风险管理的优先级，以助企业集中资源优先处理更高级别的风险，并对识别评估出的合规风险采取恰当的控制措施。

其次，企业应当加强内部合规培训。

合规培训，是帮助企业全体员工提升合规风险意识、落实企业合规管理制度、建立合规管理文化的重要途径。企业应高度重视对员工进行合规培训。从事海外经营相关工作的部门和驻外分支机构的所有员工，均应接受合规培训，了解并掌握企业的合规管理制度和风险防控要求，对高风险领域、关键岗位员工应有针对性地进行专题合规培训。

企业如何做好
反商业贿赂合规、反舞弊合规

王 轩

在实践中，各企业可以根据公司规模、行业特点以及商业贿赂风险大小，搭建适用于企业自身的反商业贿赂合规体系。本文结合为国内多个大型企业提供法律服务的经验，从以下几个重点维度介绍如何构建反商业贿赂、反舞弊合规体系。

一、构建合规组织架构

组织架构是一个企业的核心，它决定了组织的成功与否，它是组织遵循的规则、程序和流程的综合体，是组织的发展方向和能力的重要支撑。有效的组织架构可以帮助企业明确目标和使命，有助于组织实现高效运作，从而提高企业的竞争力。组织架构可以明确职责分工，实现团队合作，提高企业办公效率。因此合规组织体系的架构建设重要性无可辩驳，它可以引导企业发展，根据企业规模大小，设立专门的反贿赂合规管理岗位或工作团队，配备专业力量。其中小型规模企业可以设立专职或兼职合规岗位；中型规模企业可以设立专职合规岗位或者合规工作团队；大型企业必须设立合规工作团队，同时聘请外部专家顾问协助开展合规管理工作。商业贿赂是企业内部高发的法律风险，极易滋生于企业高级管理层中，设置合规部门，有助于确保合规部门与市场部门、采购部门、财务部门、人力资源部门等可能与反商业贿赂职能产生利益冲突的业务部门、职能部门相分离，防止合规部门在调查、处理商业贿赂线索过程中受到干预，甚至再次发生贿赂事件。

合规组织建设主要是建立全方位的风险管理体系，包括风险甄别、风险报告、决策、风险规避、全程监控等在内的全方位风险管理体系。如果组织体系不健全就会导致在风险管理工作缺少合适的管理环境，很难开展具体的有深度的风险管理工作。建立和完善合规组织体系建设，具体可以从以下几个方面进行：

首先，要明确合规管理主体，即谁来负责合规管理工作。一般情况下，合规管理主体应该是公司的高层管理者或者合规部门负责人，他们负责制定合规管理制度，并监督制度的执行。

其次，制定一系列的合规管理制度和规章制度，明确各个环节的职责和要求，确保各项工作的规范性和有效性。这些制度应该覆盖公司的各个业务领域和流程，同时应该具有前瞻性和及时性，能够应对可能出现的合规风险。

再次，合规管理体系应该建立规范的运行机制，包括定期进行合规培训、合规检查、合规审计等，以确保合规管理制度得到有效执行。同时，还需要建立有效的信息沟通机制，使公司内部各个部门之间的合规信息能够及时、准确的传递和共享。

最后，合规管理需要全员参与，因此需要培养一种合规文化，让员工认识到合规的重要性，并积极主动地参与到合规管理中来。这可以通过开展合规宣传、教育、培训等活动来实现。此外，利用现代信息技术手段，建立合规管理信息系统，可以提高合规管理的效率和规范性。

总之，合规组织体系建设需要高层管理者高度重视，全员参与，通过明确职责、健全制度、规范机制、培育文化和推进信息化等多种手段，全面提升公司的合规管理水平。

二、制定合规规章管理制度

合规管理制度要着重从以下几个方面来进行制定，有效制度的制定，才能有理可循，有法可依。具体如下：

（1）明确商业贿赂风险的识别、监测和纠正责任，建立本单位反贿赂合规管理的岗位责任体系。

（2）建立商业贿赂线索报告机制，要求本单位全体员工履行掌握的商业贿赂线索的及时报告义务，按照线索举报管理要求，做到严格保密和及时报告。

（3）按照PDCA管理方法，以半年度或一年度为单位，建立反贿赂管理的"计划（P）—执行（D）—检查（C）—处理（A）"的闭环管理机制，建立反

第六章
反商业贿赂、反舞弊合规

贿赂合规管理的动态运行机制。

（4）建立责任追究机制。对涉嫌商业贿赂的各种舞弊行为加大调查和追责力度，严肃处理涉嫌商业贿赂犯罪的直接责任人和间接责任人，提高反贿赂管理的严肃性。

（5）建立反贿赂合规管理考核评价机制，对合规责任的落实情况进行考核评价，对落实责任不到位的情况进行问责。

随着合规逐渐成为企业的日常工作，合规不能仅依靠公司的法务或者合规部门。根据各大企业的实践操作，反商业贿赂合规管理工作可以总结为以下几个方面：

首先，由企业业务部门和职能部门各自承担本部门合规管理制度的建设，并负责本部门经营管理行为的合规审查，及时向合规部门报告商业贿赂风险线索，在反商业贿赂风险防范工作中起"前哨"作用。

其次，企业合规部门承担合规统筹职能，具体包括所有规章制度、重大合同和重要决策的合规审查，对商业贿赂行为进行调查并出具处置意见，组织开展反商业贿赂合规业务培训，提供合规法律咨询，是反商业贿赂工作中的"指导专家"。

最后，企业纪检监察等监督部门可以按照内部规定监督业务、职能等各部门是否符合合规要求，并对商业贿赂行为进行调查、追究责任，坚守反商业贿赂工作的最后保障。

三、建立合规风险识别及审查监管体系

风险识别是为了更加有效地规避商业贿赂风险，可以结合企业可能发生商业贿赂风险的领域，制定商业贿赂风险清单，如员工招聘领域、礼品与招待领域、投资并购领域、广告宣传领域等。具体来说，就是将各部门对内管理、对外经营过程中具有商业贿赂风险的行为以"负面清单"的形式列出，使企业在合规过程中有章可循。

比如上述构建合规组织架构，如果没有建立就会造成企业合规风险，企业组织架构防范引发的风险识别主要为：企业未建立相关制度，相关制度未得到有效运行，出现挪用资金、职务侵占、伪造公司印章等情形。

审查监管是由于商业贿赂可能渗透在公司业务的各个方面，企业各部门在制

定反商业贿赂合规工作制度时,可以以"审查监管"的方式将反商业贿赂合规嵌入销售、采购、招聘、投资等每项环节,确保反商业贿赂合规贯穿企业运营全过程的所有重要节点,合规工作得以环环相扣,从而帮助企业更高效、更准确地识别风险并进行相应整改。

表1列举了企业中具体的相关业务部门如何做风险识别和风险的应对。

表1 业务部门风险识别及应对

控制领域	识别风险	风险应对
组织架构	1. 企业未建立相关制度。2. 制度未有效运行。3. 出现挪用资金、职务侵占、伪造公司印章等情形	1. 建立和完善相关企业管理制度。2. 对已经出现风险的问题予以应对,包括刑事控告
人力资源	1. 未签订相应保密协议。2. 不相容职务未分离。3. 出现泄露商业秘密、侵占公司资金、商业贿赂等情况	1. 签订保密协议。2. 建立商业秘密及知识产权保护相关制度。3. 对已经出现的风险进行应对,包括刑事控告
安全生产	1. 未建立相关制度。2. 未对员工进行安全培训。3. 出现重大责任事故	1. 建立相关安全生产制度。2. 对被刑事追诉的企业主提供辩护
产品质量	1. 未建立相关制度。2. 涉嫌产品质量类犯罪	1. 建立产品质量管理相关制度。2. 对被刑事追诉的企业主提供辩护
环境保护	1. 废物处理涉及污染环境。2. 废物流转涉及其他罪名	1. 提示企业经营者污染环境罪的构成,建议予以停止污染并治理。2. 对被刑事追诉的企业主提供辩护
筹资活动	银行贷款,注意防范骗取贷款风险;民间融资,注意防范非法集资风险	1. 建立筹资方式合法性审批制度。2. 对于出险的资金要积极应对。3. 对于被刑事追诉的企业主要予以辩护
投资活动	1. 注意防范虚假项目。2. 注意防范非法集资	1. 事前开展详细尽调,并报投委会研究。2. 事前开展项目合法性审查

第六章
反商业贿赂、反舞弊合规

续表

控制领域	识别风险	风险应对
资金运营活动	防范不相容职务不分离问题	完善资金活动相关制度
采购活动	1. 相关合作商选择不符合程序，相关采购方式不合法，招投标不规范，没有科学定价机制，授权审批不符合规范，可能导致采购物资质次价高，出现舞弊或遭受欺诈。2. 采购验收不规范，付款审核不严，可能导致采购物资、资金损失或信用受损	1. 对办理采购业务的人员需不定期进行岗位调换。2. 企业应当建立科学的合作商评估和准入相关制度，确定合格合作商名单，与选定的合作商签订质量保证协议，建立合作商信息管理系统，对合作商提供物资或劳务的质量、价格、交货及时性、供货条件及其资信、经营状况等进行实时跟进和综合评判，根据评判结果对合作商进行合理选择和调整。企业也可委托相应资质的中介机构对合作商进行相关资信调查。3. 企业应当建立严格的采购验收制度，确定检验方式，由独立专门的验收机构或验收人员对采购项目的品种、规格、数量、质量等相关内容进行验收，出具验收合格证明。涉及大宗和特殊物品采购的，还应进行专门专业的测试。4. 企业应当加强款项支付的管理及监督，完备的付款流程，明确付款审核人的责任和相关权力，严格审核采购预算、合同、相关单据凭证、审批程序等内容，审核无误后按照合同约定及时办理付款业务。在付款过程中，应当严格审查采购发票的真实性、合法性和有效性。发现虚假发票的，应查明原因，及时报告处理
资产管理	1. 可能存在存货被侵占。2. 可能存在无形资产被泄露。3. 可能资产管理制度不完善	1. 完善相关制度。2. 对舞弊行为开展反舞弊调查

续表

控制领域	识别风险	风险应对
销售业务	客户资信管理不到位，未严格选择结算方式，账款回收消极等，可能导致销售款项不能收回或遭受欺诈。销售过程存在舞弊行为，可能导致企业利益受损	1. 完善相关制度。2. 对舞弊行为开展反舞弊调查
研究与开发	泄露商业秘密的风险	1. 完善相关制度。2. 对侵权行为提起刑事控告
工程项目	项目招、投标存在"暗箱操作"行为，存在商业贿赂行为，可能导致中标人实质上难以承担工程项目、中标价格不实及相关人员涉案	1. 完善相关制度。2. 加强监管。3. 查处商业贿赂及串通投标行为
担保业务	对担保申请人的相关资信状况调查不深，未履行尽职调查行为，审批不严或越权审批，可能导致企业担保决策失误或遭受欺诈。对被担保人出现财务困难或经营陷入困境等状况监控消极，应对措施不完善，可能导致企业承担法律责任。担保过程中存在舞弊行为，可能导致经办审批等相关人员涉案或企业利益受损	1. 完善相关担保制度。2. 对出险担保及时应对
财务报告	1. 财务报告的编制可能违反会计法律法规和会计准则制度，导致企业承担法律责任和声誉受损。2. 提供虚假不实的财务报告，误导财务报告使用者，造成决策失误，干扰市场秩序。3. 财务报告虚假或不实，难以及时发现企业财务管理中存在的问题，可能导致企业财务和经营风险失控	定期对财务报告进行审计

第六章
反商业贿赂、反舞弊合规

续表

控制领域	识别风险	风险应对
合同管理	1. 未订立合同或未经合法授权对外擅自订立合同、合同对方主体资格未达到企业要求、合同内容未严格按照统一版本制定，可能导致企业合法权益受到侵害。 2. 合同履行未严格按照合同约定或瑕疵履行不当，可能导致企业诉讼及违约	完善合同管理相关制度

四、合规风险预警及应对机制

做好企业合规风险预警主要是根据岗位职责，进行岗位履职工作事项内容的梳理。岗位职责具体内容为：办理该工作的权利与义务，该工作事项的相对方主要是哪些行业及部门，该工作事项每年需多少次，该工作事项的权限范围，该工作事项执行后的经济结果（直接/间接），该工作是否曾经、现在/部分或全部外包？企业目前有无对应考评机制？企业目前有无对应监督制度？有无对工作事项在过去一年的经办情况进行多维度的尽调与描述？

对照"合规风险源识别模型"，识别岗位履职工作事项中潜在的合规风险源；从合规风险源内容、角色、工作对象、频次、合规风险发生的影响范围、外包情况，对公司业务目标、合规目标、行政、民事和刑事追责、企业声誉、人员个人和环境的损害等维度产生的后果，进行合规风险分析与量化评估，确定合规风险系数和风险等级；针对每一个存在固有合规风险级的履职工作事项进行合规风险发生原因、原理剖析与发生情形描述。

根据上述内容制定相应的管理制度，每一项权力事项均有相应的制度进行规定，如表 2 所示。

表 2　岗位关键权力制度规定检索

权力名称	是否有（√）	权力事项清单	制度规定正确行使权力的关键要求
采购权	√	1. 基建工程询价。 2. 基建工程队选择报批。 3. 基建合同草签	1. 未见对应的制度规定； 2. 见制度《……》中第×—第×条； 3. 见制度《……》中第×—第×条
放行权	√	4. 基建施工管理。 5. 组织基建工程验收	4. 见制度《……》中第×—第×条； 5. 见制度《……》中第×—第×条
计量权	√	6. 基建预算报批。 7. 组织基建工程结算报批	6. 见制度《……》中第×—第×条； 7. 见制度《……》中第×—第×条
拥有关键保密信息	√	8. 掌握潜在投标人信息、招标标底、工程预算等关键信息	8. 见制度《……》中第×—第×条

比如表 2 中的"基建工程询价",未见对应的制度规定,那么,纪检部门要向业务主管部门提出监督建议,建立对应的权力事项管理规定,建立规范该权力廉洁风险的制度笼子。依照岗位关键权力制度规定检索表,纪检部门就可以组织有针对性地监督检查或者巡察,评价权力行使是否严格遵循制度规定。

五、合规审查评估机制

合规审查主要包含企业制度合规性审查和业务风险合规性审查两个方面。

企业制度审查主要审查企业的规章制度是否有效建立,建立的规章制度是否符合相关法律法规和政策的要求,并采取相关措施进行预防和解决。

业务风险审查主要表现在是否制定有效防范反商业贿赂、反欺诈等行为的专项合规计划,企业负责人应当设置合规管理机构或者与企业类型相适应的相关管理人员,业务范围、行业特点等。企业应当建立健全合规管理的制度机制,通过制定合规管理规范,弥补监督管理漏洞,以便合规风险防控和合规管理机构履行

第六章
反商业贿赂、反舞弊合规

职责。企业合规管理机构、各层级管理运营机构应针对合规措施细化，结合自身职能特点设置合规目标。合规管理制度机制应当保障合规管理机构或相关管理人员独立履行职责，对涉及重大合规风险的相关建议和决策，应当保障其具有充分发表意见和参与相关决策的权利，企业应当为合规管理制度机制的有效运行提供必要的人力、物力、场所、设备和资金等方面的保障。企业还应当建立监测、报告、调查和应急处置机制，确保合规风险及时发现、迅速纠正和处置相关违规行为。企业应当建立合规绩效评价机制，对企业主要负责人、经营管理人员、关键技术人员以及其他相关人员，建立或引入合规指标，对其进行绩效评价。企业应根据企业经营发展实际，建立保证合规管理制度机制不断调整完善的持续整改、定期报告等机制。

如果企业自身部门审查及评估，很难防范"既当裁判员又当运动员"的情形出现，不利于合规的建设。

六、合规违规行为上报机制

在实务中，企业通常采取设立专门电子邮箱、信箱、举报电话等方式，由合规部门的专门人员负责。企业不仅要鼓励企业员工及任何第三方人员提供商业贿赂违规线索，还应强调对举报人信息的保密工作，提高举报的积极性。对于未遵守企业反商业贿赂合规管理规定的行为，依照规定对相关人员追究责任，同时，将调查和处理结果作为员工考核、绩效分配、评先评优等工作的重要依据。具体内容包括：合规监控人有向本单位全面了解合规整改信息的权利；本单位有向合规监控人全面如实报告合规整改信息的义务；本单位有积极配合监控人开展日常监控和独立评估的义务。

因为实名举报有利于合规委员会进行调查核实和反馈，需要设置匿名举报的有效通道。所有举报人的信息都将被严格保密，防止对举报人进行骚扰报复。

七、合规文化培养体系

除建立健全各项制度外，还应重视从企业内部逐渐培育可持续发展的反商业贿赂企业文化。在员工手册中突出反商业贿赂内容、定期开展反商业贿赂合规培训和考核，使反商业贿赂工作常态化，企业从上至下形成遵守反商业贿赂规定的合规管理合力。"不以规矩，无以成方圆"。企业要明确促合规就是促业务的经营理念，推动企业反商业贿赂合规工作体系化、制度化、日常化，才能维护企业的商誉和品牌形象，提前构筑业务安全的坚实防线，亦能在应对调查时掌握主动权。应当确保所有员工都了解合规政策的存在以及获取的渠道，并在公开渠道上公布并更新合规政策的电子版本。

同时还要加强企业反商业贿赂、反舞弊合规教育的培训，要坚持日常化和多样化原则。在日常教育培训中，加大教育培训的频率，真正把单位职工反商业贿赂的自觉性提高到思想上。在教育培训的多样化方面，采取全员培训与重点培训相结合，集中培训与个别谈话相结合，网上网下相结合的方式开展培训。在教育培训的重点人员方面，要结合本单位商业贿赂犯罪行为的发生环节，确立教育培训的重点人员；同时针对商业贿赂刑事风险库反映的情况，加大对风险程度较高岗位人员的合规教育力度。

反商业贿赂、反舞弊合规作为企业合规中最重要的方面，一直处在各行业企业的高度重视之下，是企业完善内部治理的重要方面，因此，做好反商业贿赂、反舞弊合规是企业实现可持续发展，继而带动行业进步，促进社会经济繁荣的必由之路。

新规下的反舞弊合规实践更新指南

曾峥 陈伊韬

2014年葛兰素史克（GSK）因为违反中国反商业贿赂相关法律法规而被罚30亿元人民币震惊中外，多位公司高管（包括中国区CEO）被判有期徒刑。这仍是迄今为止中国政府针对公司行贿开出的最大罚单，也使企业开始认识到了通过自发监管内控降低经营活动法律风险的价值。一方面为了有效警醒和提升跨境企业尤其是中央企业、国有企业对于自身风险管控能力的提升，另一方面为了有效应对以美国《海外反腐败法》为主的"长臂管辖"的制裁，围绕企业合规的学理研究及实践探索日趋活跃。反舞弊合规长期以来作为企业合规的核心领域，重要性不言而喻。近年来，相关立法调整以及刑事政策上对反舞弊自肃整改的持续高压，倒逼反舞弊由外发性的监督管理逐步转化为企业内权治理的自我要求，积极拥抱企业合规，准确理解新规下的反舞弊要求，实现自我价值与社会价值的统一。

一、舞弊行为的认定

《中国注册会计师审计准则第1141号——财务报表审计中与舞弊相关的责任》将舞弊定义为："被审计单位的管理层、治理层、员工或第三方使用欺骗手段获取不当或非法利益的故意行为。"从现代公司治理角度来看，舞弊是指公司内、外人员利用职权，为了获得某种不公正或不合法的经济利益而采取的故意欺骗、隐瞒事实或重大信息，损害公司正当利益的行为。由此可见，舞弊可能引发三种行为后果，其一，员工利用职权为自己、利益关系人谋取了不正当利益，并损害了公司正当利益；其二，虽然未谋取不正当利益，但是损害了公司利益；其三，舞弊行为为公司谋取了不当利益。可以说，舞弊这一概念本身就是合规的对立面，其不仅包括了对法律法规、行业准则等通行规范的违背，更是一种现象、风气或者文化的综述。

由于市场经济竞争性以及常见市场惯例的原因，长久以来，以回扣、折扣、佣金、手续费、中介费名义出现的商业贿赂型舞弊行为可以说是极为常见的舞弊类型。对于企业而言，无论内部人员是商业贿赂的哪一方，都可能承担不利的后果：企业的经营是为了自身利益最大化，之所以打击内部员工收受贿赂的行为，并非单纯针对员工的私自谋利，而是一旦内部员工私下收受贿赂，不仅违背了企业的相关规章制度，且极有可能因违背忠实义务而损害企业的经济利益；如果内部员工有对外行贿的行为，虽然可能给企业带来短期的效益，但是一旦被发现，有可能被认定为企业的单位行为，而使单位层面承担行贿的法律责任。因此，商业贿赂型舞弊行为是绝大多数企业极为关注和绝对禁止的。2018年11月9日至2021年12月6日陆续颁布的《中央企业合规管理系列指南》中，反商业贿赂位于指南第一批次的章节首位，充分说明反舞弊、反商业贿赂日益成为国家改善企业内部治理结构、强化内控机制的重要抓手。

1996年《国家工商行政管理局关于禁止商业贿赂行为的暂行规定》规定：商业贿赂，是指经营者为销售或者购买商品而采用财物或者其他手段贿赂对方单位或者个人的行为。这里的财物，是指现金和实物，包括经营者为销售或者购买商品，假借促销费、宣传费、赞助费、科研费、劳务费、咨询费、佣金等名义，或者以报销各种费用等方式，给付对方单位或者个人的财物。其他手段，是指提供国内外各种名义的旅游、考察等给付财物以外的其他利益的手段。而《反不正当竞争法》虽然没有明文规定反商业贿赂，但是也规定：经营者不得采用财物或者其他手段贿赂交易相对方的工作人员、受交易相对方委托办理相关事务的单位或者个人以及利用职权或者影响力影响交易的单位或者个人，以谋取交易机会或者竞争优势。商业贿赂是着眼于贿赂发生的领域而形成的概念，即发生在商业领域的贿赂就是商业贿赂。换言之，在商业活动中，经营者为了销售商品或者购买商品、提供服务或者接受服务，违反国家规定，要求、收受、约定或者给予对方财物或者财产性利益，以及在双方之间介绍贿赂的，都属于商业贿赂行为。同时，商业贿赂的认定要注重目的解释，即"贿赂"一词自带不正当性的否定评价

第六章
反商业贿赂、反舞弊合规

含义,为不正当获取交易机会和竞争优势而给付好处,才可能构成商业贿赂。对于给付好处与获取机会和优势的外在表现,需要以是否具有不正当性的内在标准进行衡量,以划清正当交易与不正当交易的界限。不正当性始终是根本衡量标准,应当以竞争自由为初衷,回归立法目的。

二、现行反舞弊法律法规汇总评述

(一) 反舞弊相关法律法规

目前,我国尚未制定专项的反舞弊法律法规,但我国对于企业反舞弊的各项规定已经零零散散体现在诸多法律法规中。如《公司法》《反不正当竞争法》《证券法》等不同行业、领域的实体法律,以及各类行政法规及部门规章,就单一、特定方向揭示了各类舞弊行为的具体规范。相较于此,《刑法》及相关司法解释较为全面地汇总了各领域的舞弊犯罪,可以以此为锚点回溯并检索相应法律规章。因此,笔者从刑事犯罪入手,根据司法实践中的常见情形将可能涉及的舞弊类型犯罪划分为贪腐类犯罪、信息类犯罪、知识产权类犯罪、计算机类犯罪以及可能在关联类这五类项下的具体罪名(见表1)。

表1 反舞弊相关刑事案由

分类	内容
贪腐类犯罪	第一百六十五条 非法经营同类业务罪
	第一百六十六条 为亲友非法牟利罪
	第一百六十九条 徇私舞弊低价折股、出售国有资产罪
	第一百六十九条之一 背信损害上市公司利益罪
	第二百七十一条 职务侵占罪
	第二百七十二条 挪用资金罪
信息类犯罪	第一百八十条 内幕交易、泄露内幕信息罪
	第一百六十一条 违规披露、不披露重要信息罪
知识产权类犯罪	第二百一十九条 侵犯商业秘密罪
	第二百一十七条 侵犯著作权罪
	第二百一十三条 假冒注册商标罪

续表

分类	内容
计算机类犯罪	第二百八十五条　非法获取计算机信息系统数据、非法控制计算机信息系统罪
	第二百八十六条　破坏计算机信息系统罪
	第二百五十三条　侵犯公民个人信息罪
关联犯罪	第二百八十条　伪造公司印章罪
	第二百二十九条　提供虚假证明文件罪
	第二百二十三条　串通投标罪
	第二百六十六条　诈骗罪
	第二百二十四条　合同诈骗罪
	第二百六十四条　盗窃罪

（二）反舞弊执法/司法现状

由于反舞弊合规本身是企业全面合规的总基调，因此对执法现状的剖析主要集中在案由比例大小背后体现的对不同领域的执法/司重心变化，以方便企业有的放矢。根据企业反舞弊联盟出具的《中国企业反舞弊调查报告2022》，收受贿赂和回扣、侵占资产，无论是案件频数还是损失金额所占比例均较高，与《中国企业反舞弊调查报告2019》相比，舞弊案例中最常见的两个作案方式未发生变化（见图1）。

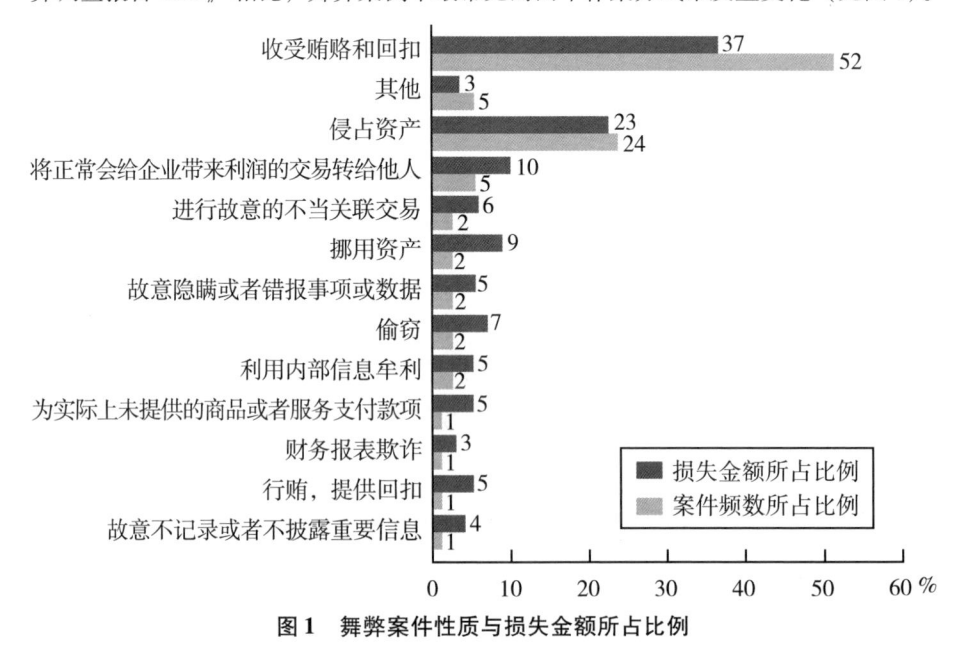

舞弊类型	损失金额所占比例	案件频数所占比例
收受贿赂和回扣	37	52
其他	3	5
侵占资产	23	24
将正常会给企业带来利润的交易转给他人	10	5
进行故意的不当关联交易	6	2
挪用资产	9	2
故意隐瞒或者错报事项或数据	5	2
偷窃	7	2
利用内部信息牟利	5	2
为实际上未提供的商品或者服务支付款项	5	1
财务报表欺诈	3	
行贿，提供回扣	5	1
故意不记录或者不披露重要信息	4	1

图1　舞弊案件性质与损失金额所占比例

第六章
反商业贿赂、反舞弊合规

可见，舞弊案例的高发领域仍集中于收受贿赂与职务侵占，即贪腐问题上，究其原因在于，舞弊问题的本质是不正当利益的获取，而贪腐是最直接的导向结果，其他执法事由或多或少都存在主体身份或不法行为上的限制条件。

（三）反商业贿赂相关法律法规

作为企业舞弊中的典型高发行为，我国在反商业贿赂领域出台了一系列法律法规，散见于各种法律渊源之中，其中，《刑法》、《反不正当竞争法》和《关于禁止商业贿赂行为的暂行规定》等是我国反商业贿赂的通用条款，适用于所有行业的市场主体，这三者共同搭建了我国反商业贿赂的主要法律框架。

根据事实、情节严重性以及处罚依据的不同，商业贿赂行为可分为一般违法行为和犯罪行为。一般违法行为是商业贿赂中情节较轻、数额不大，违反《反不正当竞争法》和其他法律法规，尚未构成犯罪，应当给予行政处罚的行为；犯罪行为是商业贿赂中数额较大，或者具有其他严重情节，依照《刑法》和司法解释应当受到刑罚处罚的行为（见表2）。

表2 反商业贿赂相关法律法规

文件名	条文
《刑法》	第一百六十三条　非国家工作人员受贿罪
	第一百六十四条　对非国家工作人员行贿罪
	第一百六十四条　对外国公职人员、国际公共组织官员行贿罪
	第三百八十五条、第三百八十八条　受贿罪
	第三百八十八条之一　利用影响力受贿罪
	第三百八十七条　单位受贿罪
	第三百八十九条　行贿罪
	第三百九十条之一　对有影响力的人行贿罪
	第三百九十一条　对单位行贿罪
	第三百九十二条　介绍贿赂罪
	第三百九十三条　单位行贿罪

续表

文件名	条文
《反不正当竞争法》	第七条　经营者不得采用财物或者其他手段贿赂下列单位或者个人，以谋取交易机会或者竞争优势： （一）交易相对方的工作人员； （二）受交易相对方委托办理相关事务的单位或者个人； （三）利用职权或者影响力影响交易的单位或者个人。 经营者在交易活动中，可以以明示方式向交易相对方支付折扣，或者向中间人支付佣金。经营者向交易相对方支付折扣、向中间人支付佣金的，应当如实入账。接受折扣、佣金的经营者也应当如实入账。 经营者的工作人员进行贿赂的，应当认定为经营者的行为；但是，经营者有证据证明该工作人员的行为与为经营者谋取交易机会或者竞争优势无关的除外。
司法解释	
最高人民法院《关于适用〈中华人民共和国反不正当竞争法〉若干问题的解释》	
"两高"《关于办理贪污贿赂刑事案件适用法律若干问题的解释》	
"两高"《关于办理行贿刑事案件具体应用法律若干问题的解释》	
"两高"《关于办理商业贿赂刑事案件具体适用法律若干问题的解释》	
最高人民检察院《关于行贿罪立案标准的规定》	

（四）反商业贿赂执法/司法现状

1. 行政执法方面

在行政执法领域，一方面，行贿行为是执法实践中处罚的重点。自商业贿赂行为纳入《反不正当竞争法》规制以来，行贿行为始终是商业贿赂执法规制重点。从执法实践来看，商业行贿在处罚行为类型中占据绝对多数，其内部又划分为交易相对方本人、工作人员和因受委托或具有职权、影响力的个人或单位。总体来看，商业行贿行为是执法实践中市场监督管理部门重点规制的行为类型。

另一方面，受贿行为处罚虽少，但处罚依据多样。从执法实践来看，商业受贿行为的处罚案例较少。处罚依据主要为1993年《反不正当竞争法》第8条和《关于禁止商业贿赂行为的暂行规定》。原工商行政管理总局也曾在工商公字〔2000〕第246号答复中明确，商业贿赂条款中"贿赂既包括行贿也包括受贿"，

第六章
反商业贿赂、反舞弊合规

但该答复已于2014年失效。2017年《反不正当竞争法》修订时则调整了原有表述,不再明确受贿行为属于规制对象。商业受贿案件在全部执法案件中仅占很小的比例。

此外,值得注意的是,受贿主体中交易相对方的穿透适用。根据威科《2021年上海市反商业贿赂行政执法年度观察(上)》中关于上海市反商业贿赂行政执法动向整理,2019年、2020年反商业贿赂行政执法案件数量出现了明显下降,但2021年数量再次呈现明显上升趋势,处罚案件相较于前两年增长了70%以上,执法力度不断加强。从处罚依据上看,《反不正当竞争法》第7条第1款第3项"利用职权或者影响力影响交易的单位或个人"成为行政处罚案件中引用最多的条款。虽然商业贿赂立法上原则而言不认可交易相对方适格受贿主体的地位,而商业贿赂执法通过"穿透"名义上的交易相对方,将很多形式上不符合商业贿赂构成要件的商业模式纳入违法行为的范围,即透过形式上的合同相对方,认定交易的最终实际承受人为交易相对方,而形式上的合同相对方则有可能被认定为受委托办理相关事务或者利用职权或影响力影响交易的单位或个人,进而成为适格的受贿主体。此种"穿透"原则的适用在医药领域尤为常见,在非医药领域也存在部分案例。

2. 刑事司法方面

在刑事司法领域,本身与商业贿赂相关的多类罪名不同于行政处罚认定中对于行贿、受贿主体的严格认定,主要基于"利用职务之便为他人谋取(不正当)利益"为导向,采取实质认定的标准。这里需要进行区分的是,对于商业贿赂中的受贿行为,认定犯罪的构成要件中受贿人仅需要为他人谋取利益,而对于商业贿赂中的行贿行为,认定犯罪的构成要件中行贿人需要谋取的是不正当利益。因此,利益是否正当可以作为行贿人用以出罪的事由之一。除此之外,行贿人能够证明系受贿人索贿的,抑或在到案后主动交代对侦破重大案件起关键作用的线索、事实的,可以从轻、减轻刑事责任的追究。可以看到,在刑事司法的设置上采用了严厉打击受贿行为,宽大处理行贿行为的总体思路。

三、新规下的反舞弊合规导向

2022年11月22日,国家市场监督管理总局公布了《反不正当竞争法(修订草案征求意见稿)》(以下简称《修订草案》),第8条重新将"交易相对方"纳入受贿人的范畴，这是为了回应现实社会中的客观需求。另外，第 8 条第 4 款明确强调"任何单位和个人不得在交易活动中收受贿赂"，并且在第 29 条中规定商业贿赂中受贿行为的法律后果，填补了现行《反不正当竞争法》中的法律漏洞。2023 年 7 月 25 日，《刑法修正案（十二）（草案）》首次提请十四届全国人大常委会第四次会议审议，其中修改补充刑法 7 条，紧紧围绕党中央反腐败和依法保护民营企业的大政方针，加大对行贿犯罪惩治力度，增加惩治民营企业内部人员腐败相关犯罪的条款。依法加大对民营企业内部人员实施的职务侵占、挪用资金、受贿等腐败行为的惩处力度。

（一）《反不正当竞争法》征求意见稿

关于商业贿赂受贿主体是否包含交易相对方，一直以来都是争议焦点之一。而《修订草案》第 8 条重新将"交易相对方"纳入受贿人的范畴，能够解决现实中的某些执法瑕疵。如前文所言，执法机关适用"穿透原则"，针对医疗机构利用投放设备捆绑耗材销售等行为中的商业贿赂认定。尽管医院是相关采购合同的当事人，但其在商业贿赂的语境下并非交易相对方，而应穿透合同关系，突破合同相对性认定患者才是真正的交易相对方，由此构成商业贿赂的三方关系。类似医药企业与医院之间的利益输送行为，实践中已然经常按照商业贿赂查处。《修订草案》将交易相对方重新纳入受贿主体，将为此类案件提供更为充分的执法依据。

另外，《修订草案》中对商业受贿行为作出规制，是对之前立法漏洞的填补。现行《反不正当竞争法》中没有明确受贿的违法性，也没有规定交易相对方工作人员的法律责任，仅规定交易相对方的如实入账义务。实践中存在大量类似商业贿赂案件，由于行贿金额较低，行贿一方因《反不正当竞争法》受到行政处罚，而受贿方却无从追责，难以达到全方位治理贿赂行为的效果。所以此次《修订草案》增加对受贿行为的禁止性规定，并明确了受贿的法律责任，即在无特殊法律法规规定的情况下，受贿方的行政责任依照行贿方执行，这一规定弥补了当前行刑衔接的空白，解决当前执法困境，也为企业防范商业贿赂风险提出了更高的要求。

（二）《刑法修正案（十二）》

《刑法修正案（十二）》针对行贿罪进行了修改：一是调整量刑幅度，将行

第六章
反商业贿赂、反舞弊合规

贿罪第一档量刑由原本的 5 年以上/以下修改为 3 年以上/以下。二是增设加重情节，对于行贿次数、对象、主体、领域等六种情形从重处罚。前述两点结合来看，虽然法定刑幅度下降，但实际上是从加重情节的角度进一步细分梯度。将这一梯度的上限设定为"有期徒刑 3 年"，即有可能促使犯罪情节相对较轻的嫌疑人作出更有利于自己的优化选择——自首、坦白或检举揭发，从而起到很好的法律指引作用。三是调整对主动交代的作用评价，将原法条中的"主动交代行贿行为，对于侦破重大案件起关键作用"更改为"主动交代行贿行为，对于调查突破重大案件起关键作用"。"侦破"与"调查突破"的区别显而易见，"侦破"的程度、阶段和要求均要高于"调查突破"，而"调查"所包含的范围则宽于侦查。如此修改有利于在认定情节时调高对犯罪嫌疑人"主动交代"作用的影响。一般来讲，行受贿作为对合犯，虽然均应承担刑事责任，但由于贿赂行为大多较为隐蔽，后续侦查很难发现直接证据。因此草案在原则上加大对行贿行为刑事追责力度的同时，又给了行贿人"坦白从宽"的争取机会，一收一放，充分考虑了立法与司法的平衡。行贿和受贿本属于刑法自始就有的"对罪"，但长时间以来我国一直是高举"受贿"而轻放"行贿"，对行贿的纵容成为饱受法学界诟病的司法顽疾。《刑法修正案（十二）》加大对行贿犯罪的惩处力度显然也有这方面的考虑。而合规管理的第一步就是对组织环境的考察和扫描，在刑法加大对行贿打击力度以及增加对民营企业内部人员腐败犯罪条款的法制大环境下，企业的合规方针与最高管理者的承诺势必也要因"法"制宜，做出相应调整。

此外，《刑法修正案（十二）》将非法经营同类营业罪、为亲友非法牟利罪和徇私舞弊低价折股、出售国有资产罪中现行对"国有公司、企业"等相关人员适用的犯罪扩展到所有类型的企业，从司法适用角度来讲，如果要追究非国资类企业内部舞弊人员的刑事责任，比较常见的罪名还是职务侵占罪或者非公职人员行受贿罪等，现《刑法修正案（十二）》将上述罪名的适用主体扩大，进一步加大对民营企业产权和企业家权益保护力度。

1. 非法经营同类营业罪

本罪中，行为人利用其在公司任职所获得的人力、资金、物质、信息资源、客户渠道等，有可能在市场竞争中占据有利地位。企业存在的同业竞争行为一般主要通过公司法或者反不正当竞争法调整，例如，《公司法》第 180 条规定了董事、监事和高级管理人员对公司负有忠实和勤勉的义务，并在第 181 条明令禁止公司的董事、监事、高级管理人员利用职权贿赂或者收受其他非法收入。此处修改的立法原意可能是考虑到司法实践中，公司特定高管人员利用职务之便，通过侵害公司利益的手段获取了不法利益，但是从证据上又无法适用职务侵占、非公受贿等职务犯罪罪名来认定的，为此提供新的入罪思路，降低企业合规反舞弊过程中的证据收集难度。

在行为主体上，《刑法修正案（十二）》表述为"其他公司、企业的董事、经理"，与原法条保持一致。该条款对主体的扩充，意味着以后各类企业中的董事、经理，如进行同业竞争行为，其面临的法律风险可能不再仅限于不正当竞争或者违反公司法相关规定，而是有可能涉嫌刑事犯罪。参考以往刑事审判中的指导案例，此处的"经理"特指是《公司法》中规定由董事会聘任，主持公司的生产经营管理工作的高管人员，并不包括部门经理等中层管理人员。值得商讨的是，对于不是经理职位，但实质上行使经理职权的人员，是否应当认定其属于本罪的行为主体？民商事审判中经常采取"重实质、轻形式"原则，根据其在公司中享有的职权范围和实际担当工作的重要性和影响力来综合考量其是否实际享有经营决策权。而在刑事司法实践中，较为统一的观点是：在国有企业改制前实际行使经理职权的厂长以及代行经理职权的副经理可以被认为本罪的行为主体，而代行经理职权的经理助理便不能作为行为主体。这里体现了刑法的罪刑法定原则和刑法的谦抑性，刑事审判中对于"经理"的认定也应当较民商事审判更为谨慎，否则有可能构成类推适用。

对于"同类业务"的理解，上海高级人民法院官微曾发表《如何界定"非法经营同类营业罪"中的"同类营业"？》一文，认为对"同类营业"的理解和认定应充分体现本罪的立法目的，主要考察两个方面：一是营业是否属于同种类或同类型；二是营业是否形成竞争关系，两个方面相互依存，缺一不可。这里的同种类别，是指同一商品或者同类性质的营业，实践中应避免将"同类营业"扩大解释为"类似营业"。是否形成竞争关系，需要综合考虑客户群体是否一致，提供的商品或服务是否具有较高可替代性，是否形成对所任职公司市场的抢占等因素。该文还特别指出，即使国有公司实际营业超出登记经营范围，在未违反禁止性规定的情况下，该实际营业项目也需要受到保护。在刑事审判指导案例"吴某某非法经营同类营业、对非国家工作人员行贿案"中，法院认为，"同类营业"并非"同样营业"，主要侧重于是否与原业务形成竞争关系，至于业务范围

第六章
反商业贿赂、反舞弊合规

不同不影响认定。在《中国审判案例要览案例（2010）》收录的"丁某某受贿、挪用公款、非法经营同类营业案"中，济南铁路运输中级法院认为：只要兼营的公司经营范围与国有公司、企业的经营范围相互有包容、交叉，就可以认定为经营"同类营业"。可以看出，在出台相关司法解释之前，司法实践中对于"同类业务"的具体认定仍具有一定弹性。在当下加大对民营企业内部人员舞弊腐败问题惩治力度的大方针下，民营企业高管更应当以企业利益为出发点，忠于行使职权，严守合规红线。

2. 为亲友非法牟利罪

司法实践中，本罪的表现方式可能与职务侵占或者非公受贿罪存在一些重合，比如，企业的采购或者销售人员，通过虚设上下游的中间公司体外经营以赚取订单差价或收取供应商回扣。但这种行为如果通过职务侵占或者非公受贿罪来追究刑事责任，如果该中间公司本身确实存在一定的实际经营活动，并非纯粹的空壳公司，则其过手产生的"利润"，往往被行为人解释为付出了开拓客户成本或是符合量大价低的市场规律之类的合理利润；或者行为人往往会精心设计，避免资金发生直接往来，以此规避职务侵占罪中"谋取非法利益"的主观故意，从而逃避被追究刑事责任。而为亲友非法牟利罪，并无要求行为人实际获利，仅仅要求给"公司、企业利益受到损失的构成犯罪"，此处控诉方的举证责任明显较职务侵占或非公受贿更低。在损失方面，公司方则可能通过与历史订单、市场一般价格差价或者产品、服务质量等方面进行举证。如果本罪扩大到所有的企业类型适用，能够为企业的反舞弊调查的提供追究刑事责任的新方向，而且门槛可能更低。

3. 徇私舞弊低价折股、出售公司、企业资产罪

原罪名"徇私舞弊低价折股、出售国有资产罪"中的"将国有资产低价折股或者低价出售"，其表现形式是多种多样的：有的是在合资、合营、股份制改革过程，对国有财产不进行资产评估，或者虽进行资产评估，但背离所评估资产的价值低价折股；有的低估实物资产；有的国有资产未按重置价格折股，未计算其增值部分，只是按账面原值折股；有的对公司、企业的商标、信誉等无形资产未计入国家股；有的不经主管部门批准，不经评估组织作价，擅自将属于企业的土地、厂房低价卖给私营业主等。

我国相关法律法规对于国有股权的转让是有限制的，尤其是在价格方面，要求其必须履行资产评估程序，但对非国有股权的转让来说限制相对较少。民营企

业中通过低价将公司股权或者资产进行转让的情形并不少见，其中的原因往往比较复杂，有可能是为了达到经营控制权集中、员工股权激励、股权架构调整、重组（包括兼并分立、资产和债务重组等）、融资、继承、节税等效果。在民商事的司法实践中，即使有的当事人提出主张该转让"违反法律、行政法规的强制性规定、损害公司利益""显失公平，符合撤销条件""转让价款与实际价值明显不符"，在没有相应证据的情况下，法院也很难予以支持。所以，这种低价转让的行为在法律上并无明确禁止，但这也给一些舞弊行为甚至违法犯罪行为造成了可乘之机，采用低价转让股权的方式中饱私囊。由于其不具备牟取非法利益的主观性，或者证据上难以体现其恶意串通损害他人利益的目的，以此逃避刑事责任及民事责任。此处扩大本罪适用范围至民营企业，为追究此类行为的刑事可诉性降低取证门槛，也是为了有利于民营企业内部腐败的防范和威慑，但是考虑到司法实践的丰富性、复杂性和多变性——尤其是商事来往中多方当事人因为利益分配不均而产生股权纠纷的情形下——这也是很多刑民交叉类案件的由来，民商事审判庭都难以认定的一些事实和情节，如果寄希望由侦查机关的事后介入侦查来解决，其效果可能还有待观察，刑事公权力在此类案件的介入还是应该更审慎为好。

本罪原条文要求"致使国家利益遭受重大损失的构成犯罪"，《刑法修正案（十二）》将其扩大适用至所有类型企业后，法条表述为"致使公司、企业利益遭受重大损失"。国有资产的重要性自然不言而喻，但对于民营企业而言，低价出售资产或者股权的情形和原因可能都比较复杂，而在股权争议的案件中，双方都有可能举证对方"致使公司、企业利益遭受重大损失"，无疑将给侦查机关的甄别侦查带来很大难度，因此本罪在调整后如何具体适用，如何合理调整，仍有待进一步探讨。

总体来看，此次修改一方面对民营企业内部人员故意损害民营企业利益，造成重大损失的加大了刑事追责力度；另一方面也是降低了入罪的门槛，这可能对企业提出了双向合规的更高要求。一方面需要企业自身加强合规建设，引导良好的合规习惯和合规处理流程，以保存相应的证据材料。另一方面《刑法修正案（十二）》给企业反舞弊提供了新的切角，但同时也可能加剧本已激烈的竞争，特别是对于公司高管以及业务人员而言，若疏于事前防范和事中管理，那些以往看来可能不会产生刑事风险的行为，则很可能成为企业高管甚至企业自身刑事风险的导火索。

第七章

数据合规

企业合规管理信息化建设实践

王 良

当前，大数据、云计算、人工智能、物联网等信息技术创新活跃，各类技术成果加速与传统产业渗透，信息化对经济发展的作用日益显现。在加强企业管理、降低运行成本、推动流程再造、组织变革和管理创新等方面，信息化建设发挥了重要的作用。《法治中国建设规划（2020—2025年）》首次提出，运用大数据、云计算、人工智能等现代科技手段，全面建设"智慧法治"，推进法治中国建设的数据化、网络化、智能化。这为企业法治与合规建设的信息化改造、数字化转型带来新机遇，但同时也提出了更高要求。

一、企业合规管理信息化建设成为大势所趋

企业信息化主要聚焦于企业的生产、技术、经营管理等领域，信息化建设是企业在生产和经营的各个环节推广应用信息技术，充分开发和利用内外部信息资源与人力资源，建立与此相适应的组织模式的过程。在企业合规管理领域，能够实现信息化的内容很多，信息化的功能模块一般包括合同管理、纠纷案件管理、外聘法律顾问管理、知识产权管理、法律风险管理、法律知识管理等。合规信息化的重点领域则包括反舞弊（含反商业贿赂、多边开发银行制裁）、贸易合规（出口管制与贸易救济）、金融合规（经济制裁与反洗钱）、数据安全、商业秘密、竞争法遵从（反垄断和反不正当竞争）等。

随着企业信息化程度的提高与合规经营理念的逐步深入，信息化给企业带来的管理价值和经济价值提高，企业合规管理的信息化建设成为大势所趋。2022年，国资委1号文件《关于开展中央企业合规管理强化年工作的通知》以央企"合规管理强化年"拉开序幕，央企合规改革推进更加深入。在中央企业、国有

企业自上而下全面建设"大合规"的政策环境和示范效应下，一些机构包括中国中小企业协会发布《中小企业合规管理体系有效性评价》团体标准等，预示着企业合规管理体系建设正逐步从头部的央企向民营企业扩展。

在合规管理信息化方面，企业的关注重点开始从法律管理信息化建设转向合规管理信息化建设。一些企业以原有的法律管理信息化系统为基础进行功能升级或模块拓展，涵盖更多合规管理的内容。一些还没有来得及进行法律管理信息化建设的企业直接开展合规管理体系或合规重点领域的信息化建设工作。从各类所有制企业信息化建设的重点领域来看，依据一家法律咨询机构的调研报告显示，民营企业对法律风险的事前预防和知识产权保护相对而言更加重视，外资企业的法务管理信息系统与其他系统数据共享与协同度最高，国有企业对法务信息化的重视程度比其他类型的企业而言相对较高。

企业合规管理信息化建设作为专章写入《中央企业合规管理办法》，引领中央企业积极开展合规管理信息化建设工作。该办法从企业合规管理的工作原则、工作职责等方面全面落实央企合规信息化建设，提出要建立健全符合企业实际的合规管理体系，突出对重点领域、关键环节和重要人员的管理，充分利用大数据等信息化手段，切实提高管理效能。从该办法的要求来看，企业合规信息管理的主要内容包括四个方面，即建立合规数据库、合规嵌入流程、实现合规数据共享、合规信息监测等。具体规定如下：

（1）建立合规数据库。将相关合规信息纳入信息系统，包括合规制度、典型案例、合规培训、违规行为等模块或功能，搜集建立合规制度、合规义务、典型案例、违规行为等数据库。以此作为大数据分析的基础，为合规管理提供坚实的数据支撑。

（2）合规嵌入流程。定期梳理业务流程，查找合规风险点，运用信息化手段将合规要求和防控措施嵌入流程，针对关键节点加强合规审查，强化过程管控。

（3）实现合规数据共享。将合规管理信息化系统与财务、投资、采购等其他业务信息系统互联互通，实现数据共享。

（4）合规信息监测。利用大数据技术建立动态监测预警系统，对于业务流程中的重点领域、关键节点实时动态监测，对出现的违规行为即时预警，提前化解违规风险，对风险事件及时、快速进行处置。

第七章　数据合规

二、企业合规管理信息化建设的主要内容

目前有很多企业仍在不断探索合规管理工作在企业日常管理层面如何有效落地，如何通过推进合规管理职能整合、制度整合、流程整合、信息化平台融合等方式构建合规管理与内控、风控协同机制，前瞻性和系统性创新能力仍将是企业合规管理建设的重点。《中央企业合规管理办法》提出要从组织和职责、制度建设、运行机制、合规文化、信息化建设、监督问责等"六大方面"建立健全合规管理体系。其中，组织和职责、制度建设、合规文化和信息化建设相关内容构成了企业合规管理的"基础设施"，而运行机制和监督问责等工作则需要依托于这些"基础设施"开展，实现企业合规管理的工作闭环。合规管理信息化作为"基础设施"可以为企业提供合规管理体系有效实施的"底盘架构"功能，既可以用作推进合规管理抓手，又可以让企业的合规管理工作与业务经营实现融合，从而推动企业实现"有效合规"与"实质合规"的最终目标（见表1）。

表1　《中央企业合规管理办法》规定的企业合规管理要素

合规管理组织	合规风险识别分析评估	合规管理制度	合规运行机制	合规评审	合规文化	合规管理信息化
最高管理层、组织架构和汇报线、合规管理职责	识别与分析风险评估报告	制度框架制定	培训考核举报调查处置报告	评审问责	文化形成	信息化规划与建设

《中央企业合规管理办法》进一步明确中央企业应当针对反垄断、反商业贿赂、生态环保、安全生产、劳动用工、税务管理、数据保护等重点领域，以及合规风险较高的业务，制定合规管理具体制度或者专项指南。随着各地不断出台重点业务领域合规指引与重点行业合规指引，未来，企业合规管理将朝着更加精细化的方向发展，企业的信息化也必将覆盖更多的重点合规领域，具体如表2所示。

表2　企业重点合规领域

分类	内容
1. 企业治理	以企业章程为依据，依法治理，建立和完善各司其职、有效制衡的企业治理结构
2. ESG合规	遵守ESG相关法律法规、监管规则、标准规范，关注员工安全健康，落实安全生产责任，保护生态和环境
3. 劳动用工	依法用工，尊重和保护员工权益，公平对待员工，严禁歧视
4. 利益冲突	正确处理个人利益与企业利益的关系，避免和回避利益冲突
5. 反商业贿赂反腐败	遵守所有严禁贿赂和腐败的法律法规，以公开透明的方式开展商业活动，对商业贿赂和腐败"零容忍"
6. 公平竞争	遵守公平竞争的原则，维护公平竞争秩序，避免直接或间接从事法律法规明确禁止的不正当竞争与垄断行为
7. 商业伙伴	坚持平等互利，合作共赢理念，与合规、诚信、守法的商业伙伴建立合作关系
8. 出口管制与贸易合规	遵守适用的出口管制法，履行出口管制的责任和义务，减少违规和制裁风险
9. 反洗钱/反恐怖融资	遵守国内国际反洗钱法律，建立相应的制度与程序，不为恐怖主义提供帮助和便利
10. 数据与隐私保护	遵守数据处理相关的法律法规要求，尊重并保障个人信息主体获取隐私保护所应享有的相关权利；履行网络安全义务，按照合法、正当、必要、诚信的原则开展个人信息处理活动
11. 知识产权合规	构建核心技术知识产权保护体系，有效管理和防控知识产权风险
12. 安全生产	坚持"安全第一"的工作方针，履行安全生产主体责任
13. 产品与服务质量合规	落实质量责任和管理措施，推行全面质量管理，提供的产品和服务的质量应当符合相关法律法规、强制性国家标准以及相关合同约定
14. 招投标合规	招投标的程序应透明，平等对待所有潜在投标主体
15. 劳务分包合规	覆盖全业务流程各个环节，包括分包商准入及分级管理、合同管理、安全保护等方面，依法依规对劳务分包商进行管理
16. 物资采购合规	采购决策的审慎作出及采购流程的严格管理，确保资金、资产安全

第七章
数据合规

续表

分类	内容
17. 关联交易合规	关联交易不得损害企业、非关联股东及债权人及客户的合法权益，关联交易应定价公允，交易定价应不偏离市场独立第三方的价格或收费标准
18. 财税合规	遵守财政税收法律政策，完善财务内控体系，执行财务事项操作和审批流程

企业合规管理信息化可以从管理支持、管控流程、管理交互三个维度进行设计并建设。其中，管理支持维度体现与行业相关的最新法律法规的更新、解读及企业内部颁布的规章制度、管理办法、业务流转运营及风险管控等。通过标准与业务联动，实现以业务为载体，以流程为主线，以风险为导向，以法律为准绳，以制度为基础，以内控为手段，构建法律合规风险与业务流转数据的强力关联。实现各业务之间的信息交互验证，形成监督合力。通过梳理业务风险条线、流程管控、执行标准、规则绑定、风险预警、权力义务、提示告知、风险识别、风险清单、内部系统数据监测、外部数据抓取和业务数据对比，能够实时监测企业合规风险，做到事前预警防范目标（见图1）。

图1 某集团公司合规信息化整体方案示意

三、企业合规管理信息化建设的主要模块

企业合规管理信息化建设的通用模块包括：（1）合规知识库，内设合规清单库、合规规则库、外规内化库、典型案例库等内容的新增、编辑、删除、查看、

发布等管理;(2)合规积分管理,落实积分到个人,对违规事项实现自动扣分与手动扣分管理,对合规红线人员做考核、告知、预警、及追责管理;(3)合规风险地图,系统根据合规风险清单自动生成合规风险地图,系统根据规则自动标识不同类型合规风险;(4)合规审查管理,对重大事项、重大合同、规章制度等内容形式性和实质性审查,对审查内容做线上留痕标记并作告知、预警、提示;(5)合规整改管理,对系统预警、人工审查、人工检查的重要风险事项或有必要整改事项做整改全面信息化处理,落实任务、责任、风险等管理机制;(6)违规问责管理,实现违规举报、投诉功能,对合规红线、违规事件等内容的全程追责与监督,系统线上全面留痕与进展跟踪管理;(7)合规考核管理,考核对象细化到部门(个人)、事件,多数据佐证型考核模式,成绩实时推送相关人员作警告;(8)综合查询管理,实现合规报告、合规报表的格式化与非格式化一键导出,实现全拼、模糊、组合等多种检索模式;(9)统计分析管理,根据合规分析规则,实现动态 BI 可视化分析图等。现对核心模块介绍如下:

(一) 合规风险地图

合规风险地图的主要作用在于对重大合规风险信息的实时监测,企业相关责任部门领导或合规部门对风险数据通过风险地图逐层查看,对查看到其他潜在风险或需督办的风险事件进行在线告知、预警。另外,信息系统根据相关规则清单、合规风险清单、岗位职责清单库、流程清单等标准,对比业务运营过程中的数据,实现数据校验数据自动化体系,落实合规风险自动识别管理(见图2)。

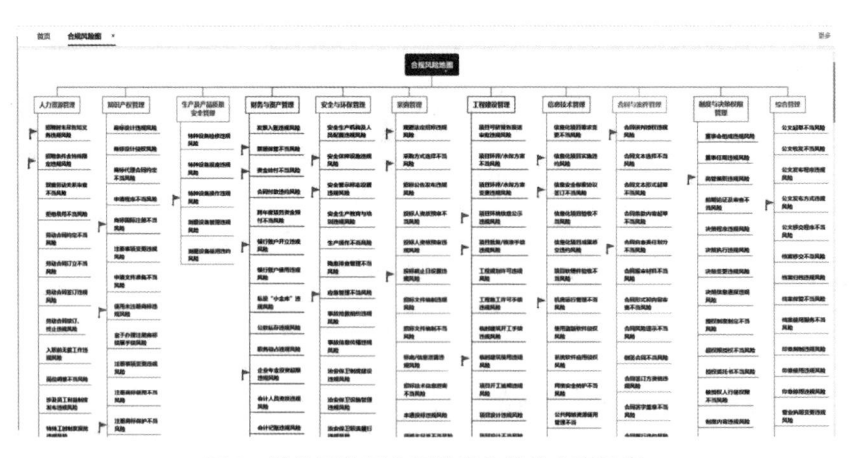

图 2 某集团公司合规信息化整体方案示意

第七章
数据合规

信息系统根据合规风险清单库数据自动生成合规风险地图，后期开放权限控制，合规风险清单新增由一线人员实现负责，由相关责任部门进行审核后入库，以此不断更新合规风险库数据。信息系统通过企业内部梳理的合规风险清单，将各业务部门所有的合规风险点以纵轴展现。系统运行期间若相关单位、部门触碰到合规风险点，系统以小红旗方式预警，业务人员可通过点击小红旗进入并查看违规详情，若检查过程中发现其他风险隐情，随时可以通过在线模式处理该条数据，连带（已知标准）告知或选择性（内外规条款）告知。当企业合规管理部门发现重大或较大合规风险时，对责任部门或责任单位发出警示函（主要内容包括名称、编号、违规类别、责任部门及相关正文附件和依据）。

（二）合规审查管理

合规审查主要对特定事项（重大事项、重大合同、规章制度，审查流程是否规范、文件是否齐全、制度是否健全、合同有无重大风险，事项有无重大纰漏，内容可否执行，管理可否闭环等）的形式性审查与实质性审查，判定是否、有无、能与不能等规范性管理。企业合规部门或审计部发起的对各级单位及部门进行合规审查的工作，包括自查、互查、抽查三种方式。在信息系统的技术方案实现上，既可以通过人工辅助审查，也可以开发 AI 自动审查。

（1）人工审查：分定期和不定期、日常检查和专项检查等多种方式，合规审查需提供检查底稿，支持底稿在线编辑功能，并提供相关节点的审批功能。对于人工检查系统可提前将部分合规风险点植入系统，一线业务人员以选择形式，相应减少工作量，提高工作效率。

（2）AI 自动审查：融合 AI 智能化进行系统自检，检查点包括是否违背企业内部梳理的合规风险清单、管理办法及外部法律法规条例。重大决策事项的合规审查意见应当由首席合规官签字，对决策事项的合规性提出明确意见。业务及职能部门、合规管理部门依据职责权限完善审查标准、流程、重点等，定期对审查情况开展后评估（见图3）。

图3　某集团公司合规信息化整体方案示意

（三）合规整改管理

企业合规管理计划分为两类计划（年度计划、整改计划）：综合计划、专项计划。合规管理计划由相关业务人员完成起草，经合规部门领导审核，审核通过的合规计划由合规管理部门在线上统一发布。合规整改计划主要包括：合规整改方案制定、可行性分析报告、合规整改方案审批、整改方案回执、合规整改催办、合规整改验收。

业务部制定整改方案，合规部门提出相关意见（内容应包括名称、内容、制定人、制定部门、整改计划时间，整改预计完成时间），整改方案完成后需要业务部、合规部门及决策层领导依次审批，合规部门可对审批通过后执行的整改方案实施的各环节进行全程跟踪。对整改不力的环节，合规部门可以通过PC端、邮件、移动端等多种形式督办以及通报上级等催办方式提醒。

（四）违规问责管理

违规举报包括多种形式，主要包括：合规管理系统线上举报、电话举报、电邮举报及其他举报四种形式。通过实名举报的人员，相关部门全程保密个人隐私，系统对数据特殊加密处理，权限只开放相关接收人。系统根据筛选条件选定处罚措施，系统引导合规部门制定处罚策略，系统检索同类案例，自动推送样例报告。实现责任与制度挂钩，为管理人员在管理方式、经验套取等方面提供数据支撑。建立健全问责机制，通过问题类型、问题原因、问题处理等多方面数据分

第七章
数据合规

析，洞察企业在该类问题的业务、技术、管理、风控等当面的短板，及时查漏补缺，不断完善运营管理机制，促进企业合规经营与健康发展。

四、企业实施合规信息化建设的步骤和建议

企业合规管理信息化建设是一项系统工程，需要纳入企业信息化建设的总体规划中统筹安排，分阶段实施。从企业合规管理信息化的实施角度出发，可分为三大阶段。第一阶段：实现各类风险清单的梳理及如何通过法律与技术结合，以此奠定理论基础并形成成果物，主要为第二阶段信息化落地夯实数据和理论基础数据。第二阶段：通过第一阶段的理论知识铺垫，实现信息化落地并逐步实现信息化管控，促进企业在合规领域迈向数字化管理，做到事前风险预警目标。第三阶段：待信息化系统成熟应用后，企业可以自行更新合规风险清单，及时发现风险数据并维护到系统中，外部数据不断自动更新，通过管理合规风险逐步过渡到全员合规，落实人人合规、事事合规、时时合规的管理目标。

汽车数据合规体系构建解析及建议

——以车企数据合规组织架构为视角

杨 军

作为融合现代通信、网络技术、人工智能等多场景和新技术的智能网联汽车，其研发、试验、制造、销售到最终落地商用的几乎每个环节都离不开多类主体、多种技术设备间海量数据的收集、传输、交互、处理（统称"处理"）。如何确保汽车数据处理行为符合国家法律法规要求，如何在保障汽车数据安全、保护数据主体权益的基础上，促进相关数据的充分利用，已经成为汽车产业健康和持续发展亟须解决的问题，也是汽车产业参与方在日常运营之中无法回避的基本要求。为规制车企的数据处理活动，也为平衡车企和数据主体间的权利义务，推动智能网联汽车企业的顺利发展，相关机关先后制定和发布了《网络安全法》、《数据安全法》、《个人信息保护法》、《汽车数据安全管理若干规定（试行）》（以下简称《汽车数据安全规定》），同时，相关监管机构和标准委员会出台了一系列的规定和标准，为车企建立数据合规体系指明了方向。

一个完整的合规体系离不开一个完善的组织架构支撑，数据合规体系概莫能外。本文意在从组织架构角度解析一系列与数据合规体系相关的法律法规及标准对车企建立数据合规组织架构的要求，并在此基础上提出车企建立完整的数据合规体系要素之一的组织架构的建议，供业内同行参考。

第七章
数据合规

一、《网络安全法》对组织架构的要求

（一）规定

《网络安全法》第 21 条规定了网络运营者有确定网络安全负责人的义务[1]，从法律层面规定了网络运营者应设置网络安全负责人，落实与网络安全保护相关的责任，但并未要求网络运营者建立网络安全管理机构。

工信部 2021 年 9 月 15 日发布的《关于加强车联网网络安全和数据安全工作的通知》（以下简称《网络安全通知》）也规定，确定网络安全负责人是智能网联汽车企业的重要义务之一[2]。

（二）分析

《网络安全法》未对网络安全负责人的任职条件和岗位职责作出具体规定，仅笼统规定网络运营者应确定网络安全负责人，但《网络安全法》第 34 条对关键信息基础设施的运营者做出了特别规定：关键信息基础设施的运营者还应当履行对网络安全负责人和关键岗位的人员进行安全背景审查的义务[3]，因此，车企按照《网络安全法》对关键信息基础设施的运营者的要求确定其内部的网络安全负责人的岗位和职责应是比较稳妥的做法，也更易为监管部门接受。

（三）小结

大型企业的网络安全负责人应为兼具网络安全专业知识和网络安全法律知识的专业人才。车企规模普遍较大，且业务形态复杂，在其产品的研发阶段就应考虑网络安全和数据安全的因素，为其满足数据合规的要求提前布局，在这个阶段由企业的首席技术官作为网络安全的负责人可能较为合适；在汽车的销售阶段，涉及经销商系统管理，大量消费者或者潜客信息的处理，由首席市场官负责这个

---

[1] 《网络安全法》第 21 条规定，"网络运营者应当制定内部安全管理制度和操作规程，确定网络安全负责人，落实网络安全保护责任"。
[2] 《网络安全通知》第 1 条规定，"各相关企业要建立网络安全和数据安全管理制度，明确负责人和管理机构，落实网络安全和数据安全保护责任"。
[3] 《网络安全法》第 34 条规定，"除本法第二十一条的规定外，关键信息基础设施的运营者还应当履行下列安全保护义务：（一）设置专门安全管理机构和安全管理负责人，并对该负责人和关键岗位的人员进行安全背景审查……"

阶段的网络安全也是合适的。但应当注意的是，在《网络安全法》框架下，一方面，车企要承担制定和启动网络安全事件应急预案、及时处置系统漏洞、计算机病毒、网络攻击、网络侵入等安全风险和按照规定向有关主管部门报告危害网络安全的事件并开展网络安全认证、检测、风险评估等活动，向社会发布系统漏洞、计算机病毒、网络攻击、网络侵入等网络安全信息的义务；另一方面，IT 部门会从技术层面负责企业所有的系统搭建、网络运营和数据管理，其是企业所有部门中最熟悉所有系统运行和网络安全的部门，由其负责人即企业的首席信息官作为网络安全负责人是比较合理和合适的安排。

因此，为确保网络安全，汽车类的网络运营者可委任具有网络安全专业知识的 IT 负责人（或称首席信息官）担任网络安全负责人，并建立专门的网络安全责任部门（主要为 IT 部门的技术人员加上部分研发、市场、法务及其他部门的专业人员），同时参照《关键信息基础设施安全保护条例》的规定，对该等专门负责网络安全的负责人及网络安全责任部门中从事网络安全管理的人员进行安全背景审查，并对网络安全负责人和常设安全管理机构履行建立健全网络安全管理、考评制度、组织推动网络安全防护能力建设、制定应急预案、组织网络安全教育和培训及建立健全个人信息和数据安全保护制度等做出相应规定。[①]

二、《数据安全法》对组织架构的要求

（一）规定

《数据安全法》第 27 条第 2 款规定："重要数据的处理者应当明确数据安全负责人和管理机构，落实数据安全保护责任。"

由工信部发布并于 2023 年 1 月 1 日生效的《工业和信息化领域数据安全管

---

① 《关键信息基础设施安全保护条例》第 15 条规定：专门安全管理机构具体负责本单位的关键信息基础设施安全保护工作，履行下列职责：（一）建立健全网络安全管理、评价考核制度，拟订关键信息基础设施安全保护计划；（二）组织推动网络安全防护能力建设，开展网络安全监测、检测和风险评估；（三）按照国家及行业网络安全事件应急预案，制定本单位应急预案，定期开展应急演练，处置网络安全事件；（四）认定网络安全关键岗位，组织开展网络安全工作考核，提出奖励和惩处建议；（五）组织网络安全教育、培训；（六）履行个人信息和数据安全保护责任，建立健全个人信息和数据安全保护制度；（七）对关键信息基础设施设计、建设、运行、维护等服务实施安全管理；（八）按照规定报告网络安全事件和重要事项。

第七章
数据合规

理办法（试行）》（以下简称《数据安全管理办法》）要求工业和信息化领域数据处理者应根据需要配备数据安全管理人员，统筹负责数据处理活动的安全监督管理，协助行业监管部门开展工作；重要数据和核心数据处理者应建立覆盖本单位相关部门的数据安全工作体系，明确数据安全负责人和管理机构，建立常态化沟通与协作机制[①]。

国家互联网信息办公室2021年11月14日发布的《网络数据安全管理条例（征求意见稿）》规定，重要数据的处理者，应当明确数据安全负责人，成立数据安全管理机构。

（二）分析

与《网络安全法》的规定类似，《数据安全法》也仅笼统规定重要数据的处理者应当明确数据安全负责人和管理机构，但未对重要数据的处理者的安全负责人和管理机构人员的任职条件和岗位职责作出具体规定。《数据安全管理办法》要求工业和信息化领域重要数据和核心数据处理者应明确数据安全负责人和管理机构，建立常态化沟通与协作机制，且笼统规定了数据安全管理人员的岗位职责：统筹负责数据处理活动的安全监督管理，协助行业监管部门开展工作，但对于数据安全负责人和管理机构人员的任职资格和具体职责语焉不详，仅规定工业和信息化领域重要数据和核心数据处理者还应当：明确数据处理关键岗位和岗位职责，并要求关键岗位人员签署数据安全责任书，责任书内容包括但不限于数据安全岗位职责、义务、处罚措施、注意事项等内容，即数据安全负责人和管理机构人员的任职条件和岗位职责有待工业和信息化领域重要数据和核心数据处理者根据具体情况补充和完善。

相比《网络安全法》和《数据安全管理办法》，《网络数据安全管理条例（征求意见稿）》不仅规定重要数据的处理者，应当明确数据安全负责人，成立数据安全管理机构，而且对数据安全负责人的任职资质进行了如下规定：数据安

[①] 《数据安全管理办法（试行）》第13条规定：工业和信息化领域数据处理者应当对数据处理活动负安全主体责任……（二）根据需要配备数据安全管理人员，统筹负责数据处理活动的安全监督管理，协助行业监管部门开展工作。工业和信息化领域重要数据和核心数据处理者，还应当：（一）建立覆盖本单位相关部门的数据安全工作体系，明确数据安全负责人和管理机构，建立常态化沟通与协作机制。本单位法定代表人或者主要负责人是数据安全第一责任人，领导团队中分管数据安全的成员是直接责任人。

全负责人应当具备数据安全专业知识和相关管理工作经历,由数据处理者决策层成员承担,有权直接向网信部门和主管、监管部门反映数据安全情况。该征求意见稿还对数据安全管理机构的具体职责进行了列举。鉴于该征求意见稿还未正式发布施行,其对数据安全负责人和安全机构的职责的设定仍存在一定变数。

（三）小结

虽然《网络数据安全管理条例（征求意见稿）》草案尚未正式发布施行,但其规定代表了国家网信办的立法导向,在其他法律法规对相关机构的设定和职责规定缺位的情况下,该征求意见稿关于数据安全管理机构及其数据安全负责人职责的规定对车企设定其数据安全管理机构和负责人的职责具有参考意义[①]。

车企可参考该征求意见稿的规定设定数据安全负责人的任职资格：数据安全负责人应当具备数据安全专业知识和相关管理工作经历,由数据处理者决策层成员承担,有权直接向网信部门和主管、监管部门反映数据安全情况。

三、《个人信息保护法》对组织机构的要求

（一）规定

《个人信息保护法》并未要求所有的个人信息处理者需指定个人信息保护负责人,只是规定处理个人信息达到国家网信部门规定数量的个人信息处理者应当指定个人信息保护负责人,负责对个人信息处理活动以及采取的保护措施等进行监督。该法对在中国境外处理中国境内自然人个人信息的活动的数据处理者做了特别规定：其应当在中国境内设立专门机构或者指定代表,负责处理个人信息保

[①]《网络数据安全管理条例（征求意见稿）》第28条规定：重要数据的处理者,应当明确数据安全负责人,成立数据安全管理机构。数据安全管理机构在数据安全负责人的领导下,履行以下职责：（一）研究提出数据安全相关重大决策建议；（二）制定实施数据安全保护计划和数据安全事件应急预案；（三）开展数据安全风险监测,及时处置数据安全风险和事件；（四）定期组织开展数据安全宣传教育培训、风险评估、应急演练等活动；（五）受理、处置数据安全投诉、举报；（六）按照要求及时向网信部门和主管、监管部门报告数据安全情况。数据安全负责人应当具备数据安全专业知识和相关管理工作经历,由数据处理者决策层成员承担,有权直接向网信部门和主管、监管部门反映数据安全情况。

第七章
数据合规

护相关事务①。

网络实践中,涉及儿童个人信息的产业发展较快,一再降低小孩"触网"年龄段。同时,针对小孩的儿童色情、电信诈骗、不良信息推荐、游戏沉迷等违法行为也日益增多,客观上需加强对未成年人网络权益的全面立法保护②。其中,儿童的个人信息保护是网络权益的基础,也是大数据精准营销、数据合理使用、防沉迷系统、家长监护体系、网络实名制的核心,因此,对孩子专门的个人信息保护就成为重中之重。③ 为更好地保护儿童的个人信息权益,体现儿童个人信息保护的特殊性,《儿童个人信息网络保护规定》规定网络运营者应当设置专门的儿童个人信息保护规则和用户协议,并指定专人负责儿童个人信息保护。④

根据《信息安全技术个人信息安全规范》(以下简称《信息安全规范》),个人信息控制者应任命个人信息保护负责人和个人信息保护工作机构,个人信息保护负责人应由具有相关管理工作经历和个人信息保护专业知识的人员担任,参与有关个人信息处理活动的重要决策,直接向组织主要负责人报告工作;满足相关条件的组织,应设立专职的个人信息保护负责人和个人信息保护工作机构,负责个人信息安全工作。⑤

(二) 分析

根据《个人信息保护法》第52条的规定,"处理个人信息达到国家网信部门规定数量的个人信息处理者应当指定个人信息保护负责人",但到目前为止国家

---

① 《个人信息保护法》第53条规定:本法第三条第二款规定的中华人民共和国境外的个人信息处理者,应当在中华人民共和国境内设立专门机构或者指定代表,负责处理个人信息保护相关事务,并将有关机构的名称或者代表的姓名、联系方式等报送履行个人信息保护职责的部门。
② 参见朱巍:《〈儿童个人信息网络保护规定〉解读》,载《中国信息安全》2019年第10期。
③ 参见朱巍:《〈儿童个人信息网络保护规定〉解读》,载《中国信息安全》2019年第10期。
④ 《儿童个人信息网络保护规定》第8条规定:网络运营者应当设置专门的儿童个人信息保护规则和用户协议,并指定专人负责儿童个人信息保护。
⑤ 《信息安全技术个人信息安全规范》(GB/T 35273—2020)规定:组织的个人信息安全管理要求:个人信息控制者应任命个人信息保护负责人和个人信息保护工作机构,个人信息保护负责人应由具有相关管理工作经历和个人信息保护专业知识的人员担任,参与有关个人信息处理活动的重要决策,直接向组织主要负责人报告工作;满足以下条件之一的组织,应设立专职的个人信息保护负责人和个人信息保护工作机构,负责个人信息安全工作:1) 主要业务涉及个人信息处理,且从业人员规模大于200人;2) 处理超过100万人的个人信息,或预计在12个月内处理超过100万人的个人信息;3) 处理超过10万人的个人敏感信息。

网信办尚未正式公布具体的"数量"标准，在这种情况下，参考适用《信息安全技术个人信息安全规范》项下的数量标准应是比较可行的解决方案，即在数据处理者处理超过 100 万人的个人信息，或预计在 12 个月内处理超过 100 万人的个人信息或者处理超过 10 万人的个人敏感信息的，应设立专职的个人信息保护负责人和个人信息保护工作机构，负责个人信息安全工作。

在中国境外处理中国境内自然人个人信息者，无论其处理的个人信息的数量多少，都必须适用《个人信息保护法》，且境外处理者应当在中国境内设立专门机构或者指定代表，负责处理个人信息保护相关事务。

另外需要注意的是，《个人信息保护法》第 52 条并未区分适用对象是境内还是境外的个人信息处理者，因此，只要处理个人信息达到国家网信部门规定数量的个人信息处理者就负有指定个人信息保护负责人的义务，这就导致境外个人信息处理者不仅应当在中国境内设立专门机构或者指定代表，而且在其处理的个人信息达到国家网信部门规定的数量时还需另行设置个人信息保护负责人，负责对个人信息处理活动以及采取的保护措施等进行监督。

《儿童个人信息网络保护规定》并未对网络运营者指定负责儿童个人信息保护的专人（儿童数据保护的专门人员）的任职条件和岗位职责做出具体规定，鉴于该规定属于个人信息保护的特别规定，在车企由负责数据保护的负责人和个人信息保护工作机构兼任应是可行的解决方案，但应在其职责中增加对儿童个人信息保护的专项内容。

（三）小结

车企作为个人数据处理者，通常要处理海量的个人数据，很容易就达到《信息安全规范》项下的数量标准，建议按照该标准设立专职的个人信息保护负责人和个人信息保护工作机构，负责个人信息安全工作。该负责人应具有相关管理工作经历和个人信息保护专业知识，其参与有关个人信息处理活动的重要决策并直接向组织主要负责人报告工作；鉴于信息安全与个人信息保护的专业领域相近，对管理人员的专业知识和管理职能要求大同小异，且儿童个人信息的保护属个人信息保护的特别领域，建议由企业负责数据安全的负责人兼任个人信息保护和儿童个人信息保护的负责人，以保证政策制度的一致和管理口径的统一。

在此基础上，车企可参考该标准设定个人信息保护负责人和个人信息保护工

第七章
数据合规

作机构的职责：全面统筹实施组织内部的个人信息安全工作，对个人信息安全负直接责任；组织制订个人信息保护工作计划并督促落实；建立、维护和更新组织所持有的个人信息清单和授权访问策略；开展个人信息安全影响评估，提出个人信息保护的对策建议，督促整改安全隐患及与儿童个人信息相关的制度流程等。

四、《汽车数据安全规定》对组织架构的要求

（一）规定

《汽车数据安全规定》并未对汽车数据处理者需指定数据安全保护负责人及数据安全管理机构做出明确规定，这并不意味着汽车数据处理者没有义务指定数据安全保护负责人和数据安全管理机构。根据其第13条的规定，汽车数据处理者每年报送年度报告时，汽车数据安全管理负责人的姓名和联系方式是必备项。

《工业和信息化部关于加强智能网联汽车生产企业及产品准入管理的意见》（以下简称《智联车准入管理意见》）规定，智能网联汽车生产企业应当建立健全汽车数据安全管理制度，依法履行数据安全保护义务，明确责任部门和负责人。

（二）分析

虽然《汽车数据安全规定》没有关于汽车数据处理者需指定数据安全负责人的规定，如前文所述，第13条关于汽车数据安全管理负责人信息作为汽车数据处理者报送年度报告的必选项从另一个侧面说明汽车数据处理者有义务指定数据安全负责人。《汽车数据安全规定》为国家网信办经国家发改委、工信部、公安部、交通运输部同意后发布，其根据《网络安全法》和《数据安全法》的规定制定，除非《汽车数据安全规定》特别规定（即使做特别规定亦不可与其上位法《网络安全法》和《数据安全法》的规定相冲突），《网络安全法》关于网络运营者应"设置网络安全负责人落实与网络安全保护相关的责任"的规定，《数据安全法》关于"重要数据的处理者应当明确数据安全负责人和管理机构，落实数据安全保护责任"应当然适用于车企。

根据《智联车准入管理意见》之规定，车企应明确数据安全保护的责任部门和负责人，为汽车企业设立专门负责数据安全的责任部门并指定数据安全负责人提供了依据。鉴于工信部为汽车企业对口的行业监管部门，其参与制定和发布的

《智联车准入管理意见》的相关规定特别是关于数据安全责任部门和负责人的规定将是其监管的要素之一，这与《汽车数据安全规定》关于汽车数据安全管理负责人信息作为汽车数据处理者报送年度报告的必选项的规定形成了呼应。

（三）小结

综上所述，车企应切实按照《智联车准入管理意见》和《汽车数据安全规定》的要求设立负责数据安全的责任部门并指定数据安全负责人，这样既能满足监管的要求，也能提升企业的数据安全保护水平。关于车企数据安全负责人的任职资质以及负责人和责任部门的职责，企业可参照本文第二和第三部分关于数据安全和个人信息保护负责人和责任部门的职责设定，或者在一个职能部门和一个负责人兼任数据安全、个人信息保护和车联网数据安全职位/职能的情况下将相关职责整合。

五、GDPR对组织架构的规定

（一）GDPR简介

通用数据保护条例（General Data Protection Regulation，GDPR）于2016年4月27日获得欧盟议会与欧盟理事会的通过，并于2018年5月25日执行。GDPR堪称史上最严格的数据保护法案，任何违反GDPR的行为，将会遭致1000万~2000万欧元的罚款，或企业全球年营业额的2%~4%的罚款，以两者中数额最大的为准。

GDPR适用于：（1）数据控制者或处理者在欧盟境内的机构所进行的个人数据处理活动，而无论该处理是否发生在欧盟境内；（2）非欧盟境内设立的控制者或处理者处理欧盟境内数据主体的个人数据，如果处理活动涉及：向欧盟境内的数据主体提供商品或服务（无论是否发生支付行为），或对数据主体在欧盟内的行为进行监控；（3）设立于欧盟境外，但依据国际公法欧盟成员国法律可适用地的控制者对个人数据的处理。

（二）GDPR关于信息保护的组织架构规定

GDPR确立了数据保护官（DPO）的概念，任命数据保护官的法律义务的决定性因素不是公司的规模，而是被定义为对实现公司目标至关重要的核心处理活动。如果核心活动包括大规模处理敏感个人数据或对数据主体的权利影响特别深

第 七 章
数据合规

远的数据处理形式，公司就必须任命DPO。关于DPO的任职条件，GDPR第37条也做了相应规定，DPO的任命应基于专业资质，特别是数据保护法律和实践方面的专业知识以及完成GDPR第39条所述任务的能力。DPO可以是数据控制者或处理者的工作人员，或基于其服务合同履行任务。① 由此可见，DPO既可由内部人员担任，亦可委托外部人员担任。企业集团可以任命一名DPO，但条件是集团的每个成员均能方便联系到DPO②。DPO获任之时，其主管必须公布其联系信息，并向监管机构报告。③

DPO的职责包括：遵守所有相关的数据保护法、监督具体的过程，如数据保护影响评估或对员工对数据保护的认识提升和培训，以及与监管机构合作等。④ DPO不能因为完成其任务而被数据控制者或处理者解雇，其可以直接向控制者或处理者的最高管理层汇报。尽管有DPO行使监督职能，但公司本身仍然有义务遵守数据保护的法律。因此，公司应当确保，在所有与个人数据保护相关的事项中，DPO都应当以一种恰当和及时的方式参与。DPO可以履行其他任务和职责，但数据控制者或处理者应确保任何此类任务和职责不会导致利益冲突。⑤

（三）小结

GDPR的第37条、第38条和第39条对DPO的委任、职位和任务进行了详细规定，特别是关于DPO的任职条件、具体职责及其履行职责的独立性等规定

---

① Art. 37 GDPR Designation of the data protection officer：
5. The data protection officer shall be designated on the basis of professional qualities and, in particular, expert knowledge of data protection law and practices and the ability to fulfil the tasks referred to in Article 39.
6. The data protection officer may be a staff member of the controller or processor, or fulfil the tasks on the basis of a service contract.
② Art. 37 GDPR Designation of the data protection officer：
2. A group of undertakings may appoint a single data protection officer provided that a data protection officer is easily accessible from each establishment.
③ Art. 37 GDPR Designation of the data protection officer：
7. The controller or the processor shall publish the contact details of the data protection officer and communicate them to the supervisory authority.
④ Art. 39 GDPR Tasks of the data protection officer.
⑤ Art. 38 GDPR Position of the data protection officer.
6. The data protection officer may fulfil other tasks and duties. The controller or processor shall ensure that any such tasks and duties do not result in a conflict of interests.

与国内对数据安全责任人的规定具有一定的相似性，对于国内法律法规缺失但可由企业自主决定的数据安全管理负责人的选任条件、职责等方面的内容，国内汽车企业可以借鉴和参考引用。

六、构建完善的汽车企业数据合规组织架构的建议

（一）概述

完善的数据合规管理架构是数据合规工作顺利开展的必要保障。汽车企业数据合规组织架构搭建的核心是解决数据合规管理工作的权力配置问题，其根本目的是保证企业最高层能够准确了解企业的数据合规情况，及时发现、纠正企业内部的数据合规风险和违规现象。另外，建立数据合规组织架构也是法律的明确规定或者是企业为满足监管机构对企业数据合规监管的需要。只有建立完善的数据合规管理组织架构，才能够使与数据合规相关的法务、风控、审计、业务等部门充分发挥优势，形成管理合力，将数据合规管理相关的工作落实到位。

（二）数据合规体系的组织架构设计

在汽车企业，其全部机构和全体成员都或多或少地承载着数据合规职责，因此，就管理流程角度而言，构建自上而下的贯穿企业全部机构、人员、流程的管理组织架构对于企业提升和完善数据合规管理流程体系至关重要。汽车企业可以参考国家质检总局和标准委联合发布的《合规管理体系要求及使用指南》（GB/T 35770—2022）（以下简称《标准委合规指南》）的相关规定设定汽车企业的合规组织框架。《标准委合规指南》采用组织决策的分析框架，将合规管理机构分为治理机构（指公司的股东会、董事会和监事会）和最高管理者（指以公司总经理为代表的核心管理团队）、合规团队、管理层（指公司核心管理层以外的中层管理人员）、员工。结合《标准委合规指南》和汽车行业的特征，我们建议从如下几个方面构建数据合规的组织架构：

1. 高层承诺和领导负责制

有效的合规体系要求治理机构和最高管理者的积极承诺，并贯穿于整个组织。为上述目的，企业的治理机构和最高管理者应发布数据合规声明，以此向员工、社会公众和监管机构传递和彰显企业建立、制定、实施、评价、维护和改进一个有效和及时响应的包括数据合规在内的合规管理体系的承诺。

第七章
数据合规

为体现企业对数据合规工作的重视，建议在董事会中设立合规委员会，并把数据合规作为合规委员会的重要工作内容之一。合规委员会由部分董事会成员及监事会成员构成，辅之以总经理、分管数据合规的副总经理和数据合规负责人，企业亦可考虑邀请在数据合规领域有一定影响力的外部专家作为委员会成员，以保证数据合规管理委员会对数据合规相关的决策的专业性。合规委员会作为企业合规管理体系的最高负责机构，应以保证企业合规经营为目的，通过原则性顶层设计解决合规管理工作中的权力配置问题并进行重大事项决策。企业的总经理（或最高负责人）应作为数据合规管理的第一责任人并承担以下职责：配备足够的资源以建立、实施和改进企业的数据合规管理体系；确保企业的整体战略和运营目标与履行数据合规义务保持一致；确保将数据合规落实情况纳入企业的内部绩效考核体系。

2. 一体化原则

对于汽车企业而言，网络安全是实现其汽车产品智能网联功能的前提条件，而一套安全运行的网络系统也是车企实现其数据（包括个人数据、敏感数据、重要数据）处理功能的基础，因此，在搭建车企的数据合规体系时，应对网络安全、数据安全、个人信息保护综合考虑而不能人为将其割裂开，即车企的合规体系应是包括网络安全、数据（包括车辆运行数据）安全、个人信息保护的一个完整的合规体系。车企在考虑其数据合规体系的组织架构特别是责任部门并指定对口安全负责人时应综合考量，以构建起科学的数据合规组织架构，更好地明确不同层级部门的管理职责和汇报路径，确保企业数据合规管理体系的高效运行。

3. 独立性原则

数据合规与广义的合规的要求一样，独立性是数据合规管理机构的核心标准。汽车企业应设立独立于业务部门的数据合规部门。首先，应从汇报条线上保证数据合规组织的独立性。操作上可以采用数据合规管理机构直接向合规委员会或者分管领导负责，合规管理委员会则直接向董事会负责的形式。其次，数据合规管理机构应具备充足的权力实施数据合规相关的政策制定、流程执行、数据合规核查、数据违规问责及整改。最后，数据合规管理机构还应配备或能够调动充足的资源，包括人员、经费、设备等硬件条件，确保其日常工作不受到其他部门的掣肘。

4. 专业性原则

汽车企业处在一个蓬勃发展且还在不断演进的行业，其技术和产业形态的持续演进对负责数据合规从业人员的任职条件提出了较高要求。鉴于网络安全负责人与数据安全和个人信息保护负责人的任职条件存在一定差异，是否由同一负责人同时担任网络安全负责人与数据安全、个人信息保护的负责人及其职责应由企业根据自身情况及该负责人的专业背景和业务经验综合评判后决定。即便如此，企业亦应根据法律法规对该等负责人任职条件的要求（如有）选任符合条件的人选担任该等负责人。除负责人的选任外，企业亦应以具备数据安全专业知识和相关经验作为组建数据合规业务团队的基本条件。

如前分析，《网络安全法》未对网络安全负责人和关键岗位的人员的任职条件做出规定，为确保网络安全，汽车企业可委任具有网络安全专业知识的IT负责人（或称首席信息官）担任网络安全负责人，并建立专门的网络安全责任部门（主要为IT部门的技术人员加上部分研发、市场、法务及其他部门的专业人员）。《数据安全法》也未对数据的处理者的安全负责人和管理机构人员的任职条件作出具体规定。可资参考的是，《网络数据安全管理条例（征求意见稿）》规定了数据安全负责人的资质条件：应当具备数据安全专业知识和相关管理工作经历，由数据处理者决策层成员承担（这与GDPR关于DPO的任职条件相似）；应具备专业资质，特别是数据保护法律和实践方面的专业知识以及完成GDPR所述任务的能力。另外，《信息安全规范》个人信息保护负责人的任职条件规定如下：应由具有相关管理工作经历和个人信息保护专业知识的人员担任。

虽然征求意见稿还未正式发布施行，《信息安全规范》为推荐标准，但二者对数据安全和个人信息保护负责人的任职资质的规定对于企业设定数据安全/个人信息保护负责人和工作机构人员的任职条件具有参考意义，汽车企业可以参考征求意见稿和《信息安全规范》的规定设定企业的数据安全/个人信息保护负责人的任职条件，并加以细化；对于数据安全/个人信息保护负责人以外的其他关键岗位的人员的任职条件亦可参考上述条件设定。

5. 适度趋严原则

智能网联汽车发展日新月异，为立法和监管带来诸多挑战。但可以预见的是，针对智能网络汽车的立法会越来越规范，而监管部门的执法也可能会趋严。为应对这种挑战，智能网联企业在设定其数据合规体系时应按目前法律法规、标

第七章
数据合规

准中偏严的规定执行。在数据合规组织架构的构建方面,首先,企业应完整设立法律法规要求和标准推荐的所有的数据合规组织机构;其次,在法律法规、标准规定企业的数据业务触碰特定条件才需设定相应组织机构的情况下,企业如果预判未来可能触碰该等条件的,可提前设立相应的数据合规组织机构。这种对数据合规组织架构趋严的设定一方面可以让企业对可能发生的事件未雨绸缪,另一方面也可以提前完成自身完整的数据合规组织架构的构建。

6. 数据合规职责设定和人员搭配

如前所述,汽车企业首先应基于专业性原则委任数据合规的负责人和组建数据合规团队。鉴于数据合规(包括网络安全合规)涉及企业诸多部门,在常设数据合规团队成员的基础上,可以由各部门(包括但不限于法务、合规、IT、研发、制造、销售、人事和财务等部门)的代表组成数据合规工作委员会,定期讨论和决定数据合规的日常事务,各部门形成合力,共同推进企业数据合规工作的顺利开展。企业可以区分专业门类分别委任网络安全负责人和数据安全负责人,亦可只委托一名管理人员同时担任网络安全和数据安全的负责人。由于法律法规未禁止企业委任企业外部人员担任数据合规的负责人,企业既可选择由内部人员也可选择由外部人员担任数据合规的负责人。两种选择各有优缺点,内部人员更了解组织与业务情况,能够更快地开展工作并与其他部门间协调工作,但在处理与自己负责的专业门类的数据合规事项时可能存在利益冲突;委外人员可能专业水准更高,对法律法规的认知更准,与监管沟通更顺畅,且与企业内部无利益冲突,但由于其不熟悉业务特征和内部流程,可能影响数据合规工作的效率和沟通成本。当然,企业可以根据自己的实际情况决定对企业最合适的数据合规负责人来源。

(三)其他

汽车企业合规组织的搭建是一个系统工程,没有统一的标准,尤其是关于组织架构的具体设定和权责划分、汇报条线,不同的企业可能各有侧重。另外,由于汽车行业特别是有关智能网联汽车相关的技术仍在不断演进,与之相关的立法也会相应更新和调整,车企应结合自身实际和最新的法律法规规定和监管部门的最新要求实时调整数据合规组织架构,企业亦可寻求在汽车数据合规领域的外部专家资源的帮助,以确保其包括组织架构在内的数据合规体系符合法律法规的规定和监管要求。

数据安全合规管理体系建设要点

——如何抓住新时代机遇保障企业健康发展

吴卫明 刘昀东

一、为什么需要建设数据安全合规管理体系

（一）数据安全是当今社会共同面临的重要问题

自信息化时代以来，随着大数据、移动互联网、人工智能的陆续登场，技术可谓日新月异，社会对于数据的利用达到了新高度，但也带来了数据泄露、不当利用等数据安全方面风险提升的新挑战。

为了应对这一挑战，我国陆续出台《网络安全法》《数据安全法》《个人信息保护法》等法律法规，构建了相应数据安全的法律框架，旨在保障社会发展的同时维护国家安全，保护组织、个人的合法权益等。这些法律法规也对企业的合规要求建立了新标准。

从安全风险的角度，强调安全、引领世界科技发展的美国也发生了大量国会议员数据泄露的恶性事件[1]；从合规风险的角度，业务覆盖全国的某出行平台也发生了上亿元的天价罚单事件。这些案例显示了目前数据安全合规风险的严峻形势。

（二）建设数据安全合规管理体系是法定义务

虽然《数据安全法》等法律并未明确规定企业应当建设数据安全合规管理

---

[1] 参见张琳：《外媒：美一机构发生"重大数据外泄"，数百名国会议员受影响》，载参考消息网，https://www.cankaoxiaoxi.com/#/detailsPage/%20/fca08003ddaa4770bdf03f0b131ace3e/1/2023 03-09%2014：20？childrenAlias=undefined，最后访问日期：2023年3月9日。

第七章
数据合规

体系，但是《网络安全法》第 21 条、第 25 条①，《数据安全法》第 27 条、第 29 条、第 30 条②，《个人信息保护法》第 51 条至第 59 条③等相关法律法规关于制定

---

① 《网络安全法》第 21 条规定：国家实行网络安全等级保护制度。网络运营者应当按照网络安全等级保护制度的要求，履行下列安全保护义务，保障网络免受干扰、破坏或者未经授权的访问，防止网络数据泄露或者被窃取、篡改：
（一）制定内部安全管理制度和操作规程，确定网络安全负责人，落实网络安全保护责任；
（二）采取防范计算机病毒和网络攻击、网络侵入等危害网络安全行为的技术措施；
（三）采取监测、记录网络运行状态、网络安全事件的技术措施，并按照规定留存相关的网络日志不少于六个月；
（四）采取数据分类、重要数据备份和加密等措施；
（五）法律、行政法规规定的其他义务。
第 25 条规定：网络运营者应当制定网络安全事件应急预案，及时处置系统漏洞、计算机病毒、网络攻击、网络侵入等安全风险；在发生危害网络安全的事件时，立即启动应急预案，采取相应的补救措施，并按照规定向有关主管部门报告。

② 《数据安全法》第 27 条规定：开展数据处理活动应当依照法律、法规的规定，建立健全全流程数据安全管理制度，组织开展数据安全教育培训，采取相应的技术措施和其他必要措施，保障数据安全。利用互联网等信息网络开展数据处理活动，应当在网络安全等级保护制度的基础上，履行上述数据安全保护义务。
重要数据的处理者应当明确数据安全负责人和管理机构，落实数据安全保护责任。
第 29 条规定：开展数据处理活动应当加强风险监测，发现数据安全缺陷、漏洞等风险时，应当立即采取补救措施；发生数据安全事件时，应当立即采取处置措施，按照规定及时告知用户并向有关主管部门报告。
第 30 条规定：重要数据的处理者应当按照规定对其数据处理活动定期开展风险评估，并向有关主管部门报送风险评估报告。
风险评估报告应当包括处理的重要数据的种类、数量，开展数据处理活动的情况，面临的数据安全风险及其应对措施等。

③ 《个人信息保护法》第 51 条规定：个人信息处理者应当根据个人信息的处理目的、处理方式、个人信息的种类以及对个人权益的影响、可能存在的安全风险等，采取下列措施确保个人信息处理活动符合法律、行政法规的规定，并防止未经授权的访问以及个人信息泄露、篡改、丢失：
（一）制定内部管理制度和操作规程；
（二）对个人信息实行分类管理；
（三）采取相应的加密、去标识化等安全技术措施；
（四）合理确定个人信息处理的操作权限，并定期对从业人员进行安全教育和培训；
（五）制定并组织实施个人信息安全事件应急预案；
（六）法律、行政法规规定的其他措施。
第 52 条规定：处理个人信息达到国家网信部门规定数量的个人信息处理者应当指定个人信息保护负责人，负责对个人信息处理活动以及采取的保护措施等进行监督。
个人信息处理者应当公开个人信息保护负责人的联系方式，并将个人信息保护负责人的姓名、联系方式等报送履行个人信息保护职责的部门。
第 53 条规定：本法第三条第二款规定的中华人民共和国境外的个人信息处理者，应当在中华人民

相关管理制度和操作规程、确定负责人、采取相应安全技术措施、进行安全教育和培训、制定并实施安全事件应急预案等内容的规定，已经实质上确立了企业建设数据安全合规管理体系的法定义务。

（三）数据安全合规管理体系可以提升竞争力，降低运营风险

正因为数据利用方式、效率的发展，数据也逐渐成为企业的重要资产之一。

共和国境内设立专门机构或者指定代表，负责处理个人信息保护相关事务，并将有关机构的名称或者代表的姓名、联系方式等报送履行个人信息保护职责的部门。

第54条规定：个人信息处理者应当定期对其处理个人信息遵守法律、行政法规的情况进行合规审计。

第55条规定：有下列情形之一的，个人信息处理者应当事前进行个人信息保护影响评估，并对处理情况进行记录：

（一）处理敏感个人信息；
（二）利用个人信息进行自动化决策；
（三）委托处理个人信息、向其他个人信息处理者提供个人信息、公开个人信息；
（四）向境外提供个人信息；
（五）其他对个人权益有重大影响的个人信息处理活动。

第56条规定：个人信息保护影响评估应当包括下列内容：

（一）个人信息的处理目的、处理方式等是否合法、正当、必要；
（二）对个人权益的影响及安全风险；
（三）所采取的保护措施是否合法、有效并与风险程度相适应。

个人信息保护影响评估报告和处理情况记录应当至少保存三年。

第57条规定：发生或者可能发生个人信息泄露、篡改、丢失的，个人信息处理者应当立即采取补救措施，并通知履行个人信息保护职责的部门和个人。通知应当包括下列事项：

（一）发生或者可能发生个人信息泄露、篡改、丢失的信息种类、原因和可能造成的危害；
（二）个人信息处理者采取的补救措施和个人可以采取的减轻危害的措施；
（三）个人信息处理者的联系方式。

个人信息处理者采取措施能够有效避免信息泄露、篡改、丢失造成危害的，个人信息处理者可以不通知个人；履行个人信息保护职责的部门认为可能造成危害的，有权要求个人信息处理者通知个人。

第58条规定：提供重要互联网平台服务、用户数量巨大、业务类型复杂的个人信息处理者，应当履行下列义务：

（一）按照国家规定建立健全个人信息保护合规制度体系，成立主要由外部成员组成的独立机构对个人信息保护情况进行监督；
（二）遵循公开、公平、公正的原则，制定平台规则，明确平台内产品或者服务提供者处理个人信息的规范和保护个人信息的义务；
（三）对严重违反法律、行政法规处理个人信息的平台内的产品或者服务提供者，停止提供服务；
（四）定期发布个人信息保护社会责任报告，接受社会监督。

第59条规定：接受委托处理个人信息的受托人，应当依照本法和有关法律、行政法规的规定，采取必要措施保障所处理的个人信息的安全，并协助个人信息处理者履行本法规定的义务。

第七章
数据合规

企业在挖掘数据价值、发挥数据作用的同时也必须正视其中的安全风险、合规风险。比如，数据泄露、侵犯用户隐私不仅会给企业、用户带来损失，还可能使得监管部门追究企业的保护责任。而防范控制这些风险并不是单一措施就可以实现的，为此，有必要建设数据安全合规管理体系。

通过组织架构、制度流程、技术工具、人员能力等多方面构成的有机整体，才有可能真正实现数据安全合规风险的有效控制。体系建立后，不仅可以降低运营风险，更可以提升企业信誉度与用户黏性，从而为企业的可持续发展提供有力保障。

（四）国企更需要重视建设数据安全合规管理体系

国有企业管理着重要的国家资产，其数据安全与国家安全关系更为密切，无论是为了履行国家赋予的神圣使命，还是为了自身的长久发展，都不得不重视数据安全。

《中央企业合规管理办法》第18条第1款明确规定"数据保护"属于重要领域，中央企业应当就该等领域制定合规管理具体制度或者专项指南。在此之前，广州市人民政府国有资产监督管理委员会于2021年12月20日发布《广州市国资委监管企业数据安全合规管理指南（试行2021年版）》，起到了良好示范作用。因此，对于身为我国众多企业标杆的央企国企，建设数据安全合规管理体系更是责无旁贷。

二、数据安全合规管理体系是什么

（一）概念

目前我国法律并未明确数据安全合规管理体系的定义。相似的概念"网络数据安全合规管理体系"出现在工业和信息化部于2019年6月28日发布的《电信和互联网行业提升网络数据安全保护能力专项行动方案》中，同样也并未对其进行定义或者详细说明。

笔者试结合数据安全合规管理体系的建设目的、覆盖范围和实践经验对其概念进行说明：数据安全合规管理体系是一个旨在保护数据安全、保障合规性和持续改进的组织内部的系统化框架。它包括组织、组织确立的方针、目标以及实现目标的一系列相互关联的制度、流程、标准和工具共同构成的一个有机整体。

(二) 构成要素

数据安全合规管理体系不仅是一套制度，而是包含组织架构、流程、工具等众多构成要素。数据安全合规管理体系需要同时满足数据安全能力提升以及合规管理体系建设的目标，具体可以参考《信息安全技术 数据安全能力成熟度模型》《合规管理体系 要求及使用指南》等国家标准。笔者结合相关标准及实践经验，将数据安全合规管理体系自身的构成要素，以及与驱动力、作用的关系梳理如图1所示。

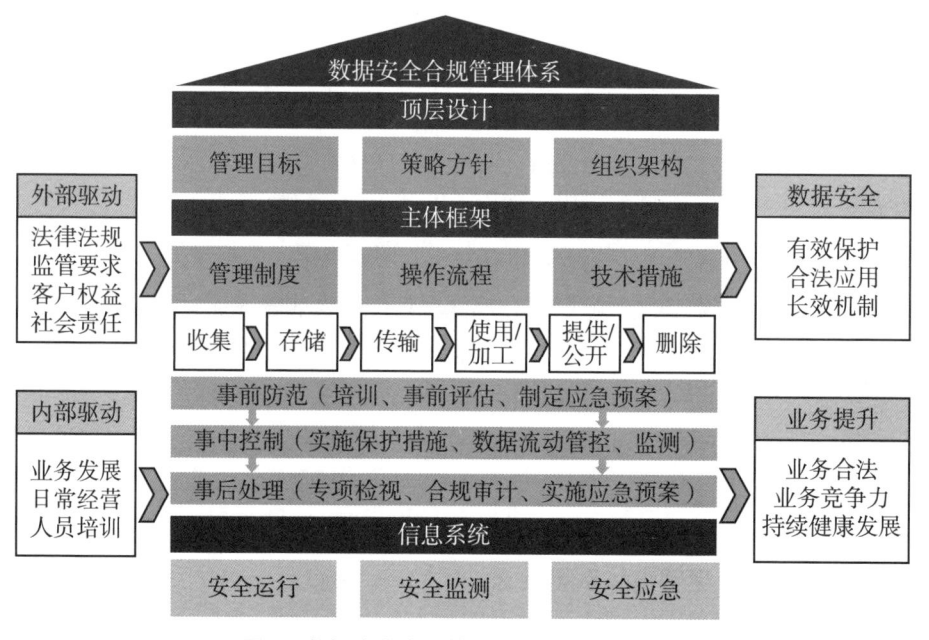

图1 数据安全合规管理体系构成要素示意

三、如何建设数据安全合规管理体系

通过数据安全合规管理体系构成要素示意，可以发现数据安全合规管理体系实际是围绕着数据的全生命周期进行事前、事中、事后的全方位管理。数据的全生命周期是其核心，只有了解它才能建设出相适应的管理体系。而管理体系的建设通常是自上而下，从顶层设计开始。

(一) 目标方针

明确企业的数据安全合规管理目标，确定实现该目标应当遵循的策略方针，

第七章
数据合规

为数据安全合规管理工作提供指导和方向。

（二）组织架构

明确数据安全合规管理组织机构，厘清参与数据安全合规管理工作的各部门、各级管理人员和员工的职责和权限，确保数据安全工作落实到人，能够有效开展。

（三）制度流程

根据国家法律法规和企业实际情况，制定适合企业的数据安全合规管理标准和规范，将该等标准规范融入管理、业务的流程中，形成数据安全合规管理制度、操作规程和应急预案，为日常工作中应当注意的数据安全合规要求设定基线，确保其得到有效落实。

（四）技术措施

根据企业信息化、数字化的程度，采用适当的数据安全技术手段，如加密、访问控制、数据备份等，保障数据安全。

以上主要是体系基础搭建阶段的工作，但完善的数据安全合规管理体系不仅包含静态的要求和标准，还包括动态的执行和改进，其中比较关键的环节包括风险评估、人员培训和监测检视。

（五）风险评估

制度流程的建设和实施，都离不开企业对于数据安全合规风险的了解。因此，在制度流程建设过程中对于企业整体数据安全风险的全面评估，以及业务开展、技术运用数据安全风险的专项评估是非常有必要的，并且可以作为补充完善应急预案的重要依据。

（六）人员培训

数据安全工作的落实最终仍是依赖人完成的。所以开展数据安全培训和教育，提高员工的数据安全意识和技能，培养组织内部的数据安全文化尤为重要。对于一些重点企业，例如工业化、信息化行业的企业，定期演练也是不可或缺的一环。

（七）监测检视

对数据处理活动进行持续监测、定期检视，发现问题及时整改，或者在问题出现后进行专项检视，可以及时排查风险，作为持续改进数据安全合规管理工作的必要准备。

（八）信息系统

在完成顶层设计和主体框架搭建后，很多措施也需要依赖信息系统实现，比如访问控制、数据备份等；或者可以通过信息系统更好地实现，比如监测数据处理活动、启动应急措施等。

四、建设数据安全合规管理体系的重点难点

在了解如何建设数据安全合规管理体系的基本内容后，为了更好地完成建设任务，建议企业提前关注以下重点难点问题。

（一）自上而下的驱动力

某些数据安全合规管理手段可能自发地产生，比如使用加密措施。因为熟练使用电子数码设备的专业人员通常都具有一定保密意识，会自发地采用加密手段，防止数据泄露。但是管理体系的建设不是依靠散点累积就可以完成的，而是需要统一不同部门、不同岗位人员的意识，使各方合力可以有机构成一个整体，所以需要自上而下，从宏观开始进行设计，最终落实到微观层面每一个人的具体工作中。

因此，领导层、高层管理者对于数据安全合规管理工作必要性、重要性的认识尤为重要。

由于社会大量企业长期存在数据安全合规管理简单、随意的客观情况，容易使得未深入了解的人忽略其中潜藏的巨大风险。同时，对于体量较大的企业，数据安全合规管理的初期成本较高，且无法立即取得明显收益，容易被降低优先级。

考虑到数据安全合规风险一旦爆发带来的严重损害，建议企业应当具有前瞻性地看待数据安全合规管理工作，在未形成体系前尽早提上日程。

（二）法律法规的复杂性

近年来数据安全合规相关法律法规立法进程加快，《国家安全法》的更新，《网络安全法》《数据安全法》《个人信息保护法》的相继出台，都标志着法律法规体系日益完善。但应当注意到，数据安全领域并不仅有新法规，不同行业也有

第七章
数据合规

相对独特的合规要求，比如《生物安全法》关于人类遗传资源信息的相关规定影响生物技术研究、医药研究等领域。

因此，数据安全相关法规更新和多领域法规交叉导致其本身具有复杂性，也给企业建设数据安全合规管理体系带来了一定困难，企业需要对法律法规进行深入了解，以保障建立的数据安全合规管理体系所涉规范全面、适用性强，避免遗漏。

（三）数据治理与分类分级

正如前文所述，数据全生命周期是数据安全合规管理的核心，而不同类型的数据、不同类型的数据处理活动都有其相应的安全合规要求。比如对于个人信息的最小必要原则，比如重要数据跨境提供时的数据出境安全评估要求等。

因此，企业了解自身有什么数据、有什么数据处理活动是保障数据安全合规管理体系全面性的基础。这种了解又建立在数据治理的基础上。基础的数据治理可以简单理解为数据盘点、初步的分类分级，发现数据、识别数据是其关键点。高阶的数据治理还包括清洗、打标、定价以及更丰富的应用。从建立数据安全合规管理体系的目标出发，建议企业首先做到基础的数据治理，解决数据在哪里，有哪些数据，企业正在怎么使用（处理）数据的问题，再根据初步的分类分级设置相对应的管控手段，实现合理利用和风险控制的平衡。

（四）技术措施的选择和衔接

现代社会，虽然也存在纸质文档中的数据，但大量数据是以电子化的形式存在的。这种现状对于企业开展数据安全合规管理工作具有天然的信息化的要求。所以理想的数据安全合规管理体系肯定需要依托于先进的信息系统实现，使得企业能够汇聚不同业务线的数据、实时了解自身数据资产、监测数据运行状态、智能化地启动应急措施。

但并不是所有企业都必须实现如此理想的状态，企业的发展必然要符合企业的客观状态。综合合理评估的企业风险状态和企业自身风险承受能力，选择相适应的技术措施，注重外部采购技术措施与原生业务系统的匹配性、适应性是更切合实际的做法。

另外应当注意的是，随着技术的发展，新的侵入手段层出不穷，新的数据安全技术也不断涌现，企业需要不断跟进和学习新的技术，以保持数据安全管理体系能够持续应对当前的数据安全风险挑战。

(五) 部门职责边界的划定

数据安全合规管理既涉及技术问题又涉及法律问题，还涉及企业内部治理问题，是多个传统领域交叉的新兴领域。同时，最终的管理措施会直接落实在业务流程中，可能对于业务开展产生重大影响。

因此，数据安全合规管理应当是由多部门联动完成的工作，体量较大的企业通常需要多层级、矩阵式的管理模式，体量较小的企业由于人员数量限制，则需要考虑由复合型人才担任核心管理岗位。

多层级、矩阵式意味着决策层、管理层、执行层、监督层（或有）的区分，可以参考图 2 理解。

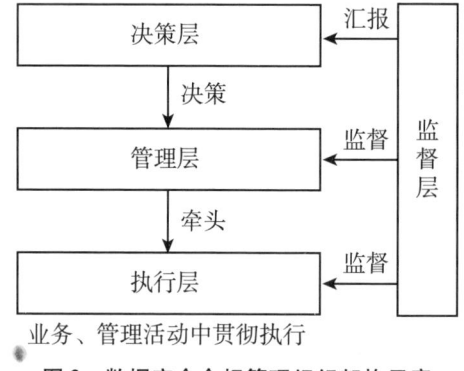

图 2 数据安全合规管理组织架构示意

具体在牵头管理部门的设置上，可以结合企业自身的管理习惯考虑在信息技术、安全、法务、合规等部门选择合适的单一或者联合牵头管理部门。在划定部门职责中间需要注意避免管理职责出现真空，以及妥善处理潜在职责交叉带来的管理困境，在确定联合牵头管理的架构时需要尤为注意。

(六) 初次风险评估

正如前文提及，无论是数据治理、技术措施的选择，还是部门职责边界的划定，都需要根据企业自身的客观情况进行。所以，了解企业自身情况是建立数据安全合规管理体系至关重要的前置条件。像人为了防控健康风险需要体检一样，企业也可以通过"体检"来了解自身风险，为建立适合的数据安全的合规管理体系做准备。

第七章
数据合规

通常，可以在正式建立数据安全合规管理体系前开展一次全面的数据安全合规风险评估，了解数据处理现状、管理现状、风险水平。在初次风险评估的基础上则更易于建立符合企业自身水平的数据安全合规管理体系。

（七）监测、审计和持续改进

数据安全合规管理工作不是一次性的风险评估和整改，而是持续运行、持续改进的工作。初次风险评估只是一个开始，在经历现状摸排、风险识别后，形成风险事项的体系化解决方案，在决策层权衡决策后确定为数据安全合规管理体系的建设方案，通过各部门通力合作落地。在落地后，通过日常的监测、专项审计（检视）持续识别风险，不断改进，最终达到闭环管理，成为能够持续自我改进的飞轮（见图3）。

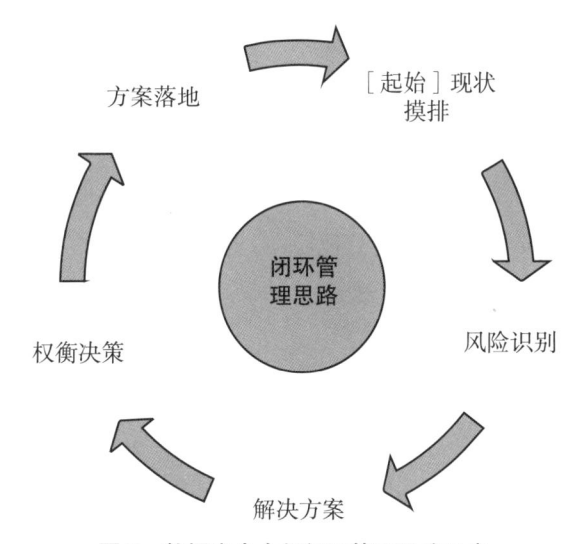

图3 数据安全合规闭环管理思路示意

数据安全合规管理不仅是企业的重要课题，更是国家安全、稳定发展的重要保障。不断迭代的技术和更新的法律法规不仅带来了企业需要面对的棘手挑战，也带来了和竞争对手拉开差距，建立护城河的重要机遇。

综上所述，建议企业，尤其是作为我国经济重要支柱的国企用发展的眼光看待数据安全合规管理工作，早日建立完善属于自己的数据安全合规管理体系，为业务稳定、健康发展保驾护航。